Jahrbuch für Erziehungsberatung
Band 8

# Jahrbuch für Erziehungsberatung

Herausgegeben von der
Bundeskonferenz für Erziehungsberatung e.V.

Andreas Hundsalz, Klaus Menne,
Hermann Scheuerer-Englisch (Hrsg.)

# Jahrbuch
# für Erziehungsberatung
# Band 8

Juventa Verlag Weinheim und München 2010

Bibliografische Information der Deutschen Nationalbibliothek

Die Deutsche Nationalbibliothek verzeichnet diese Publikation in der Deutschen Nationalbibliografie; detaillierte bibliografische Daten sind im Internet über http://dnb.d-nb.de abrufbar.

Das Werk einschließlich aller seiner Teile ist urheberrechtlich geschützt. Jede Verwertung außerhalb der engen Grenzen des Urheberrechtsgesetzes ist ohne Zustimmung des Verlags unzulässig und strafbar. Das gilt insbesondere für Vervielfältigungen, Übersetzungen, Mikroverfilmungen und die Einspeicherung und Verarbeitung in elektronischen Systemen.

© 2010 Juventa Verlag Weinheim und München
Umschlaggestaltung: Atelier Warminski, 63654 Büdingen
Druck nach Typoskript
Printed in Germany

ISBN 978-3-7799-0488-5

# Inhalt

Einleitung ........................................................................... 7

## Aktuelle Herausforderungen

*Stefan Sell*
Noch nie war Erziehungsberatung so wertvoll wie heute.
Stärken und Schwächen, Chancen und Risiken
einer „Wachstumsbranche" ................................................ 15

*Klaus Menne*
Ratsuchende und Leistungen der Erziehungsberatung ............... 33

*Klaus Menne*
Der stumme Skandal der Erziehungsberatung ......................... 47

## Besondere Familien in der Erziehungsberatung

*Hermann Scheuerer-Englisch, Sandra Gabler und Ina Bovenschen*
Erziehungsberatung von Pflegefamilien ................................. 71

*Annemarie Jost*
Erziehungsberatung bei elterlicher Suchtbelastung ................. 107

*Christine Isermann*
Ach wie gut, dass (k)einer weiß ...
Ein Gruppenangebot für Kinder aus suchtbelasteten Familien .... 125

*Andreas Schrappe*
Beratung für Familien mit einem psychisch kranken Elternteil.
Neuer Wein in gute Schläuche ........................................... 143

*Kismet Seiser, Martina Kindsmüller*
InMigra-KiD.
Ein EB-Projekt zur Unterstützung der Integration
von Migrantenkindern in Kindergarten und Schule ................ 165

## Aus der Praxis

*Beate Schildbach, Hermann Scheuerer-Englisch*
Schutzauftrag bei Kindeswohlgefährdung und Erziehungsberatung.
Erste Erfahrungen mit einem strukturierten Konzept ............. 183

*Sabine Schreiber, Stefan Näther*
Mobile Familienarbeit: Mit dem MOFA zu den Familien.
Multidisziplinäre Diagnostik als aufsuchende Leistung an den
kommunalen Erziehungsberatungsstellen in München .......................... 211

*Elfriede Seus-Seberich*
„Du bist die Erste, die mir glaubt, dass ich mich ernsthaft mit meinen
Problemen auseinandersetzen will!"
Jugendberatung online............................................................................. 225

*Susanne Hirt*
Faires Raufen als Gewaltprävention.
Ein Projekt der AWO-Erziehungsberatungsstelle in Augsburg ............... 239


Herausgeber und Autorinnen.................................................................... 259

# Einleitung

„Nie war Erziehungsberatung so wertvoll wie heute" – so lautet der programmatische Beitrag von Stefan Sell im vorliegenden achten Jahrbuch für Erziehungsberatung. Mit diesem Titel ließe sich auch der gesamte Band überschreiben, denn das Thema Erziehung ist gefragt wie nie. Wochenmagazine beklagen einen Erziehungsnotstand, regelmäßige Formate in den Tageszeitungen vermitteln Erziehungstipps, einschlägige Buchtitel stehen dauerhaft an der Spitze der Bestsellerlisten, und die Behandlung von Erziehungsfragen im Fernsehen ist und bleibt ein Quotenerfolg.

Ein Großteil der Eltern sieht sich im Erziehungsstress. Die Hintergründe sind vielfältig. Eine wichtige Quelle von Erziehungsunsicherheit ist in den Bildungsanforderungen bzw. in der Notwendigkeit zu finden, Kindern von Anfang an zu möglichst guten Startchancen auf dem Weg zu Ausbildung und Beruf zu verhelfen. Durch viele Untersuchungen ist die erhebliche Bildungsbenachteiligung von ohnehin benachteiligten Familien belegt, was sich wiederum in erhöhten Erziehungsanforderungen dieser Familien niederschlägt. Hinzuzurechnen sind die kontinuierliche Zunahme von Trennungen und Scheidungen und die in der Folge häufigen Problembelastungen der Kinder in diesen Familien, die erhöhten Anforderungen von Alleinerziehenden und der Verlust von traditionellen helfenden Systemen wie z.B. die Großfamilie. Eine weitere Folge ist die hohe Rate von psychischen Erkrankungen und Belastungen bei Kindern und Jugendlichen, wie sie der 13. Kinder- und Jugendbericht dokumentiert.

Das Wissen über gelingendes und misslingendes Aufwachsen hat in den letzten Jahren enorm zugenommen. Aktuell stehen ganz besonders die ersten Lebensjahre im Fokus. Wir verstehen heute wesentlich besser als früher, welche Bedingungen Kinder brauchen, um sich zu einer eigenverantwortlichen und gemeinschaftsfähigen Persönlichkeit zu entwickeln. Dieses Wissen hat die Gesellschaft insgesamt aber auch befähigt, Entwicklungsgefährdungen genauer und rechtzeitiger zu erkennen. Die Wissenspotenziale aus den Erziehungsberatungsstellen spielen hier eine besonders große Rolle und sind dementsprechend sehr gefragt, wie z.B. Entwicklungspsychologie, Diagnostik und therapeutische Kompetenz sowie das Wissen um Fragen des familiären Zusammenlebens und der Kooperation professioneller Systeme. Die Erfahrung, dass viele Träger Mitarbeiterinnen und Mitarbeiter einer Erziehungsberatungsstelle besonders häufig als „Insoweit erfahrene Fachkraft" bei Verdacht auf Kindeswohlgefährdungen im Sinne von § 8a SGB VIII einsetzen, mag als kleiner Beleg hierfür gelten. Ebenso zeigt die

Erfahrung aus vielen Beratungsstellen, dass deren Fachkräfte beratend bei der Hilfeplanung hinzugezogen werden, ganz besonders, wenn es um die kostenintensiven Hilfen zur Erziehung geht. All dies steigert massiv die Nachfrage nach Erziehungsberatung.

Hinzu kommt, dass andere pädagogische Systeme und andere Erziehungsinstitutionen, die die Familie in ihren Aufgaben unterstützen könnten, nicht in dem Maße, wie es erforderlich wäre, ihren Aufgaben nachgehen (können). Die Erkenntnis, dass gerade die ganz Kleinen bereits im Alter von null bis drei Jahren von entsprechender Förderung profitieren bzw. umgekehrt durch ausbleibende Förderung benachteiligt werden, und dass Deutschland einen großen Nachholbedarf bei der Vereinbarkeit von Erziehung und Elternaufgaben hat, führte zur Forderung nach einem massiven Ausbau der Krippen. Die Erkenntnis, dass Schule gerade dann besonders wirksam ist, wenn sie eng mit Freizeitangeboten verknüpft ist und sich als ein Bildungsangebot versteht, das auch informelle Bildung mit einbezieht, führte zur Forderung nach einem Ausbau der Ganztagsschulen. Aber sowohl der Ausbau der Krippen als auch der Ausbau der Ganztagsschulen kommt bei weitem nicht in dem Maße voran, wie es zu wünschen wäre. Parallel dazu steigen bundesweit die Kosten für die Hilfen zur Erziehung. Der Jugendhilfe droht die Entwicklung zum Reparaturbetrieb, denn früher oder später finden sich die Verlierer der aufgezeigten Bildungsentwicklung im System der Jugendhilfe bzw. der Hilfen zur Erziehung wieder – und verursachen dort, weil oft zu spät behandelt, hohe Kosten. Mit Blick auf die gegenwärtige Wirtschaftskrise und die sich damit abzeichnenden weiteren individuellen und familiären Belastungen – vor allem in den Familien, die ohnehin als belastet gelten – muss sicher auch in Zukunft von weiter zunehmenden Bedarfen in den aufgezeigten Feldern ausgegangen werden.

Leider wird der Ausbau der Erziehungsberatung dieser Entwicklung nicht gerecht. Den kontinuierlich wachsenden Anforderungen stehen eine Stagnation der Anzahl der bundesweiten Beratungsstellen bzw. Fachkräfte und mancherorts sogar ein leichter Rückbau gegenüber. Menne bezeichnet dies in diesem Band zu Recht als „Stummen Skandal der Erziehungsberatung". Dabei führt der Verweis auf die leeren öffentlichen Kassen bzw. auf die Wirtschaftskrise und den sich daraus ableitenden steuerlichen Einbußen als Erklärung für den stagnierenden Ausbau in die Irre. Im Gegenteil, es ist auch und gerade unter wirtschaftlichen Gesichtspunkten opportun, in die Erziehungs- und Familienberatung zu investieren. Gerade die Analyse der massiv steigenden Kosten bei den Hilfen zur Erziehung zeigt, wie wichtig es ist, frühzeitig zu intervenieren und wie wichtig es ist, die Fachkompetenz der Erziehungsberatung zu nutzen. Denn Erziehungsberatung ist eine frühe Form der Intervention. Sie setzt zum einen früh im Lebenslauf der Kinder an und ist auf der anderen Seite eine Hilfe, die niedrigschwellig und unbürokratisch in Anspruch genommen werden kann.

Der vorliegende Band 8 des Jahrbuchs für Erziehungsberatung nimmt diese Entwicklungen auf. In einem ersten Teil werden Aufsätze unter der Überschrift „Aktuelle Herausforderungen" zusammengefasst. Stefan Sell diskutiert die Situation der Erziehungsberatung als „Wachstumsbranche" einerseits bzw. „Schrumpfbranche" andererseits und beschreibt, dass wir trotz zurückgehender Kinderzahlen mit einer zunehmenden allgemeinen „Entsicherung" konfrontiert sind und in der Folge mit einer ansteigenden Inanspruchnahme bei gleichzeitig zunehmender Fallschwere. Sell diskutiert einmal mehr kritisch die Frage des Zugangs zu den Beratungsstellen bzw. die Gefahr einer zu starken Mittelschichtorientierung und plädiert für alternative Konzepte und für eine Teilkommerzialisierung.

Schon traditionell findet sich auch in diesem Band ein Beitrag über „Ratsuchende und Leistungen der Erziehungsberatung" von Klaus Menne. Durch die bereits seit Jahren vorgenommene Auswertung und Darstellung des entsprechenden Zahlenwerks ergibt sich ein ausgezeichneter Überblick über die Entwicklung der Erziehungsberatung. Der Autor und Mitherausgeber des Jahrbuches stellt die seit dem 1. Januar 2007 veränderten Erhebungsmerkmale der gesetzlichen Jugendhilfestatistik für das Jahr 2008 dar. Geändert hat sich u.a., dass jetzt zusätzlich zu abgeschlossenen auch die begonnenen und am Ende eines Jahres fortdauernden Beratungen erfasst werden. 2008 wurden 308.935 Beratungen beendet, gegenüber 310.561 im Jahr 2006. Zusammen mit den am Ende des Jahres fortdauernden Beratungen hat Erziehungsberatung 2008 441.848 junge Menschen versorgt. Derselbe Autor legt in seinem Beitrag „Der stumme Skandal der Erziehungsberatung" eine Analyse der aktuellen Situation der Erziehungsberatung vor. „Kinder haben, bedeutet mehr denn je auch Kosten für die Eltern" so Menne. Durch die erzieherischen, häuslichen und beruflichen Verpflichtungen sind Eltern und letztlich deren Kinder doppelt unter Druck gesetzt, wie sich nicht zuletzt in den aktuellen Zahlen der großen Gesundheitsstudien von Kiggs und Bella niederschlägt. Der enormen Steigerung der Bedarfe in der Erziehungsberatung stehen auf der anderen Seite keine wachsenden Ressourcen gegenüber. Auf eine Beratungsfachkraft kamen 1982 20.000 Einwohner. Heute sind es ca. 22.500 Einwohner, die von einer Beratungsfachkraft versorgt werden müssen. „Der Skandal besteht nicht in der Erhöhung der Arbeitsintensität, die mit einer solchen Entwicklung auch einhergeht. Skandalös ist die Situation vor allem deshalb, weil die Qualität der Leistungen für die Kinder und ihre Familien bedroht ist". Dabei kann eine gut positionierte Erziehungsberatung Kosten sparen, wie Menne an vielen praktischen Beispielen belegen kann.

Das zweite Kapitel dieses Jahrbuches ist mit „Besondere Familien in der Erziehungsberatung" überschrieben und wird durch einen Beitrag von Hermann Scheuerer-Englisch, ebenfalls Mitherausgeber des Jahrbuches, Sandra Gabler und Ina Bovenschen „Erziehungsberatung und Pflegefamilien" eingeleitet. Pflegekinder haben ein erhöhtes Risiko, in einer Erziehungsberatungsstelle angemeldet zu werden. Immerhin 10% aller Pflegekinder werden durch eine Beratungsstelle betreut. In einem Vergleich mit einer anderen Stichprobe aus dem Spektrum der Beratungsstellenarbeit zeigt sich, dass Pflegekinder sich im Zugang zu den Beratungsstellen, im Beratungsverlauf und in der hohen Zuweisungsrate durch Jugendämter von anderen Klienten der Beratungsstellen unterscheiden. Aus den spezifischen Anforderungen leiten sich entsprechende Forderungen für die Fachkräfte der Beratungsstellen ab und es macht Sinn, sich entsprechend zu spezialisieren.

Annemarie Jost berichtet in ihrem Beitrag „Erziehungsberatung bei elterlicher Suchtbelastung" vor allem über die Konsequenzen von Alkoholabhängigkeit für das familiäre System. Die Abhängigkeit führt zu massiven Veränderungen. Neben den erheblichen gesundheitlichen Einschränkungen sind die wirtschaftlichen Probleme, die veränderten Beziehungen, die belastenden Auswirkungen auf die Partnerschaft, die erhöhte Sucht-Gefährdung der eigenen Kinder sowie massive Defizite im erzieherischen Verhalten zu nennen. Dementsprechend geht es bei einer entsprechenden Arbeit in den Beratungsstellen schwerpunktmäßig um erzieherische Fragestellungen und nicht um eine Therapie des abhängigen Elternteils. Christine Isermann stellt in ihrem Beitrag „Ach wie gut, dass (k)einer weiß ... Ein Gruppenangebot für Kinder aus suchtbelasteten Familien" ein spezielles Angebot für diese Klientel vor. Kinder, so hat die Autorin beobachtet, möchten am liebsten die Suchterkrankung der Eltern verheimlichen, andererseits brauchen sie dringend Hilfe. Immerhin sind 2,65 Millionen Kinder und Jugendliche unter 18 Jahren von der Alkoholabhängigkeit ihrer Eltern betroffen. Sie sind aufgrund der großen Herausforderungen an ihre Rolle in einer solchen Familie massiv überfordert. Je nach Temperament reagieren die Kinder mit unterschiedlichen Rollenmustern, die die Autorin vorstellt und diskutiert. Ziel des Gruppenangebotes, das in einer Beratungsstelle entwickelt wurde, ist die Förderung von Selbstwert und emotionaler Sicherheit. In einer angstfreien Umgebung können Konflikte, Gefühle und Bedürfnisse angesprochen werden. Die Autorin gibt durch die praktische Darstellung sowie durch ein entsprechendes Fallbeispiel einen guten Einblick in ihre Werkstatt.

Der Aufsatz von Andreas Schrappe ist mit „Beratung für Familien mit einem psychisch kranken Elternteil – neuer Wein in gute Schläuche" überschrieben und setzt das Kapitel über die Arbeit mit besonderen Familien fort. Kinder psychisch kranker Eltern seien in der Jugendhilfe bislang oft übersehen worden, so der Autor. Dabei stellen sie eine „Hochrisikogruppe" dar mit einem hohen Potenzial, selbst zu erkranken, entweder direkt über die Eltern ausgelöst, oder indirekt durch allgemeine Stressoren bedingt. Auch hier gibt es ein großes Tabu, über die Erkrankung zu sprechen und damit eine große Scheu, sich um Hilfe an Dritte zu wenden. Das Thema ist eine große Herausforderung für die Beratungsstellen. Es geht darum, für diese Klientel die Schwelle zu senken, sich besonders zu qualifizieren und entsprechend Kapazität für die Aufgabe zu reservieren. Die Arbeit mit Kindern psychisch kranker Eltern am Evangelischen Beratungszentrum Würzburg, wie sie bereits seit zehn Jahren etabliert ist, wird beispielhaft beschrieben.

Eine besondere Zielgruppe der Arbeit von Beratungsstellen sind Migrantenkinder und deren Familien. „InMigra-Kid – ein EB-Projekt zur Unterstützung der Integration von Migrantenkindern in Kindergarten und Schule" von Kismet Seiser und Martina Kindsmüller setzt die Tradition entsprechender Beiträge im Jahrbuch für Erziehungsberatung fort. In Regensburg, dem Sitz der Beratungsstelle der beiden Autorinnen, gibt es eine Fachstelle zu dem Thema. Auf der Basis der bisherigen Erfahrungen wurde ein Projekt entwickelt, das sich vor allem an die Tageseinrichtungen für Kinder bzw. an die Eltern der dort betreuten Migrantenkindern wendet. „Muttersprachliche Sprachmittler" wurden ausgebildet, die dann über Infostände Präsenz in den Kindergärten zeigten und Kontakt zu den Eltern herstellten. Auf dieser Basis wurden die Eltern zu entsprechenden thematischen Elternabenden eingeladen, die in der jeweiligen Muttersprache abgehalten wurden. Wie so oft erwies sich der persönliche Kontakt über die „muttersprachlichen Sprachmittler" als besonders hilfreich.

Die letzten vier Beiträge dieses Jahrbuches tragen die Überschrift „Aus der Praxis". Eingeleitet wird das Kapitel durch einen Beitrag von Beate Schildbach und Hermann Scheuerer-Englisch mit dem Titel „Schutzauftrag bei Kindeswohlgefährdung und Erziehungsberatung – erste Erfahrungen mit einem strukturierten Konzept". Bundesweit lässt sich ein Ansteigen der Meldungen von Kindeswohlgefährdungen bei Polizei und Jugendämtern verzeichnen. Auch die veranlassten Schutzmaßnahmen haben zugenommen. Dabei ist die Aufgabe des Umgangs mit Kindeswohlgefährdungen für die Erziehungsberatungsstellen nicht grundsätzlich neu. Allerdings hat seit der Einführung von § 8a in das SGB VIII die Diskussion über dieses Aufgabenfeld und vor allem die Diskussion um die Rolle der Beratungsstellen erheblich zugenommen. Die Katholische Jugendfürsorge der Diözese Regensburg mit ihren 10 Erziehungsberatungsstellen hat diese Entwicklung zum Anlass genommen und ein eigenes Schutzkonzept als Leitlinie entwickelt, das von den beiden Autoren vorgestellt wird. Eine Bilanz der ersten Erfahrungen wird ergänzt durch ein Ablaufschema und eine ausführliche Kriterienliste für das Erkennen von Kindeswohlgefährdungen.

Sabine Schreiber und Stefan Näther fahren mit dem MOFA zu den Familien. MOFA steht für mobile Familienarbeit. Gemeint ist eine multidisziplinäre Diagnostik als aufsuchende Leistung der kommunalen Münchner Erziehungsberatungsstellen im Sinne eines ersten Clearings von Fallkonstellationen, die später in eine Hilfe zur Erziehung münden können. Insofern steht der Aufsatz als ein Beispiel für fachdienstliche Aufgaben, wie sie von

Erziehungsberatungsstellen in zunehmendem Maße geleistet werden. Diagnostik ist immer auch eine Intervention. Insofern können sich nicht immer trennscharfe Unterscheidungen zur eigentlichen Beratung ergeben. Der zugehenden multidisziplinären Diagnostik geht eine entsprechende Vereinbarung zwischen dem Sozialbürgerhaus bzw. dem Jugendamt, der Bezirkssozialarbeit, der Beratungsstelle und den Klienten voraus. Schreiber und Näther haben hier ein ausgearbeitetes Konzept vorgelegt, wie Beratungsstellen die Jugendämter ganz konkret bei der Erbringung der sehr kostenaufwändigen Hilfen zur Erziehung unterstützen können.

Ebenfalls für eine neue Entwicklung in den Beratungsstellen steht der Beitrag von Elfriede Seus-Seberich über „Jugendberatung online". Das Internet wird nicht nur immer mehr zu einem festen Bestandteil des allgemeinen Alltagslebens, sondern auch zu einem festen Bestandteil der Beratungspraxis. Jugendliche nutzen diese Medium besonders häufig für ihre Anliegen und gerade Jugendliche werden durch dieses Medium auch besonders gut erreicht. Insofern ergänzt die Online-Beratung (für Jugendliche und für Erwachsene) die klassische Beratungspraxis. Die Zugriffe auf die Beratungsseite der bke und die Zahl der registrierten Nutzer steigen kontinuierlich. Jedes Jahr kommen 3.000 Jugendliche dazu. Seus-Seberich gibt einen allgemeinen Überblick über die aktuelle Entwicklung und über die Anliegen der Jugendlichen. Das Fallbeispiel macht deutlich, wie sehr sich die Online-Beratung, trotz deutlicher Unterschiede, in der Struktur und in der Beziehung, wie sie zum Ratsuchenden aufgebaut wird, mit der Real-Life-Beratung vergleichen lässt. Gleichzeitig zeigt die Autorin die Notwendigkeit einer Qualitätssicherung auch in diesem Bereich auf.

Das Jahrbuch schließt ab mit einem Beitrag von Susanne Hirt über „Faires Raufen". Die Autorin, Mitarbeiterin einer Beratungsstelle und zugleich erfahren in der japanischen Kampfkunst Aikido, hat das Konzept des „Fairen Raufens" entwickelt und Kindergartengruppen und Grundschulklassen als Gewaltpräventionsprojekt angeboten. In dem Projektzeitraum ist das Angebot von immerhin 43 Einrichtungen wahrgenommen worden. Der Beitrag zeigt auf, wie man Elemente der Beratungsarbeit sinnvoll mit körperorientiertem Vorgehen kombinieren und für soziales Lernen als Mittel der Gewaltprävention nutzen kann. Um dem Anspruch der Fairness gerecht zu werden, gibt es klare Regeln im Ablauf, einen entsprechenden Rahmen und eine genaue Abfolge. Ein Großteil der Einrichtungen führt das Programm auch nach Beendigung der Unterstützung durch die Beratungsstelle weiter und kann gute Erfolge erzielen. Nach Befragung der Eltern konnten auch die Kinder profitieren. Sie konnten mit Konflikten bewusster umgehen und verstanden sich selbst als Multiplikatoren, in dem sie andere Kinder auf wichtige Regeln bei Streitigkeiten hinwiesen.

Fürth, Januar 2010
Die Herausgeber

# Aktuelle Herausforderungen

Stefan Sell

# Noch nie war Erziehungsberatung so wertvoll wie heute

Stärken und Schwächen, Chancen und Risiken einer „Wachstumsbranche"

Kann man ernsthaft mit Blick auf die Erziehungsberatung von einer „Wachstumsbranche" sprechen? Diskutieren wir nicht seit Jahren intensiv über die Auswirkungen des demografischen Wandels und dem mit ihm verbundenen Rückgang der Zahl der Kinder und Jugendlichen? Öffnet sich hier nicht vielmehr die Perspektive einer „Schrumpfbranche"? Operiert nicht die Politik bereits mit „demografischen Renditen", die sich hinsichtlich der notwendigen Ausgaben aufgrund der rückläufigen Zahl an Kindern und Jugendlichen auftun und die zu Ausgabensenkungen führen (sollen)?

Hierbei handelt es sich nur um einen scheinbaren Widerspruch. Wir werden eine höchst komplexe Gleichzeitigkeit von rückläufiger Grundgesamtheit für die Erziehungsberatung und zugleich quantitativer Inanspruchnahmeausweitung erleben, die zudem noch angereichert wird durch ein ambivalentes Ineinandergreifen von Verdünnung der Erziehungsberatungsleistungen in die Sozialräume und einer qualitativen Verdichtung der Beratungsarbeit im engeren Sinne aufgrund einer zunehmenden „Fallschwere" in den klassischen Beratungssettings. Das wird enorme Auswirkungen haben auf die Beratungslandschaft in einer engeren infrastrukturellen Sicht, auf die Beratungsformate und natürlich auf die Beratungsprofessionen. Das ganze Feld wird neu sortiert werden. Damit sind Chancen, aber auch erhebliche Risiken verbunden. Daraus resultiert die Notwendigkeit einer (vorgängigen) Stärken-Schwächen- wie auch Chancen-Risiken-Analyse der Erziehungsberatung, der Diskussion möglicher Entwicklungsszenarien sowie die Formulierung fachlicher Standards zur Gestaltung gewünschter Entwicklungspfade oder – pessimistisch formuliert – zur Vermeidung von allzu problematischen Veränderungen im System der Erziehungsberatung.

## Der demografische Wandel als höchst ambivalenter Entwicklungskontext für die Erziehungsberatung

Mittlerweile dürfte die grundlegende Mechanik des demografischen Wandels hinreichend bekannt sein – im Zusammenspiel der drei Bestimmungsfaktoren Geburtenrate, Entwicklung der Lebenserwartung und Wanderungssaldo wird es definitiv einen deutlichen Rückgang sowohl der absoluten Zahl wie auch der relativen Bedeutung der jüngeren Generation sowie der Elterngeneration geben. Man muss sich nur verdeutlichen, dass die seit Mitte der 1970er Jahre in Westdeutschland gegebene niedrige Geburtenrate von 1,3 bis 1,4 dazu führt, dass jede nachfolgende Generation um ein Drittel kleiner wird als die vorangegangene – und damit auch die (potenzielle) Elterngeneration. Die 11. koordinierte Bevölkerungsvorausberechnung des Statistischen Bundesamtes aus dem Jahr 2006 kam zu dem Ergebnis, dass die Gesamtzahl der unter 20-Jährigen bis zum Jahr 2050 bei der Fortsetzung der aktuellen Trends in der mittleren Variante um mehr als 30% abnehmen wird – von 16,5 Millionen im Jahr 2005 auf 10,4 bis 11,4 Millionen im Jahr 2050, je nach Annahmen (Statistisches Bundesamt, 2006). Bei allen jüngeren Altersgruppen kommt es schnell zu Rückgängen. Der demografische Wandel wirkt hier unmittelbar und ist in den Betreuungs- und Bildungseinrichtungen schon jetzt spürbar – derzeit vor allem im Bereich der Kindergärten und Grundschulen, in den kommenden Jahren werden sich dann die deutlichen Rückgänge vor allem im Schulbereich und im Ausbildungssystem zeigen. Parallel dazu wird die Zahl und der Anteil der älteren Menschen über 65 Jahre deutlich ansteigen. Es sei an dieser Stelle nur darauf hingewiesen, dass hier mit Daten operiert wird, die sich auf ganz Deutschland beziehen. Faktisch wird sich die demografische Entwicklung in den einzelnen Regionen in einer erheblichen Streuungsbreite ausprägen. Offensichtlich ist die damit verbundene erhebliche Varianz bereits heute bei einem vergleichenden Blick z.B. auf die ostdeutschen Bundesländer, bei denen der Rückgang bei den Jüngeren noch deutlich höher ausfällt (durch einen drastischen Geburteneinbruch in den Nachwendejahren wie aber auch durch eine signifikante Abwanderung gerade jüngerer Menschen in westliche Bundesländer, und hierunter vor allem von jungen Frauen. Kontrastierend hierzu verzeichnen manche Boom-Regionen im Westen eine (mobilitätsbedingte) Zunahme an jüngeren Menschen.

Für das Feld der Erziehungsberatung haben diese großen Entwicklungslinien mehrere offensichtliche Konsequenzen:

- Die Grundgesamtheit der (potenziellen) Klientel der Erziehungsberatung wird quantitativ gesehen abnehmen.
- Mit Blick auf die allgemeinen Auswirkungen des demografischen Wandels erscheint die These plausibel, dass Themenfelder wie Gesundheit, Pflege, Alterssicherung sowie Arbeitsmarkt, die schon derzeit die Diskussion dominieren, in zunehmenden Maße weiter an Aufmerksamkeit gewinnen werden und vor allem der Finanzierungsdruck in den sozialen Sicherungssystemen steigen wird.
- Der „Verteilungsstress" zwischen den sozialen Gruppen wird zunehmen – und nicht selten überlagert die Rede von dem „demografischen Prob-

lem" eine „klassische" Verteilungsfrage zwischen unterschiedlichen sozialen (aber nicht primär zwischen Alters-)Gruppen. Damit durchaus im Zusammenhang stehend wird eine Veränderung des „gesellschaftlichen Klimas" erwartet in dem Sinne, dass der Einfluss der Älteren deutlich zunehmen wird – vor allem, wenn die quantitativ stark besetzte Gruppe der Babyboomer ab 2015 aus dem Erwerbsleben ausscheidet und die Sicherungssysteme stark beanspruchen muss. Nicht wenige Hypothesen behaupten in diesem Kontext eine stärkere Gewichtung von Themen wie innere Sicherheit oder Renten, die primär die Interessen der Älteren widerspiegeln und im Gefolge dieser Verschiebung der Präferenzen eine ressourcenseitige Benachteiligung der Interessen der jungen Generation. Es wird – so die Behauptung – von Seiten der politischen Parteien zu einer starken Fokussierung auf die Interessen der älteren Generation kommen und parallel zu einer Untergewichtung der für die Gruppe der Jüngeren relevanten Interessen, nicht nur aufgrund der rein zahlenmäßigen Bedeutungszunahme der Älteren, sondern auch mit Blick auf die divergierende Wahlbeteiligung der Generationen. Die Abnahme der Zahl der jüngeren Wähler in Kombination mit ihrer bislang niedrigeren Wahlbeteiligung wird natürlich von den Parteien registriert und strategisch berücksichtigt.

- Hinsichtlich der Auswirkungen des demografischen Wandels ist auf alle Fälle zu erwarten, dass Kinder und Jugendliche zu einem „knappen Gut" werden in unserer Gesellschaft und damit – nach allen Regeln von Angebot und Nachfrage – ihr „Preis" steigt bzw. steigen muss. Die Verwendung des ökonomischen Terminus „Preis" in diesem Kontext mag vordergründig irritieren, bietet sich aber gleichsam an: Ein steigender „Preis" kann mit Blick auf Kinder und Jugendliche bedeuten: Zum einen werden höhere „Investitionen" in Kinder und Jugendliche getätigt, was man derzeit in den Mittelschichten am Beispiel der Nachfrage nach privat finanzierten Förderangeboten oder schulischer Nachhilfe beobachten kann – ein Milliardenmarkt (vgl. zur Empirie die Studie von Dohmen et al., 2008). Auch der Staat wird gezwungen, stärker als bisher in die weniger werdenden Kinder und Jugendlichen zu investieren – die Tatsache, dass immer noch fast 10% eines jeden Jahrgangs die Schulen ohne irgendeinen Abschluss verlassen, wird vor diesem Hintergrund besonders absurd und verdeutlicht den Entwicklungsbedarf. Der steigende Preis für jedes einzelne Kind in einer Gesellschaft mit weniger Kindern insgesamt stellt auch eine Ursache für die in der Vergangenheit beobachtbare Verkleinerung der Familienzahl dar, da viele Familien steigende Preise mit weniger Kindern beantwortet haben.

- Diese grundsätzliche Entwicklung muss im Zusammenhang gesehen werden mit einer erwartbaren weiteren Polarisierung zwischen den Kindern und Jugendlichen und ihren Lebenslagen, sowohl in materieller wie auch soziokultureller Hinsicht. Dadurch wird sich auch die Suche nach neuen Formen der Anerkennung intensivieren – das ist mit ein Grund für die aktuell so heftig diskutierten Ausformungen von jugendlicher Gewalt. In diesem Zusammenhang sollte man nicht vergessen, dass gerade die Sichtbarkeit exkludierter Jugendlicher im öffentlichen Raum und die damit verbundene Wahrnehmung potenzieller oder realer Gewalt und anderer abweichender Verhaltensweisen in einer deutlich älter werdenden Gesellschaft tendenziell eine Verschiebung von der sozialen hin zur öffentlichen Sicherheit unterstützt. Diese Entwicklungsachse wird befördert durch den zunehmenden sozialen Stress, dem sich die leistungstragenden Mittelschichten in Form mannigfaltiger Ängste vor dem sozialen Abstieg ausgesetzt sehen. Diese Familien stellen aber zugleich die Hauptsäule einer mehr oder weniger gelingenden Erziehung der Mehrheit der Kinder und Jugendlichen. Insofern übertragen sich die Anspannungen nicht nur auf die bereits exkludierten Jugendlichen mit einer zunehmend auf Bestrafung und Autoritätsdurchsetzung ausgerichteten negativen Sanktionierung, wie sich an der Renaissance der geschlossenen Unterbringung, einer stärkere Bestrafungsorientierung im Jugendstrafrecht usw. zeigt, sondern auch auf die eigenen, „normalen" Kinder und Jugendliche, die sehr genau die Belastungen und die Permanenz der Verunsicherung der Elterngeneration wahrnehmen. Insofern wird das heutige und zukünftige Aufwachsen immer stärker eingebunden in die gesellschaftliche Entwicklungslinie einer zunehmenden „Entsicherung". Der Terminus „Entsicherung" ist hierbei nicht nur mit Blick auf die Sicherungssysteme zu verstehen, sondern hinsichtlich des Systems Familie auch auf die dort ablaufenden Prozesse und Anforderungen zwischen den Familienmitgliedern, z.B. hinsichtlich vorgängiger „Sicherheiten" bei Erziehungsfragen. Eltern geraten zunehmend unter Druck – und das quer zur vertikalen sozialen Positionierung (vgl. ausführlich die Befunde in der Studie von Merkle/Wippermann, 2008).

Bereits diese Hinweise mögen erahnen lassen, dass die Phantasien vom Heben umfänglicher „demografischer Renditen" durch Abbau von Plätzen und Angeboten und einer insgesamt rückläufigen Inanspruchnahme im Bereich der Kinder- und Jugendhilfe, wie sie vor allem in der Politik grassieren, keine reale Basis haben. Dies gilt bereits für den (ausgabenschweren) Bereich der Kindertagesbetreuung, weil zwar die Grundgesamtheit der „Regelkinder" im Rechtsanspruchsbereich des Kindergartens rückläufig ist, zugleich aber eine Politik des Öffnung „nach unten", also zu den unter Dreijährigen, eingeleitet worden ist und auch die Umfänge der Betreuung (Stichwort Ganztagsbetreuung) ausgeweitet werden.

Die rein quantitativ rückläufige Zahl an Kindern und Jugendlichen wird – so meine These – kompensiert, wenn nicht sogar überkompensiert durch eine ansteigende Inanspruchnahme der Dienstleistung Erziehungsberatung im Kontext der gesellschaftlichen Veränderungen wie auch durch eine ansteigende „Fallschwere" bei den Beratungsfällen. Dieses Phänomen müssen wir auch in anderen Bereichen der Kinder- und Jugendhilfe beobachten – ganz besonders markant im Bereich der stationären Hilfen zur Erziehung. Man kann das Phänomen aber auch in benachbarten Bereichen der sozialen und personenbezogenen Dienstleistungen erkennen, so im Krankenhausbereich oder in den Altenpflegeheimen. Hier ist es zum einen Folge der Finanzierungssystematik (im Krankenhausbereich als Folge der durchgängigen Fallpauschalierung) und andererseits ein Effekt der Ambulantisierung (so im Bereich der Altenpflege). Vgl. zur Bedeutung der Ambulantisierung in der Sozialpolitik den Beitrag von Sell, 2008b.

## Die Veränderungen im System Familie als Rahmenbedingung für die Erziehungsberatung

„Ein Leben mit Kindern bedeutet heute nicht nur Sinn und Glück, sondern auch Spagat, vielfache Spannungen und oft auch das Gefühl von Ungenügen. Familiäre Werte stehen dem Leitbild der wettbewerbsorientierten Wirtschaft entgegen, in der sich jeder Einzelne als Wettbewerbsteilnehmer begreifen muss" (Henry-Huthmacher 2008, S. 46).

In der Fachdiskussion werden die strukturellen Veränderungen des Aufwachsens bekanntlich seit längerem mit Begriffen wie „entgrenzt", „individualisiert", „pluralisiert" oder „verdichtet" umschrieben (vgl. aus der Vielzahl der Literatur nur Lüders 2007 und Seckinger 2007). Nicht nur die Kinder und Jugendlichen müssen heute in einer immer kürzeren Zeit stabile und kohärente Identitäten ausbilden, auch die Eltern sehen sich zunehmend mit der permanenten Meta-Herausforderung eines „boundary managements" im Kontext einer „fluiden Gesellschaft" konfrontiert (vgl. hierzu Keupp 2008). Manifest werden zahlreiche Überforderungen und Fluchtbewegungen, die sich gerade in dem fragiler werdenden System Familie ausformen. Gesellschaftstheoretisch bewegen wir uns hier im Kontext der „Flüchtigen Moderne", wie sie der Soziologe Zygmunt Bauman prägnant beschrieben und diskutiert hat (vgl. ausführlicher Bauman 2003 und 2007). In einer bereits 2001 im Original erschienen, aber erst seit kurzem auch in deutscher Übersetzung vorliegenden Arbeit (Bauman 2009) befasst er sich mit der Bedeutung von Gemeinschaften im Kontext der Suche nach Sicherheit in einer bedrohlichen Welt. Hier finden sich auf der gesellschaftstheoretischen Ebene zahlreiche Anknüpfungspunkte für die auf der Mikroebene operierende Erziehungsberatung, so die Frage nach der Eingliederung der Entwurzelten, die Thematisierung des Zeitalters der Trennungen und – besonders brisant angesichts der Auffächerung der Beratungslandschaft – die Sezession der Erfolgreichen.

Zugespitzt kann man formulieren: Der Erziehungsberatung geht trotz einer demografisch bedingten rückläufigen Grundgesamtheit an „potenziellen Klienten" die Nachfrage nach ihren Leistungen nicht aus, es ist sogar plausibel anzunehmen, dass vor dem Hintergrund der Veränderungen im System Familie die Nachfrage deutlich zunehmen wird – oder sagen wir korrekter: Es ist von einem ansteigenden Bedarf nach Leistungen der Erziehungsberatung auszugehen, der sich in eine entsprechende Nachfrage übersetzen könnte, aber nicht muss, wenn dafür nicht entsprechende Angebote bereitgehalten (und finanziert) werden. Wobei die dann resultierende Rationierung kontrafaktisch zur eigentlichen Rechtslage zu bewerten ist: § 80 Abs. 1 Nr. 3 SGB VIII statuiert eine rechtzeitig und ausreichend vorzunehmende Planung der Vorhaben zur Befriedigung des Bedarfs. Allerdings – und das ist dann das Einfallstor für die tatsächlich defizitäre Planung, handelt es sich um eine verpflichtende Soll-Vorschrift mit einem entsprechenden Bewertungsspielraum.

Mit Blick auf die vielfach beschriebenen Veränderungen im System Familie sei an dieser Stelle nur auf die bereits erwähnte zunehmende (gesellschaftliche) Polarisierung der Familien (und der damit verknüpften Kindheit und Jugend) verwiesen, die unmittelbare und höchst ambivalente Auswirkungen auf die Konfiguration der Erziehungsberatung hat und haben wird. Es geht hier um die beobachtbare Entwicklung, dass wir einerseits einen erheblichen Problemdruck im „unteren" Bereich der Gesellschaft haben, was an der Oberfläche in den Debatten über eine zunehmende Kinderarmut zum Ausdruck kommt, allerdings weitaus raumgreifender Auswirkungen hat, die unmittelbar die Anfragen auch an die Erziehungsberatung tangieren. Parallel dazu steigen die Anforderungen aber auch mit Blick auf die „normalen", nach außen „gutsituierten" Kinder und Jugendlichen aus den Mittelschichtsfamilien, wo ein erheblich steigender Bedarf an Orientierung in Erziehungsfragen zu konstatieren ist.

Dieses Muster kann auch anhand der neuen, wesentlich differenzierteren Daten der Kinder- und Jugendhilfestatistik nachvollzogen werden (vgl. hierzu umfassend das Heft 1/2009 der Zeitschrift KomDat Jugendhilfe. Informationsdienst der Dortmunder Arbeitsstelle Kinder- und Jugendhilfestatistik).

Allerdings ist es angesichts der seit Jahren vorliegenden Befunde schon mehr als ärgerlich, dass im Kontext der Interpretation der aktuellen Daten erneut die angebliche Mittelschichtslastigkeit der Erziehungsberatung postuliert wird. Hierzu ein Beispiel aus der Berichterstattung der Presse, wobei sich der Bericht in der „Süddeutschen Zeitung" auf Bewertungen durch Thomas Rauschenbach stützt:

Es spricht nach den Daten einiges dafür, dass die größten Erziehungsschwierigkeiten in den Familien am Rand der Gesellschaft entstehen. So stammen drei Viertel aller Kinder, die vom Jugendamt dauerhaft in Pflegefamilien untergebracht werden, aus Familien, die finanzielle Hilfe des Sozialamts benötigen. Auch in Kinderheimen begegnet man vor allem der Unterschicht: Fast sechzig Prozent dieser Kinder haben Eltern, die finanziell von staatlichen Transferzahlungen abhängig sind.

Klassische Erziehungsberatung, bei der Eltern von sich aus in eine Beratungsstelle kommen, ist nichts für ärmere Familien. Nur 17 Prozent der Kundschaft regulärer Beratungsstellen sind Sozialhilfe-Empfänger. Umso größer ist die Gruppe, die keine Transfers des Staates benötigt; es sind 83 Prozent der Eltern. „Das deutet auf eine Spaltung hin: Ärmere Familien benötigen häufiger intensive Unterstützung, etwa durch Heime. Wohlhabendere Familien wissen die Beratungsangebote zu nutzen – und brauchen oft auch nichts anderes", sagt Thomas Rauschenbach, Direktor des Deutschen Jugendinstituts. Erstaunlich ist, dass vor allem Eltern relativ junger Kinder in die Beratungsstellen kommen: Den größten Anteil stellen jene, deren Kinder acht bis neun Jahre alt sind. „Offenbar hängt das mit dem Übertritt an die weiterführenden Schulen zusammen", sagt Rauschenbach. „Viele Mittelschicht-Eltern erleben das als sehr stressig und belastend, weshalb sie sich in den Beratungsstellen Unterstützung holen" (zit. nach Berth, 2009). Dies belegt ein Blick auf die Altersverteilung der Fälle: Während für die Erziehungsberatung die höchsten Inanspruchnahmewerte für die 8- und 9-Jährigen ausgewiesen werden, sind es bei den anderen erzieherischen Hilfen die 15- und 16-Jährigen (Pothmann/Fendrich, 2009, S. 2). In der Gesamtschau bekommt man den „Eindruck, als würden Hilfen in Deutschland noch immer nach dem Muster der traditionellen Fürsorge gewährt: intervenierende, also familienersetzende Hilfen stärker für die Gruppe der Alleinerziehenden, beratende und familienunterstützende Hilfen hingegen eher für Kinder von zusammenlebenden Eltern" (Rauschenbach et al., 2009, S. 10).

Angesichts der vorliegenden differenzierten Befunde ist der immer wieder lancierte Vorwurf einer „Mittelschichtslastigkeit" der Erziehungsberatung sachlich zurückzuweisen. Schon eine der ersten Untersuchungen zur Inanspruchnahme hatte zeigen können, dass die Klientel der Erziehungsberatung etwa der Verteilung in der Bevölkerung entspricht (Brandt 1967, S. 34). Im Jahr 1989 wurde dies auf der Basis der damaligen Studienlage bestätigt (Erhardt 1989). Auch Nitsch (2001, S. 23) hat darauf hingewiesen, dass die vorliegenden Untersuchungen übereinstimmend zu dem Ergebnis kommen, dass arme Familien in der Klientel von Erziehungsberatungsstellen eher über- statt unterrepräsentiert sind (zit. nach Hensen/Körner 2005, S. 231).

## Veränderungen der Beratungslandschaft und der Beratungsformate

Ein Blick von oben auf das Arbeitsfeld der Erziehungsberatung verdeutlicht zwei grundsätzliche Problembereiche: Zum einen muss man von einer quantitativen Unterversorgung schon in den bestehenden Strukturen sprechen. Insoweit haben wir es hier – neben der grundsätzlichen Problematik nicht gedeckter Bedarfe – mit einer Flaschenhalsproblematik für die (geforderte) Expansion der erziehungsberaterischen Leistungen in die Sozialräume sowie eine Verstärkung der präventiven Angebote zu tun. Zum anderen muss man auf die Problematik einer Unterdimensionierung der Beratungsstellen hinsichtlich der eigentlich erforderlichen Abbildung von Beratungskomplexität in multiprofessionellen Teams hinweisen.

Die Unterversorgung schon in den bestehenden Strukturen wird bereits bei einem flüchtigen Blick auf Wartelisten erkennbar. Genauer lässt sie sich fassen, wenn man die Relation von Mengen- und Kapazitätsentwicklung betrachtet: Der realisierte Bedarf an Beratung ist hinsichtlich seiner Expansion in den zurückliegenden Jahren enorm, denn die Zahl der beendeten Erziehungsberatungen erhöhte sich von 197.000 im Jahr 1993 auf mehr als 310.000 im Jahr 2006 – während die Beratungskapazitäten auf dem Stand des Jahres 1982 stehen geblieben sind. Die bke hat darauf hingewiesen, dass diese Scherenentwicklung nur durch erhebliche interne Rationalisierungsmaßnahmen in den Beratungsstellen realisiert werden konnte, u.a. durch die Einführung der Familientherapie, die Begrenzung der Kontaktzahl für eine Beratung oder eine Verringerung der Kindertherapien (bke, 2008, S. 10). Mit Blick auf die gegebene und seit längerem immer wieder auch in Frage gestellte gegebene Beratungsstellenkonfiguration muss die vorhandene Lücke zwischen Bedarf und faktischer Bedarfsdeckung in zweifacher Hinsicht problematisiert werden: Zum einen kann es auch aufgrund der Unterversorgung schon im bestehenden System dazu kommen, dass bestimmte Personengruppen, die schon unterrepräsentiert sind bei der Inanspruchnahme der Leistungen, noch stärker aus dem System ausgeschlossen werden, weil sich andere, durchsetzungsfähigere Gruppen an der Spitze der Warteschlange positionieren (können). Dies verweist auch auf die immer wieder postulierte „Mittelschichtslastigkeit" der Erziehungsberatung, wie sie auch bei der Bewertung der neuen Daten erneut trotz aller widergelagerter Evidenz vorgetragen wurde. Zum anderen – und mit Blick auf die zukünftige Ausgestaltung des Feldes wesentlich relevanter – restringiert aber diese Situation die Ansätze einer Diffusion der Beratungsleistungen in die Sozialräume und den Ausbau der präventiven Angebote in den Settings außerhalb der Beratungsstellen (Kitas, Schulen usw.). Denn zum einen fehlen schlichtweg die Ressourcen und Kapazitäten für diesen Formenwandel der Erziehungsberatung, zum anderen aber – und dies reicht viel tiefer in das Wurzelwerk des Selbstverständnisses der Berater/innen – stellt sich angesichts der gegebenen Nachfragesituation auch gar nicht die subjektiv wahrgenommene Notwendigkeit, die eigene Beratungsstellenarbeit wesentlich zu verändern oder gar aufzugeben.

Damit durchaus interagierend steht die Problematik einer Unterdimensionierung der Beratungsstellen hinsichtlich der eigentlich erforderlichen Abbildung von Beratungskomplexität in multiprofessionellen Teams. Die seit den 1970er Jahren vorangetriebene Ausformung relativ abgeschlossener Organisationseinheiten und die relativ geringe Personalbesetzung der einzelnen Beratungsstellen hat gewissermaßen zu einer Über-Dezentralisierung der Betriebsabläufe in diesem wichtigen Beratungssegment geführt. So ist es auch nicht überraschend, dass es seit einigen Jahren eine erkennbare, wenn auch innerhalb der Fachszene heftig umstrittene Entwicklungslinie in Richtung integrierte Beratungsstellen gibt, wobei sich sowohl die Integration von Diensten wie auch die Größe des Verbundes als grundsätzlich positive Wirkfaktoren identifizieren lassen (vgl. Sell 2007). Kritisch bleibt anzumerken, dass gerade vor dem Hintergrund der gegebenen personellen Unterdimensionierung der Beratungsstellen eine bloße Zusammenlegung mit anderen Beratungsdiensten – die in der Regel ebenfalls unterausgestattet sind – noch nicht die unstrittigen Potenziale multiprofessioneller Teams erschließen kann. Dies wird erst ab einer bestimmten kritischen Betriebsgröße möglich sein, wenn eine fachlich fundierte Binnendifferenzierung möglich wird.

Angesichts der ansteigenden Beratungskomplexität – und dies nicht nur aus einer methodischen Perspektive, sondern vor allem mit Blick auf die quer zu den versäulten Hilfeangeboten liegenden Bedarfe der Menschen – gibt es konzeptionell gute Gründe für eine Zusammenfassung zu deutlich größeren Beratungseinheiten, in denen dann auch erst die möglichen funktionalen Spezialisierungen mit entsprechenden Effizienzvorteilen realisiert werden können. Offensichtlich ist das Handlungsfeld hinsichtlich der originär erforderlichen Vernetzung und Koordination chronisch unterkomplex, während zugleich die wahrnehmbaren Anfragen aus den Familien kontinuierlich zunehmen, aber eben in der Regel querliegend zu den gewachsenen Systemen, angereichert um die Problematik der Nicht-Anfragen an das gewachsene System aus besonders belasteten Familien. Diese „Sprachlosigkeit" durchaus im wahrsten Sinne des Wortes eröffnet einen ganz anderen Zugang zu der häufig – und als Vorwurf einer angeblichen „Mittelschichtslastigkeit" fehlinterpretierten – Problematik einer Unterinanspruchnahme der Erziehungsberatung durch bestimmte Familien bzw. Personengruppen.

Dieses Erfordernis gilt ganz besonders bei Integration des präventiven Ansatzes in das Regelleistungsspektrum. Hier schimmert die Vision der „Beratungsleistungen aus einer Hand" durch, bei der die versäulte, eher den Abschnitten in den einzelnen Sozialgesetzbüchern entsprechende Fragmentierung der Beratungsdienste aufgebrochen wird zugunsten größerer integrierter Dienste, die die gesamte Beratungspalette anbieten können. Dafür kann man gute Argumente vorbringen. Wir sehen die gleiche Entwicklungslogik ja auch in anderen Handlungsfeldern der sozialen Dienstleistungen, beispielsweise in der Arbeitsmarktpolitik und der Grundsicherung im Gefolge der „Hartz-Gesetzgebung", wo mit den neuen Job-Centern ja auch das Prinzip der „Leistungen aus einer Hand" realisiert werden sollte. Gerade an dieser Analogie kann man aber auch deutlich machen, dass eine gehörige Portion Skepsis angebracht ist hinsichtlich Umsetzbarkeit und tatsächlicher Realisierung positiver Effekte aus der Integration von Diensten (und Trägern), die sich auf dem Papier so beeindruckend konzipieren lässt. Zugespitzt formuliert müsste das Motto lauten: Von Hartz IV lernen, denn die aktuellen Verwerfungen im SGB II-Bereich über die zukünftige Ausgestaltung der Arbeitsgemeinschaften (ARGEn) zwischen Bundesagentur für Arbeit und Kommunen als Regelmodell der gemeinsamen Aufgabenwahrnehmung und mehr noch die praktischen Erfahrungen vor Ort lassen Zweifel daran entstehen, ob Leistungen aus einer Hand wirklich realisierbar sind in dem hyperkomplexen Geflecht unterschiedlicher Rechts- und Finanzierungsquellen.

Mit Blick auf die Erziehungsberatungslandschaft wird hier ausdrücklich nicht für eine eindimensionale Strategie des Größenwachstums im Sinne von Zentralisierung und Fusionierung plädiert. Die Zukunft einer integrierten Beratungslandschaft liegt gerade auch vor dem Hintergrund der sehr kleinteiligen und pluralen Trägerstruktur bei den Beratungsdiensten auf der (idealtypischen) Entwicklungsachse von Institutionen hin zu Netzwerken, wobei die Idealtypik und ihr Spannungsverhältnis zur Realität besonders hervorzuheben wäre (vgl. Sell 2008c, am Beispiel der Kindertageseinrichtungen, die derzeit im Kontext von Familienzentren in einer vergleichbaren Spannung stehen). Aus einer grundsätzlichen Perspektive kann man sagen: Netzwerkbildung – sowohl nach außen als hoch komplexe Vernetzung in die Sozialräume wie auch nach innen in Form von Trägerverbundsystemen bzw. auch gemeinsamen Trägerschaftsmodellen – wird das Gebot der vor uns liegenden Jahre werden. Was auch bedeutet, dass es bis zu einem gewissen Grad eine Aufteilung von Beratungsschwerpunkten zwischen den einzelnen Trägern geben wird bzw. geben muss.

Mit Blick auf die immer wieder vorgetragene eher holzschnittartig angelegte Forderung nach einer Abkehr von den „Komm-Strukturen" der Beratungsstellen und der Ausdifferenzierung von „Geh-Strukturen" scheint sich als gleichsam pragmatischer Kompromiss die Entwicklungsperspektive „Von der Komm-Struktur hin zu einer Auch-Geh-Struktur der Beratungsdienste" (vgl. die Beiträge in Zimmer/Schrapper, 2006) zu öffnen. Damit soll die häufig geforderte und notwendige „Verflüssigung" von Beratung in die Sozialräume hinein unterstützt werden, zugleich muss man aber auch die ressourcenseitigen Beschränkungen der wohlfeilen Forderung nach präventiver, aufsuchender, zugehender Beratung sehen und berücksichtigen. Die Antwort kann angesichts der Quantitäten des Beratungsbedarfs im Zusammenspiel mit den Begrenzungen bei den vorhandenen Beratungsfachkräften nur in dem Aufbau und der Entwicklung von Beratungskompetenzen bei den Fachkräften vor Ort liegen, also z.B. (ausgewählte) Erzieher/innen in den Kitas im Sinne einer auch in den Kitas erwartbaren Funktionsdifferenzierung als Multiplikatoren zu qualifizieren.

Die bis hier geführte Argumentation verweist bereits immer wieder auf veränderte Beratungsformate, womit neben der Frage nach der zukünftigen Ausformung der institutionellen Verfasstheit der Beratungsarbeit die nächste zentrale Anfrage an das System Erziehungsberatung gestellt wird. Als Hintergrund sei an dieser Stelle eine Polarisierung der Beratungsbedarfe postuliert, die dazu führt, dass die „klassische" Erziehungsberatung doppelt unter Druck gesetzt wird – durch einen Beratungsbedarf „oben" und „unten", die beide im bestehenden System nicht ausreichend bedient werden (können).

- Der Beratungsbedarf „oben", also in den „Mittelschichtsfamilien", ist offensichtlich und auch quantitativ anhand der Ausgaben messbar. Die zentrale Problematik hier ist die durch eine zunehmende Verunsicherung und Orientierungslosigkeit in Erziehungsfragen beförderte „Fluchtbewegung" in die zugleich oft höchst problematische Ratgeberliteratur (vgl. hierzu aktuell Göppel (2009) mit einer instruktiven und kritischen Auseinandersetzung mit der „Tyrannei der Erziehungsratgeber" am Beispiel des „Erfolgsautors" Michael Winterhoff angesichts der großen Resonanz, die seine empirisch kaum haltbaren Thesen beim breiten Publikum finden) sowie eine ausgesprochene Kommerzialisierung der Nachfrage – nicht nur bezogen auf die boomende Ratgeberliteratur zu Erziehungsfragen, sondern auch mit Blick auf die privat finanzierte Inanspruchnahme einer in den letzten Jahren epidemisch um sich greifenden kommerziellen „Förderlandschaft", vor allem im frühpädagogischen Bereich. Hier muss man teilweise sogar von einem „Frühförderwahn" sprechen mit einer bedenklichen Überinanspruchnahme seitens der verunsicherten Eltern, die teilweise dazu führt, dass die Wochenpläne vieler Kinder bereits im Kita-Alter hinsichtlich der zu absolvierenden Mehrfach-Förderung durchoptimiert sind. „Meines kann schon mehr! Englisch für Babys, Ökonomie für Vierjährige. Wenn Eltern dem Frühförderwahn verfallen" lautete bezeichnenderweise die Überschrift eines Artikels von Jeanette Otto in der ZEIT (2007) – zugleich ein Paradebeispiel für höchst problematische Distinktionsprozesse zwischen den Familien.

- Der Beratungsbedarf „unten" hingegen ist markiert durch das häufig beklagte Problem einer markanten Unterinanspruchnahme der verfügbaren Beratungsleistungen. Allerdings wird zu wenig gesehen, dass es in diesem gesellschaftlichen Segment sehr wohl eine „Bedarfsdeckung" seitens der Eltern gibt, die über die neuen Beratungsformate im Fernsehen läuft. Hier sind wir konfrontiert mit der Herausbildung eines neuen, eigenständigen Genres im Fernsehen (unter dem bezeichnenden Titel „Lebenshilfe-TV"), das sich in einer massiven Expansion entsprechender Angebote auf allen Kanälen, vor allem aber bei den privaten Fernsehsendern auszeichnet. Die „TVisierung" von Beratung sollte mindestens die gleiche Beachtung finden wie die Frage der Online-Beratung in den vergangenen Jahren. Man sollte und darf die Reichweite wie auch die Bedeutung der TVisierung nicht unterschätzen: Verdeutlichen kann man sich dies am Beispiel der Schuldnerberatung, die mit der seit 2007 auf RTL angebotenen Fernsehsendung „Raus aus den Schulden" des Schuldenberaters Peter Zwegat trotz aller Detailkritik eine enorme Popularisierung bekommen hat. Mit diesem Format – bei Einschaltquoten zwischen vier und fünf Millionen – wurden Menschen für das Thema Schuldnerberatung sensibilisiert, die über die tradierten Wege sicher nicht erreicht worden wären. Man denke aber auch – näher an der Erziehungsberatung verortet – an höchst umstrittene, aber nicht minder ambivalent zu bewertende Sendungen wie die immerhin seit 2004 ausgestrahlte „Super Nanny" auf RTL im Charakter des Reality TV, in welchem die Diplom-Pädagogin Katharina Saalfrank Familien in Erziehungsfragen berät.

Welche Schlussfolgerungen könnte man aus diesem doppelten Spannungsverhältnis hinsichtlich möglicher Anpassungen des Geschäftsmodells der Erziehungsberatung ziehen? In einer provokant gemeinten Zuspitzung könnte man zwei Aspekte herausstellen:

- Mit Blick auf den Beratungsbedarf „oben" könnte man die Frage aufwerfen, ob nicht auch der „klassische Markenanbieter" Erziehungsberatung den Weg einer partiellen Kommerzialisierung der Informations- und Beratungsdienstleistungen gehen sollte, um die offensichtliche und in diesem Fall sogar kaufkräftige Nachfrage zu bedienen. Damit keine Missverständnisse auftreten: Hier wird gerade nicht für eine Abschaffung des gebührenfreien Zugangs zur Erziehungsberatung plädiert (was von der Kostenträgerseite immer wieder gerne gefordert wird). Wenn hier von einer partiellen Kommerzialisierung gesprochen wird, dann bezieht sich dies nicht auf die Kernleistung, sondern ist additiv zu verstehen mit Blick auf den offensichtlichen Bedarf an Ratgeberliteratur, für den es messbar eine erhebliche Zahlungsbereitschaft gibt. So wurde bereits für das Jahr 2004 das Umsatzvolumen allein im Bereich der Erziehungsratgeber auf 750 Mio. Euro taxiert (vgl. Geißler 2005, S. 17) – und dieser Betrag hat sich seither weiter erhöht. Was spricht denn dagegen, dass sich das professionelle Beratungssystem an dieser faktischen Inanspruchnahme entsprechend beteiligt?

- Mit Blick auf den Beratungsbedarf „unten" stellt sich die Frage, ob nicht der Einstieg in und die Gestaltung neuer Formate, die quer zu den bisherigen Praktiken liegen, erwogen werden sollte. Wäre eine aktive Beteiligung an der „TVisierung" von Beratung nicht eine naheliegende Option, wenn man denn das Postulat der „Niedrigschwelligkeit" der Angebote wirklich ernst nehmen würde? Allein diese Anfrage wird wahrscheinlich zu großen Irritationen führen. Hinzu kommt mit Blick auf die offensichtliche Unterversorgung im „unteren" Bereich noch die Aufgabe, neben dem weiterhin dominierenden Kernprodukt einer freiwilligen, an die Beratungsstellenkonfiguration gebundenen Dienstleistung auch über zugehende und darüber hinaus auch aufsuchende Beratungsformate nachzudenken, die sich zumindest partiell durchaus in einem nichtfreiwilligen Kontext abspielen können?

- Betrachtet man beide Optionsräume, dann wird klar: Hierbei würde es sich um einen Bruch mit Traditionslinien und dem Selbstverständnis der bisherigen Erziehungsberatung handeln. Auch wenn man die skizzierten Entwicklungspfade verwerfen sollte – man muss systematisch darüber diskutieren, allein schon, um von außen eingebrachte Zumutungen an die Beratungsdienste besser abfedern zu können. Zugleich geht es aber auch um die Frage, ob nicht letztendlich ein offensiver Umgang beispielsweise mit der „TVisierung" angesichts der veränderten Lebens- und Rezeptionsverhältnisse in vielen Familien im Interesse der betroffenen Kinder und Jugendlichen wäre, die ansonsten – seien wir ehrlich – nicht selten verloren gehen im Niemandsland der Nicht-Erreichbarkeit ihrer Familien mit den herkömmlichen Angeboten.

## Ausblick: Die absehbare, aber gestaltungsbedürftige Transformation der Erziehungsberatung

Geht man von den Anforderungen und Zuschreibungen aus, die von außen an das Feld der Erziehungsberatung herangetragen werden, dann wird es drei große Entwicklungslinien geben, denen man sich sicherlich (teilweise) verweigern kann (und hinsichtlich bestimmter Ausformungen auch sollte), die aber dennoch zu gestalten wären, weil sie grosso modo nicht aufzuhalten sind: Wichtige Leistungskomponenten der Erziehungsberatung werden in die Sozialräume hinein ambulantisiert, wobei diese Schiene vor allem institutionell an die Kindertageseinrichtungen und an die expandierenden Ganztagsschulen angedockt werden wird. So weit die strategisch sicherlich plausible Blaupause. Allerdings sollte nicht unterschätzt werden, dass wir es hier mit Bereichen zu tun haben, die mit Blick auf die infrastrukturellen und erst recht personellen Voraussetzungen von einem wahrhaft skelettösen Niveau starten und derzeit einer erheblichen Erwartungsüberfrachtung ausgeliefert sind. Prototypisch studieren kann man das in Nordrhein-Westfalen, sowohl hinsichtlich des dort angestrebten Umbaus zahlreicher Kitas zu „Familienzentren" (vgl. umfassend die Beiträge in Diller/Heitkötter/Rauschenbach 2008) und der mitlaufenden Erwartungshaltung, die Erziehungsberatung möge sich hier doch substanziell einbringen, wie auch der flächendeckenden Einführung der offenen Ganztagsschule. Was übrigens in praxi bereits ein mathematisches Problem ist, wenn man die Relation zwischen vorhandenen Erziehungsberatungsstellen und Kindertageseinrichtungen berücksichtigt. Das führt dann zu Kooperationsbeziehungen nach dem „Windhundverfahren", also die Kitas, die zuerst Formen der Zusammenarbeit suchen, werden noch bedient, dann aber müssen aus Kapazitätsgründen seitens der Beratungsstellen weitere interessierte Kitas außen vor bleiben.

Zweitens wird der Druck zunehmen, mit Leistungen der Erziehungsberatung stärker als bisher in die Familien, bzw. in bestimmte Familien hinein zu diffundieren – obgleich seit Jahren ein tragfähiges Konzept gesucht wird, wie man hier wirklich substanziell vorankommen kann. Hier könnte sich durchaus ein positiver Ansatz auftun, wenn das in ein umfassendes und entsprechend ausgestattetes lokales Netzwerk eingebettet sein würde. Leider ist die eher gegenteilige Vermutung derzeit realistischer, dass hier aufgrund des öffentlichen Drucks eher die intervenierende Seite punktuell um den Fokus Kindesmisshandlung bzw. -verwahrlosung in den Mittelpunkt gestellt werden soll. Drittens – und im Gesamtgefüge dieses Szenarios wohl am einfachsten zu gestalten – wird es eine fortschreitende „Virtualisierung" der Erziehungsberatung geben, die bereits seit mehreren Jahren z.B. in Form der Onlineberatung existiert. Nach allen vorliegenden Erkenntnissen wird es aber hierbei immer um eine ergänzende Funktionalität gehen, Substituierungsphantasien haben hier keinen Platz.

Es ist unbestreitbar, dass es viele gute Gründe gibt für die Verflüssigung der Erziehungsberatung bzw. bestimmter Leistungsbereiche in die Sozialräume und für den möglichst flächendeckenden Ausbau präventiver Angebote. Trotz dieser grundsätzlichen Zustimmung sei hier im Sinne eines pragmatischen Skeptizismus davor gewarnt, sich auf Entwicklungskonstellationen einzulassen, die versuchen, die – sicherlich weiterentwicklungsbedürftige – Beratungsstellenkonfiguration als „Markenkern" der Erziehungsberatung grundsätzlich aufzulösen. Man muss deutlich hervorheben: Die Beratungsstellen fungieren als „sicherer Hafen" für die Fachkräfte, als Nukleus für Reflexion und konzeptionelle Klärung in einem multiprofessionellen Team. In diesem Kontext sollte eine Entkernung der Erziehungsberatung vermieden werden, weil man sonst ganz schnell mit dem Phänomen des „lost in space" konfrontiert sein wird. Praktisch bedeutet das beispielsweise hinsichtlich der Beteiligung der Erziehungsberatung an einer stärkeren Vernetzung mit Einrichtungen im Sozialraum, dass man aufgrund der begrenzten Zahl an Fachkräften sowie der hohen Qualifikation eher auf Multiplikatorenqualifizierung setzen sollte. Auf der anderen Seite gibt es aber – trotz aller Vorbehalte und Widerstände bei den betroffenen Fachkräften – einen unabweisbaren Entwicklungsbedarf der hier durchaus positiv gesehenen Beratungsstellenkonfiguration in Richtung Integration unterschiedlicher Beratungsdienste in größeren Beratungseinrichtungen, wobei die praktische Umsetzung aber sehr vorsichtig durchgeführt werden sollte, um Institution und Personal nicht zu überfordern. Allerdings muss man kein Prophet sein, um vorherzusagen, dass Beratungsstellen mit drei Kräften mittelfristig ein Auslaufmodell darstellen, so dass bereits bei einer Beibehaltung des derzeitigen inhaltlichen Zuschnitts eine personelle Aufstockung erforderlich ist. Dies gilt umso mehr bei einer Ausweitung des Aufgabenprofils in Verbindung mit einer noch stärker sozialräumlich ausgerichteten „Verflüssigung" der Dienstleistung. Vorsicht ist geboten bei einer unterkomplexen Zusammenlegung von bisher separierten Beratungsdiensten unter sonst gleich bleibenden Bedingungen, denn wenn mehrere „schwache" Spieler sich zusammentun, wird daraus nicht unbedingt ein „starkes" Team.

Wie so oft hängt vieles an den Ressourcen, womit wir abschließend bei der Finanzierungsfrage wären. Ein grundsätzliches Gestaltungsprinzip sollte dabei nicht zur Verhandlung freigegeben werden (und das verweist zugleich auf eine notwendige „rote Linie", deren Überschreiten man vermeiden muss): Neue, zusätzliche Aufgaben werden nur übernommen, wenn es zusätzlich zur Grundfinanzierung der Beratungsstelle über das allgemeine Budget eine aufgabenadäquate Zusatzfinanzierung der Leistungen gibt. Es geht hier u.a. um fachdienstliche Aufgaben im Rahmen der Hilfeplanung nach § 36 SGB VIII für das Jugendamt, um die Wahrnehmung der Risikoabschätzung nach § 8a SGB VIII im Rahmen der Kindeswohlgefährdung oder aufsuchende Familientherapie auf der Basis von § 27 Abs. 2 SGB VIII usw. – eine ausreichende, mindestens kostendeckende Refinanzierung bei Auftragsarbeiten sollte das Minimum sein.

Will man die Doppelwertigkeit der heutigen Beratungsdienste – also die einzelfallbezogene, in den therapeutischen Bereich verweisende Beratungsarbeit und die zunehmende präventive Funktionalität im „Sozialraum" – konsequent miteinander verknüpfen, dann bietet sich ein „Mischmodell" aus Zuwendungsfinanzierung für die Absicherung der präventiven, feldbezogenen Arbeiten an und eine auf Fallpauschalen basierende fallbezogene Finanzierung an. Eine gute grundsätzliche Vorlage für eine derartige zweiseitige Finanzierungsgrundstruktur liefert das Finanzierungsmodell der Erziehungs- und Familienberatungsstellen in Berlin, gerade auch angesichts des zugleich hergestellten institutionellen Modells mit einem gemischten Team, das die Fachlichkeit sichert, sowie einer vertretbaren Breite an unterschiedlichen Trägern der Beratung zur Berücksichtigung des Wunsch- und Wahlrechts der Betroffenen. Nur über derartige – zugegeben durchaus komplexe – Finanzierungsstrukturen kann eine die Fachlichkeit und letztendlich auch die Existenz gefährdende Instrumentalisierung der Beratungsdienste vermieden werden.

# Literatur

Bauman, Z. (2009): Gemeinschaften. Auf der Suche nach Sicherheit in einer bedrohlichen Welt, Frankfurt: Suhrkamp.
Bauman, Z. (2007): Leben in der Flüchtigen Moderne, Frankfurt: Suhrkamp.
Bauman, Z. (2003): Flüchtige Moderne, Frankfurt: Suhrkamp.
Berth, F. (2009): Schlechte Karten von Anfang an. Erstmals belegen Wissenschaftler, dass Kinder aus verarmten und zerrütteten Familien deutlich öfter ins Heim müssen. In: Süddeutsche Zeitung, 24.03.2009.

bke (2008): Finanzierung von zusätzlichen Aufgaben der Erziehungsberatung. In: Informationen für Erziehungsberatungsstellen, Heft 2/2008, S. 10.

Brandt, G. A. (1967): Probleme und Erfolge der Erziehungsberatung, Weinheim: Beltz.

Diller, A.; Heitkötter, M. und Rauschenbach, T. (Hrsg.) (2008): Familie im Zentrum. Kinderfördernde und elternunterstützende Einrichtungen - aktuelle Entwicklungen und Herausforderungen, München: DJI.

Dohmen, D. et al. (2008): Was wissen wir über Nachhilfe? Sachstand und Auswertung der Forschungsliteratur zu Angebot, Nachfrage und Wirkungen. Erstellt im Auftrag des Bundesministeriums für Bildung und Forschung, Berlin: Forschungsinstitut für Bildungs- und Sozialökonomie.

Ehrhardt, K. (1989): Sind Erziehungsberatungsstellen Mittelschicht orientiert? Konsequenzen für die psychosoziale Planung. In: Praxis der Kinderpsychologie und Kinderpsychiatrie, 38, S. 329–335.

Geißler, K. A. (2005): Hat das lebenslange Lernen ein Ende? – Eine Zumutung? In: Rumpfhuber, K. (Hrsg.): Erwachsenenbildung – Eine Zumutung? Kritische Zugänge zum lebenslangen Lernen, Wien, S. 13–22.

Göppel, R. (2009): Von der Tyrannei der Erziehungsratgeber. Oder: Die Abschaffung der Sachlichkeit. In: Zeitschrift für Sozialpädagogik, Heft 2, S. 114–130.

Henry-Huthmacher, Ch. (2008): Eltern unter Druck. Ergebnisse einer empirischen Studie. In: Die politische Meinung, Nr. 460, März 2008, S. 41–46.

Hensen, G. und Körner, W. (2005): Erziehungsberatung – eine Standortbestimmung der Position von Psychotherapie in der Jugendhilfe. In: Psychotherapeutenjournal, Heft 3, S. 227–235.

Keupp, H. (2008): Erziehungsberatung in bewegten Zeiten, Vortrag am 27.10.2008 in Nürnberg, (www.lag-bayern.de, Abruf am 27.03.2009).

Lüders, Ch. (2007): Entgrenzt, individualisiert, verdichtet. Überlegungen zum Strukturwandel des Aufwachsens. In: SOS-Dialog 2007, S. 4–9.

Merkle, T. und Wippermann, C. (2008): Eltern unter Druck. Selbstverständnisse, Befindlichkeiten und Bedürfnisse von Eltern in verschiedenen Lebenswelten, Stuttgart: Lucius, Lucius.

Nitsch, R. (2001): Armut und Erziehungsberatung. In: Informationen für Erziehungsberatung, Heft 1, S. 20–27.

Pothmann, J. und Fendrich, S. (2009): Hilfen zur Erziehung – zur Struktur der Maßnahmen. Analysen zur Inanspruchnahme und zum Trägerspektrum erzieherischer Hilfen. In: KomDat Jugendhilfe, Heft 1/2009, S. 2–4.

Rauschenbach, T. et al. (2009): Armut, Migration, Alleinerziehend – HzE in prekären Lebenslagen. Neue Einsichten in die sozialen Zusammenhänge der Adressaten der Kinder- und Jugendhilfe. In: KomDat Jugendhilfe, Heft 1/2009, S. 9–11.

Seckinger, M. (2007): Verdichtung der Jugendphase und ihre Folgen für die Kinder- und Jugendhilfe. In: SOS-Dialog 2007, S. 11–19.

Sell, S. (2008a): Jugendarbeit und demografischer Wandel (= Remagener Beiträge zur aktuellen Kinder- und Jugendhilfe 01-2008), Remagen: www.stefan-sell.de/texte.

Sell, S. (2008b): Die „Ambulantisierung" als Folge der Sozialpolitik?, in: Sozietät Prof. Dr. Reiss, Partner (Hrsg.): Sozialwirtschaftliche Managementtagung 2008: Ambulantisierung von Dienstleistungen. Implikationen für die Sozialwirtschaft, Mainz, S. 15–43.

Sell, S. (2008c): Kindertageseinrichtungen — ideale Orte der Kooperation und Vernetzung? In: Archiv für Wissenschaft und Praxis der sozialen Arbeit, H. 3/2008, S. 46–59.
Sell, S. (2007): Weg vom klassischen Berater. Die Nachfrage nach Beratungsleistungen wird weiter ansteigen. Doch es treten auch Anbieter von fragwürdiger Kompetenz in diesen Wachstumsmarkt ein. In: Neue Caritas, Heft 18/2007, S. 9–11.
Statistisches Bundesamt (2006): Bevölkerung Deutschlands bis 2050 – 11. koordinierte Bevölkerungsvorausberechnung, Wiesbaden: Statistisches Bundesamt.
Zimmer, A. und Schrapper, Ch. (Hrsg.): Zukunft der Erziehungsberatung. Herausforderungen und Handlungsfelder, Weinheim und München: Juventa.

Klaus Menne

# Ratsuchende und Leistungen der Erziehungsberatung

Die statistische Dokumentation von Leistungen der Kinder- und Jugendhilfe ist zum 1. Januar 2007 überarbeitet worden. Dabei wurden nicht nur die gesetzlich vorgegebenen Erhebungsmerkmale (§ 99 SGB VIII) und ihre Operationalisierung überarbeitet, vielmehr wurde ein Instrument entwickelt, mit dem alle Hilfen zur Erziehung nach § 27ff. SGB VIII sowie Eingliederungshilfe nach § 35a SGB VIII gemeinsam erfasst werden. Dadurch werden für die Erziehungs- und Familienberatung z.T. neue, bisher nicht erfasste Daten erzeugt und es werden leichtere Vergleiche mit den anderen Hilfen zur Erziehung möglich. Inzwischen liegen auch die Daten für das Jahr 2008 vor, auf die sich diese Darstellung stützt.

## Inanspruchnahme von Erziehungsberatung

Die Situation von Familien ist in den letzten Jahren prekärer geworden. Eine gestiegene Unsicherheit von Eltern bei der Erziehung ihrer Kinder ist allgemeines Thema der Medien. Erziehungsberatung hat diese Entwicklung durch eine steigende Inanspruchnahme direkt gespürt. Im Jahr 2008 wurden 308.935 Beratungen beendet. Dies sind – nach einem vorübergehenden Rückgang nach der Umstellung der Statistik – etwa so viele Beratungen wie 2006, dem letzten Erhebungsjahr im alten Modus.

Bisher konnte die Inanspruchnahme von Erziehungsberatung nur an Hand der beendeten Beratungen dargestellt werden. Tatsächlich aber werden in einem Jahr nicht nur diejenigen Kinder und Jugendlichen unterstützt, deren Beratung abgeschlossen worden ist, sondern auch alle jungen Menschen, für die eine Beratung neu begonnen wurde und zum Ende des Jahres noch andauert. Dies waren zum 31.12.2008 noch einmal 132.913 Beratungen. Im Jahr 2008 wurden also insgesamt 441.848 Beratungen um eines jungen Menschen willen in der Erziehungsberatung durchgeführt.

Die neue Datenstruktur der Statistik ermöglicht, Erhebungsmerkmale jeweils für begonnene, beendete und zum Ende eines Jahres fortdauernde Hilfen darzustellen. Der Rückgriff auf beendete Beratung erlaubt in der Erziehungsberatung den Vergleich zu den Vorjahren. Im Weiteren werden jedoch die *neu begonnenen Beratungen* ausgewertet, weil sie die Situation des jungen Menschen wiedergeben, die zu einer Inanspruchnahme der Hilfe geführt hat bzw. bei ihrem Beginn bestanden hat.

2008 wurden in Deutschland über alle Hilfen zur Erziehung einschließlich der Eingliederungshilfe für seelisch behinderte Kinder und Jugendliche und der Hilfe für junge Volljährige insgesamt 517.612 junge Menschen mit einer neu begonnenen Maßnahme unterstützt. Dabei wurde Erziehungsberatung für 307.494 junge Menschen tätig. Das sind 59,4 Prozent aller in diesem Jahr neu unterstützten Kinder, Jugendlichen und jungen Volljährigen. Mit 79.349 Kindern und Jugendlichen (15,3%) steht die Sozialpädagogische Familienhilfe an zweiter Stelle. Es folgt die Heimerziehung: 32.198 jungen Menschen (6,2%) wurden 2008 fremd platziert. Die weiteren Hilfen erreichten zwischen 0,6 und 4,9 Prozent dieser jungen Menschen.

| Verteilung der 2008 begonnenen Hilfen | | |
|---|---|---|
| § 27 SGB VIII | 25.124 | 4,9% |
| Erziehungsberatung | 307.494 | 59,4% |
| Soziale Gruppenarbeit | 8.015 | 1,5% |
| Einzelbetreuung | 22.471 | 4,3% |
| SPFH | 79.349 | 15,3% |
| Tagesgruppe | 9.356 | 1,8% |
| Vollzeitpflege | 14.423 | 2,8% |
| Heimerziehung | 32.198 | 6,2% |
| ISE | 3.111 | 0,6% |
| Eingliederungshilfe | 16.071 | 3,1% |
| Insgesamt | 517.612 | 100,0% |

Tabelle 1: Verteilung der 2008 begonnenen Hilfen

## Ratsuchende in der Erziehungsberatung

Für den Personenkreis, der Erziehungsberatung in Anspruch nimmt, hat sich der Begriff der Ratsuchenden eingebürgert, denn es sind überwiegend Eltern und andere Personensorgeberechtigte, die aktiv eine Unterstützung für ihre Probleme suchen. Die Bundesstatistik erfasst jedoch nicht die Eltern, sondern ihre Kinder um deretwillen eine Leistung erbracht worden ist.

*Alter der jungen Menschen*

Erziehungs- und Familienberatung wird schwerpunktmäßig für Kinder (und Jugendliche) im Alter von 3 bis unter 15 Jahren in Anspruch genommen. Auf sie entfallen drei Viertel aller 2008 neu begonnenen Beratungen. Dabei sind es offenbar die Übergänge in sekundäre Sozialisationsinstanzen, die einen Bedarf an Unterstützung für das Kind und/oder seine Familie deutlich werden lassen. 3- bis unter 6-Jährige stellten mit 46.835 dieser Altersgruppe 15,2 Prozent der Beratenen. Bei den 6- bis 9-Jährigen betrug die Inanspruchnahme 65.607 oder 21,3 Prozent. Weitere 61.173 Kinder der Gruppe der 9- bis 12-Jährigen hatten einen Anteil von 19,9 Prozent. 12- bis 15-Jährige stellten mit 51.959 13,8 Prozent der neu Beratenen.

| Alter der jungen Menschen | | |
|---|---|---|
| unter 1 Jahr | 5.083 | 1,7% |
| 1 bis unter 3 Jahre | 14.637 | 4,8% |
| 3 bis unter 6 Jahre | 46.835 | 15,2% |
| 6 bis unter 9 Jahre | 65.607 | 21,3% |
| 9 bis unter 12 Jahre | 61.173 | 19,9% |
| 12 bis unter 15 Jahre | 51.959 | 16,9% |
| 15 bis unter 18 Jahre | 42.388 | 13,8% |
| 18 bis unter 21 Jahre | 15.028 | 4,9% |
| 21 bis unter 27 Jahre | 4.784 | 1,6% |
| Insgesamt | 307.494 | 100,0% |

Tabelle 2: Alter der jungen Menschen

Bei den unter 3-Jährigen ist eine deutliche Zunahme zu verzeichnen. Erziehungsberatung wurde 2008 wegen 5.083 Säuglingen und Kleinkindern im Alter bis zu einem Jahr in Anspruch genommen. Weitere 14.637 Kinder waren im Alter zwischen einem und drei Jahren. Insgesamt betrug der Anteil der unter 3-Jährigen 6,4 Prozent. Er liegt damit höher als bei der letzten Erhebung nach altem Modus, wo auf diese Altersgruppe 15.780 Kinder oder 5,1 Prozent aller Inanspruchnahmen entfielen. Die Erziehungsberatungsstellen engagieren sich verstärkt in der Beratung von Säuglingen und Kleinkindern (vgl. www.bke.de → Beratungsstellensuche) und sind im Bereich der Frühen Hilfen vernetzt.

Demgegenüber gehen die Zahlen der jungen Volljährigen in der Erziehungsberatung zurück. Zu dieser Gruppe gehörten im Jahr 2008 19.812 junge Menschen (6,4%). Im Jahr 1993 entfielen noch 10,9 Prozent der Beratungen auf junge Volljährige. Der Rückgang vollzieht sich vor allem in der Altersgruppe der über 21-Jährigen, bei denen ein Leistungsanspruch nur für die Fortsetzung einer schon begonnenen Beratung besteht.

*Geschlecht*

Die seit langem beobachtbare Tendenz einer Annäherung der Geschlechtsverteilung in der Erziehungsberatung setzte sich auch im Jahr 2008 fort. Von den in diesem Jahr neu begonnenen Beratungen entfielen 170.827 auf männliche Beratene. Dies sind 55,6 Prozent. 136.667 Beratungen wurden für weibliche Beratene aufgenommen. Sie stellten 44,4 Prozent. Ihr Anteil hat sich damit wieder geringfügig vergrößert. Jungen stellen in den Altersgruppen bis unter 15 Jahre mit Werten zwischen 53 und 60 Prozent die

Mehrheit der Inanspruchnehmenden. Ab dem Alter von 15 Jahren überwiegen junge Frauen mit 53 bis 55 Prozent.

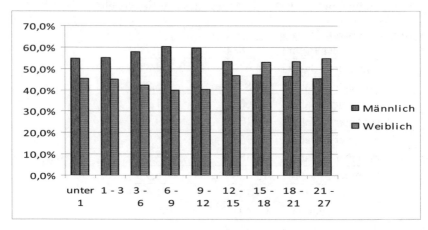

Abbildung 1: Inanspruchnahme nach Geschlecht

*Die Situation in der Herkunftsfamilie*

Die Struktur von Familien ist einem inzwischen langjährigen Wandel unterworfen. Nur noch ca. 80 Prozent der Kinder und Jugendlichen erleben ihre Volljährigkeit noch bei ihren beiden leiblichen Eltern (Engstler Menning 2003). Eine zunehmende Zahl von Minderjährigen lebt bei einem allein erziehenden Elternteil oder in einer Stieffamilie (Teubner 2002). Diese Tendenz bestimmt auch die Inanspruchnahme von Erziehungsberatung. Im Jahr 2008 lebten bei 144.778 (47,1%) der jungen Menschen, für die eine Beratung neu begonnen wurde, die beiden Eltern noch zusammen. Bei 107.664 Kindern, Jugendlichen und jungen Volljährigen, das sind 35,0 Prozent, lebte ein Elternteil allein ohne Partner und bei 47.695 lebte der Elternteil mit einem neuen Partner bzw. einer Partnerin zusammen (15,5%). 1.324 Eltern waren verstorben und in 6.033 Fällen waren sie unbekannt.

Damit lebten im Jahr 2008 bei nicht einmal jedem zweiten jungen Menschen, für den eine Beratung erfolgte, die Eltern noch zusammen. Dagegen bestand bei jedem zweiten eine „moderne" Familiensituation (Menne 2008a). Die Beratungsleistung wird in diesen Fällen erbracht, nachdem die Ursprungsfamilie des Kindes aufgelöst ist. Diese neuen Familienkonstellationen sind in der Erziehungsberatung damit deutlich gegenüber deren Anteil in der Gesellschaft überrepräsentiert. Dabei erreichen Stieffamilien bei den 12- bis 18-jährigen Jugendlichen in der Erziehungsberatung einen Anteil von 20 Prozent.

*Gründe der Beratung*

Bei der Veranlassung für eine Hilfe zur Erziehung ist eine Umstellung der Erhebungsperspektive erfolgt. Während bisher die subjektive Perspektive der Hilfeempfänger der Erhebung zu Grunde lag und die aus ihrer Sicht motivierenden Anlässe erfasst wurden, wird in der neuen Bundesstatistik die objektivierende Einschätzung des Beratungsbedarfs durch die Fachkräfte *zu Beginn* der Hilfe erhoben. Es sind die Gründe anzugeben, die die Leistungsgewährung bzw. im Fall der Erziehungsberatung: die Leistungserbringung, rechtfertigen. Spätere Erkenntnisse über Problemzusammenhänge werden dabei nicht berücksichtigt.

Wie schon in den Vorjahren können dazu bis zu drei Angaben gemacht werden. Im Durchschnitt wurden 2008 1,7 Gründe für die Beratungsleistung benannt. 2006 waren es 1,4 Anlässe. Die Erhöhung mag mit der nun expliziten Form der Erhebung für jeden einzelnen Grund zusammenhängen. In der Summe aller drei benennbaren Gründe entfielen auf *Belastungen des jungen Menschen durch familiäre Konflikte* (z.B. Partnerkonflikte, Trennung und Scheidung, Umgangs-/Soregerechtsstreitigkeiten, Eltern-/Stiefeltern-Kind-Konflikte, migrationsbedingte Konfliktlagen) mit 135.831 die mit Abstand meisten Nennungen. Diese betrafen 44,2 Prozent der jungen Menschen. Hier wird deutlich, wie sehr ein auffälliges Verhalten von Kindern und Jugendlichen in die familiale Beziehungsstruktur eingebettet ist.

Vier weitere Gründe für die Durchführung einer Beratung betrafen jeweils etwa ein Viertel aller jungen Menschen. *Entwicklungsauffälligkeiten und seelische Probleme* (z.B. Entwicklungsrückstand, Ängste, Zwänge, selbstverletzendes Verhalten, suizidale Tendenzen) wurden bei 80.321 jungen Menschen festgestellt (26,1%). *Schulische/berufliche Probleme* (z.B. Schwierigkeiten mit Leistungsanforderungen, Konzentrationsprobleme (ADS; Hyperaktivität), schulvermeidendes Verhalten, Hochbegabung) wurden für 79.068 junge Menschen genannt. Das sind 25,7 Prozent. Diese Kategorie entspricht der früheren Erhebung von Schul- und Ausbildungsproblemen, auf die 2006 24,9 Prozent entfielen, ein Wert, der sich in den unterschiedlichsten Erhebungen als stabil erwiesen hat (Menne 1997, S. 232f.). Es folgen *Auffälligkeiten im sozialen Verhalten* (z.B. Gehemmtheit, Isolation, Geschwisterrivalität, Weglaufen, Aggressivität, Drogen-/Alkoholkonsum, Delinquenz/Straftat) bei 72.105 Kindern, Jugendlichen und jungen Volljährigen (23,4%) und eine *eingeschränkte Erziehungskompetenz der Eltern bzw. Personensorgeberechtigten* (z.B. Erziehungsunsicherheit, pädagogische Überforderung, unangemessene Verwöhnung), die 71.110 Mal festgestellt wurde (23,1%).

Eine *Gefährdung des Kindeswohls* (z.B. durch Vernachlässigung, körperliche, psychische, sexuelle Gewalt in der Familie) wurde bei 14.751 jungen Menschen benannt (4,8%). Hier liegen insbesondere Kindesmisshandlung und sexueller Missbrauch zugrunde, für die im Jahr 2006 von den Ratsuchenden selbst bei 14.307 jungen Menschen Anzeichen benannt worden waren. Auch die neuen Kategorien lassen bei diesen Belastungssituationen eine Kontinuität erkennen. *Unzureichende Förderung, Betreuung oder Versorgung* des jungen Menschen (z.B. soziale, gesundheitliche, wirtschaftliche Probleme) war 10.289 Mal (3,3%) Grund für die Hilfeleistung. Eine *Unversorgtheit des jungen Menschen* (z.B. Ausfall der Bezugspersonen wegen Krankheit, stationärer Unterbringung, Inhaftierung, Tod; unbegleitet eingereiste Minderjährige) wurde in 3.485 Fällen (1,1%) festgestellt.

| Gründe der Hilfe (Summe) | | |
|---|---|---|
| Unversorgtheit des jungen Menschen | 3.485 | 1,1% |
| Unzureichende Förderung/Betreuung/Versorgung des j. M. | 10.289 | 3,3% |
| Gefährdung des Kindeswohls | 14.751 | 4,8% |
| Eingeschränkte Erziehungskompetenz der Eltern/PSB | 71.110 | 23,1% |
| Belastungen des j. M. durch Problemlagen der Eltern | 42.774 | 13,9% |
| Belastungen des j. M. durch familiäre Konflikte | 135.831 | 44,2% |
| Auffälligkeiten im sozialen Verhalten des j.M. | 72.105 | 23,4% |
| Entwicklungsauffälligkeiten/seelische Probleme des j. M. | 80.321 | 26,1% |
| Schulische/berufliche Probleme des j.M. | 79.068 | 25,7% |

Tabelle 3: Gründe der Hilfe. (Die Prozentwerte beziehen sich auf die 307.494 jungen Menschen, für die 2008 eine Beratung begonnen wurde.)

*Anregende Institutionen*

Bisher ist in der Bundesstatistik erhoben worden, welche Person oder Institution den Kontakt zur Beratungsstelle aufgenommen hat. Dies sind in der ganz überwiegenden Mehrzahl die Eltern bzw. Personensorgeberechtigten selbst. Dabei war nicht erkennbar, wer die Eltern auf dieses Unterstützungsangebot aufmerksam gemacht hat. Dies ist nun nachvollziehbar geworden. Bei jedem zweiten jungen Menschen (155.816) haben die Eltern sich aus eigenem Antrieb an eine Erziehungs- und Familienberatungsstelle gewandt. Die häufigste Anregung, eine Beratung zu beginnen, haben im Jahr 2008 Soziale Dienste bei 42.508 sowie Schule und Kindertageseinrichtung bei 40.462 jungen Menschen (13,8 bzw. 13,2%) gegeben. Es folgten Ärzte und Kliniken bei 19.880 jungen Menschen (6,5%) und ehemalige Klienten der Beratungsstelle/Bekannte bei 17.267 (5,6%). 14.430 junge Menschen haben sich selbst zur Beratung entschlossen (4,7%).

Die eigene elterliche Entscheidung zur Beratung erreicht in den Altersgruppen unter 18 Jahren Werte bis zu 54 Prozent. Die jungen Menschen entscheiden sich ab 15 Jahren in relevantem Umfang selbst für Beratung: 15- bis 18-Jährige zu 10,0 Prozent, 18- bis 21-Jährige zu 26,2 Prozent und Ältere zu 37,8 Prozent. Soziale Dienste stehen insbesondere bei den Unter 3-Jährigen mit 17,8 bis 19,8 Prozent motivierend im Hintergrund. Das Gesundheitswesen erreicht bei unter 9-Jährigen Werte um 8 bzw. 9 Prozent; während Schulen und Kindertageseinrichtung vor allem bei 3- bis unter 9-Jährigen überdurchschnittlich häufig als anregende Institution genannt werden (20,8 bzw. 17,7%). Bei 756 jungen Menschen lag der Beratung eine förmliche Aussetzung des gerichtlichen Verfahrens nach § 52 FGG zugrunde.

## Leistungen der Erziehungsberatung

Wesentliche Merkmale zur Beschreibung der Leistung werden in der Bundesstatistik erst nach Abschluss der Beratung erhoben. Deshalb liegen der Darstellung an dieser Stelle die Daten der im Jahr 2008 beendeten Beratungen zugrunde.

### Ort der Hilfeerbringung

Erziehungs- und Familienberatung gehört zu den ambulanten Hilfen zur Erziehung. Dennoch *gehen* die Fachkräfte der Beratung nicht selbst zu den Familien, sondern diese suchen in aller Regel eine Beratungsstelle auf. Erstmals ist nun in der Bundesstatistik der Ort der Durchführung der Hilfe erfasst. Die Ergebnisse bestätigen das bekannte Bild von der Erziehungsberatung: 298.618 Beratungen, die 2008 beendet worden sind, wurden in den Räumen des Beratungsdienstes durchgeführt. Das sind mit 96,7 Prozent beinahe alle Beratungen. In Kindertageseinrichtungen erfolgten Beratungen für 4.648 junge Menschen (1,5%) und in Schulen bei weiteren 1.960 (0,6%). In der Wohnung der Familie selbst fanden Beratungen für 2.600 junge Menschen statt, in einer Verwandtenfamilie weitere 230 (0,1%). An sonstigen Orten wie Jugendvollzugsanstalt oder Klinik wurden Beratungen für 879 junge Menschen durchgeführt.

Erziehungsberatung hat damit eine sog. Geh-Struktur noch nicht in relevantem Umfang umgesetzt. Allerdings steht auch die deutlich gestiegene Inanspruchnahme von Erziehungsberatung in den letzten Jahren zeitaufwändigeren Hausbesuches bzw. Beratungen an anderen Orten als der Beratungsstelle selbst entgegen. Erkennbar ist jedoch, dass bei unter 1-jährigen Kindern verstärkt Beratung im häuslichen Kontext (3,0%) oder an den genannten sonstigen Orten erfolgt. Für 2.706 Kinder zwischen 3 und 6 Jahren wurde die Beratung in einer Einrichtung der Kindertagesbetreuung durchgeführt, das sind 6,5 Prozent dieser Altersgruppe. Hier schlägt sich die verstärkte Präsenz von Beratungsstellen in Familienzentren und Mehrgenerationenhäusern nieder.

*Vorrangige Hilfeart*

Erziehungsberatung ist eine Leistung, auf die Eltern und andere Personensorgeberechtigte einen Rechtsanspruch haben. Mit ihnen wird auch in der überwiegenden Zahl der Beratungen gearbeitet. Zugleich ist Erziehungsberatung eine Leistung um des jungen Menschen willen. Auch er kann deshalb in die Leistungserbringung einbezogen werden. Erziehungsberatung arbeitet daher mit unterschiedlichen Settings. Sie können im Verlauf einer Beratung auch wechseln. Statistisch erfasst wird dasjenige Setting, das in der nun abgeschlossenen Beratung vorrangig zum Einsatz kam. Im Jahr 2008 wurden 138.937 Beratungen, das ist fast jede zweite Beratung (45,0%), vorrangig mit den Eltern durchgeführt. Bei 129.082 jungen Menschen (41,8%) erfolgte die Beratung mit der Familie, d.h. mit den Eltern und zugleich mit dem Kind. 40.916 junge Menschen oder 13,2 Prozent wurden vorrangig selbst beraten.

Dabei verschieben sich die Anteile der Hilfeart mit dem Alter der jungen Menschen. Bei den Unter 6-Jährigen überwogen Beratungen mit einem oder beiden Elternteilen. Ihr Anteil schwankt zwischen 62 und 68 Prozent. Bei den 6- bis unter 15-Jährigen erfolgte mit 44 bis 49 Prozent verstärkt eine Beratung der Familie. Ab dem Alter von 15 Jahren stieg der Anteil der jungen Menschen, die vorrangig selbst beraten werden, auf 23 Prozent. Bei den jungen Volljährigen wurde etwa jeder zweite (44,8 bis 58,4%) selbst beraten.

*Dauer der Hilfe*

Die Dauer von Beratungen ist seit 1991 in der Bundesstatistik erhoben worden. Sie wird auch jetzt erfasst. Eine Erziehungsberatung dauerte danach im Durchschnitt fünf Monate. 58.831 Beratungen, das sind 19 Prozent, nahmen weniger als einen Monat in Anspruch. In der Mehrzahl wird es sich um Beratungsgespräche mit einem einzigen Beratungskontakt handeln. Hierzu zählen auch erforderlich werdende Weiterverweisung an andere Dienste und Einrichtungen (im Jahr 2008: 28.358; siehe dazu weiter unten). Ein Drittel der Beratungen (100.808 oder 32,6%) benötigte zwei oder drei Monate. Jede zweite Beratung (51,7%) wurde damit innerhalb eines Vierteljahres beendet. (Im Jahr 1993 waren es noch 46,3%.) Weitere 117.490 Beratungen verteilen sich auf einen Zeitraum zwischen drei und zwölf Monaten (38%). Damit wurden in der Erziehungsberatung im Jahr 2008 90 Prozent aller Beratungen innerhalb eines Jahres abgeschlossen. Nur noch jede zehnte Beratung erfolgte länger als ein Jahr. Im Jahr 1993 traf dies noch für 15 Prozent der Beratungen zu. Hier zeichnet sich deutlich ab, wie die Zunahme der Beratungen von 197.955 im Jahr 2003 auf nun 308.935

beendete Beratungen im Jahr 2008 durch den Abbau langfristiger Unterstützungsprozesse kompensiert werden musste. Solche Veränderungen müssten auch an der Zahl der Kontakte ablesbar sein, die den Ratsuchenden zur Verfügung gestellt werden.

## Intensität der Beratung

Seit 2007 wird die *Intensität der Leistung* erhoben. Während für die anderen Hilfen zur Erziehung Nettozeiten der Arbeit mit den Klienten erfasst werden ohne Vorbereitungszeit, Teamsitzungen, Supervision und Berichterstellung (Stat. Bundesamt 2009b, S. 4), wird für die Erziehungsberatung der Kontakt mit den Ratsuchenden einschließlich Vor- und Nachbereitung erhoben (ebd.). Damit sind die Ergebnisse zwischen den Hilfen nicht vergleichbar. Insbesondere muss ein durchschnittlicher Beratungskontakt von 50 Minuten, auf den zusätzlich etwa 20 Minuten Vor- und Nachbereitungszeit entfallen, mit zwei Kontakteinheiten codiert werden, da in der Bundesstatistik ein Kontakt maximal 60 Minuten umfassen darf. Dies führt zu kuriosen Ergebnissen: Während für alle im Jahr 2008 *beendeten* Beratungen im Durchschnitt zehn Kontakte ausgewiesen werden, entfielen im selben Jahr auf die am Jahresende *noch andauernden* Beratungen, die erst im kommenden Jahr abgeschlossen werden und bei denen folglich noch weitere Kontakte hinzukommen, bereits durchschnittlich zwölf Kontakte. Dieses Artefakt hatte sich schon im Vorjahr gezeigt mit durchschnittlich zehn Kontakten bei den beendeten und 13 Kontakten bei den noch nicht abgeschlossenen, fortdauernden Beratungen. Die hohe Kontaktzahl für die zum 31.12.2007 noch fortdauernden Beratungen hätte sich – eine die Vorgaben der Bundesstatistik einhaltende Erhebungsweise in den Beratungsstellen unterstellt – im Folgejahr 2008 in einer erhöhten Zahl von Kontakten bei den beendeten Beratungen niederschlagen müssen. Es kann offensichtlich nicht davon ausgegangen werden, dass alle Beratungsstellen *einen* tatsächlichen Regelkontakt für die Bundesstatistik als *zwei* Kontakteinheiten codieren. Präzise Daten zur Intensität von Erziehungsberatung kann nur eine Netto-Erhebung wie bei den anderen Hilfen zur Erziehung liefern.

### *Beendigung der Hilfe*

Die Beendigung einer Hilfe wird in der Bundesstatistik in neuer Weise und für alle Hilfen zur Erziehung gleichermaßen erfasst. In der Erziehungsberatung erfolgt die Beendigung der Beratung in drei Vierteln (228.764) aller Fälle gemäß den mit den Ratsuchenden vereinbarten Beratungszielen (74,0%). Dies entspricht dem bisherigen Wert einer einvernehmlichen Beendigung mit dem Ratsuchenden bei 75 Prozent der Beratungen im Jahr 2006. Abweichend vom Hilfeplan bzw. den Beratungszielen wurden 2008 45.831 Beratungen beendet. Das sind 14,8 Prozent. Dies entspricht dem Wert, der nach altem Erhebungsmodus auf Beratungen entfiel, die sechs

Monate nach dem letzten Beratungsgespräch „statistisch" beendet wurden. 2006 waren dies 15,4 Prozent. Die meisten vorzeitigen Beendigungen gehen von den Sorgeberechtigten bzw. den beratenen jungen Volljährigen aus. 39.547 von ihnen brachen die Beratung aus Sicht der Beraterinnen und Berater vor Erreichen der Beratungsziele ab. Das sind 12,8 Prozent aller Beratungen. Von Minderjährigen wurden nur 2.737 Beratungen (0,9%) vorzeitig beendet. Die Beratungsfachkräfte selbst beendeten 3.547 Beratungen (1,1%) vor Erreichen der Beratungsziele. Für 32.802 Beratungen (10,6%) wurden sonstige Gründe der Beendigung benannt. Dies entspricht in der Größenordnung den früher an dieser Stelle erfassten Weiterverweisungen, auf die 2006 9,6 Prozent entfielen.

*Nachfolgende Hilfe*

Erstmals wurdr für die Erziehungsberatung erhoben, welche Hilfe für Kinder, Jugendliche und junge Volljährige sich nach dem Abschluss einer Beratung anschließt. In der überwiegenden Mehrzahl, nämlich bei 257.548 Beratungen oder 83,4 Prozent, erfolgte keine weitere Maßnahme. Die Beratung als solche hat den Unterstützungsbedarf dieser Gruppe gedeckt. Bei 28.358 jungen Menschen erfolgte eine Weiterverweisung an unterschiedliche Hilfeeinrichtungen wie Eheberatung, Schuldnerberatung oder Kinder- und Jugendlichenpsychotherapie. Dies betraf 9,2 Prozent und entspricht damit dem Wert des Jahres 2006 nach altem Erhebungsmodus zur Beendigung einer Beratung (9,6%). Andere Hilfen zur Erziehung waren bei 11.649 jungen Menschen erforderlich (3,8%). 7.888 Mal schloss sich eine Beratung durch den Allgemeinen Sozialdienst (ASD) an (2,6%). Bei weiteren 3.413 jungen Menschen wurde vom Jugendamt eine Eingliederungshilfe gemäß § 35a SGB VIII gewährt (1,1%).

Am häufigsten folgte einer Erziehungsberatung eine weitere Leistung für die Gruppe der unter 1-Jährigen nach. Hier betrug der Anteil derer, die anschließend eine Hilfe zur Erziehung erhielten 5,4 Prozent und eine Beratung durch den ASD folgte bei 4,8 Prozent. Eingliederungshilfe schloss sich bei den 9- bis 12-Jährigen mit zwei Prozent doppelt so häufig an wie im Durchschnitt. Bei den 12- bis 18-Jährigen folgt mit 4,6 und 5,2 Prozent überdurchschnittlich oft eine andere Hilfe zur Erziehung. An dieser Stelle wird eine verstärkte Einbeziehung von Erziehungsberatung in die Unterstützung von Jugendlichen deutlich, für die eine Fremdplatzierung in Betracht kommt (Michelsen 2006).

## Migrantenfamilien in der Erziehungsberatung

In Deutschland hat derzeit ein Viertel der jungen Menschen unter 25 Jahren einen Migrationshintergrund (Bandorski u.a. 2009, S. 46). Diese Gruppe war bisher in der Bundesstatistik der Kinder- und Jugendhilfe nicht gut erfasst, da nur auf die Nationalität des jungen Menschen abgestellt worden ist. Nun wird erhoben, ob mindestens ein Elternteil mit ausländischer Herkunft in der Familie lebt und zusätzlich, ob in der Familie vorrangig nicht deutsch gesprochen wird. Beide Kriterien erfassen die soziale Situation des Kindes und der Familie besser.

Im Jahr 2008 haben 119.172 junge Menschen Hilfe zur Erziehung, Eingliederungshilfe und Hilfe für junge Volljährige erhalten, bei denen mindestens ein Elternteil ausländischer Herkunft war. Damit hat etwa jeder vierte Hilfeempfänger (23%) einen Migrationshintergrund. Auf die Erziehungsberatung entfielen 2008 63.278 junge Menschen aus Migrantenfamilien. Das war etwa jeder zweite aller jungen Menschen mit Migrationshintergrund, die Unterstützung durch die Jugendhilfe erhielten (53,1%). Von diesen jungen Menschen haben 54.645 in einer Familie gelebt, in der vorrangig nicht deutsch gesprochen wird (10,6%). Von ihnen erhielten 26.122 Unterstützung durch Erziehungsberatung. Dies ist etwa jeder zweite junge Mensch, in dessen Familie vorrangig nicht deutsch gesprochen wird (47,8%).

|  | Insgesamt | Erziehungsberatung | |
|---|---|---|---|
| Ausländische Herkunft mindestens eines Elternteils | 119.172 | 63.278 | 53,1% |
| In der Familie wird vorrangig nicht deutsch gesprochen | 54.645 | 26.122 | 47,8% |

Tabelle 4: Migranten in der Hilfen zur Erziehung einschließlich Eingliederungshilfe

In der Erziehungsberatung selbst hatte jeder fünfte junge Menschen einen Elternteil mit ausländischer Herkunft (20,6%). Bei 8,5 Prozent der Beratenen wurde in der Familie vorrangig nicht deutsch gesprochen. Damit ist die Situation der Beratenen nun deutlich besser erfasst als dies im Jahr 2006 mit 7,5 Prozent junger Menschen nicht-deutscher Nationalität der Fall war.

36.262 Beratene mit einem Elternteil mit ausländischer Herkunft waren männlich (21,2%), 27.016 weiblich (19,8%). Unter ihnen überwogen mit 57,3 Prozent die männlichen Ratsuchenden. Bei jedem zweiten jungen Menschen dieser Gruppe (49,6%) leben die beiden Eltern noch zusammen. Bei 36,8 Prozent lebte der Elternteil allein ohne Partner. Dies entspricht etwa dem Durchschnitt aller Beratenen. Allerdings hatten nur 11,6 Prozent dieser Gruppe einen Elternteil, der mit einem neuen Partner zusammenlebte.

Die Gründe für eine Beratung entsprechen mit geringen Schwankungen den allgemein bereits dargestellten. Allein *Auffälligkeiten im sozialen Verhalten* werden nur bei 13,2 Prozent der jungen Menschen benannt, bei denen mindestens ein Elternteil eine ausländische Herkunft hat, gegenüber 23,4 Prozent im Durchschnitt.

Die Eltern der jungen Menschen mit Migrationshintergrund (d.h. einer ausländischen Herkunft mindestens eines Elternteils) haben bei 43,5 Prozent selbst den Entschluss zur Beratung gefasst. (Das sind sieben Prozentpunkte unter dem Durchschnitt.) Dafür wurde bei 18,6 Prozent dieser Gruppe die Anregung zur Beratung überdurchschnittlich oft von einer Kindertageseinrichtung oder Schule ausgesprochen.

Die Dauer der Beratungen für Migrationsfamilien entsprach 2008 mit fünf Monaten dem Durchschnitt aller Beratungen. Auch die vorrangige Hilfeart wich nur leicht von dem oben dargestellten Verhältnissen ab. Allerdings wurden Beratungen zu 17,4 Prozent überdurchschnittlich oft abweichend von den Beratungszielen beendet. Dies geht auf eine erhöhte Beendigung durch die Eltern/Personensorgeberechtigten (14,9%) zurück. Etwas häufiger als im Durchschnitt schloss sich bei diesen jungen Menschen mit 4,5 Prozent eine andere Hilfe an die Beratung an.

## Erziehungsberatung im Kontext der Hilfen zur Erziehung

In der Bundesstatistik werden heute konsequent alle Hilfen zur Erziehung nach einem gemeinsamen Erhebungsmodus erfasst. Dies erleichtert es, Erziehungsberatung im Kontext der anderen Hilfen zur Erziehung darzustellen. Nur zu oft haben in der Vergangenheit Berichte zu den Hilfen zur Erziehung die Beratungsleistungen nicht mit einbezogen.

Bei den Fachdiskussionen zu den Hilfen zur Erziehung, insbesondere den Hilfen außerhalb der Familie, hat die wirtschaftliche Situation besondere Aufmerksamkeit erhalten (Ames; Bürger 1996; Bürger 1999). Bisher musste für die Erörterung des Wirkungszusammenhangs von sozialen Belastungsfaktoren und Inanspruchnahme von Hilfen zur Erziehung auf regionale Untersuchungen zurückgegriffen werden (z.B. KVJS 2005). Nun stellt die Bundesstatistik Daten zur wirtschaftlichen Situation der Familie des jungen Menschen zur Verfügung. Dabei gilt für die Erziehungsberatung, dass die entsprechenden Angaben entfallen können, wenn die wirtschaftliche Situation der Familie im Rahmen einer Beratung nicht bekannt geworden ist. Denn auf der Grundlage des SGB VIII erfolgt keine eigene Datenerhebung für Zwecke der Statistik. Für alle anderen durch das Jugendamt förmlich gewährten Hilfen liegen diese Daten aus dem Verwaltungsverfahren vor. Für sie gibt die Bundesstatistik die wirtschaftliche Situation wieder; für die Erziehungsberatung dagegen sind *mindestens* die statistisch erfassten Ratsuchenden von wirtschaftlicher Armut betroffen.

Die wirtschaftliche Situation der Familie des jungen Menschen wird in der Bundesstatistik operationalisiert über den Bezug von Arbeitslosengeld II nach SGB II, bedarfsorientierter Grundsicherung und Erwerbsminderung oder Sozialhilfe nach SGB XII. In der Erziehungsberatung lebten nach diesen Kriterien im Jahr 2008 56.119 junge Menschen in einer von Armut betroffenen Familie. Das sind mindestens 18,3 Prozent ihrer Leistungsempfänger. Bezogen auf alle Hilfen zur Erziehung einschließlich Eingliederungshilfe lebten 147.022 junge Menschen in wirtschaftlicher Armut. Von ihnen erhielten 38,2 Prozent Unterstützung durch Erziehungsberatung.

| Transferleistungen | | |
|---|---|---|
| § 27 SGB VIII | 9.288 | 6,3% |
| Erziehungsberatung | 56.119 | 38,2% |
| Soziale Gruppenarbeit | 3.413 | 2,3% |
| Einzelbetreuung | 10.989 | 7,5% |
| SPFH | 26.085 | 17,7% |
| Tagesgruppe | 5.504 | 3,7% |
| Vollzeitpflege | 10.781 | 7,3% |
| Heimerziehung | 19.269 | 13,1% |
| ISE | 1.565 | 1,1% |
| Eingliederungshilfe | 4.009 | 2,7% |

Tabelle 5: Transferleistungen

Sozialpädagogische Familienhilfe wurde 26.085 Mal für jungen Menschen mit Armutshintergrund geleistet, das sind 17,7 Prozent der Hilfen für diese Gruppe. Heimerziehung wurde 2008 bei 19.269 jungen Menschen aus armen Familien (13,1%) neu begonnen. Das verbleibende knappe Drittel (30%) dieser jungen Menschen erhielt eine der sieben anderen Hilfearten.

Erziehungsberatung als eine Leistung, die eine Unterstützung für die Breite der Bevölkerung vorhält, hat nicht ihren Schwerpunkt in der Arbeit mit armen Familien, aber sie hat dennoch allein im Jahr 2008 mehr junge Menschen aus armen Familien erreicht als insgesamt Fremdplatzierungen (d.h. Vollzeitpflege, Heimerziehung und Intensive Sozialpädagogische Einzelbetreuung) neu begonnen wurden (49.732)[1].

Hilfen zur Erziehung, insbesondere Fremdplatzierungen, können erforderlich werden, wenn Kinder und Jugendliche in ihren Familien nicht mehr den notwendigen Schutz erfahren. Im äußersten Fall kann ein gerichtlicher Sorgerechtsentzug erforderlich werden, um einen jungen Menschen außerhalb seiner eigenen Familie unterbringen zu können. Im Jahr 2008 wurden

---

1 Rauschenbach, Pothmann und Wilk verkennen diesen Anteil der Erziehungsberatung bei der Versorgung junger Menschen aus armen Familien und glauben, mit derem im Vergleich geringen Anteil an allen Beratenen das Vorurteil eines „Mittelschichtscharakters" der Erziehungsberatung erneut belegen zu können (Rauschenbach; Pothmann, Wilk 2009, S. 10). Eine Sonderauswertung des Statistischen Bundesamtes (2010) zeigt jedoch, dass im Durchschnitt der Bevölkerung 14,1 Prozent der Minderjährigen nach den Kriterien der Jugendhilfestatistik in Armut leben. In der Erziehungsberatung ist diese Gruppe also um 30 Prozent überrepräsentiert.

insgesamt 37.963 Hilfen wegen *Gefährdung des Kindeswohls* neu begonnen. Davon entfielen 14.751 auf Erziehungsberatung, 9.320 auf andere ambulante Hilfen zur Erziehung und 12.640 auf stationäre Unterbringungen. Erziehungsberatung hat damit im Jahr 2008 40 Prozent der Hilfen, die aus Anlass einer Gefährdung des Kindeswohls neu begonnen wurden, erbracht. Jede vierte Hilfe war eine ambulante Hilfe zur Erziehung und jede dritte eine stationäre Unterbringung.

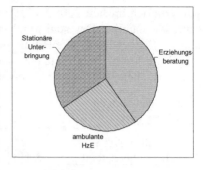

Abb. 2: Hilfegrund Kindeswohlgefährdung

## Literatur

Ames, Anne; Bürger, Ulrich (1996): Untersuchung der unterschiedlichen Inanspruchnahme vollstationärer Heimerziehung im Verbandsgebiet. Teilbericht I und II. Stuttgart.

Bandorski, Sonja; Harring, Marius; Karakasoglu, Yasemin; Kelleter, Kai (2009): Der Mikrozensus im Schnittpunkt von Geschlecht und Migration. Baden-Baden.

Bürger, Ulrich (1999): Die Bedeutung sozialstruktureller Bedingungen für den Bedarf an Jugendhilfeleistungen. In: Institut für Soziale Arbeit (Hg.) (1999): Soziale Indikatoren und Sozialraumbudgets in der Kinder und Jugendhilfe. Münster, S. 9–34.

Engstler, Heribert; Menning, Sonja (2003) Die Familie im Spiegel der amtlichen Statistik. Erweiterte Neuauflage. Berlin.

Kommunalverband für Jugend und Soziales Baden-Württemberg (KVJS) (2005): Bericht zur Entwicklung von Jugendhilfebedarf und sozialstrukturellem Wandel. Stuttgart.

Menne, Klaus (1997): Institutionelle Beratung – Möglichkeiten und Grenzen ihrer quantitativen Erfassung. In: Rauschenbach, Thomas; Schilling, Matthias (Hg.) (1997): Die Kinder- und Jugendhilfe und ihre Statistik. Neuwied; Kriftel; Berlin, S. 201–64.

Menne, Klaus (2008): Die ‚modernen' Kinder in den Hilfen zur Erziehung – Scheidung als Leitindikator. In: Jugendhilfe, Heft 2/2008, S. 84–93.

Michelsen, Herma (2006): Umsteuerung der Hilfen zur Erziehung. Der Beitrag der Erziehungsberatung. In: Menne, Klaus; Hundsalz (Hg.) (2006): Jahrbuch für Erziehungsberatung. Band 6. Weinheim und München, S. 51–61.

Rauschenbach, Thomas; Pothmann, Jens; Wilk, Agathe (2009): Armut, Migration, Alleinerziehend. HzE in prekären Lebenslagen. In: KOM$^{DAT}$, Heft 1/2009, S. 9–11.

Statistisches Bundesamt (2008): Statistiken der Kinder- und Jugendhilfe – Erzieherische Hilfe, Eingliederungshilfe für seelisch behinderte junge Menschen, Hilfe für junge Volljährige. Wiesbaden.

Statistisches Bundesamt (2009a): Sonderauswertung Erziehungsberatung. Wiesbaden.

Statistisches Bundesamt (2009b): Erhebungsbogen für die Statistik der Kinder- und Jugendhilfe. Wiesbaden.

Klaus Menne

# Der stumme Skandal der Erziehungsberatung

Familien gelten als Keimzellen der Gesellschaft. In ihnen wächst die nächste Generation heran und wird auf ihre Aufgaben im Leben vorbereitet. Eine Familie zu gründen und Kinder zu haben, war lange Zeit selbstverständlicher Teil eines normativ verbürgten Lebenslaufs. Die Gesellschaften haben sich durch die Familie hindurch reproduziert.

## Die Familie

Die selbstverständliche Reproduktion der Gesellschaft durch die Familie hindurch sehen Demografen heute in Frage gestellt und schlagen Alarm: Eine Geburtenrate von 1,4 Kindern pro Frau reicht nicht aus, um die jetzige Bevölkerung zu erhalten. Die Aufregung darüber ist groß: Die Deutschen sterben aus.

Doch bei allem Erschrecken vor der Krise, die sich da anbahnt: Das hätte man auch wissen können. Denn der Rückgang der Geburtenrate war nicht erst seit den 70er Jahren des letzten Jahrhunderts zu verfolgen. Zwar ist er mit der Einführung der Antibabypille und dem nachfolgenden „Pillenknick" augenscheinlich geworden. Doch begonnen hat er längst zuvor als Folge der gesellschaftlichen Modernisierung, die die Industrialisierung bedeutete. Um 1900 hatte eine Frau in Deutschland statistisch gesehen noch durchschnittlich vier Kinder. Seitdem ist in Zahlen belegt, dass bei uns die Zahl der Kinder pro Frau kontinuierlich zurückgeht (Dienel 1995, S. 25ff.).

### *Kinder als bewusste Entscheidung*

Kinder zu haben heißt heute zunehmend, eine bewusste Entscheidung für ihre Existenz zu treffen. Längst können Erwachsene zwischen unterschiedlichen Lebensentwürfen und Partnerschaftsformen wählen. Elternschaft ist nur eine unter mehreren Optionen. Der bloße Wunsch, Kinder zu haben, reicht dabei nicht aus. Denn Kinder bedeuten mehr denn je auch Kosten für die Eltern. Die Entscheidung für Kinder ist deshalb auch eine ökonomische Entscheidung. Angesichts häufiger werdender Unterbrechungen der Erwerbsbiografie bedeutet die Entscheidung für ein Kind immer auch ein Wagnis. Deshalb sind Kinder, die heute geboren werden, öfter als je zuvor Wunschkinder. Es sind Kinder, für die ihre Eltern alles, was in ihrer Macht steht, richtig machen wollen. Es sind Kinder, in die viel Liebe, Bildung und elterliches Engagement investiert wird. Zwar wird die Zahl der Familien geringer, aber diejenigen Erwachsenen, die Familien gründen, gehen ein verstärktes Engagement in das gemeinsame Leben ein. Die Qualität von Familie könnte sich durchaus erhöhen (Hondrich 2007, S. 164).

*Steigender Druck*

Doch in der Wirklichkeit sehen Eltern sich einem steigenden Druck ausgesetzt. Er wird in einer Untersuchung im Auftrag der Konrad Adenauer-Stiftung gut beschrieben (Merkle; Wippermann 2008). Eltern sehen sich heute in doppelter Weise unter Druck gesetzt: Zum einen macht die durch PISA angestoßene Bildungsdebatte, die den Bildungsauftrag schon in Tagesbetreuungseinrichtungen unterstreicht, ihnen deutlich, dass es für den Lebensweg ihrer Kinder entscheidend darauf ankommt, welche Schulabschlüsse sie später erwerben werden. Bereits junge Eltern spüren diesen Druck. Sie wollen für ihre noch kleinen Kinder das enge Zeitfenster nutzen, in dem sich die Lebensperspektive ihres Kindes entscheidet. Später wird Schule zum dominierenden Thema im Familienalltag. Der Bildungsdruck gestaltet dann die Eltern-Kind-Beziehung: Eltern verteilen ihre Zuneigung je nach den Schulnoten, die ihr Kind erreicht. Und sie honorieren diese Noten ihrerseits mit Geld. Immer häufiger sind Eltern auch genötigt, Aufgaben der Schule zu übernehmen, wie etwa die Kontrolle der Hausaufgaben, die von den Lehrern nicht mehr nachgesehen werden. Eltern setzen alles daran, ihr Kind möglichst gut auszustatten, damit es im späteren Lebenswettbewerb erfolgreich sein kann (Merkle; Wippermann 2008, S. 12ff.; 92f.).

Dieser Druck, den Eltern täglich spüren, erhöht sich, wenn sie ihren Arbeitsplatz verlieren und dadurch in den ökonomischen Möglichkeiten, ihr Kind zu unterstützen, eingeschränkt werden. Und der Druck erhöht sich natürlich auch, wenn Kinder im Laufe ihrer schulischen Karriere Bildungsdefizite aufweisen. Dann muss alles getan werden, damit das Kind wieder Anschluss findet (a.a.O., S. 15).

Doch Eltern stehen noch in einer zweiten Hinsicht unter Druck: nämlich in einem Konflikt zwischen ihren Aufgaben in der Familie und ihren Verpflichtungen im Beruf. Unternehmen erwarten von ihren Mitarbeiter/inne/n heute auf den unterschiedlichsten Hierarchieebenen vollen Einsatz. Aber sie erwarten nicht nur intensiven Einsatz, sie erwarten auch umfangreichen Einsatz, der über die vertraglich vereinbarten Zeiten hinausgeht. (Arlie Hochschild (2006) hat beschrieben, wie eine Betriebskultur entsteht, in der Anwesenheit am Arbeitsplatz sich als Kriterium für Firmenloyalität verselbständigt.) Und natürlich erwarten Unternehmen auch zeitliche Flexibilität ihrer Mitarbeiter/innen und die Bereitschaft zur Mobilität, sei dies in der Form der Dienstreise oder des Umzugs bei einer Betriebsverlagerung. Die moderne Arbeitswelt vereinnahmt ihre Mitarbeiter/innen. Ihr Ideal ist der uneingeschränkt mobile und verfügbare Mensch – ein Mensch ohne familiale Bindungen. Eltern, insbesondere Frauen, sehen sich nach der Elternzeit in den Firmen unter Beobachtung, ob sie auch weiterhin flexibel, mobil und belastbar sind. Elternschaft schwächt innerbetrieblich die ihnen zugeschriebene Kompetenz und gefährdet ihre berufliche Entwicklung.

*Hilfsbedürftigkeit von Eltern unter Druck*

Arbeitswelt und Familie folgen unterschiedlichen Leitbildern. Die moderne Arbeitswelt erwartet vollständige Hingabe an den Beruf verbunden mit hoher Flexibilität und Mobilität. Familie dagegen ist charakterisiert durch gegenseitige Bindung ihrer Mitglieder und einen langfristigen Zusammenhalt. Das Leitbild von Familie steht in einem Gegensatz zum Leitbild einer wettbewerbsorientierten Wirtschaft.

Es überrascht daher nicht, wenn Eltern, die an sich selbst diesen doppelten Druck erfahren, sich gestresst fühlen. Für ein Drittel ist dies oft oder beinahe täglich der Fall. Weitere 50 Prozent der Eltern sehen sich diesem Druck gelegentlich ausgesetzt. Lediglich knapp 20 Prozent der Eltern sehen sich nur selten oder nie unter Druck (Merkle; Wippermann 2008, S. 15ff.).

Eltern unter Druck aber fehlt eine wichtige Ressource für die Erziehung ihrer Kinder. Sie stehen der Erziehung nicht mit innerer Gelassenheit und Selbstsicherheit gegenüber. Schon kleinere Probleme im Umgang mit den Kindern können sie an die Grenzen emotionaler Einfühlung und intellektuellen Verständnisses bringen. Den Eltern, die in ihrer Nähe oft kein Kind mehr haben aufwachsen sehen, fehlt eine Vorstellung, wie Kinder sich verhalten und entwickeln. Erziehungsunsicherheit ist für sie kennzeichnend. Eltern folgen deshalb auch immer weniger einer ganzheitlichen erzieherischen Einstellung. An deren Stelle tritt die Suche nach praktischen und kurzfristig wirksamen Rezepten für das jeweils gerade anstehende Problem (a.a.O., S. 14).

Das hohe Maß an Hilfsbedürftigkeit von Eltern unter Druck, das den Forschern entgegengeschlagen ist, haben diese festgehalten. Sie notieren: Die durchgeführten Interviews haben den Eltern die Möglichkeit gegeben, lang „aufgestaute Emotionen in einem geschützten Rahmen zum Ausdruck zu bringen. Die Gespräche gewannen z.T. regelrechten Therapiecharakter" (a.a.O., S. 6; 39f.).

*Steigende Inanspruchnahme von Erziehungsberatung*

Dieser Druck, der auf Eltern lastet, und jetzt erstmals Gegenstand einer wissenschaftlichen Untersuchung geworden ist, ist in der Erziehungsberatung seit Jahren erkennbar. Er schlägt sich in einer ständig steigenden Inanspruchnahme von Beratung durch die Familien nieder. Im Jahr 1993 wurden in Deutschland 197.000 Beratungen nach § 28 SGB durchgeführt. 2006 waren es bereits 310.000 Beratungen. Das entspricht einer Zunahme von 57 Prozent innerhalb von dreizehn Jahren. (Die Quote der Inanspruchnahme bezogen auf je 10.000 Minderjährige ist im selben Zeitraum um 75 Prozent gestiegen.)

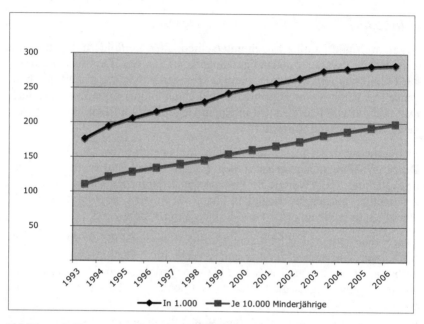

Abbildung 1: Beratungen für Minderjährige

Auch der Druck, der sich für Eltern aus der Bildungskarriere ihres Kindes ergibt, schlägt sich bei der Inanspruchnahme von Erziehungsberatung nieder: Jedes vierte Kind wird wegen Schul- oder Ausbildungsproblemen vorgestellt. Für Jungen gilt dies mit 30% häufiger als für Mädchen. Bei ihnen wird nur für 20% dieser Anlass formuliert. Die höchsten Werte erreichen Jungen im Alter zwischen 9 und 15 Jahren: Bei 40% der jungen Menschen dieser Altersgruppe nehmen Eltern die Beratung aus Anlass von Leistungsproblemen auf (Stat. Bundesamt 2007, Tab. 4.1).

## *Bewusste Gestaltung der Bedingungen des Aufwachsens durch die Gesellschaft*

Wenn Gesellschaften sich nicht mehr quasi naturwüchsig reproduzieren und es nicht mehr selbstverständlich zum Lebenszyklus gehört, Kinder zu haben, sondern Erwachsene jeweils für sich selbst entscheiden müssen, ob sie überhaupt eine Familie gründen wollen und ob sie ökonomisch in der Lage sind, Kinder bis zum Ende einer Berufsausbildung zu finanzieren, dann müssen Gesellschaften die Bedingungen des Aufwachsens ihrer nächsten

Generation bewusst gestalten. Dazu gehört sicherlich die Entschärfung des Konflikts zwischen Familie und Arbeitswelt. Sei dies durch Kinderbetreuungseinrichtungen oder – das ist die andere, bisher eher vernachlässigte Alternative – durch die Veränderung von Unternehmenskulturen. Angesichts zurückgehender Erfahrungen Erwachsener mit der Entwicklung von Kindern und einer damit einhergehenden verbreiteten Erziehungsunsicherheit in allen sozialen Schichten gehört dazu aber auch eine Unterstützung der Eltern in allen Fragen, die mit der Erziehung ihrer Kinder verbunden sind. Eltern müssen ihren Kindern eine verlässliche Orientierung geben und sich den kleinen und großen Nöten des Kinderalltags trotz eigener Berufstätigkeit offen zuwenden können. Dies wird umso eher gelingen, je leichter für Eltern selbst ein Netz zur Verfügung steht, das sie in ihrem Erziehungsalltag auffangen und unterstützen kann.

Dabei können sich Erziehungsprobleme auch nach dem sozialen Milieu unterscheiden, in dem Familien leben. Am unteren Rand der Gesellschaft ist nicht die aktive Förderung der Kinder kennzeichnend, sondern eher eine Bereitschaft, die Entwicklung der Kinder ihnen selbst zu überlassen und an sie nur wenige Anforderungen zu stellen. Solche Eltern sind dann leicht überfordert, wenn Entwicklungsprobleme auftreten. Für diese Eltern muss das Unterstützungsnetz enger geknüpft sein, wenn die Kinder nachhaltig davon profitieren sollen. Dabei hält sich hartnäckig – wie man erst jüngst wieder lesen konnte – das Vorurteil: „Klassische Erziehungsberatung, bei der Eltern von sich aus in eine Beratungsstelle kommen, ist nichts für ärmere Familien" (Berth 2009). Natürlich ist es richtig, dass dort, wo Hemmschwellen bestehen, ein Angebot aufzusuchen, diese abgebaut werden müssen (seit dies durch die Wahl des Standorts einer Beratungsstelle, durch Sprechstunden in anderen Einrichtungen oder durch eigene aufsuchende Arbeit). Erziehungsberatungsstellen haben in den letzten beiden Jahrzehnten an dem Abbau von Hemmschwellen erfolgreich gearbeitet. Nach einer Untersuchung der Bundeskonferenz für Erziehungsberatung lag im Jahr 2001 in der Erziehungsberatung der Anteil von Kindern, die Sozialhilfe erhielten, mit 12 Prozent doppelt so hoch wie im Durchschnitt der Minderjährigen in der Bevölkerung. Angesichts der grundsätzlich freiwilligen Inanspruchnahme von Erziehungsberatung belegt ein überproportionaler Anteil armer Familien, dass die Betroffenen Erziehungsberatung sehr wohl als eine für sie geeignete Hilfe wahrnehmen (bke 2004, S. 12). Die neue Jugendhilfestatistik des Bundes erfasst jetzt die wirtschaftliche Situation von Familien. Danach lebten 2007 mindestens 17 Prozent der Kinder, um deretwillen eine Beratung erfolgte, in Familien, die Arbeitslosengeld II, Grundsicherung oder Sozialhilfe bezogen.[1]

---

1 In der Bundesstatistik wird die wirtschaftliche Situation von Ratsuchenden bei Inanspruchnahme von Erziehungsberatung (im Unterschied zu den anderen Hilfen zur Erziehung) nur dann erfasst, wenn dies in der Beratung Thema geworden ist. Unter den

Wenn Eltern ihrer Verantwortung für das gedeihliche Aufwachsen eines Kindes oder Jugendlichen nicht gerecht werden können oder auch wollen und das Wohl dieses Kindes gefährdet ist, benötigen Kinder wie Eltern einer besonderen Unterstützung. Die Neuregelung des § 8a des SGB VIII hat die Aufgabe des Kinderschutzes in das fachliche Bewusstsein der Kinder- und Jugendhilfe insgesamt gerückt. Ihr kann Jugendhilfe nur gerecht werden, wenn das Unterstützungsnetz klar strukturiert und gut koordiniert ist.

Eltern selbst spannen den ersten Schirm auf, der Kinder vor Risiken oder Bedrohungen schützt und ihnen die Erfahrung vermittelt, dass sie sich auf die (beiden) Personen, auf die sie existentiell angewiesen sind, ohne Wenn und Aber verlassen können. Ein solches Urvertrauen in das Leben, heute würde man sagen: eine sichere Bindung, ist die Voraussetzung dafür, dass Kinder auch in ihren Nöten auf den Schutz durch ihre Eltern vertrauen können. Um dieser elterlichen Aufgabe gerecht werden zu können, bedürfen Eltern in unterschiedlichem Maße selbst eines Unterstützungsnetzes, auf das sie ihrerseits sich verlassen können.

## Die Kinder

Auch wenn die Bedingungen des Aufwachsens prekärer werden und für manche/n Autor/in offenbar eine Verlockung zu marktschreierischer Situationsbeschreibung darstellen – die Mehrzahl der Kinder und Jugendlichen in Deutschland findet gut ins Leben. Nur darf uns dies nicht davon abhalten, genau zu sehen, wo Kinder und Jugendliche Probleme haben und Unterstützung brauchen. Dabei werden durchaus nicht alle Probleme von den betroffenen jungen Menschen selbst als solche gesehen werden. Es ist deshalb angezeigt, sich einer empirisch verlässlichen Basis zu vergewissern. Die Studie zur Gesundheit von Kindern und Jugendlichen in Deutschland (KiGGS) des Robert-Koch-Instituts gibt dafür wichtige Eckpunkte.

Die Untersuchung beschreibt die Situation der Kinder und Jugendlichen durch eine Befragung ihrer Eltern für die verschiedensten Lebensbereiche. Einige seien herausgegriffen.

- So treibt ein Viertel der Jungen und Mädchen zwischen drei und zehn Jahren keinen Sport.
- Aber mehr als 20 Prozent nutzen Fernsehen und Video täglich mehr als drei Stunden.
- Und 15 Prozent der Kinder und Jugendlichen sind inzwischen übergewichtig.
- Von den 14- bis 17-Jährigen raucht ein Fünftel bereits täglich.

---

Beratenen können sich daher weitere Personen befinden, bei denen die wirtschaftliche Situation der Familie nicht Gegenstand einer Beratung zur Erziehung der Kinder geworden ist.

- Und mit 16 Jahren konsumieren beinahe 60% der Jungen und etwa ein Drittel der Mädchen regelmäßig Alkohol.

Bis auf das Rauchen, das nach der Erhöhung der Tabaksteuer leicht zurückgegangen ist, sind die jeweiligen Aktivitäten – bzw. beim Sport auch Nicht-Aktivität – im Steigen begriffen (Robert-Koch-Institut 2007).

Spezifischer für unseren Bereich sind die Ergebnisse zur psychischen Gesundheit von Kindern und Jugendlichen, die in einem eigenen Modul (der BELLA-Studie) vertiefend durch eine Befragung von Eltern und Jugendlichen untersucht worden ist. Sie belegen eine neue Morbidität, nämlich die Verschiebung von somatischen zu psychischen Störungen. Eine erste Einschätzung zielte dabei auf Anzeichen für psychische Auffälligkeiten. Bei knapp zehn Prozent der Kinder und Jugendlichen wurde eine psychische Auffälligkeit als wahrscheinlich gemessen, bei weiteren zwölf Prozent als möglich angesehen. Die allgemeine Prävalenz für seelische Auffälligkeiten lag damit bei 22 Prozent. Innerhalb dieser Gruppe zeigten sich spezifische psychische Auffälligkeiten

- mit 10% für Ängste,
- 7,6% für Störungen des Sozialverhaltens,
- 5,4% für Depressionen und
- 2,2% für ADHS (Ravens-Sieberer u.a. 2007, S. 874ff.).

Dabei kommen Kinder mit psychischen Auffälligkeiten deutlich häufiger aus konfliktbelasteten Familien bzw. unglücklichen Partnerschaften der Eltern und aus Familien, in denen die Erziehenden ihre eigene Kindheit und Jugend nicht als harmonisch empfunden haben. Diese Kinder wachsen zudem häufiger in einem Ein-Eltern-Haushalt auf. Auch ein niedriger sozioökonomischer Status geht häufiger mit Hinweisen auf psychische Auffälligkeiten einher. Je mehr solcher Risikofaktoren die Situation eines Kindes kennzeichnen, desto größer wird die Wahrscheinlichkeit des Auftretens psychischer Auffälligkeiten.

Zwar können persönliche, soziale und familiäre Ressourcen diese Belastung abmildern. Doch bei mehr als einem Fünftel der Kinder und Jugendlichen wurden z.B. die familiären Ressourcen (erfasst als Zusammenhalt in der Familie und als Erziehungsverhalten der Eltern) als gering bzw. deutlich defizitär eingestuft.

Besonders hervorzuheben ist die Wirkung eines sozialen Gradienten: Denn psychische Auffälligkeiten stehen – entgegen einem lang gehegten Vorurteil – in einem umgekehrt proportionalen Verhältnis zum sozialen Status. Während bei jungen Menschen mit hohem Sozialstatus die allgemeine Prävalenz bei vergleichsweise geringen 16,5% lag, erreichte sie bei Kindern und Jugendlichen mit niedrigem sozialen Status beinahe den doppelten Wert, 31,3% (a.a.O., S. 875f.). Der geringe soziale Status schlägt sich deutlich in einer Erhöhung der seelischen Belastung nieder: um ca. 60% bei den Ängsten, in einer Verdopplung bei Störungen des Sozialverhalten und Depression und einer Vervierfachung bei ADHS.

Eine aktuelle Studie zur Prävalenz psychischer Störungen in der stationären Jugendhilfe bestätigt dieses Ergebnis eindrucksvoll. Sie hat an 20 Einrichtungen alle dort untergebrachten Kinder und Jugendlichen untersucht. Von ihnen waren mehr als 80 Prozent klinisch auffällig und 60 Prozent erfüllten die Diagnosekriterien für eine psychische Störung. Mehr als ein Drittel zeigten mehrere psychische Störungen (Schmid 2007). Die in der Jugendhilfe geläufige Annahme, es sei die „harte soziale Wirklichkeit, die die Inanspruchnahme von Heimerziehungen in erster Linie beeinflusst" (Ames; Bürger) 1996 muss im Lichte dieser Ergebnisse relativiert werden. Es ist an der Zeit, bei diesen Kindern und Jugendlichen eine ebenso harte seelische Wirklichkeit anzuerkennen (Menne 2004, S. 17).

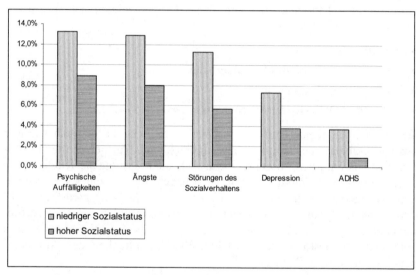

Abbildung 2: Seelische Belastungen und Sozialstatus

## Die Lage der Erziehungsberatung

Zunächst können wir festhalten, dass Familien in den letzten Jahren zunehmend unter Druck geraten sind und sich ihre Ressourcen für einen gelassenen Umgang mit den Kindern spürbar vermindert haben. Und wir können festhalten, dass Kinder und Jugendliche, die von ihnen empfundenen Probleme – sei dies in der Familie oder an anderen Orten wie Schule und peer group – mit steigender Tendenz in seelischen Symptomatiken ausdrücken. Eine Stärkung der persönlichen wie der familialen Ressourcen, die in dieser Situation möglichen kritischen Entwicklungen entgegen wirken können, ist die originäre Aufgabe der Erziehungs- und Familienberatung.

Dies wird von den Familien selbst offensichtlich auch so gesehen, denn sie nehmen die Unterstützung der Erziehungs- und Familienberatung in deutlich steigendem Maße in Anspruch. Wurden 1993 noch 197.955 Beratungen durchgeführt, sind es im Jahr 2006 bereits 310.561 Beratungen gewesen. Stefan Sell beschreibt Erziehungsberatung deshalb auch als eine Wachstumsbranche (Sell 2010).

Doch dem erhöhten Bedarf der Familien, der sich hier fußläufig – nur aufgrund der Entscheidung der Familien – ausdrückt, steht keine angemessene Personalausstattung auf Seiten der Beratungsstellen gegenüber. In jedem Wirtschaftsunternehmen würde einem solchen Nachfrageboom durch einen entsprechenden Ausbau auf der Seite des Angebots Rechnung getragen. Auch in der Kinder- und Jugendhilfe ist in diesen Jahren durchaus ein personeller Ausbau erfolgt, z.b. im Bereich der anderen ambulanten Hilfen zur Erziehung. In der Erziehungsberatung dagegen ist der Personalstand, mit dem der Ansturm der Familien bewältigt werden muss, heute wie Anfang der 1990er Jahre in der Fläche des Landes praktisch gleich geblieben:

|  | **Erziehungsberatungsstellen** | **Planstellen** |
|---|---|---|
| 1995 | 1.069 | 3.652 |
| 1998 | 1.086 | 3.627 |
| 2003 | 1.081 | 3.778 |
| 2007 | 1.050 | 3.648 |

Tabelle 1: Kapazität der Erziehungsberatung

Nur für das Jahr 2003 weist die regelmäßige Erhebung der Bundeskonferenz für Erziehungsberatung ein leichte Erhöhung der Zahl der Personalstellen für Beratungsfachkräfte auf, die jedoch 2007 bereits wieder abgebaut war. Ein nennenswerter Ausbau der Beratungskapazitäten ist allein durch den Aufbau der Erziehungs- und Familienberatung in den neuen Ländern erfolgt. Im Übrigen gilt: Seit Anfang der 1980er Jahre, also seitdem die Bundeskonferenz für Erziehungsberatung ihre Erhebungen durchführt, ist die Personalkapazität für Erziehungsberatung unverändert. 1982 entfielen auf eine Beratungsfachkraft 20.000 Einwohner, heute sind es ca. 22.500 Einwohner.

In Anbetracht des Rückgangs des Anteils von Minderjährigen in der Bevölkerung mag man dies noch hinnehmen wollen. Aufschluss gibt daher eine Standardisierung der Beratungskapazität bezogen auf je 10.000 Minderjährige. Heute gibt es wie schon 1995 2,3 Planstellen für Beratungsfachkräfte je 10.000 Kinder und Jugendliche. Im Jahr 1982 betrug diese Relation 2,1 Planstellen je 10.000 Minderjährige. Es wird also mit einer praktisch unveränderten Beratungskapazität eine über die Jahre deutlich gestiegene Zahl von Ratsuchenden versorgt. Dies ist der nicht artikulierte Skandal der Erziehungsberatung. Es wird mit einer unzureichenden Personalausstattung gearbeitet.

Der Skandal besteht nicht in der Erhöhung der Arbeitsintensität, die mit einer solchen Entwicklung auch einhergeht. Skandalös ist diese Situation vor allem deshalb, weil die Qualität der Leistung für die Kinder und ihre Familien bedroht ist. Im statistischen Durchschnitt entfielen 1995 auf eine Planstelle 63 beendete Beratungen. Im Jahr 2006 waren es bereits 85 Beratungen. Diese Zunahme konnte von den Beratungsstellen nur durch interne Rationalisierungsmaßnahmen bewältigt werden. Dazu gehören z.B.

- eine verstärkte familientherapeutische Arbeitsweise,
- ein zunehmender Verzicht auf ausführliche Testdiagnostik,
- die Verringerung der Zahl der Kindertherapien und
- die Begrenzung der Zahl der Kontakte mit den einzelnen Ratsuchenden.

Auch wenn die Familientherapie ihre Verdienste für die Praxis hat, ist sie doch nicht alleiniges Verfahren. Erziehungsberatung ist schon gesetzlich auf eine methodische Vielfalt verpflichtet. Für andere, auch zeitintensivere Maßnahmen muss Raum bleiben. Ebenso muss es in schwierigen Fällen möglich sein, eine Differentialdiagnostik durchzuführen. Dies ist nicht mehr gewährleistet. Die notwendigen Rationalisierungsmaßnahmen bedeuten praktisch auch, dass Eltern auf weitere Gespräche in der Beratungsstelle verzichten müssen, selbst wenn sie eine Fortsetzung der Beratung wünschen. Und schließlich heißt dies, dass vor allem Kinder in den Beratungsstellen kaum noch therapeutische Unterstützung erhalten können, auch dann nicht, wenn kein anderes kindertherapeutisches Angebot vor Ort zur Verfügung steht. Diese Einschränkung der Qualität von Beratung erfolgt letztlich auf dem Rücken der Kinder und Jugendlichen. Das ist der eigentliche Skandal der Erziehungs- und Familienberatung.

Die ökonomischen Entscheidungen, die bei der Finanzierung von Erziehungs- und Familienberatung getroffen werden, folgen einer vordergründigen Rationalität. Sie orientieren sich an der Zahl der Planstellen, die nicht erhöht werden sollen, oder an den Kosten der Einrichtung insgesamt, die stabil bleiben sollen. Aber sie gehen nicht von den einzelnen Kindern oder Jugendlichen aus, die einer Hilfe bedürfen. Für jedes einzelne Kind, das einer Unterstützung bedarf, stellt sich die Frage, welche Hilfe ist für es erforderlich? Reicht eine Beratung aus? Oder ist eine andere Hilfe zur Erziehung geboten? Innerhalb des Systems der Hilfen zur Erziehung stellt Erziehungsberatung die mit Abstand kostengünstigste Hilfe dar. Ihre „Stückkosten", nämlich die durchschnittlichen Kosten für eine einzelne Beratung, liegen bei 1.100 EUR je Fall. Erziehungsberatung ist selbst dann die kostengünstigste Hilfe, wenn eine zeitintensive therapeutische Einzelfallhilfe mit einem Mehrfachen des durchschnittlichen Zeitaufwandes erforderlich wird.

Ein mangelhafter Ausbau der Erziehungsberatung trägt mit bei zu einem Anstieg später erforderlicher intensiver Hilfen für die Kinder und Jugendlichen. Dies ist die ökonomische Seite des Skandals. Erziehungsberatung muss deshalb klarer im Kontext der Hilfen zur Erziehung gesehen werden.

| Erziehungsberatung | 1.101 € |
|---|---|
| Soziale Gruppenarbeit | 7.307 € |
| Erziehungsbeistand Betreuungshelfer | 10.669 € |
| SPFH | 17.250 € |
| Tagesgruppe | 47.271 € |
| Vollzeitpflege | 59.203 € |
| Heimerziehung | 117.339 € |
| Intensive Sozialpädagogische Einzelbetreuung | 104.398 € |

Tabelle 2: Die Kosten der Hilfen zur Erziehung je Fall 2005 (Menne 2008).

## Erziehungs- und Familienberatung im Kontext der Hilfen zur Erziehung oder Scheidung als Leitindikator

Betrachten wir den Nachfrageboom nach Beratung genauer, dann zeigt sich, dass er sich nicht allein aus dem Druck erklärt, dem Eltern durch den Spagat zwischen Familie und Beruf ausgesetzt sind, sondern auch durch eine Veränderung der Struktur von Familie insgesamt. Familie ist zwar in ihrer normativen Beständigkeit ein Gegenbild zur Wirtschaft, aber die Idee der Flexibilisierung hat die Paarbeziehungen, die Familien zugrunde liegen, längst erreicht. Eltern können auseinandergehen und wieder neue Paarbeziehungen eingehen. Diese Entwicklung schlägt sich bei der Inanspruchnahme von Erziehungsberatung nieder.

Von 1993 bis 2006 hat – wie bereits erwähnt – die Zahl der beendeten Beratungen um 57% zugenommen. Aber die Zahl der Beratungen, die ausdrücklich aus Anlass einer Trennung oder Scheidung der Eltern eines Kindes aufgenommen worden sind, hat sich im selben Zeitraum in der Bundesrepublik von 33.000 auf 74.000 mehr als verdoppelt (plus 124%). D.h. die Trennung und Scheidung von Eltern mit minderjährigen Kindern ist in der Erziehungsberatung der Motor der Steigerung der Inanspruchnahme. Seit 1993 ist in der Erziehungsberatung der Anteil junger Menschen, die bei ihren leiblichen Eltern leben, von zunächst noch 57 Prozent im Durchschnitt der Bundesrepublik auf nun noch 48 Prozent zurückgegangen. Der Anteil von Kindern Alleinerziehender bzw. Stiefkinder hat dagegen von anfänglich 31 Prozent auf heute 49 Prozent zugenommen. Erziehungsberatung erhält inzwischen den Charakter einer postfamilialen Hilfe, nämlich einer Hilfe, die einsetzt, nachdem die elterliche Herkunftsfamilie sich aufgelöst hat.

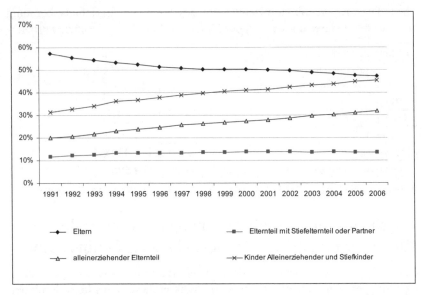

Abbildung 3: Aufenthaltsort vor der Hilfe

Auch der Bedarf für die anderen Hilfen zur Erziehung wird durch die familiale Situation in der Herkunftsfamilie des jungen Menschen erzeugt oder jedenfalls miterzeugt. Seit Beginn der Jugendhilfestatistik lässt sich bei den Heimunterbringungen ein kontinuierlicher Anstieg des Anteils derjenigen Kinder zeigen, die von der Trennung oder Scheidung ihrer Eltern betroffen sind. 1950 hatten nur 20 Prozent der Kinder, die in ein Heim kamen, geschiedene oder getrennt lebende Eltern. Heute beträgt der Anteil der Kinder Alleinerziehender und der Stiefkinder – also von Kindern, die in ihrer Mehrzahl eine Scheidung oder Trennung ihrer Eltern erlebt haben – an allen neu begonnenen Heimunterbringungen bereits 75 Prozent. Nur noch einer von fünf Minderjährigen – weniger als 20% – hat vor seiner Fremdplatzierung noch bei seinen leiblichen Eltern gelebt (Menne 2005).

Die Bedeutung, die dieses lebensgeschichtliche Ereignis für die jungen Menschen hat, wird offenkundig, wenn man die Inanspruchnahmequote bei der Heimunterbringung für die verschiedenen Gruppen betrachtet. Während (im Westen) nur vier von 10.000 Kindern, die bei ihren beiden leiblichen Eltern leben, ins Heim kommen, ist die Quote bei Kindern Alleinerziehender zehn Mal so hoch. Für Stiefkinder, also für Kinder, die mit einem neuen Elternteil zusammenleben, erhöht sich die Chance einer Fremdplatzierung noch einmal um 50 Prozent.

Diesem kontinuierlichen Anstieg des Anteils der – wenn man so sagen darf – „modernen" Kinder in der Fremdunterbringung liegt eine deutliche Zunahme dieser Gruppe in der Bevölkerung selbst zugrunde: Allein zwischen

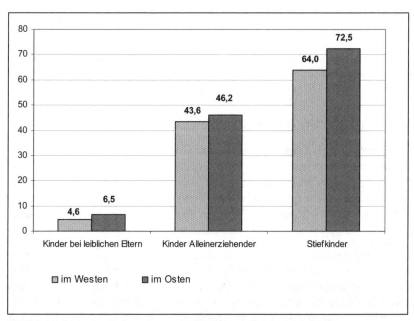

Abbildung 4: Aufenthaltsorte vor der Heimunterbringung

|  | 1991 | | 2003 | |
|---|---|---|---|---|
|  | in tausend | Prozent | in tausend | Prozent |
| Kinder bei leiblichen Eltern | 12.962 | 84,5% | 11.798 | 79,4% |
| Stiefkinder | 796 | 5,2% | 883 | 5,9% |
| Kinder bei allein erziehenden Elternteilen | 1.583 | 10,3% | 2.182 | 14,7% |
| Stiefkinder und Kinder bei allein erziehenden Elternteilen | 2.378 | 15,5% | 3.065 | 20,6% |
| Summe der Minderjährigen | 15.340 | 100,0% | 14.863 | 100,0% |

Tabelle 3: Minderjährige in Familien in Deutschland

1991 und 2003, innerhalb von zwölf Jahren, ist der Anteil der Stiefkinder und Kinder Alleinerziehender an allen Minderjährigen von 15 auf 20 Prozent, also um ein Drittel gestiegen. Die Fremdunterbringungen rekrutieren sich aus einer kleinen, aber ständig wachsenden Gruppe von Minderjährigen (Menne 2005, S. 356).

Die familialen Bedingungen, unter denen Kinder leben, bringen den Bedarf an Beratung ebenso wie an Hilfen außerhalb des Elternhauses hervor. Deshalb müssen alle Hilfen zur Erziehung aufeinander bezogen werden.

## Neue Aufgaben und Kontexte der Beratung

Aus der Perspektive eines Gesamtverantwortlichen für die Jugendhilfe, also für das Jugendamt, müsste dies Konsequenzen haben. Wenn man sich vor Augen führt, dass drei Viertel der neu in einem Heim untergebrachten jungen Menschen nicht mehr bei beiden Eltern gelebt haben, dann muss man – so konservativ es klingen mag – sagen: Das Aufwachsen bei den leiblichen Eltern ist die beste Prävention von Fremdunterbringungen.

Zwar wird niemand Eltern, die im Begriff stehen sich zu trennen, wegen möglicherweise künftig eintretender Folgen für die Kinder, nötigen wollen, ihre Paarbeziehung aufrecht zu erhalten. Aber dennoch kann die Trennung oder Scheidung der Eltern als ein wesentlicher Interventionspunkt für die Jugendhilfe ausgemacht werden: Die Bewältigung der Folgen, die elterlichen Trennungen für die betroffenen Kinder hat, ist eine Pflichtaufgabe der Jugendhilfe. Seit mit der Kindschaftsrechtsreform von 1998 die Unterstützung der Eltern durch Beratung an die Stelle der gerichtlichen Sorgerechtsentscheidung getreten ist, besteht ein Rechtsanspruch auf diese Leistung. Dennoch hat es in der Breite der Republik keinen Ausbau dieses notwendigen Angebots gegeben. Hier besteht im Interesse der betroffenen Kinder und Jugendlichen ein Nachholbedarf.

Aber noch ein zweiter Interventionspunkt kann markiert werden: Dem Grundmuster romantischer Liebe folgend gehen junge Paare heute miteinander Bindungen ein, die allein durch ihre individuelle Wahl begründet sind und ihren Wünschen entsprechen. Von sozial motivierten Rücksichtnahmen sind sie dabei weitgehend frei. Sie erleben ihr Glück zu zweit und sie müssen ihre Enttäuschungen gemeinsam ertragen. Ebenso müssen sie auch Belastungen ihrer Beziehung allein bewältigen. Der soziale Nahraum bietet dabei kaum noch den normativen Rückhalt für das eigene Handeln.

Der Übergang vom Paar zur Familie stellt eine solche Belastung dar, die eine Paarbeziehung auf eine ernsthafte Probe stellen kann. Die Situation eines jungen Paares mit ihrem Kind muss ich hier nicht konkretisieren. Ich will nur hervorheben, dass manche Paarbeziehungen durch die neue Belastung einen ersten Riss erhalten. Die Geburt des ersten Kindes bedeutet für viele Paare die Störung eines bis dahin erlebten Gleichgewichtes und führt nach den Erfahrungen der Beratung zu Konflikten und auch Krisen. Für die Situation von Kindern bedeutet dies, dass nicht selten ihre Existenz zu einer Gefährdung der Beziehung ihrer Eltern und damit mittelbar zu Belastungen für seine eigene Entwicklung führt. Das Kind stört die elterliche Dyade. Manche spätere Trennung hat hier ihren Ausgang genommen.

Deshalb ist der Übergang vom Paar zur Familie ein zentraler Interventionspunkt der Jugendhilfe. Wenn sie späteren Fremdunterbringungen vorbeugen will – oder allgemeiner gesprochen – wenn sie die seelische Entwicklung von Kindern fördern will, dann muss Jugendhilfe Eltern darin stärken, Eltern sein zu können. Dabei heißt, die Erziehungskompetenz von Eltern zu stärken, die heute in aller Munde ist, nicht in erster Linie, ihnen Techniken zu vermitteln, wie sie ein Kind erziehen sollten, sondern es heißt, ihnen den Übergang in eine neue Rolle zu ebnen aus der heraus sie dann selbständig handeln können. Es heißt, sie dabei zu unterstützen, sich als Eltern auf ein Drittes, ihr Kind, zu beziehen, ohne dabei sich selbst als Paar aufzugeben, also nicht nur als jeweils Einzelne dem Kind gegenüberzutreten, sondern gemeinsam als Eltern (bke 2007).

Diese Leistung ist längst Auftrag der Jugendhilfe, denn § 17 SGB VIII sieht nicht nur eine Beratung bei Trennung und Scheidung, sondern auch eine Beratung in Fragen der Partnerschaft vor. Allerdings hat die Jugendhilfe diese Aufgabe nicht sonderlich ernst genommen, sondern sie als politischen Preis für die Einführung einer Scheidungsberatung durch eine konservative politische Mehrheit betrachtet. Tatsächlich aber handelt es sich um eine Leistung, die es Kindern erleichtern kann, bei ihren beiden leiblichen Eltern aufzuwachsen. Auf solche präventive Partnerschaftsberatung besteht für jede Mutter und für jeden Vater ein Rechtsanspruch, der heute nicht angemessen befriedigt wird.

Konsequent betrachtet muss auch noch ein dritter Interventionspunkt markiert werden: nämlich die Entscheidung eines Paares für ein Kind. Man „hat" heute nicht mehr einfach in einem bestimmten Alter Kinder. Sondern die Entscheidung für ein Kind unterliegt einem zuweilen langen und manchmal quälenden Abwägungsprozess. Auch hier wäre eine Unterstützung durch Beratung angezeigt.

Die Gesellschaft muss also die Bedingungen ihrer eigenen Reproduktion in den Blick nehmen und den Familien die Unterstützungen bieten, die ein gelingendes Aufwachsen einer neuen Generation ermöglichen.

Erziehungsberatung ist aber nicht nur einer hohen Nachfrage von Seiten der Eltern ausgesetzt. Erziehungsberatung ist zunehmend auch gefordert, ihre Kompetenzen in andere, mit Entscheidungen verknüpfte Kontexte einzubringen. Drei solcher „fachdienstlicher Aufgaben" möchte ich hervorheben.

## Erziehungsberatung und Hilfeplanung

Seit der Jugendhilfeeffektestudie wissen wir, dass nur 20% der Kinder und Jugendlichen eine ideale Hilfe, 15% dagegen eine für sie ungeeignete Hilfe zur Erziehung erhalten. Die Mehrzahl der Hilfen liegt im Graubereich dazwischen (Schmid u.a. 2002). Dies ist Anlass, die Indikationsstellung bei der Entscheidung über die für ein Kind notwendige und geeignete Hilfe zu verbessern. Erziehungsberatung kann dazu einen Beitrag leisten, indem sie ihre entwicklungspsychologischen und psychopathologischen Kompetenzen in die Beurteilung der Situation des Kindes und der Konfliktdynamik der Familie einbringt. Der Deutsche Verein für öffentliche und private Fürsorge hat dies bereits im Jahr 1994 empfohlen (Deutscher Verein 1994). Aber diese Anregung ist in der Fläche noch nicht umgesetzt.

Um es anschaulich zu machen: Die Mehrzahl der neu beginnenden Fremdunterbringungen wird für Jugendliche im Alter zwischen 12 und 18 Jahren gewährt. In dieser Lebensphase haben männliche wie weibliche Jugendliche die Entwicklungsaufgabe, sich von ihren Eltern abzulösen und eine eigene Identität aufzubauen, die ihnen ein selbstverantwortliches Leben ermöglicht. Bei in Aussicht genommenen Fremdunterbringungen kann daher auch eine Ablösungskrise zwischen dem jungen Menschen und seinen Eltern vorliegen. Gerade wenn das Potential einer Familie zur Lösung eines Beziehungskonflikts nicht ausreicht, streben Jugendliche aus ihrer Familie heraus und Helfer stehen in der Gefahr, einseitig Partei zu ergreifen. In solchen Situationen kann eine Herausnahme des jungen Menschen aus seiner Familie bedeuten, die Konfliktdynamik mitzuagieren. Eine Fremdplatzierung bietet dann keine Lösung des Problems, sondern stellt im Gegenteil die familiale Dynamik auf Dauer (bke 2006a, S. 8).

Die Praxis der Berliner Bezirke, vor einer beabsichtigten Fremdplatzierung von Jugendlichen die Erziehungsberatung einzubeziehen und sie mit den Jugendlichen fünf Gespräche führen zu lassen, hat gezeigt, dass nicht nur in etlichen Fällen eine ambulante Hilfe zur Erziehung ausreichend sein kann, sondern auch eine weitere Betreuung des Jugendlichen durch die Beratungsstelle möglich ist (Michelsen 2006).

Die Stadt Heilbronn, um ein zweites Beispiel zu nennen, hat die hohen Kosten ihrer Schule für Erziehungshilfe dadurch abgebaut, das sie an drei Beratungsstellen eine zusätzliche halbe Psychologenstelle geschaffen hat. Die von den Beratungsfachkräften für Schüler, Eltern und Lehrer an den Regelschulen gehaltenen Sprechstunden haben einen Rückgang der Sonderbeschulung auf die Hälfte der zuvor üblichen Fallzahlen bewirkt (Englert u.a. 2006).

Der gezielte Einsatz von Erziehungsberatung im Kontext der Hilfen zur Erziehung kann dazu beitragen, dass Kindern die Trennung von ihren Eltern und dem Träger der öffentlichen Jugendhilfe hohe Kosten erspart bleiben.

*Kinderschutz durch Beratung*

In den letzten Jahren sind die politischen und fachlichen Bemühungen verstärkt worden, den Schutz von Kindern vor Gefährdungen ihres Wohls zu verbessern. Rechtlich betrachtet ist dieser Auftrag in § 8a SGB VIII normierte Auftrag nicht neu; neu ist nur der Grad der gesetzlichen Konkretisierung dieser Aufgabe. Die Erziehungsberatungsstellen nehmen die Aufgabe des Kinderschutzes im Rahmen der von ihnen erbrachten Beratungen wahr (bke 2006). Und so ist eine Risikoabschätzung zur Gefährdung des Wohl eines Kindes oder Jugendlichen im Jahr 2007 von einer Beratungsstelle durchschnittlich bei sechs Fällen vorgenommen worden. Hochgerechnet sind damit für die Bundesrepublik ca. 6.300 Risikoabschätzungen in der Erziehungsberatung erfolgt. Dies sind zwei Prozent der in dem Jahr beendeten Beratungen.

Da manche Einrichtungen der Kinder- und Jugendhilfe für Risikoabschätzungen jedoch externe Unterstützung durch eine im Kinderschutz erfahrene Fachkraft benötigen, ist den Erziehungsberatungsstellen eine weitere Aufgabe zugewachsen. Mehr als ca. 1.600 Beraterinnen und Berater tragen bereits als „insofern erfahrene Fachkräfte" dazu bei, in Kindertagesstätten, Horten und anderen Einrichtungen den Schutz von Kindern und Jugendlichen in Gefährdungssituationen sicherzustellen. Sie sind für mehr als 5.500 Einrichtungen und Dienste zuständig. Dies sind in aller Regel Kindertagesstätten (90%), aber auch Horte (4,8%) und Familienzentren bzw. Mehrgenerationenhäuser (3,7%). Bei diesen Einrichtungen waren Fachkräfte der Erziehungsberatung im Jahr 2007 für gut 1.200 Kinder (und Jugendliche) an der Abschätzung eines Gefährdungsrisikos beteiligt.

*Zusammenarbeit mit dem Familiengericht*

Die Kindschaftsrechtsreform hat die staatliche Entscheidung über die elterliche Sorge für gemeinsame Kinder bei einer Scheidung bekanntlich zurückgenommen und ihre konkrete Ausgestaltung in die Autonomie der Eltern gegeben. Die Eltern selbst sollen klären, wie sie die elterliche Sorge künftig wahrnehmen wollen. Dazu steht ihnen unterstützend Beratung durch die Jugendhilfe zur Seite, auf die die Eltern einen Rechtsanspruch haben.

In der Entscheidung des Familiengerichts sollen nur solche Verfahren verbleiben, bei denen das Sorgerecht strittig ist und mindestens ein Elternteil Antrag auf gerichtliche Entscheidung gestellt hat. Hier ist Beratung eigentlich außen vor. Aber immer deutlicher zeichnet sich ab, dass in diesen konflikthaften Konstellationen mit rechtlichen Mitteln eine Befriedung der familiären Situation nicht erreichbar ist. Im Gegenteil: Die ehelichen Partner, die sich gerade erst entschieden haben, auseinanderzugehen, vollziehen innerlich die Trennung nicht, sondern bleiben nach der Scheidung umso heftiger aufeinander bezogen. Dabei verstehen sie es, die mit ihren Angelegenheiten befassten Institutionen, seien dies nun die Jugendämter oder die Familiengerichte, Rechtsanwälte oder Beratungsstellen, in ihre Konflikte hineinzuziehen und für die eigenen Zwecke zu instrumentalisieren.

Beraterinnen und Berater, die mit diesen Paaren arbeiten und dabei ein Bild von der Situation des gemeinsamen Kindes gewinnen wollen, können nicht mit der gewohnten Haltung von Eltern rechnen. Sie müssen sich vielmehr auf Abwertungen und Diffamierungen ihrer Arbeit einstellen. Schriftsätze der Anwälte an das Familiengericht über die Tätigkeit der Beratungsstelle sind dann nichts Ungewöhnliches. Die Vertraulichkeit von Beratung, die wir fachlich als Bedingung für die Lösung von Problemen ansehen, wird von diesen Eltern selbst nicht mehr beachtet. Sie machen Beratung vielmehr zum Gegenstand öffentlicher Auseinandersetzungen.

Das nötigt aller Erfahrung nach dazu, hoch strittigen Eltern, die von ihren Ängsten und Verletzungen geleitet sind, von außen gesetzte Regeln aufzuerlegen, die eine therapeutischen Einwirkung überhaupt erst möglich machen. Dazu zählen etwa die Vereinbarung mit den Eltern, wann Informationen aus der Beratung an das Familiengericht weitergegeben werden, ebenso, wie die Absprache mit dem Familiengericht, wie viel Zeit für den Prozess der Beratung zur Verfügung stehen muss, aber auch die Absprache, dass die Anwälte sich für die Dauer der Beratung weiterer Schriftsätze enthalten. Solche Regeln weichen vom üblichen psychotherapeutisch inspirierten Setting von Beratung ab. Doch nicht diese Abweichung ist bedeutsam; entscheidend ist vielmehr, dass Beratungsstellen neue Bedingungen setzen, die sie gemeinsam mit anderen Institutionen definieren und gewährleisten müssen. Gelingende Kooperation wird hier zu einer Bedingung von Beratung (bke 2005, S. 8).

## Schluss

Die Notwendigkeit der Kooperation ließe sich auch noch für eine Reihe anderer Themen unterstreichen. So sind die Fachkräfte von Kindertageseinrichtungen nach § 22a SGB VIII verpflichtet, mit kinder- und familienbezogenen Institutionen im Gemeinwesen zusammenzuarbeiten. Familienbildung und Familienberatung hat der Gesetzgeber hier ausdrücklich genannt. Ein systematischer Aufbau solcher Zusammenarbeit ist aber noch kaum in Angriff genommen. Familienzentren und Mehrgenerationenhäuser kommen dem noch am nächsten, wenn sie mit einer Erziehungsberatungsstelle zusammenarbeiten, wie dies das nordrhein-westfälische Gütesiegel für Familienzentren vorsieht (MGFFI 2008, S. 7).

Auch der Aufbau von Netzwerken Früher Hilfen, die späteren Gefährdungen von Säuglingen und Kleinkindern vorbeugen sollen, wird unter der Beteiligung von Erziehungsberatungsstellen zu leisten sein. Solche Zusammenarbeit wird von den Kooperationspartnern mit Werten zwischen 85 und 95% positiv eingeschätzt (bke 2001, S. 21ff.).

Für alle diese Kooperationen gilt: Sie sind in der Sache notwendig und meistens unverzichtbar. Aber es gilt auch: Für sie ist ein erheblicher zusätzlicher Zeitaufwand erforderlich. Erziehungsberatung gerät daher nicht nur durch eine ständig steigende Inanspruchnahme seitens Ratsuchender unter Druck, sondern auch durch immer neue Einladungen zur Vernetzung und zur Beteiligung an fachdienstlichen Aufgaben. Diese Kooperationen reduzieren inzwischen die Zeit, die die Beratungsfachkräfte für die direkte Arbeit mit Kindern und Familien zur Verfügung stellen können. Das war an der sich abflachenden Inanspruchnahmekurve ablesbar.

Ein weiteres Fortsetzen der personellen Stagnation in der Erziehungs- und Familienberatung nimmt wissentlich in Kauf, dass die Beraterinnen und Berater den Familien und ihren Kooperationsverpflichtungen nicht mehr gerecht werden können. Es ist an der Zeit, Erziehungs- und Familienberatungsstellen politisch als die unverzichtbaren Einrichtungen in der sozialen Infrastruktur für Familien auszuzeichnen, die sie faktisch heute bereits sind.

Im Jahr 2006 sind je 10.000 Minderjährige 199 Beratungen durchgeführt worden. Es haben also innerhalb eines Jahres 2 Prozent aller Minderjährigen von einer Beratung profitiert. Auf der Grundlage der in der Bundesstatistik seit 1993 empirisch dokumentierten Inanspruchnahme kann festgestellt werden, dass in den zurückliegenden 14 Jahren bereits 22 Prozent der Minderjährigen eine Unterstützung durch Erziehungsberatung erfahren haben. Nimmt man für die nächste Zeit auch nur eine konstant bleibende Inanspruchnahmequote von zwei Prozent im Jahr an, dann werden 30 Prozent der Kinder und Jugendlichen bis zu ihrer Volljährigkeit durch Erziehungsberatung erreicht. Das gilt auch dann, wenn man wiederholtes Aufsuchen der Erziehungsberatung für einen Teil der Kinder berücksichtigt.

Die Erziehungs- und Familienberatung befriedigt einen Grundbedarf von Familien nach Unterstützung bei ihren Erziehungsaufgaben und bei der Bewältigung von Konflikten und Krisen in der Familie. Sie ist deshalb heute Teil der sozialen Infrastruktur, die unsere Gesellschaft ihren Familien für ein gelingendes Aufwachsen der nächsten Generation zur Verfügung stellen muss. Nur wenn Erziehungsberatung die für diese Aufgabe erforderliche bedarfsgerechte Ausstattung erhält, kann sie ihr Innovationspotenzial wirksam zugunsten von Kindern und Jugendlichen zur Entfaltung bringen.

## Literatur

Ames, A.; Bürger, U.: Untersuchung der unterschiedlichen Inanspruchnahme vollstationärer Heimerziehung im Verbandsgebiet. Teilbericht I und II. Stuttgart 1996.
Berth, Felix (2009): Schlechte Karten von Anfang an, in: Süddeutsche Zeitung, 24. März 2009.
Bundeskonferenz für Erziehungsberatung (bke) (2001): Jugendhilfeplanung für Erziehungs- und Familienberatung. Fürth.
Bundeskonferenz für Erziehungsberatung (bke) (2004): Arme Familien gut beraten – Hilfe und Unterstützung für Kinder und Eltern. Fürth.

Bundeskonferenz für Erziehungsberatung (bke) (2005): Zur Beratung hoch strittiger Eltern, in: Informationen für Erziehungsberatungsstellen, Heft 1/2005, S. 3–8.
Bundeskonferenz für Erziehungsberatung (bke) (2006a): Erziehungsberatung und Hilfeplanung, in: Informationen für Erziehungsberatungsstellen, Heft 2/2006, S. 3–13.
Bundeskonferenz für Erziehungsberatung (bke) (2006b): Kindesschutz und Beratung – Empfehlungen zur Umsetzung des Schutzauftrages nach § 8a SGB VIII. Fürth.
Bundeskonferenz für Erziehungsberatung (bke) (2007): Elternschaft früh unterstützen! In: Informationen für Erziehungsberatungsstellen, Heft 2/2007, S. 3–6.
Deutscher Verein für öffentliche und private Fürsorge (1994): Empfehlungen zur Hilfeplanung nach § 36 KJHG, in: Nachrichtendienst des Deutschen Vereins, Heft 9/1994, S. 317–326.
Dienel, Christiane (1995): Kinderzahl und Staatsräson – Empfängnisverhütung und Bevölkerungspolitik in Deutschland und Frankreich bis 1918. Münster.
Englert, Elisabeth; Jätzold, Rainer; Knödler, Uwe; Krause, Iris; Schultz, Jürgen (2006): Sprechstunde an der Schule. In: Menne, Klaus; Hundsalz, Andreas (Hg.) (2006): Jahrbuch für Erziehungsberatung. Band 6. Weinheim und München, S. 177–190.
Hochschild, Arlie (2006): Keine Zeit – Wenn die Firma zum Zuhause wird und zu Hause nur Arbeit wartet. Wiesbaden.
Hondrich, Karl-Otto (2007): Weniger sind mehr – Warum der Geburtenrückgang ein Glücksfall für unsere Gesellschaft ist. Frankfurt am Main.
Menne, Klaus (2004): Therapeutische Kompetenz in präventiver Orientierung, in: Informationen für Erziehunsgberatungsstellen, Heft 1/2004, S. 12–20.
Menne, Klaus (2005): Die Familienverhältnisse in der Fremdunterbringung. Teil 1 und 2. In: Zentralblatt für Jugendrecht, Heft 7/8-2005, S. 290–308, und Heft 9-2005, S. 350–357.
Menne, Klaus (2008): Die Kosten der erzieherischen Hilfen, in: Zeitschrift für Kindschaftsrecht und Jugendhilfe,
Menne, Klaus (2009): Gesundheitsförderung und Kinderschutz in der Erziehungsberatung, in: Informationen für Erziehungsberatungsstellen, Heft1/2009, S. 32–35.
Merkle, Tanja; Wippermann, Carsten (2008): Eltern unter Druck – Selbstverständnisse, Befindlichkeiten und Bedürfnisse von Eltern in verschiedenen Lebenswelten. Stuttgart.
Michelsen, Herma (2006): „Umsteuerung von Hilfen zur Erziehung – Der Beitrag der Erziehungsberatung", in: Klaus Menne und Andreas Hundsalz (Hrsg.): Jahrbuch für Erziehungsberatung, Band 6, Weinheim und München, S. 51–61.
Ministerium für Generationen, Familien, Frauen und Integration des Landes Nordrhein-Westfalen (MGFFI) (2008): Gütesiegel Familienzentrum Nordrhein-Westfalen. Düsseldorf.
Ravens-Sieberer, U./Wille, N./Bettge, S./Erhart, M. (2007): Psychische Gesundheit von Kindern und Jugendlichen in Deutschland. Ergebnisse aus der BELLA-Studie im Kinder- und Jugendgesundheitssurvey (KiGGS). In: Bundesgesundheitsblatt, 50, S. 871–878
Robert-Koch-Institut (2007): Ergebnisse des Kinder- und Jugendgesundheitssurveys (KiGGS). In: Bundesgesundheitsblatt, Band 50, Heft 5/6, Mai/Juni 2007.
Schmid, M. (2007): Psychische Gesundheit von Heimkindern. München.

Schmid; Schneider; Hohm; Pickartz; Mascenare; Petermann; Flosdorf; Hölzl und Knapp (2002): Effekte erzieherischer Hilfen und ihre Hintergründe, Band 219 der Schriftenreihe des Bundesministeriums für Familie, Senioren, Frauen und Jugend. Köln.

Sell, Stefan (2010): Noch nie war Erziehungsberatung so wertvoll wie heute, in diesem Band.

Statistisches Bundesamt (2007): Statistiken der Kinder- und Jugendhilfe – Institutionelle Beratung. Wiesbaden.

# Besondere Familien in der Erziehungsberatung

Hermann Scheuerer-Englisch, Sandra Gabler und Ina Bovenschen

# Erziehungsberatung von Pflegefamilien

Nicht alle Kinder können bei ihren leiblichen Eltern aufwachsen, da bei diesen das Wohl des Kindes phasenweise oder nachhaltig gefährdet wäre. Als eine intensive Hilfe zur Erziehung steht die Vollzeitpflege nach den §§ 27 und 33 SGB VIII zur Verfügung. Gefährdeten Kindern wird demnach „in einer anderen Familie eine zeitlich befristete Erziehungshilfe oder eine auf Dauer angelegte Lebensform" geboten. Dabei sind entsprechend das Alter, der Entwicklungsstand des Kindes oder des Jugendlichen, seine persönlichen Bindungen sowie die Möglichkeiten der Verbesserung der Erziehungsbedingungen in der Herkunftsfamilie zu berücksichtigen. Während die Herkunftseltern den Anspruch auf die Hilfe zur Erziehung haben, sind Pflegeeltern die „Leistungserbringer" und bilden mit den leiblichen Eltern und dem Jugendamt ein nicht immer leichtes Dreieck der Hilfe. Sie haben bereits vor der Aufnahme eines Kindes, aber auch während der Dauer der Pflege des Kindes oder Jugendlichen Anspruch auf Beratung und Unterstützung. Damit soll unter anderem sichergestellt werden, dass die Pflegepersonen eine dem Wohl des Kindes oder Jugendlichen förderliche Erziehung gewährleisten (§ 37 Abs. 2 und 3 SGB VIII). Da Pflegekinder aufgrund ihrer Vorgeschichte häufig sehr belastet sind, ist die Erziehung und Förderung in der Pflegefamilie meist eine größere Herausforderung als die Erziehung eigener Kinder. Die Pflegefamilienunterbringung bietet den Kindern mit den Pflegeeltern neue Bindungspersonen an und greift deshalb am stärksten von allen Hilfen zur Erziehung in die Bindungsdynamik des Kindes ein. Als weitere Folge sind auch auftauchende Probleme zwischen Herkunftsfamilie und Pflegefamilie, z.B. bei der Gestaltung der Besuchskontakte oder einer möglichen Rückführung des Kindes und die gegenseitige Anerkennung der Bindungspersonen, zu lösen. Beratung und Begleitung des gesamten Hilfeprozesses ist für den Erfolg der Hilfe von hoher Bedeutung. Die Beratung durch das Jugendamt ist aufgrund der Versorgungssituation nur teilweise ausreichend verfügbar. Eine Erhebung des DJI (DJI, DIJuV 2006) ergab, dass bei 47,3% der Pflegekinderdienste der Kommunen eine Fachkraft mehr als 50 Kinder zu betreuen hat. Geht man von einer fachlich bereits seit langem empfohlenen Relation von einer Fachkraft für 35 Kinder aus (Blüml u.a. 1987), können dies aktuell 80,3% der Jugendämter nicht gewährleisten.

Erziehungsberatung als eigene Hilfe zur Erziehung soll Kinder, Jugendliche, Eltern und andere Erziehungsberechtigte bei der Klärung und Bewältigung individueller und familienbezogener Probleme und der zugrunde liegenden Faktoren, bei der Lösung von Erziehungsfragen und bei Trennung und Scheidung unterstützen (§§ 27 und 28 SGB VIII). Damit haben die Kinder und Jugendlichen in Pflegefamilien, die leiblichen Eltern, aber auch die Pflegeeltern den gesetzlichen Anspruch, sich bei Problemen an die Erziehungsberatungsstellen zu wenden. Diese stehen flächendeckend zur Verfügung, da es in jeder Kommune eine Erziehungsberatungsstelle gibt, bundesweit sind es etwa 1.050 Stellen. Der Zugang zur Beratung ist freiwillig, vertraulich und für die Ratsuchenden kostenfrei. Häufig empfehlen die Fachkräfte des Jugendamtes den Pflegeeltern, eine Erziehungsberatungsstelle aufzusuchen, um die eigene Beratungsverpflichtung (§ 37 SGB VIII) besser erfüllen zu können oder zu ergänzen, da die Beratungsstellen über die spezifischen Kompetenzen zur pädagogisch-therapeutischen Beratung und Begleitung von auffälligen und belasteten Kindern und bei Erziehungsproblemen verfügen. So wie aber Pflegekinder keine leiblichen Kinder sind und ihre Erziehung Besonderheiten aufweist, ist auch die Beratung von Pflegefamilien in Teilen anders als bei Familien mit leiblichen Eltern. Es ist insbesondere ein vielfältiges und spezifisches Wissen zur Entwicklungspsychologie und Familiendynamik erforderlich, um der Komplexität dieser Hilfeform mit vielen unterschiedlichen Beteiligten gerecht werden zu können.

Im vorliegenden Beitrag werden zunächst Informationen zur Inanspruchnahme und zu Merkmalen der Erziehungsberatung von Pflegefamilien aus einer aktuellen Untersuchung gegeben. Anschließend werden Ziele, Möglichkeiten und Formen effektiver Hilfen vor dem Hintergrund der Problembereiche von Pflegefamilien und der entwicklungspsychologischen und klinischen Forschung und Praxis beschrieben.

## Kenndaten zur Inanspruchnahme von Erziehungsberatung durch Pflegefamilien

Im Jahr 2005 befanden sich nach der offiziellen Statistik 50.364 Kinder in Deutschland in Pflegeverhältnissen (Statistisches Bundesamt 2007a). Dies entspricht 0,3% aller Kinder. Da nicht alle Pflegeverhältnisse über das Jugendamt gemeldet und organisiert werden, ist davon auszugehen, dass tatsächlich noch mehr Kinder in Pflegeverhältnissen leben.

2005 wurden 4734 Pflegekinder bundesweit in der Erziehungsberatung betreut, dies sind 9% aller Pflegekinder oder 1,54% der im Jahr 2005 an Erziehungsberatungsstellen vorgestellten 309.357 Kinder (Statistisches Bundesamt 2007b). Damit suchen Pflegefamilien die Erziehungsberatung relativ häufig auf, denn betrachtet man die Gesamtzahl der Kinder und jungen Menschen, dann nahmen im Jahr 2005 von diesen nur 1,9% eine Erziehungsberatung wahr. Pflegefamilien wenden sich etwa vier- bis fünfmal häufiger an die Beratungsstellen als andere Familien. Dieser Prozentsatz kann noch erheblich steigen, wenn die Beratungsstellen vor Ort eng mit dem Jugendamt kooperieren und ihr Angebot auf Pflegefamilien ausrichten. So wurden im Jahr 2005 in Stadt und Landkreis Regensburg von den 251 in Pflege befindlichen Kindern und Jugendlichen 52 an den drei zuständigen Beratungsstellen betreut. Dies sind 20,6% aller Pflegekinder, ein Anteil, der mehr als doppelt so hoch liegt wie der Bundesdurchschnitt.[1]

Neben den Pflegeeltern suchen auch leibliche Eltern von Pflegekindern aus eigenen Stücken oder auf Empfehlung die Erziehungsberatung auf. Anlässe sind dann häufig Probleme mit den Besuchskontakten, den Pflegeeltern oder dem Jugendamt, der Wunsch nach oder die Begleitung bei Rückführung des Kindes oder Erziehungsfragen. Auch Mitarbeiter/innen des Jugendamtes suchen an der Beratungsstelle konsiliarische Unterstützung und Supervision bei schwierigen Entscheidungen und Maßnahmen, z.B. zu Art und Ausmaß von Besuchskontakten, Rückführung, Problemen mit Pflegeeltern etc.

Die Beratungsstelle der Katholischen Jugendfürsorge Regensburg ist zusammen mit der Universität Erlangen-Nürnberg der Frage nachgegangen, ob sich die Pflegefamilien, die im Zeitraum von 2001 bis 2005 beraten wurden, beim Beratungszugang, der Problembelastung, und dem Beratungsverlauf von anderen Klienten unterscheiden (Gabler 2008). Insgesamt wurden im genannten Zeitraum 50 Pflegekinder und ihre Familien beraten. Zur Bildung einer Kontrollgruppe wurde jedem Pflegekind ein zufällig ausgewähltes Beratungskind gleichen Alters und Geschlechts zugeordnet. 52% der Kinder waren in jeder Gruppe weiblich und das Durchschnittsalter war zu Beginn der Beratung jeweils 9 Jahre. Die Untersuchung bestand in einer ausführlichen Aktenrecherche des Beratungsverlaufes und einer schriftlichen Nachbefragung der Familien. Bei der Aktenrecherche wurden unter Wahrung der Anonymität relevante Kenndaten zu Beratungsanregung und -zugang, zu Dauer der Beratung und Sitzungshäufigkeit, Häufigkeit der Kontakte zu anderen Fachleuten, Themen der Beratung und Informationen zur Situation der leiblichen und der (Pflege-)Familie, erfasst. Bei den Pflegefamilien wurden darüber hinaus die Gründe für die Pflege, die Anzahl der vorherigen Unterbringungen und die Besuchskontakte erfasst.

Bei der Nachbefragung bekamen die Eltern beider Stichproben einen Fragebogen zu aktuellen Problemen und Stärken des Kindes (Strengths and Difficulties Questionnaire: SDQ, Woerner, Becker, Rothenberger 2004), zur Zufriedenheit und dem Verlauf der Beratung (Fragebogen zur Familien- und Erziehungsberatung: FEF; Vossler 2001) sowie bei den Pflegefamilien

---

1 Zahlen nach Auskunft des Kreisjugendamtes Regensburg, des Amtes für Jugend und Familie Regensburg und den Angaben in den Tätigkeitsberichten der drei Regensburger Erziehungsberatungsstellen (Stadt Regensburg, Katholische Jugendfürsorge Regensburg und Diakonisches Werk Regensburg).

Fragen zum Verlauf der Pflegeverhältnisse. Die Kinder bekamen ab dem 9. Lebensjahr ebenfalls den SDQ-Selbsteinschätzungsbogen, einen Fragebogen zu Emotionsregulationsstrategien (FEEL-KJ, Grob, Smolensky 2005), zu Ressourcen (Sense of Coherence: SOC, Schumacher, Gunzelmann, Brähler 2000) sowie zur Beratungszufriedenheit (Youth Client Satisfaction Questionaire: YCSQ, Shapiro, Welker, Jacobson 1997).

Ein klares Ergebnis der Untersuchung war, dass Pflegefamilien in der Erziehungsberatung eine höhere Problembelastung aufweisen als die Familien der Vergleichsstichprobe. So wurden in der Beratung mehr und schwerere Problembereiche bearbeitet: Signifikant häufiger waren bei den Pflegefamilien die Themen Gewalt und Vernachlässigung in der Familie, Bindungsprobleme, Wechsel der Unterbringung, Probleme mit Besuchskontakten sowie Entwicklungsrückstände und emotionale Labilität. Seltener waren dagegen reine Erziehungsfragen, sozioökonomische Probleme und Probleme in der Partnerschaft. Im Elternurteil (SDQ) hatten Pflegekinder signifikant stärker Probleme mit Verhaltensauffälligkeiten, Hyperaktivität und Gleichaltrigen und auch die Pflegekinder selbst stuften sich als verhaltensauffälliger ein. Bezogen auf die klinisch relevante Belastung zeigte sich im SDQ: 57% der Pflegekinder lagen im Bereich klinischer Auffälligkeit, weitere 10% im Grenzbereich, während die Kinder der Kontrollstichprobe nur zu 7% auffällig und zu 33% im Grenzbereich lagen. Pflegefamilien bringen somit von Anfang an ein höheres Problemniveau in die Beratung mit.

Dies drückt sich dann auch in deutlichen Unterschieden in der Beratung aus: Pflegefamilien erfordern eine höhere Beratungsintensität als die Familien der Kontrollstichprobe. So hatten Pflegefamilien im Schnitt mehr als 23 Beratungssitzungen in unterschiedlichen Settings mit einem durchschnittlichen Umfang von 17,7 Stunden pro Familie. Bei den Kontrollfamilien waren dies im Schnitt 10 Sitzungen und 7,4 Stunden. Die Stundenzahlen stellen die reine Zeit mit den Klienten ohne Vor- und Nachbereitung der Sitzungen dar. Bei der Beratung der Pflegefamilien waren außerdem signifikant mehr Familienmitglieder, aber auch mehr Kontaktpersonen aus dem sozialen Netzwerk einbezogen. Auch für Helferkonferenzen, vor allem mit dem Jugendamt und dem Gericht, wurde mehr Zeit aufgewendet. Die Beratung von Pflegefamilien fordert damit mehr Ressourcen der Beratungsstelle und stellt nachweisbar höhere Anforderungen an die fallbezogene Netzwerkarbeit.

Der Zugang zur Beratungsstelle erwies sich bei Pflegefamilien als in hohem Maße durch das Jugendamt vermittelt: Über 30% kamen auf Anregung des Jugendamtes im Vergleich zu 8% aller Klienten im Vergleichszeitraum. Bei der Eigeninitiative, die Beratung aufzusuchen (Pflegeeltern zu Gesamtklientel: 38% zu 43%), und der Empfehlung über Kindergarten oder Schule (8% zu 9%) gab es dagegen kaum Unterschiede. Die Pflegeeltern hatten nach den Angaben in der Nachbefragung signifikant weniger Bedenken, die Beratungsstelle aufzusuchen als die Eltern der Kontrollstichprobe. Vermutlich resultiert dies aus einer höheren Vertrautheit der Pflegeeltern mit dem Jugendhilfesystem und damit verbundenen Beratungsangeboten sowie einer guten Vermittlungspraxis im Netzwerk.

Es gibt bislang sowohl in Deutschland als auch in anderen Ländern keine systematischen Studien zur Wirksamkeit von familienorientierten Beratungsangeboten für Pflegeeltern und zur Zufriedenheit damit. Allerdings gibt es im angloamerikanischen Sprachraum einige Studien zu spezifischen bindungsbasierten oder auf die Reduktion von Verhaltensauffälligkeiten orientierten Interventionsprogrammen in Pflegefamilien, auf die später noch eingegangen wird. Die Untersuchung von Gabler (2008) erhob in einer Nachbefragung die Zufriedenheit mit der Beratung und die Problembelastung des Kindes bei Eltern und Kind. Nachdem der Beratungszeitraum der Familien die Jahre von 2001 bis 2005 umfasste, war der Nachbefragungszeitraum dementsprechend von einem halben Jahr bis zu fünf Jahren lang. 75% der Pflegeeltern und 33% der Kontrolleltern schickten den Fragebogen zurück, bei den Pflegekindern waren es 48% und 27% der Kontrollkinder. Grundsätzlich waren die Zufriedenheitswerte aller Beteiligten sehr hoch, bei einer Skalierung von 1 (nicht vorhanden) bis 4 (sehr gut) war der niedrigste Durchschnittswert 3.27, der höchste 3.6. Dies ist in der Höhe vergleichbar mit den vielfältigen Zufriedenheitsstudien rund um Erziehungsberatung (z.B. Vossler, 2003). Im Fragebogen zur Erziehungs- und Familienberatung (FEF) ergab sich dennoch bei den Pflegeeltern eine statistisch bedeutsame höhere Zufriedenheit bei den Aspekten Netzwerkarbeit in der Beratung, Erfüllung der Rolle als Pflege-Eltern und Verständnis für das Kind. Sie gaben auch eine tendenziell bessere Problementwicklung an und waren tendenziell zufriedener mit der Beratung als die Eltern der Kontrollstichprobe. Wir erklären uns die höheren Werte bei den Pflegeeltern damit, dass sie die Beratung aufmerksamer wahrnehmen, unter einem höheren Druck stehen, Unterstützung zu erhalten, und mehr darauf angewiesen sind, dass für das Pflegekind Unterstützung im sozialen Netzwerk organisiert wird. Bei den Kindern und Jugendlichen gab es in der Beratungszufriedenheit keine bedeutsamen Unterschiede.

Es gab keine Zusammenhänge zwischen der Problembelastung des Kindes in der Wahrnehmung der Eltern (SDQ), den Werten in den Ressourcen (SOC) sowie der Emotionsregulation des Kindes (FEEL-KJ) jeweils mit der Zufriedenheit mit der Beratung. Das bedeutet, dass ungeachtet der Problemintensität die Beratungszufriedenheit eine eigene Größe darstellt.

Es ist weiterhin bemerkenswert, wie hoch die Belastung der Pflegekinder in der Nachbefragung noch war. 67% wurden als grenzwertig oder klinisch auffällig im Eltern-SDQ eingeschätzt. Bei 30 Pflegekindern wurden Angaben über den weiteren Verbleib gemacht. 13 Pflegekinder (43%) lebten nicht mehr in der Pflegefamilie. 2 Kinder wurden zurückgeführt, ein Kind kam in eine andere Pflegefamilie, 7 Kinder kamen ins Heim und zwei Kindern waren anderweitig untergebracht. Die Kinder, die aus der Pflegefamilie ins Heim wechselten, hatten sowohl in der Selbsteinschätzung (Kinder SDQ), als auch im Urteil der Pflegeeltern (SDQ) die höchste Problembelastung. Die Nachbefragung ergab, dass die Pflegeeltern, deren Kind noch in der Familie lebte, signifikant zufriedener mit der Beratung waren.

Weitere Analysen ergaben, dass die Pflegekinder mit klinischen Belastungswerten im SDQ über geringere Emotionsregulationsstrategien (FEEL KJ) verfügten. Je höher die Problembelastung der Kinder jedoch war, desto intensiver verlief die Beratung, d.h. desto mehr Zeit wurde in unterschiedlichen Settings aufgewendet.

Zusammenfassend lässt sich feststellen, dass die Pflegekinder, die an der Erziehungsberatung vorgestellt wurden, zu zwei Drittel grenzwertig oder klinisch auffällig waren, also zu einer Hochrisikogruppe im Hinblick auf ihre weitere Entwicklung zählten. In der Beratung wird es in einem hohen Maß darauf ankommen, Hilfen anzubieten, die externalisierende Verhaltensauffälligkeiten, Peerprobleme, unangemessene Emotionsregulationsstrategien und die Stabilität der Pflegefamilie in den Fokus nehmen und Lösungsstrategien entwickeln. Dazu braucht es auch kontrollierte Interventionsstudien, die die Vorgeschichte und Entwicklung von Pflegekindern, die Belastung zu Beginn der Beratung, unterschiedliche Settings und Angebote der Beratungsstellen und die Ergebnisse im Verlauf untersuchen.

# Spezifische Problembereiche von Pflegekindern und der Pflegefamilienunterbringung

Im Vergleich zu anderen Kindern und Familien sind in der Beratung von Pflegefamilien drei Problembereiche besonders hervorzuheben, für die in der Erziehungsberatung, aber auch in anderen Einrichtungen, Hilfen und Interventionen zur Verfügung gestellt werden müssen.

Der erste Bereich umfasst belastete unsichere Bindungsmuster und Bindungsstörungen des Kindes aufgrund von Trennung und Verlust von Bindungen sowie problematischen oder traumatischen Erfahrungen in der Herkunftsfamilie. Damit eng verbunden sind Fragen eines gelingenden Bindungsaufbaus und der Beziehungsgestaltung in der Pflegefamilie. Der zweite Bereich betrifft mit dem Bindungsbereich eng verbunden vielfältige Probleme des Pflegekindes in der Verhaltens- und Gefühlsregulation, bei der Gestaltung von Gleichaltrigenbeziehungen und im Schul- und Leistungsbereich. Verhaltensauffälligkeiten und posttraumatische Belastungsstörungen erzeugen einen hohen Erziehungsstress in der Pflegefamilie und erfordern meist auf das individuelle Pflegekind und seine Geschichte zugeschnittene Interventionen und Handlungsstrategien. Dabei ist neben der

Pflegefamilie unbedingt das weitere soziale Umfeld einzubeziehen. Zu einem dritten Bereich gehören Probleme, die mit der Situation des Kindes zwischen den Familiensystemen und der Hilfegestaltung zusammenhängen. Hier geht es um die Regelung von Besuchskontakten und Rückführung, um damit verbundene Loyalitätsprobleme des Kindes, den Umgang mit Konflikten und Spannungen zwischen allen Beteiligten und die Herstellung von tragfähigen Zukunftsperspektiven für das Kind.

## Interventionsangebote für Pflegefamilien im Rahmen der Erziehungsberatung

Im Folgenden werden im Hinblick auf die skizzierten und in Untersuchungen belegten Problembereiche wesentliche Ziele, Aufgaben und Angebote der Erziehungsberatung für Pflegekinder und -familien vor einem entwicklungspsychologischen Hintergrund vorgestellt.

### *Anamnese und Diagnostik in wichtigen Bereichen zusammen mit den Pflegeeltern*

Gerade bei einem fremdplatzierten Kind ist aufgrund der biografischen Brüche eine gute Kenntnis seiner Entwicklungsgeschichte zentral für das Verständnis seines Verhaltens. Die Anamnese und Diagnostik ist dabei eine auf alle Problembereiche zielende wichtige Querschnittsaufgabe. Erziehungsberatungsstellen verfügen über vielfältige psychologische, sozialpädagogische, lebenslagen- und gefährdungsbezogene Methoden und Verfahren (Scheuerer-Englisch u.a. 2007). Im Rahmen der Diagnostik sollten systematisch Informationen zu folgenden Bereichen gesammelt und eingeschätzt werden:

**Bindungsgeschichte des Kindes**

Hier ist wichtig, wer das Kind in welchem Zeitraum verantwortlich versorgt hat, wer aufgrund der Zeiträume als Bindungsperson in Frage kommen könnte, welche Trennungen und Verlusterfahrungen das Kind bereits gemacht hat, wie Trennungen und Wechsel verlaufen sind und welche Erfahrungen in der Fürsorge das Kind vermutlich gemacht hat. Hier kann auch erfasst werden, welche wichtigen Übergänge und Veränderungen das Kind in seiner Entwicklung noch erlebt hat, z.B. Partnerwechsel bei den Eltern, Umzüge, Eintritt und Wechsel von Kinderkrippe, Kindergarten, Schule etc. Methodisch können die Informationen in Entwicklungspfaden, entlang einer Zeitschiene oder eines „Lebensflusses" angeordnet werden. Dies ist auch eine wesentliche Grundlage für die wünschenswerte Biografiearbeit mit Pflegekindern (Ryan, Walker 2003; Lattschar, Wiemann 2008).

**Mögliche traumatische Erfahrungen und die Folgen**

Im Rahmen der Anamnese der Entwicklungsgeschichte des Kindes ist es sehr wichtig, traumatisierende Schlüsselerfahrungen in seiner Geschichte zu erkunden und zu dokumentieren. Dabei geht es vor allem darum, konkrete Vorfälle, Situationsschilderungen und das mögliche Erleben des Kindes zu erfassen. Dies können z.B. Hinweise aus Akten, aus Berichten über die Ursachen der Fremdunterbringung, aus Schilderungen aus der Umgebung der Herkunftsfamilie, aus Klinik- und Gerichtsunterlagen etc. sein. Dazu gehören z.B. Schilderungen, dass das Kind bereits mit zwei Jahren stundenlang allein auf der Straße sich selbst überlassen war, während eines Streits der Eltern aus dem Fenster gehalten wurde, oder mit eineinhalb Jahren mit 5 Fläschchen Milch stundenlang sich selbst allein in der Wohnung überlassen wurde. Solche Informationen können sehr hilfreich sein, konkrete Verhaltensweisen der Kinder in der Pflegefamilie, insbesondere in ähnlichen Schlüsselsituationen besser einordnen und verstehen zu können. In diesem Zusammenhang ist auch die Diagnostik möglicher posttraumatischer Belastungsstörungen vorzunehmen.

**Bindungsbereitschaft und Phase des Bindungsaufbaues in der Pflegefamilie**

Nicht alle Kinder – vor allem ältere Kinder mit bereits vorhandenen vielfältigen Bindungserfahrungen – können sich auf die neuen Bindungspersonen einlassen. Kinder, die Beziehungen als sehr verletzend erlebt haben oder Kinder, die von den leiblichen Eltern aktiv zurückgewiesen wurden, wehren sich manchmal bewusst oder unbewusst dagegen, sich auf die neuen Bindungen einzulassen. Häufig sind dies „Scheitererkinder" (Heinemann 1994; Fremmer-Bombik 2003), die durch ihr Verhalten Beziehungen aktiv meiden, eine Schutzwand errichtet haben und den Pflegeeltern das Gefühl geben, das Kind gar nicht zu erreichen. Diese Kinder sind ohne therapeutische Bearbeitung dieser unbewussten Bindungsablehnung gefährdet, häufiger fremdplatziert zu werden. In der Erziehungsberatung oder Therapie sollte deshalb abgeklärt werden, inwieweit das Kind bereits innerlich in der Pflegefamilie angekommen ist. Dies kann gut durch Methoden aus der Familientherapie, z.B. Familienskulpturen oder dem Familienbrett, durch Gespräche oder projektive Methoden, z.B. der Familie in Tieren, eingeschätzt werden.

Aus Erfahrungen in der Praxis ist bekannt, dass Kinder beim Beziehungsaufbau in der Pflegefamilie verschiedene Phasen (vgl. Nienstedt, Westermann 1995; Scheuerer-Englisch, 2004) durchlaufen: Nach einer Anpassungsphase von einigen Wochen bis Monaten, in denen das Kind eher angepasst, folgsam und unauffällig ist, folgt die anstrengende Phase der Prüfung des Vertrauens in die neuen Beziehungen. Die Kinder testen hier die Grenzen in der Erziehung der Pflegeeltern und die neuen Beziehungsregeln aus, sie zeigen nun zunehmend ihre alten unsicheren Bindungsmuster, es werden Traumafolgen erkennbar und intensive Gefühle in Übertragungsprozessen auf die Pflegeeltern gerichtet. Erst in der dritten Phase können die neuen Beziehungen – nach dem Bindungsaufbau – vom Kind gelassener für seine Entwicklung genutzt werden, das Kind regrediert und holt wichtige Fürsorgeerfahrungen, z.B. noch einmal wie ein Baby behandelt zu werden, nach, und es entwickelt angemessenere und positivere Erwartungen und Repräsentationen von sich und der Welt.

Im Rahmen der Erziehungsberatung wird gemeinsam mit den Pflegeeltern eingeschätzt, ob das Kind bindungsoffen ist, inwieweit es seinen Platz in der Familie gefunden hat und in welcher Phase des Beziehungsaufbaus sich das Kind und die Pflegefamilie befinden. Dies hilft vor allem den Pflegeeltern, eine Prozesssicht der Beziehungsentwicklung einzunehmen, und damit Hoffnung und Kraft zu bekommen, um schwierige Zeiten, insbesondere in der zweiten Phase, durchzuhalten und an die positive Kraft der Beziehung zu glauben.

**Einschätzung der aktuellen Bindungsstrategien des Kindes und der Eltern in der Pflegefamilie vor dem Hintergrund seiner Geschichte und der aktuellen Situation**

Aus den Schilderungen der Pflegeeltern, aus Interaktionsbeobachtungen bei Familiensitzungen und mit altersentsprechenden diagnostischen Verfahren aus der Bindungsforschung (z.B. Fremde Situation: Ainsworth u.a., 1978; Grossmann, Grossmann, 2004; Geschichtenvervollständigungsverfahren: Bretherton u.a., 2003; Trennungsangsttest: Julius, 2009; Bindungsinterview für die späte Kindheit: Zimmermann, Scheuerer-Englisch 2003) kann eine Einschätzung erfolgen, ob das Kind die Pflegeeltern als sichere Basis und sicheren Hafen nutzen kann, und welche Bindungsmuster und -strategien es in der Beziehung anwendet. Gerade die hoch unsicheren, desorganisierten und bindungsgestörten Kinder werden häufig kein klares eindeutiges Bindungsmuster verfolgen, sondern eine Mischung unsicherer und zum Teil widersprüchlicher Bindungsstrategien zeigen. Dies ist schon bei sehr kleinen Kindern ab dem ersten Lebensjahr häufig zu beobachten (Stovall-McCloud, Dozier 2004). Eine fortlaufende Beobachtung und Diagnostik dieser Strategien hilft den Pflegeeltern, angemessener mit den Kindern umzugehen und angesichts der Widersprüchlichkeit dennoch eine feinfühlige und konsistente Fürsorgehaltung gegenüber dem Kind einzunehmen (siehe auch Entwicklungsberatung). Neuere Untersuchungen (Steele 2009; Stovall-McCloud, Dozier 2004) konnten zeigen, dass die Reflexion und Aufarbeitung eigener Bindungserfahrungen der Pflege- und Adoptiveltern den Bindungsaufbau des Pflegekindes signifikant beeinflusst. Wenn die Pflegeeltern damit einverstanden sind oder motiviert werden können, ist auch die diagnostische Erkundung ihrer eigenen Bindungshaltungen (z.B. orientiert am Erwachsenenbindungsinterview, George, Main, Kaplan 1996; Gloger-Tippelt 2001) ein wichtiger Bestandteil der Beratung. Bindungsdiagnostik sollte zum Standardangebot der Pflegeelternberatung gehören, allerdings setzt dies voraus, dass der/die Berater/in über das entsprechende Fachwissen verfügt, um dies leisten zu können. Das diagnostische Wissen aus der Bindungsforschung ist für die Arbeit in den Erziehungsberatungsstellen bereits seit 1998 in Fachkongressen in das Arbeitsfeld eingebracht worden (vgl. Suess, Pfeifer, 1999; Suess, Scheuerer-Englisch, Pfeifer 2001). Berater/innen können mit einem anwendungsorientierten Grundlagenwissen Bindungsmuster und -strategien einschätzen, auch wenn sie nicht über die exakten Methoden auf der Grundlage wissenschaftlicher Kriterien der Auswertung verfügen. Aus einer Beratungsperspektive geht es weniger um eine Zuschreibung von Mustern als um eine klinisch reflektierte Sicht auf Bindungsprozesse (Slade 2004; Scheuerer-Englisch 2007).

**Diagnostik von Verhaltensauffälligkeiten und seelischen Beeinträchtigungen**

Selbstverständlich kommen neben der Bindungs- und Beziehungsdiagnostik bei der Beratung von Pflegeeltern auch weitere diagnostische Möglichkeiten der Erziehungsberatung zum Einsatz, wenn dies erforderlich ist. Dazu gehören psychodiagnostische Methoden und Verfahren zur Einschätzung der kindlichen Entwicklung, der kognitiven Fähigkeiten, der Aufmerksamkeit, des inneren Erlebens beim Kind und der Familienbeziehungen. Besonders wichtig sind bei Pflegekindern störungsspezifische diagnostische Einschätzungen, da viele der Kinder auch Merkmale psychischer Erkrankungen und posttraumatischer Belastungen aufweisen, die eine Diagnose nach ICD-10 (Remschmidt, Schmidt 1994) erlauben und häufig auch eine kinder- und jugendpsychiatrische Behandlung indizieren. Erziehungsberatung orientiert sich in ihrem Auftrag aber immer auch an den Stärken und Ressourcen des Kindes und der Familiensysteme und verfolgt mit ihrer Arbeit den Aufbau gelingender Entwicklungs- und Unterstützungsprozesse. Krankheitsdiagnosen sind deshalb immer streng unter einen Vorläufigkeits- und Prozessvorbehalt zu stellen, um Stigmatisierung und negativen Wahrnehmungs- und Entwicklungsverläufen vorzubeugen. Auch wenn gerade Pflegekinder erheblich mehr und intensivere Probleme zeigen, ist der Blick auf die Stärken der notwendige Weg aus negativen Teufelskreisen.

*Entwicklungsorientierte und psychoedukative Beratung und Informationsvermittlung*

Pflegeeltern sind Elternpersonen, die im Rahmen der Jugendhilfe ein Beziehungsangebot für besonders belastete Kinder bereitstellen. Dies ist neben der Liebe und Zuwendung, die „unbezahlbar" ist, eine anspruchsvolle Dienstleistung. Bovenschen und Spangler (2008) haben in einer umfangreichen Expertise zur Effektivität von Interventionen bei Pflegefamilien festgestellt, dass besser bezahlte und als professionelle Helfer ausgebildete und begleitete Pflegeeltern eher und ausdauernder bereit sind, diese verantwortungsvolle Arbeit zu übernehmen. Sie sind effektiver im erzieherischen Umgang mit den Kindern und sie sind eher in der Lage, diesen dauerhaft einen Platz in der Familie zu geben. Pflegeeltern brauchen für die erfolgreiche Meisterung dieser Aufgabe enorm viele Informationen. Dies kann auch in Vorbereitungskursen erfolgen, allerdings sind diese angesichts zu kurzer Seminarzeiten und fehlender angemessener Methoden der Wissensvermittlung wenig hilfreich. Fachleute fordern deshalb eher die Hilfe begleitende Supervisions- und Fortbildungsangebote für Pflegeeltern (Spangler, Bovenschen 2008).

Im Rahmen der am Einzelfall orientierten Erziehungsberatung kann den Pflegeeltern erforderliches Fachwissen anwendungsbezogen und auf das spezifische Kind zugeschnitten vermittelt werden.

Wichtige Themenbereiche sind dabei Informationen über Dauer, Rahmenbedingungen und Abläufe beim Bindungsaufbau, die Bedeutung der Bindungsperson als sichere Basis für die Regulation und Entwicklung des Kindes, unterschiedliche Bindungsmuster und ihre Ausprägungen in verschiedenen Altersstufen, Formen und Elemente von feinfühliger Fürsorge gegenüber dem Kind sowie Informationen über die Folgen von Bezugspersonenwechseln und zum Beziehungsaufbau in der Pflegefamilie. Weiter ist es sehr wichtig, Informationen über Bindungsstörungen, über die Folgen traumatischer Erfahrungen und daraus resultierender Verhaltens- und Gefühlsprobleme oder störungsspezifisches Wissen, z.B. über Folgen von Fetalem Alkoholsyndrom, von AD(H)S, Schulproblemen etc. zu vermitteln. Dies kann für Pflegeeltern sehr entlastend sein und ihnen helfen, das Verhalten des Kindes nicht zu sehr allein auf ihre eigene Erziehung in der Pflegefamilie zu beziehen. Für Pflegeeltern sind aber auch Kenntnisse über weitere Hilfen, z.B. therapeutische Angebote, Fördermöglichkeiten in Bildungs- und Gesundheitswesen sehr wertvoll, da die Kinder sehr viele Hilfen benötigen.

Die Bedeutung dieses vielfältigen Wissens über Pflegekinder als „besondere" Kinder ist elementarer Bestandteil der Beratung und wird von den Pflegeeltern sehr geschätzt. Berater/innen, die hier über eine gute Wissensbasis verfügen, bekommen von den Pflegeeltern in der Regel die Rückmeldung, dass sie sich endlich einmal verstanden fühlen.

*Pädagogisch-therapeutische Interventionen zur Gestaltung der Bindungsbeziehungen*

Das biologisch angelegte Bindungssystem ist die zentrale Grundlage für die Bildung von Vertrauen in Beziehungen, für die Regulation von Stress- und Überforderungssituationen, für die Entwicklung von Empathie und Kooperationsfähigkeit in Beziehungen auch außerhalb der Familie, für ein gutes Selbstwertgefühl und eine gelingende Entwicklung insgesamt (vgl. Cassidy, Shaver 2008; Grossmann, Grossmann 2004; Sroufe, Egeland, Carlson, Collins 2005). Bindungserfahrungen mit den anwesenden und verfügbaren Bezugspersonen bilden von Geburt an handlungsleitende internale Arbeitsmodelle von Bindung beim Kind (Bretherton, Munholland 2008) und das Kind entwickelt unterschiedliche Bindungsverhaltensmuster gegenüber den Bindungspersonen (Ainsworth, Blehar, Waters, Wall 1978). Beim noch sehr verletzlichen Kleinkind bilden die fürsorglichen Eltern zunächst die externe Regulationshilfe bei Übererregung, Hunger und allen Arten von Stress. Durch Beruhigung, Schutz, Trost und feinfühligen Beistand des Erwachsenen lernt das Kind, dass solche unangenehmen Gefühle und Zustände bewältigbar sind, dass es Sinn macht, Gefühle und Bedürfnisse zu zeigen, und dass Hilfe von außen zur Beruhigung führt. Bindungs- und Fürsorgeerfahrungen beeinflussen in hohem Maße auch die Gehirnentwicklung des Babys und Kleinkindes, und damit seine Regulationsfähigkeiten bei empfundenem Stress. Die Bindungsperson kann bei einer bestehenden sicheren Bindung dem Kind helfen, sich nach einem Stressereignis physiologisch vollständig zu erholen (Spangler, Schieche 1998). Polan und Hofer (2008) sprechen auch von „hidden regulators", in der Mutter-Kind-Interaktion verborgenen Regulationsprozessen, welche dem Kind helfen, sein Verhalten und seine physiologischen Stressreaktionen mit zunehmendem Alter selbst zu steuern. Auf der praktischen alltäglichen Ebene geht es darum, dass das Kind die elterlichen Bezugspersonen als sicheren Hafen nutzen kann, wenn es überfordert und belastet ist, und dort Sicherheit, Trost und Schutz erfährt. Wenn es sich sicher fühlt, kann das Kind die Bindungsperson auch als sichere Basis nutzen, von der aus es die Welt in der Zuversicht erkundet, dass es dabei unterstützt wird und bei Problemen auf die Bindungsperson vertrauen kann. Diese positiven Grundfunktionen der Bindungsbeziehung hat in einer sehr praxistauglichen und anschaulichen Form das Team um Bob Marvin, ein amerikanischer Bindungsforscher und -praktiker, beschrieben (Marvin, Cooper, Hoffman, Powell 2003). Die Nutzung dieser enorm hilfreichen Funktionen der Bindungsbeziehung für die kindliche Selbstentwicklung und Regulationsfähigkeit kann man als das eigentlich wirksame Kernelement der Pflegefamilienhilfe betrachten. Umso wichtiger ist es auch, durch Beratungsangebote und Begleitung der Pflegeeltern den Bindungsaufbau als zentralen Schlüsselprozess dieser Hilfeform zu unterstützen. Dazu gehören auch die angemessene und feinfühlige Begleitung des Kindes bei der Bewältigung der Trennungserfahrungen bei der Fremdunterbringung.

Sofern Pflegekinder nicht schon in den ersten 10 Monaten in einer Pflegefamilie untergebracht werden, bringen sie bereits gebildete Bindungsmuster und spezifische Bindungserfahrungen in die neue Familie mit. In der Regel haben sie in der Herkunftsfamilie wenig unterstützende Bindungserfahrungen gemacht. Die aktuelle Erhebung (DJI, DIJuV 2006) an 632 Fällen ergab, dass bei 65% der Kinder eine Kindeswohlgefährdung in Form von Vernachlässigung mit (30%) und ohne Suchterkrankung der Eltern (29%), chronischer psychischer oder körperlicher Erkrankung der Eltern (23%),

Misshandlung (12%) oder sexuellem Missbrauch (3%)[2] erleben mussten. Bei 64% der Familien war ein Elternteil, in der Regel die Mutter, alleinerziehend. 80% der Familien nahmen staatliche Transferleistungen sowohl vor als auch nach der Hilfe in Anspruch und 80% der Mütter sowie 66% der Väter hatten keinen oder nur einen sehr niedrigen Bildungsabschluss. Die materielle Situation der Herkunftsfamilien ist deshalb von nachhaltiger Armut und vermutlich auch „Erziehungsarmut" (Rauschenbach, 2009) geprägt.

Die klinische Bindungsforschung konnte zeigen, dass diese Erfahrungen in hohem Ausmaß zu unsicheren oder desorganisierten Bindungsmustern beim Kind führen (Carlson u.a. 1989; Lyons-Ruth, Jacobvitz 2008). Manche betroffene Kinder haben ein vermeidendes Muster, d.h. sie drücken negative Gefühle in Belastungssituationen nicht aus, protestieren nicht gegen Wechsel von Betreuungspersonen oder -situationen, und lassen wenig erkennen, wenn es ihnen nicht gut geht. Andere Kinder können auch ein ambivalentes unsicheres Muster zeigen, d.h. sie sind in ihrer Erkundung blockiert und haben Probleme in ihrer Autonomie und können aber die Nähe zu Bezugsperson nicht nutzen, um negative Gefühle zu regulieren. Ein desorganisiertes Bindungsmuster kann häufiger bei Kindern vorkommen, bei denen die leiblichen Eltern in der Beziehung dies über Jahre erlebten. Diese Überforderung der Eltern bei der Erfüllung ihrer Bindungsfunktion hängt häufig mit eigenen unbewältigten negativen feindselig-hilflosen oder traumatischen Kindheitserfahrungen zusammen (Lyons-Ruth, Jacobvitz 2008).

Desorganisation kann im Falle einer Verwahrlosung bedeuten, dass die Kinder schon im Säuglingsalter bei elementaren Grundbedürfnissen von Nahrung, Halt, Zuwendung, spielerischer emotionaler und verbaler Stimulation sowie Körperkontakt nicht unterstützt und reguliert wurden, da die Eltern mit ihren eigenen Problemen beschäftigt waren oder die Bedürfnisse nicht erkannten. Im Falle aggressiver feindselig-hilfloser Reaktionen der Eltern, z.B. Misshandlung, Missbrauch, Bedrohung durch Konflikte, durch verbale Herabsetzung oder intensiv ausgelebte negative Gefühle, werden diese als Bindungspersonen eine Quelle von Furcht für das Kind. Dies ist antagonistisch zu ihrer Aufgabe als Bindungspersonen. Das Kind kann sie dann nicht als sichere Basis nutzen, das biologisch angelegte Bindungssystem kann nicht arbeiten. Längsschnittliche Untersuchungen belegen, dass Kinder mit einer frühkindlichen desorganisierten Bindung eine erhöhte Vulnerabilität gegenüber Stress aufweisen. Sie haben als Kleinkinder keine geordnete Strategie in Stresssituationen zur Verfügung und können keine beruhigende externe Regulation erleben, sondern sind auf sich selbst gestellt. Sie übernehmen dann mit zunehmendem Alter die Initiative und Kontrolle in der Beziehung zur Bindungsperson, um ihre gefühlte Sicherheit zu erhöhen. Dabei werden sie aber zunehmend unkooperativ gegenüber Bindungs-

---

2 Mehrfachnennungen waren bei den Einzelmerkmalen möglich

personen, die sie entweder latent oder offen bestrafend behandeln oder aber fürsorglich und bevormundend. Kennzeichnend für die Beziehung ist dann, dass sich die Bindungspersonen hilflos gegenüber dem Kind fühlen. Die Hierarchie zwischen Erwachsenem und Kind ist weitgehend aufgehoben, das Kind lässt sich in der Beziehung nicht fallen und nimmt Ratschläge der Erwachsenen nicht an. Die längsschnittlichen Untersuchungen zeigen weiterhin, dass diese Kinder ein signifikant höheres Risiko haben, im Kindergarten oder der Schule externalisierende Verhaltensauffälligkeiten, v.a. aggressiv-feindseliger Art, oder internalisierende Probleme, v.a. Isolation und Rückzug, zu zeigen und sie sind deshalb in ihrer weiteren Entwicklung besonders gefährdet (zusammenfassend siehe Lyons-Ruth, Jacobvitz 2008). Obwohl die Kinder versuchen, Belastungen selbst autark zu regulieren, ist ihr Regulationssystem jedoch labil. Pflegeeltern berichten in der Beratung häufig, dass diese Kinder in Belastungssituationen überreagieren. Bei zu großen Problemen, z.B. Trennung von vertrauten Umgebungen, zugespitzten familiären oder schulischen Problemen etc. bricht die Selbstregulation der Kinder zusammen, und sie zeigen heftige Gefühlsausbrüche und Verhaltensprobleme.

Massive Verwahrlosung, v.a. im Säuglings- und Kleinkindalter hilflos allein gelassen zu werden, verbale und körperliche Bedrohungen und Misshandlungen und sexueller Missbrauch sind traumatische Beziehungserfahrungen, die posttraumatische Belastungsstörungen nach sich ziehen können, wenn sie ohne Begleitung durch regulierende Erwachsene stattfinden, wenn sie das Kind in seinen psychischen Möglichkeiten überschwemmen und Todesangst auslösen (siehe auch Scheuerer-Englisch 1998). Eine im Rahmen des DJI-Projektes Pflegekinderhilfe in Deutschland durchgeführte Untersuchung ergab, dass ca. 12% der Pflegekinder eine posttraumatische Belastungsstörung aufweisen[3]. Neurobiologische Untersuchungen zu Traumafolgen bei Kindern und in Tierversuchen zeigen eindrücklich, dass solche Erfahrungen auch die Gehirnentwicklung nachhaltig negativ beeinflussen können, sowohl in der Veränderung der Gehirnstruktur, z.B. der Dichte und Organisation von neuronalen Verbindungen zwischen Kortex und limbischem System (Braun 2009) oder der Schädigung von wesentlichen Regionen der hormonellen Stressregulation (Ruegg 2009), als auch in der Verschaltung der Gehirnhälften und damit der Speicherung, Erinnerung und verbalen Verarbeitung traumatischer Ereignisse (van der Kolk 1998; Schore 2001). Dies könnte erklären, warum auch nach einem Bindungsaufbau und der Zunahme sicherer Bindungsverhaltensweisen in der Pflegefamilie Störungen in der Verhaltens- und Stressregulation zum Teil erhalten bleiben und die Beziehung belasten können (Steele 2009).

---

3 persönliche Mitteilung; die Arbeit des Forschungsteams um Frau Prof. R. Rosner, LMU München, ist noch nicht veröffentlicht.

Störungen in der Bindungsorganisation von Pflegekindern sind der Schlüsselfaktor für das Verständnis der Problemdynamik von Pflegekindern. Hauptziele der Beratung von Pflegeeltern aus einer Bindungsperspektive sind deshalb (s. a. Dozier, Jacobvitz 2008; Dozier u.a. 2002):

- Erhöhung der Feinfühligkeit der Pflegeeltern im Umgang mit dem Pflegekind, insbesondere durch Unterstützung der Beobachtungs- und Wahrnehmungsfähigkeit der Pflegeeltern, um auch verdeckte, unklare und verzerrte Bindungsbedürfnisse der Kinder zu erkennen, da diese häufig nicht gut in der Lage sind, Fürsorge überhaupt hervorzurufen und für sich einzufordern.
- Eine intensive Unterstützung der Pflegeeltern, um ihre Funktion als sichere Basis und sicherer Hafen für das Kind im konkreten Alltag zu gewährleisten. Dies geht nur, wenn es gelingt, ein vertieftes Verständnis für die psychische Welt des Kindes, seine Trennungsreaktionen, seine Überlebensmechanismen und Bindungsmuster bei allen Bezugspersonen zu schaffen.
- Hilfen für die Pflegeeltern, mit den vielfältigen Regulationsproblemen der Kinder im Verhalten, in den Gefühlen und dem Umgang mit Stress umgehen zu lernen und eine stabile, vorhersagbare und haltgebende Beziehungsumgebung und Erziehung für das Kind zu schaffen.
- Damit verbunden ist eine weitere wesentliche Aufgabe: Die Förderung der Selbst-Reflexionsfähigkeit der Pflegeeltern, um mögliche eigene Schwierigkeiten, sich gegenüber dem Kind feinfühlig zu verhalten, zu minimieren. Dazu gehört unter Umständen auch die Reflexion des eigenen Bindungsmodells der Pflegeeltern.
- Hilfen bei der Neuordnung und Anpassung der Familienbeziehungen in der Pflegefamilie, v.a. bezüglich Partnerschaft und Geschwisterbeziehungen.

Ein wesentlicher Beratungsbereich ist die gemeinsame Erkundung der Bindungssignale und -strategien des Kindes in der neuen Familie. Dies geschieht in Schilderungen der Pflegeeltern von Belastungssituationen mit dem Kind, durch gezielte Verhaltensbeobachtungen, z.B. mit einem Bindungstagebuch, und besonders durch Videoaufnahmen zu Hause oder an der Beratungsstelle, die dann besprochen werden. Dies ist auch ein Teil der bereits vorgestellten Diagnostik. Darauf aufbauend wird mit den Pflegeeltern ein auf die Bindungsstrategien des Kindes abgestimmtes Vorgehen entwickelt (siehe auch Dozier u.a. 2002):

*Gefühls- und beziehungsvermeidende Pflegekinder*

Gefühls- und beziehungsvermeidende Pflegekinder zeigen belastende Gefühle in aktuellen Situationen meist nicht oder erst zeitverzögert und vom ursprünglichen Bedeutungszusammenhang abgeschnitten, so dass es für die

Pflegeeltern oft schwierig ist einzuschätzen, was im Kind vor sich geht. Vor allem ist bei Belastungssituationen oft nicht klar, dass das Kind eine Bindungsperson brauchen könnte. Die Kinder verhalten sich bei einer empfundenen Benachteiligung in familiären Alltagssituationen z.B. nicht ärgerlich, zeigen sich aber eine halbe Stunde später scheinbar grundlos feindselig gegenüber einem Geschwister, oder sie scheinen unberührt von schlechten Zensuren zu sein. Bindungsgestörte Kinder, welche in Belastungssituationen gar kein Nähebedürfnis und keine Gefühle zeigen, die Bindungspersonen nicht als sichere Basis nutzen und sich ungeschützt gefährlichen Situationen oder Fremden nähern, stellen die Extremform eines solchen Verhaltens dar (siehe genauer weiter unter). Im Umgang mit den Kindern ist es wesentlich, die fehlende Nutzung der sicheren Basis zu erkennen, und komplementär dennoch schützend, fürsorglich oder einfühlsam mit ihnen umzugehen. Bei kleineren Kindern ist dies leichter und direkter durch aktiven körperlichen Schutz und Fürsorge zu bewerkstelligen. Distanzlose Kinder, die sich gefährden, werden aus der Situation genommen, die Pflegeeltern praktizieren ein angemessenes korrigierendes Fürsorgeverhalten. Bei älteren Kindern ab dem Schulalter geht es verstärkt auch darum, die Vermeidungshaltung zunächst zu akzeptieren und auszuhalten, dennoch aber möglichen verdeckten Gefühlen und Gefährdungen des Kindes in belastenden Situationen durch Einfühlung oder Rollenübernahme („Wie würde es mir denn gehen, wenn ich in der Situation wäre?") nachzuspüren und Gefühle als Möglichkeit zu kommunizieren („Ich könnte mir vorstellen, dass dich die schlechte Note ärgert"). Die Beratung soll durch Beobachtung und Erörterung belastender und damit bindungsrelevanter Situationen in unterschiedlichen Settings dazu beitragen, dass die Pflegeeltern Vermeidungsprozesse erkennen lernen, dass das Kind aufgrund der familiären oder beraterischen Unterstützung seine primären Gefühle eher wahrnehmen lernt, diese früher und damit eher situationsangemessen zeigen kann und die emotional vermittelte Kommunikation zunimmt. Pflegeeltern erleben mit bindungsvermeidenden und -fernen Kindern schnell Gefühle von Enttäuschung und Hilflosigkeit, da sie häufig erleben, dass sie vom Kind auf Distanz gehalten werden, dass sie nicht schnell helfen können, dass ihre Angebote feinfühligen Verstehens vom Kind (noch) nicht angenommen werden können. Die Beratung soll dabei helfen, diese Gefühle auszuhalten und die möglichen Schritte im Beziehungsaufbau den Bedürfnissen und dem Muster des Kindes anzupassen.

## *Desorganisierte Kinder und Kinder mit Bindungsstörungen*

Desorganisierte Kinder und Kinder mit Bindungsstörungen, die zu einer hohen Kontrolle des Kindes oder Formen der Rollenumkehr in Beziehungen führen, fordern die Pflegeeltern besonders stark heraus: Diese Kinder haben die vorherigen Bindungspersonen als geängstigt, hilflos und von ihrer Elternrolle abdankend oder als feindselig und bedrohlich erlebt, so dass sie keine Regulation ihrer Bindungsbedürfnisse und Gefühle erleben konnten. Pflegeeltern erleben deshalb bei diesen Kindern häufig, dass sie sich in der Beziehung nicht „fallen lassen" können, dass sie einerseits Sehnsucht nach Nähe und Trost haben, diese aber wieder zurückweisen, wenn die Pflegeeltern sie anbieten. Diese Kinder versuchen misstrauisch und angespannt alle Beziehungen zu kontrollieren, und sie können die Pflegeeltern oder andere Bezugspersonen, auch Gleichaltrige, ohne Rücksicht auf die Folgen angreifen und bestrafen oder überfürsorglich einengen. Pflegeeltern, vor allem solche mit noch wenig Erfahrung, brauchen für den Umgang mit den widersprüchlichen, anstrengenden und zurückweisenden Haltungen dieser Kinder viel Unterstützung in der Beratung, um nicht unreflektiert alte Beziehungserfahrungen mit den Kindern zu wiederholen.

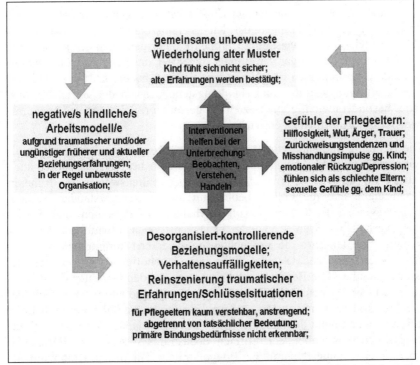

Abbildung 1: Reinszenierung früherer Beziehungserfahrungen in der Pflegefamilie aufgrund nicht erkannter und nicht reflektierter Gefühle und Handlungsfolgen – bindungsgeleitete Intervention unterbricht diesen Kreislauf durch Beobachtung, Verstehen und unterbrechende Handlungen der Beteiligten

Dazu ist in der Beratung das Modell eines Reinszenierungskreislaufes (siehe Abbildung 1) sehr hilfreich. Dieses geht davon aus, dass das Pflegekind aufgrund konkreter situativ abgespeicherter Erfahrungen in der Herkunftsfamilie ein unsicheres Bindungsmodell und damit verbunden ein negatives

Selbstbild und niedriges Selbstwertgefühl in die Pflegefamilie mitbringt. Traumatisierte Kinder folgen zudem nicht selten dem unbewussten Drang, die traumatischen Situationen in einer Art Wiederholungszwang zu provozieren und in neuen Beziehungen die Bezugspersonen zu provozieren (van der Kolk 1998). Die damit verbundenen Beziehungsmuster sind für die Pflegeeltern anstrengend und häufig kaum zu durchschauen, da sie der gewollten und geplanten Fürsorglichkeit der Pflegeeltern entgegenlaufen und diese frustrieren. Die mit unsicheren und gestörten Bindungsmustern und Traumata verbundenen Verhaltensauffälligkeiten wirken ebenfalls häufig unverständlich, da sie von der ursprünglichen Problematik und den psychisch damit verbundenen Situationen abgetrennt wurden und vom Kind zunächst nicht verbal erklärt werden können. Pflegeeltern erleben dann in der Beziehung zum Kind vielfältige belastende Übertragungsgefühle von Hilflosigkeit, Ärger und Trauer. Sie können unter Umständen sogar Handlungsimpulse verspüren, die alte Erfahrungen der Kinder reinszenieren würden: z.B. mit Rückzug oder Zurückweisung zu drohen („dann geh doch ..."), das Kind herabzusetzen, oder sogar den Impuls zu spüren, das Kind zu schlagen oder sexuelle Empfindungen gegenüber dem Kind zu haben. Löst ein Kind solche Übertragungsgefühle und Handlungstendenzen in der Beziehung aus, ist es besonders wichtig, die Beziehung genau zu reflektieren und angemessene Reaktionsformen zu entwickeln.

Die Beratung und supervisorische Begleitung von Pflegeeltern setzt an allen vier Ebenen des Kreislaufes an: Es können – bei älteren Kindern auch mit diesen selbst – die kindlichen Bindungsverhaltensweisen, die früheren Erfahrungen und die Folgen beobachtet und besser verstanden werden. Damit werden Bedeutungen von Verhaltensauffälligkeiten und Beziehungsverhaltensweisen der Kinder in verschiedenen Situationen klarer erkennbar und langsam die versteckten oder verzerrt kommunizierten Bindungsbedürfnisse nach Schutz, Sicherheit, Zugehörigkeit, Zuwendung etc. wieder sichtbar. Die Beratung setzt aber auch bei den Gefühlen der Pflegeeltern an: Sie können in der Beratung schwierige und ambivalente Gefühle, die das Kind bei ihnen auslöst, äußern. Die durch eine hohe Vertraulichkeit geschützte und nicht dem direkten Blick des Jugendamtes ausgesetzte Beratungssituation ist dabei sehr hilfreich, ebenso das Wissen der/s Beraters/in über die Beziehungsdynamik bei Pflegefamilien. Die offene Kommunikation über alle möglichen Gefühle gegenüber dem Kind in der Beratung ist ein Merkmal einer sicheren Bindungsorganisation und eine wichtige Voraussetzung, dass das Kind in der Pflegefamilie zunehmend verstanden und reguliert wird. Den Pflegeeltern hilft es auch, wenn ihre ambivalenten und z.T. negativen Gefühle gegenüber dem Kind von dem/der Berater/in als verständlich, nachvollziehbar und im Beziehungsprozess als normales Phänomen benannt und eingeordnet werden. Dies schafft das Vertrauen in den/die Berater/in, und eröffnet dann die Möglichkeit, erlebte und durchlittene negative Reinszenierungskreisläufe und Situationen in der Beziehung mit dem Pflegekind gemeinsam zu betrachten, zu analysieren und komplementäre und für das Pflegekind hilfreiche und korrigierende Erfahrungen zu überlegen und etablieren.

Aktuelle Studien zum Bindungsaufbau in Pflege- und Adoptivfamilien konnten zeigen, dass gerade Kleinkinder ihr Bindungsverhalten schnell auf die Pflegeeltern ausrichten, und dass die Qualität der entstehenden neuen Bindungsbeziehung eng mit dem Bindungsstatus der Pflegeeltern zusammenhängt. Die Entsprechung von kindlichen und elterlichen Bindungsmustern ist dabei vergleichbar groß wie bei leiblichen Familien (Dozier u.a., 2001). Um die Vorteile einer sicheren Bindungsbeziehung in der Pflegefamilie zu ermöglichen, sollte die Beratung deshalb möglichst gleich zu Beginn eines Pflegeverhältnisses einsetzen, um die elterliche Feinfühligkeit gegenüber den kindlichen Signalen und Bedürfnissen zu erhöhen und die Wahrscheinlichkeit des Aufbaues unsicherer Beziehungsmuster zu vermindern. Dies gelingt besonders gut durch gemeinsame Beobachtung des Kindes und der Interaktion von Pflegeeltern und Kind durch videogestützte Methoden, die inzwischen in der Erziehungsberatung breite Anwendung finden (z.B. Bünder u.a. 2009; Downing 2003; Suess, Mali, Bohlen 2008; Ziegenhain u.a. 2004; Papousek 2000).

**Erkundung der eigenen Gefühlsoffenheit und**
**Bindungsrepräsentation der Pflegeeltern**

Ebenso bedeutsam kann hier aber auch die Erkundung der eigenen Gefühlsoffenheit und Bindungsrepräsentation der Pflegeeltern sein, sofern es diese schwierig macht, die kindlichen Gefühle zu erkennen und angemessen zu regulieren. Untersuchungen an spät adoptierten Kindern konnten zeigen, dass bei Adoptiveltern mit einem vermeidenden Modell oder unverarbeitetem eigenen Trauma die Wahrscheinlichkeit stieg, dass die Wahrnehmung der Kinder durch die Eltern negativer war, die Unterbringung skeptischer eingeschätzt wurde und die Eltern in der Erziehung unzufriedener und verzweifelter waren. Die Kinder dieser Eltern zeigten in einem Geschichtenergänzungsverfahren mit bindungsrelevanten Situationen mehr aggressive und vermeidende Themen und versetzten die Eltern eher in eine hilflose „kindliche" Position. Je stärker Pflegekinder traumatisiert sind, desto eher sind sie bei der Pflege auf die Regulation ihrer Gefühle angewiesen und desto eher benötigen Pflegeeltern eine gefühlsoffene sichere Bindungsrepräsentation, um negative Reinszenierungskreisläufe zu verhindern (Steele 2009). Die Reflexion der eigenen Bindungshaltungen und die Erhöhung der eigenen Gefühlsoffenheit können deshalb enorm zu einer Beruhigung des Pflegekindes und zum gelingenden Bindungsaufbau beitragen. Steele konnte sogar zeigen, dass es zur Reduzierung aggressiver und vermeidender Repräsentationen beim Pflegekind schon genügt, wenn wenigstens ein Pflegeelternteil über ein sicheres Bindungsmodell verfügt.

Nicht immer gelingt es in der Beratung, bei den Pflegeeltern einen Auftrag zur Erkundung ihrer eigenen Beziehungsanteile zu erhalten. Dies ist aber aus Bindungssicht gerade für Pflegefamilien mit hoch belasteten Kindern ein elementarer Bestandteil effektiver Hilfe (Steele u.a. 2003). Bei der Werbung und Verpflichtung von Pflegeeltern durch die Jugendämter sollte die Bereitschaft zur Reflexion eigener Anteile der Beziehung zum Kind in Zukunft noch stärker betont und eingefordert werden, da dies nach Erfahrung der Autoren/innen noch nicht zum Selbstverständnis von Pflegeeltern gehört. Diese Offenheit ist unter Umständen auch bei einer höheren Professionalisierung von Pflegeeltern leichter zu bekommen.

Diese zuletzt beschriebenen Teile der Intervention erfordern insbesondere klinisch-therapeutische Kompetenzen und eine geschützte und tragfähige Beratungsbeziehung. Die Erziehungsberatungsstellen verfügen in hohem Maße über therapeutisch ausgebildete Fachkräfte, die für diese Aufgabe qualifiziert sind.

Allgemein dienen alle bindungsorientierten Maßnahmen der Erhöhung der kindlichen Sicherheit und der Feinfühligkeit der Pflegeeltern, der Stärkung der Pflegeeltern in ihrer Rolle als sichere Basis für das Kind und damit verbunden der Vermittlung emotional korrigierender Erfahrungen für das Kind. Dies sind auch allgemeine Ziele in der bindungsorientierten Erziehungsberatung (Scheuerer-Englisch 2007).

*Unterstützung der Pflegeeltern und Kinder bei Dysregulation des Kindes in Gefühlen und Verhalten in Familie, Kindergarten und Schule*

Pflegekinder stellen aufgrund ihrer Vorerfahrungen und Störungen in der Bindungsorganisation eine Hochrisikogruppe in unterschiedlichen Entwicklungsbereichen dar. Sie zeigen mehr Verhaltensstörungen und verfügen gleichzeitig über weniger psychische und soziale Voraussetzungen für eine schnelle Veränderung dieser Probleme. Im Vergleich zu unbelasteten und unbehandelten Kontrollgruppen von Kindern, die in der eigenen Familie aufwachsen, haben Pflegekinder erhöhte Raten von klinisch relevanten externalisierenden und internalisierenden Störungen, z.B. wiesen in der Erhebung des Deutschen Jugendinstitutes (DJI, DIJuV 2006) 43% der Kinder solche Probleme auf. Pflegeeltern berichten von einer großen Bandbreite auffälligen Verhaltens, welches das Familienleben häufig erschwert und die Erziehungsfähigkeit herausfordert. Zu nennen sind hier vor allem: Aggressivität gegen Personen, Tiere und Gegenstände, fehlendes Mitgefühl und Einfühlungsvermögen, die Unwahrheit sagen, ohne Rücksicht auf andere seinen Vorteil zu suchen und Stehlen, Störungen im Essverhalten und sexualisiertes Verhalten. Ebenso zählen dazu Impulsivität, emotionale Labilität, depressive Reaktionen, Rückzug und Isolation und ein negatives Selbstbild.

Damit verbunden und auch nachweisbar sind große Probleme beim Aufbau und der Aufrechterhaltung von Freundschaftsbeziehungen oder auch zu Erwachsenen. Die Kinder versuchen Beziehungen entweder zu dominieren, oder sie sind schnell in der Defensive und ziehen sich zurück. Häufig fehlt ihnen die sensible Feinsteuerung im Umgang mit anderen Kindern. Die Erhebung des DJI hat auch hier ergeben, dass 81% der untersuchten Pflegekinder mindestens eine Einschränkung in der sozialen Teilhabe aufweisen, d.h. sie hatten entweder weniger als vier Freunde, seltene Freizeitaktivitäten mit Gleichaltrigen oder nahmen nicht an Vereins- oder Gruppenaktivitäten teil.

Ein weiterer wichtiger Bereich sind Schul-, Leistung-, und Konzentrationsprobleme. Aufgrund von fehlender frühkindlicher Förderung von kognitiven Fertigkeiten, von Ausdauer und Motivation, sowie aufgrund von Traumafolgen und Selbstregulationsproblemen geraten viele Pflegekinder in der Auseinandersetzung mit den schulischen Herausforderungen in negative Haltungen und problematische Verhaltensmuster. Die Untersuchung des DJI ergab, dass 67% der Pflegekinder in ihren Bildungschancen erheblich benachteiligt sind. Sie besuchen entweder eine Förderschule, mussten bereits ein Klasse wiederholen oder hatten Lernschwierigkeiten. Pflegeeltern berichten häufig, dass es erhebliche Probleme beim Lernen und den Hausaufgaben gebe, dass das Kind aufgrund schlechter Leistungen versuche, die Schule und damit verbundene Verpflichtungen zu vermeiden und dass es Verhaltensprobleme und negative Konsequenzen daraus gebe.

Alle beschriebenen Problembereiche führen in der Regel zu deutlich erhöhtem familiären Stress, da die Kinder in den wesentlichen Entwicklungsbereichen Schule, Freizeit und Gestaltung von Freundschaftsbeziehungen ohne eine ständige für das Alter deutlich erhöhte Unterstützung, Regulierung und auch Kontrolle durch erwachsene Bezugspersonen nicht zurechtkommen. Erziehungsberatung hat hier die Aufgabe, mit breiten und methodisch vielfältig angelegten Beratungs- und Interventionsangeboten dem Kind und den Pflegeeltern zu helfen, mit den Störungen und Auffälligkeiten im Alltag zurechtzukommen. Je nach Alter des Kindes und Situation können dabei vielfältige Angebote der Erziehungsberatung genutzt werden.

Die genannten Probleme sind ab dem Kindergartenalter nicht mehr auf die Familie beschränkt, sondern wirken sich in allen Lebens- und Sozialisationsbereichen des Kindes aus. Deshalb ist es in der Regel erforderlich, möglichst mehrere, auf jeden Fall aber die bei Problemen mit dem Kind befassten Personen und Einrichtungen in die Hilfeanstrengungen mit einzubeziehen. Pflegeeltern können z.B. eine Ausgrenzung eines impulsiven Pflegekindes in der Familie allein nicht auffangen, sondern das Kind und die Eltern sind auf die Mitwirkung und Hilfe der Lehrkraft und der Schule angewiesen. Die aktive Herstellung von helfenden Netzen ist deshalb ein elementares Ziel und Bestandteil von Interventionsanstrengungen für Pflegekinder.

Die Probleme eines Pflegekindes in seiner Gefühlswelt und seinem Verhalten sind bei der Diagnose und Intervention im Vergleich zu anderen Kindern immer und in erhöhtem Maße vor dem Hintergrund seiner Biographie, seiner komplexen Beziehungswelt und möglichen traumatischen Erfahrungen und deren Folgen zu betrachten. Das Verhalten von Pflegekindern ist in hohem Maße auch von seiner inneren Welt und seinen früheren Erfahrungen beeinflusst, ohne dass diese Einflüsse leicht erkennbar wären. Viele Auffälligkeiten sind deshalb schwer verständlich und lösen bei Pflegeeltern, aber noch mehr bei Lehrkräften oder Erzieherinnen, Irritation und Unverständnis – auch im Sinne des in Abbildung 1 beschriebenen Wiederholungskreislaufes – aus.

**Negative Beziehungs-, Bestrafungs- und Enttäuschungskreisläufe beenden**

Pflegeeltern suchen in der Erziehungsberatung deshalb häufig zunächst schnelle Hilfe für belastende und nach Lösung drängenden Auffälligkeiten des Kindes. Im Vordergrund der Beratung steht dann die gemeinsame Suche nach konkreten alltagstauglichen Strategien im Umgang mit dem auffälligen Kind, um die Hilflosigkeit in der Erziehung und meist bereits bestehende negative Beziehungs-, Bestrafungs- und Enttäuschungskreisläufe zu beenden. Die Beratung hat dabei eher die Aufgabe eines Coachings der Pflegeeltern, bei dem grundlegende Strategien gelingender Erziehungshaltungen vermittelt werden, die auch sonst in der Erziehungsberatung vermittelt werden. Dies sind z.B. bei kontrollierenden, autarken Kindern, die sich kaum an Regeln halten (können), die Prinzipien einer konsequenten, ruhigen Grenzsetzung in der Erziehung, bei der das Kind aus den Folgen lernen kann (Dreikurs, Soltz 2008; Schneewind, Böhmert 2009). Natürlich werden auch lernpsychologische Grundsätze vermittelt, die dem Kind Struktur und eine positive und angemessenes Verhalten verstärkende Erfahrung ermöglichen.

Bei jähzornigen, in ihren Gefühlen oft überschwemmten und deshalb schnell aus belastenden Situationen aussteigenden Kindern wird mit den Eltern daran gearbeitet, mögliche Bedingungen im Vorfeld der Eskalation zu erkennen sowie erste Anzeichen einer Überforderung bereits wahrzunehmen. Dies können auch Schlüsselsituationen aus früheren traumatischen Erlebnissen sein, die als Trigger traumatische Belastungsreaktionen beim Kind auslösen. Gerät das Kind dann außer Kontrolle, ist es sehr wichtig, dass die Pflegeeltern die Beziehung zum Kind nutzen, um ihm durch Ruhe, Spiegelung seiner Gefühle und verbale Begleitung helfen, sich wieder zu beruhigen und zu den Themen und Aufgaben zurückzukehren, die zu Beginn der Aufregung standen. Die Gruppe um Marvin hat dafür bereits ein plastisches und anschauliches Modell eines „Kreises der Wiederherstellung des Vertrauens" (Cooper, Hoffman, Marvin, Powell in: Marvin 2009) entwickelt. Demnach zeigt das Kind gerade durch sein schwieriges, frustriertes, forderndes, wütendes Verhalten, dass es ohne Hilfe in der Beziehung alleine nicht klarkommt. Es signalisiert daher mit seinem Verhalten, dass der Elternteil die Regie übernehmen soll, das Verhalten nicht persönlich nehmen solle, freundlich bleiben soll, das Kind beruhigen solle und so lange beim Kind bleiben solle, bis das intensive Gefühl abgeklungen ist und das Kind wieder zu seinen Aufgaben zurückkehren kann. Den Eltern wird mit diesem Modell in der Beratung geholfen, im Kontakt mit dem Kind zu bleiben, eine sichere Basis für das Kind zu sein und sein Vertrauen in Beziehungen zu stärken. Dem verhaltenstherapeutisch inspirierten „Time out" wird so bewusst ein „Time in" entgegengestellt. Dies ist gerade für Pflegekinder, die in ihrem Leben häufig Zurückweisungen und Kontaktabbrüche in schwierigen Situationen erlebt haben, eine überraschende und heilsame Erfahrung. Auch der neue Ansatz des Elterncoachings (Omer, von Schlippe 2009) ist für eine solche für das Pflegekind notwendige positive Beziehungsgestaltung elementar und hilfreich: Das Konzept baut auf die Bedeutung positiver Präsenz, auf Beharrlichkeit bei der Deeskalation von Konflikten ohne Machtkampf, und die Etablierung der Erfahrung, dass Brüche und Verletzungen in Beziehungen wieder korrigierbar sind. Die Spiegelung der Gefühle durch die Pflegeeltern in solchen Situationen kann dem Kind zusätzlich helfen, seine Gefühle besser zu verstehen und sich wieder zu beruhigen. Während die grundsätzliche Bedeutung der Affektspiegelung für die kindliche Entwicklung in der Bindungsforschung klar formuliert wurde (Fonagy u.a. 2006), und auch in vielen Therapieformen als wesentlicher Faktor begriffen wird (z.B. das Empathiekonzept bei Rogers, 1983) gibt es auch konkrete Handlungsanweisungen für Eltern in der Erziehung. Das bindungsgeleitete Elterntrainingsprogramm Familienteam (Graf, Kruse 2008) beschreibt dies als „Emotions-Coaching", um Gefühlseskalationen in der Eltern-Kind-Beziehung zu regulieren. Dabei wenden sich die Eltern bei intensiven Gefühlen des Kindes diesem bewusst zu, sie fassen die Gefühle des Kindes in Worte, geben ihm die Möglichkeit, seine Gefühle kreativ auszudrücken, und helfen ihm nach einer Beruhigung, eigene Lösungen für die Problemsituation zu entwickeln.

Für die Pflegeeltern bedeutet gerade die Regulation von Überforderungssituationen eine große Herausforderung, da sie eine nahezu professionelle Haltung nötig macht, um das heftig erregte Kind, seine Provokationen oder seine demonstrative und Besorgnis auslösende Unreife nicht persönlich zu nehmen und dennoch in die Rolle der erwachsenen und regulierenden Bindungsperson zu gehen. Der/die Berater/in ist hier sehr wichtig, muss mit den Pflegeeltern relevante Situationen und Reaktionsmöglichkeiten immer wieder konkret besprechen, einüben und hilfreiche Strategien für die Zukunft festigen. Hier kommen natürlich auch die eigenen Gefühle und Bindungshaltungen der Pflegeeltern wieder in den reflektierenden Blick.

## Passung der Erwartungen der Pflegeeltern an das Kind und dessen tatsächliche Handlungsmöglichkeiten

Angesichts der vielfältigen Probleme ist ein wiederkehrendes Thema in der Beratung die Frage der Passung der Erwartungen der Pflegeeltern an das Kind und dessen tatsächliche Handlungsmöglichkeiten. Die Reflexion der eigenen Erwartungen und Wünsche, der Sorgen um das Kind angesichts der Forderungen aus der sozialen Umgebung des Kindes ist für viele Pflegeeltern ein schmerzlicher und andauernder Prozess. Eine solidarische Unterstützung in der Beratung kann viel dazu beitragen, dass sich die Pflegeeltern weniger allein fühlen, sich eher trauen, das Kind zu verteidigen, Freiräume für die Nachreifung und Nachbeelterung zu verteidigen und eine gemeinsame Entwicklungsperspektive mit dem Kind und für das Kind zu entwickeln.

Die vielfältigen konkreten und belastenden Verhaltensauffälligkeiten im emotionalen, sozialen und körperlichen Bereich erfordern in der Beratung störungsspezifische Vorgehensweisen verbunden mit zeitnaher emotionaler Unterstützung für die Pflegeeltern und Reflexion der Auffälligkeiten vor dem Gesamthintergrund. Erziehungsberater/innen sind Experten im Umgang mit den unterschiedlichsten Symptomen und können ihr Wissen hier umfassend für die Pflegefamilien einbringen.

Ein besonders belasteter Bereich bei Pflegekindern ist – wie bereits oben dargestellt – die Schule und damit verbundene soziale und kognitive Anforderungen: Angst vor Versagen, niedriges Selbstwertgefühl, fehlende Grundlagen früher Förderung, emotionale Belastungen in Familie und Gleichaltrigengruppe, Konzentrations- und Aufmerksamkeitsprobleme, Entwicklungsrückstände, aber auch unbewusste Wiederholungen negativer Beziehungskreisläufe und -erfahrungen zwischen Kind und Lehrkraft führen zu Schulangst und -vermeidung, fehlender Motivation und Anstrengungsbereitschaft, zu Verweigerung und Konflikten bei den Hausaufgaben. Dies schlägt sich entsprechend in den bereits berichteten Nachteilen von Pflegekindern bei der Bildung und Teilhabe nieder. Pflegeeltern erleben das Kind als anstrengend, sie verspüren Ärger, Erschöpfung und Hilflosigkeit. Gerade bei den Schulproblemen ist es wichtig, diagnostisch die kognitiven Fähigkeiten des Kindes, mögliche Entwicklungsbeeinträchtigungen, Traumafolgen und die Beziehungsanteile in Familie und Schule bei der Entstehung von Problemen genau herauszuarbeiten. Die Schule und die einzelnen zuständigen Lehrkräfte müssen bei Schulproblemen in der Regel mit in die Hilfe einbezogen werden. Dabei ist es wichtig, dass alle erwachsenen Bezugspersonen eine schulbezogene Erziehungspartnerschaft bilden, mit Hilfe der/s Beraters/in eine gemeinsame Sichtweise auf Kind und die Probleme entwickeln und gemeinsame Strategien verfolgen. Wenn es gelingt, dass die Lehrkraft eine emotional regulierende und teilweise therapeutische Grundhaltung gegenüber dem Pflegekind einnimmt, und sie sensibel für mögliche negative Kreisläufe in der Beziehung zum Kind wird, dann kann sie feinfühlig und emotional korrigierend auf die schulischen Problembereiche des Kindes mit einwirken. Bei den Hausaufgaben und beim Umgang mit besonders schwierigen Kindern sind auch enge Absprachen zwischen Lehrkraft und Pflegeeltern über die Handlungsmöglichkeiten und Kontrollen erforderlich, z.B. Einträge ins Hausaufgabenheft, häufige und/oder regelmäßige Telefonate, Abholen des Pflegekindes aus der Schule bei Überlastung, etc. Lehrkräfte können auch durch die/den Berater/in mit der Grundproblematik und den Beziehungsmustern von traumatisierten Kindern vertraut gemacht werden und die Schule kann – ebenso wie die Pflegeeltern – Maßnahmen ergreifen, um die Ängste und Probleme des Kindes gegenüber und in der Schule zu mindern und seine Sicherheit zu erhöhen. Dabei sollten auch die Bindungsmuster des Kindes berücksichtigt werden (Julius 2009; Geddes 2009; Bonus 2008).

Grundsätzlich ist es für Pflegekinder wichtig, dass Erwachsene ein gemeinsames Sicherheitsnetz bilden und sich gut absprechen, da gerade ältere Pflegekinder mit mehreren Wechseln unterschiedliche, und häufig widersprüchliche und inkonsequente Bezugspersonen erlebt haben. Sie sind aufgrund ihrer Erfahrungen misstrauischer und häufig unverbindlicher als leibliche Kinder und haben gelernt, sich durchzumogeln oder Erwachsene auszuspielen. Statt bestrafender Reaktionen bei kindlichen Verstößen ist es aufgrund ihres Bindungshintergrundes aber erforderlich, eine „fürsorgliche" wissende und freundlich angewandte Kontrolle für das Kind einzunehmen. Dies stellt dann für das Kind eine emotional korrigierende und ihm Sicherheit vermittelnde Erfahrung dar, die es so noch nicht erlebt hat. Die Beratung hilft weiter bei Schullaufbahnentscheidungen, Fragen der Rückstellung des Kindes und Organisation von Hausaufgabenbetreuung oder gezielten Lerntherapien.

Ein neues Pflegekind bedeutet immer eine große Veränderung in der Familienstruktur der Pflegefamilie und damit verbundene Anpassungsprozesse: Entweder hatten die Pflegeeltern noch gar kein Kind, oder nur eigene Kinder und kein Pflegekind und die Familie muss nun neue Erfahrungen mit einem zunächst „fremden" Kind sammeln. Dies stellt eine große Herausforderung dar und Beratung und Coaching für familiäre Veränderungsprozesse ist von Anfang an wichtig, um Enttäuschungen und Beziehungsabbrüche zu vermeiden. Besonders hoch ist nach der eigenen Praxiserfahrung die Belastung für Pflegeeltern ohne eigenes Kind, wenn das Pflegekind schon älter ist und schwierige Vorerfahrungen mitbringt. Bei Pflegefamilien mit leiblichen oder anderen Pflegekindern bedeutet die Neuaufnahme einen ca. zwei Jahre dauernden Anpassungsprozess der Familienmitglieder an die neuen Rollen: Wie gestaltet sich die Geschwisterrangordnung, wie organisiert sich das Geschwistersystem von leiblichen und Pflegekindern, wie beeinflussen sich die Pflegekinder? Wie geht es den Pflegeeltern in der Verteilung der Fürsorge auf unterschiedliche bedürftige Kinder? Wie belastbar ist die

Paar- und Elternbeziehung? Im Rahmen der Erziehungsberatung können solche Veränderungsprozesse begleitet werden, es gibt in nahezu jeder Beratungsstelle eine/n systemische/n Familientherapeuten/in, die/der diese Prozesse hilfreich begleiten kann.

Pflegekinder benötigen häufig unterschiedliche und z.T. mehrere spezifische Therapie- und Förderangebote. Angebote, die die Erziehungsberatung neben der Beratung der Pflegeeltern häufig selbst vorhält, sind: Familientherapie, Spieltherapie einzeln und in Gruppen für das Kind, Traumatherapie, Förderangebote bei Konzentrations- und Lernproblemen oder Entspannungsübungen für das Kind. Manche Erziehungsberatungsstellen bieten auch spezifische Hilfen für Pflegekinder an, z.B. Biografiearbeit oder Gruppen für Kinder psychisch kranker Eltern. Ebenso gibt es Gruppenangebote für Pflegeeltern als Vorbereitung auf eine Pflegetätigkeit oder begleitend dazu.

Pflegekinder erhalten nicht selten auch eine kinder- und jugendpsychiatrische Behandlung, eine pädiatrische Begleitung und ergotherapeutische oder logopädische Unterstützung, Förderung bei Behinderungen und Teilleistungsstörungen oder eine länger dauernde psychologische Therapie bei niedergelassenen Kinder- und Jugendlichenpsychotherapeuten/innen.

Die Erziehungsberatung kann aufgrund ihrer eigenen Angebotsvielfalt, aber auch des Netzwerkwissens helfen, diese vielfältigen Angebote anzubahnen und den Pflegeeltern in einen sinnvollen Ablauf vor dem Hintergrund der kindlichen Entwicklung einbetten zu helfen.

*Interventionen im erweiterten Familiensystem des Pflegekindes und bei der Hilfeplanung und -gestaltung*

Pflegekinder sind Kinder zwischen zwei Familiensystemen. Herkunftsfamilie und Pflegefamilie stellen in der Regel zwei sehr unterschiedliche emotionale und materielle Lebenswelten mit ganz unterschiedlichen Werten und Erwartungen dar, zwischen denen das Kind hin und her wechselt und denen das Kind ausgesetzt ist. Die Herausnahme eines Kindes bedeutet für die Herkunftsfamilie häufig das Eingeständnis von Versagen und löst oft auch Widerstand, viele negative Gefühle und Spannungen bei den Eltern aus. Pflegeeltern ihrerseits haben eigene Motive für die Aufnahme eines Pflegekindes: nicht selten sind es gezielt Bindungswünsche (z.B. eigene unerfüllte Kinderwünsche), oder sie haben aus der eigenen Geschichte heraus den starken Wunsch, Kindern etwas Gutes zu tun und sie zu schützen etc.

Die Kinder geraten nicht selten in Loyalitätskonflikte und innere Zerwürfnisse zwischen den unterschiedlichen Lebenswelten, den Erwartungen der Erwachsenen, eigenen Sehnsüchten oder inneren Gefühlszuständen.

Im Rahmen der Hilfeplanung hat das Jugendamt die Aufgabe, den Schutz des Kindes gegenüber bedrohlichen leiblichen Eltern, aber auch vor Kindeswohlgefährdungen in der Pflegefamilie zu gewährleisten, die Frage einer möglichen Rückführung oder einer stabilen Perspektive für das Kind zu klären und Besuchskontakte des Pflegekindes zur Herkunftsfamilie zu organisieren und zu moderieren. Nicht selten haben Betroffene Kritik und sind unzufrieden mit dem Verlauf der Hilfe.

Für Erziehungsberatungsstellen ergeben sich aus diesen Problemfeldern eine Vielzahl notwendiger Interventionsangebote: Hilfen zur Konfliktreduzierung zwischen Bezugspersonen des Kindes, Begleitung und Gestaltung von Umgangskontakten, auch Beratung von leiblichen Eltern zur Konfliktreduzierung, Beratung des Jugendamtes im Hilfeplanprozess uvm. Grundsätzlich kann Erziehungsberatung hier die bestehenden – insbesondere supervisorischen und systemischen – Fachkompetenzen in den Dienst einer gelingenden Hilfe stellen.

**Gestaltung und Begleitung von Übergängen bei der Fremdunterbringung**

Eine wichtige Hilfe stellt die Gestaltung und Begleitung von Übergängen bei der Fremdunterbringung dar. Der Übergang eines Kindes in eine andere Familie oder auch eine Rückführung stellen einschneidende und für sein weiteres Leben gravierende Erfahrungen dar. Viele Kinder werden dabei zu wenig begleitet oder in ihrem Erleben einbezogen. Erziehungsberatung kann besonders in den Fällen, in denen bereits ein Beratungskontakt mit der Herkunftsfamilie bestand, den Wechsel fachlich angemessen begleiten. Dies geschieht durch die Unterstützung der Eltern bei der Entscheidung für die Unterbringung, die mentale und praktische Vorbereitung des Kindes auf die Veränderung; das Angebot einer Abschiedssitzung der Herkunftsfamilie mit der Möglichkeit für alle, ihre Gefühle auszudrücken und mit Ritualen Abschied zu nehmen; die Vermittlung angemessener Botschaften an das Kind beim Übergang, insbesondere das Verhindern von Schuldzuschreibung an das Kind für den Wechsel; sowie die Bereitstellung wichtiger entwicklungspsychologischer und diagnostischer Informationen für den Hilfeplanprozess (Scheuerer-Englisch 1999). Wird ein Kind plötzlich in Obhut genommen, kann es sich auf den Wechsel nicht vorbereiten. Ist das Kind dabei auch noch im Kleinkind- oder Kindergartenalter, dann kann es die Vorgänge auch kognitiv nicht ausreichend nachvollziehen. In diesen Fällen sind in der Beratung mit Pflegeeltern häufig der Wechsel, das mögliche Erleben des Kindes und seine Trauerreaktionen nachträglich gemeinsam zu betrachten, um blockierte Trauerprozesse, nicht ausgedrückte Gefühle oder damit verbundene auffällige Verhaltensreaktionen eines Kindes besser verstehen zu lernen. Je kleiner das Kind ist, desto weniger wird sein Erleben des Wechsels in der Regel berücksichtigt, was nicht selten zu traumatischen Trennungserfahrungen und -reaktionen führt.

Erziehungsberatungsstellen können aber auch bei Rückführungen mitwirken. Nach Erfahrungen in der Praxis geschieht dies vor allem durch die fachliche Beratung bei der Erstellung von Rückführplänen, eine Beratung der Pflegeeltern beim Übergang und der leiblichen Eltern in ihrer Erziehungsaufgabe und der Begleitung des Kindes nach einer Rückführung. Dies geschieht mitunter auch aufgrund gerichtlicher Auflagen oder vereinbarter Ziele im Hilfeplan.

**Beratung bei Besuchskontakten des Pflegekindes**

Die Beratung bei Besuchskontakten des Pflegekindes bei seinen leiblichen Eltern stellt einen wichtigen Teil der Hilfegestaltung dar. Besuchskontakte bedeuten, dass das Kind zwischen zwei sehr unterschiedlichen Familienwelten hin- und herwechselt, und dabei selbst hohen ambivalenten und aufregenden Erinnerungen und Gefühlen ausgesetzt ist. Darüber hinaus werden bei Besuchskontakten aber auch bei den Eltern und Pflegeeltern intensive Gefühle wach, und bei bestehenden Rivalitäten und Spannungen übertragen sich diese nicht selten auch auf das Kind. Die Frage der Gewährung und der Folgen von Besuchskontakten haben aufgrund der damit häufig verbundenen und aufkommenden Konflikte und Gefühle eine intensive fachliche Debatte ausgelöst. Relevante Einflussfaktoren auf die Verneinung, Bejahung oder Gestaltung der Besuchskontakte sind die Fähigkeit der Herkunftseltern zur kindgemäßen Gestaltung der Kontakte, die Fähigkeit der Pflegeeltern, diese zuzulassen und die gemeinsame Fähigkeit der Bindungspersonen aus beiden Familien, Konflikte zu begrenzen und vom Kind fernzuhalten. Auch das Alter und die Stressbewältigungsfähigkeiten des Kindes, sein geäußerter und im Kontext bewerteter Kindeswille und schließlich ein mögliches Schutzerfordernis bei einer Kindeswohlgefährdung, wenn die leiblichen Eltern Traumatisierungen des Kindes leugnen oder das Kind durch ihr Verhalten beim Besuch belasten oder eine wiederholte Traumatisierung droht, sind zu berücksichtigen (Kindler 2005; Kindler, Thrum 2005). Erziehungsberatung kann bei diesen Fragen vielfältige Hilfestellungen geben. Sie hat angesichts dieser vielen Fragen – neben anderen Fachstellen – eine wichtige Funktion bei der Begleitung der Beteiligten und bei der Herstellung von für das Kind nützlichen und möglichst nicht nachhaltig belastenden Besuchskontakten. Hilfreich ist dabei eine allparteiliche Grundhaltung (Boszormenyi-Nagy, Krasner 1986) gegenüber den Gefühlen und Bedürfnissen aller Beteiligten bei gleichzeitiger Orientierung am Kindeswohl. Die Beratung umfasst folgende Angebote:

Die Gefühle, Wünsche und der Wahrnehmungen des Kindes, der Pflegeeltern und Herkunftseltern werden erfragt und bei der konkreten Gestaltung des Kontaktes möglichst einbezogen. Bei Konflikten übernehmen die Berater/innen eine moderierende und strukturierende Funktion. In der Beratung erfolgt auch eine Wertschätzung und Anerkennung der subjektiven Belastungen der Beteiligten. Die beteiligten Erwachsenen können mit fachlicher Hilfe reflektieren, inwieweit ihre eigenen Bedürfnisse und Ziele im Zusammenhang mit den Besuchskontakten dem Kindeswohl entgegenstehen.

Dies ist in der Beratungspraxis häufig ein schwieriger Prozess. Beratung kann aber durch Aufklärung über das Erleben des Kindes, seine Bedürfnisse und Reaktionen und über die Erarbeitung von wichtigen Verhaltensweisen der Pflege- und der Herkunfts-Eltern (z.B. Zuverlässigkeit, Wohlverhalten gegenüber dem Kind und den anderen Erwachsenen, Bindungstoleranz gegenüber allen Bindungspersonen des Kindes etc.) beim Besuchskontakt zur Entspannung beitragen. Die Betonung der positiven Verantwortung aller Erwachsenen für das Wohlergehen des Kindes bei gleichzeitiger Anerkennung ambivalenter und schmerzlicher Gefühle der Beteiligten erhöht die Wahrscheinlichkeit, angemessene und gelingende, d.h. vor allem möglichst wenig belastende Formen des Besuchskontaktes zu realisieren.

**Begleiteter Umgang**

Beratungsstellen bieten häufig auch einen begleiteten Umgang in schwierigen Phasen bei Besuchskontakten an. Sie können aber aufgrund begrenzter Ressourcen keine lang dauernde Begleitung ermöglichen. Im Rahmen der fachlichen Begleitung sollen Besuchsregelungen gefunden werden, die alltagsnah, kindverträglich und praktikabel sind, und dann auch wieder ohne Beratung möglich sind. Wenn sich die Besuchskontakte als so problematisch erweisen, dass eine dauernde Begleitung erforderlich wäre, dann ist fachlich zu prüfen, ob solche Kontakte nicht grundsätzlich zu belastend für das Kind sind. Die moderierende, strukturierende und entscheidende Gesamtverantwortung für Besuchskontakte kommt im Hilfeplanprozess grundsätzlich dem Jugendamt zu. Erziehungsberatung kann aber relevante Hilfen bei der Begleitung der Beteiligten zur Verfügung stellen.

**Begleitung der Fachkräfte des Allgemeinen Sozialen Dienstes**

Schließlich können Erziehungsberatungsstellen mit ihrem spezifischen Fachwissen zu Entwicklungspsychologie, Familiendynamik und klinisch-therapeutischen Prozessen die Fachkräfte des Allgemeinen Sozialdienstes oder des Pflegekinderdienstes supervisorisch bei der Hilfeplanung begleiten. Dabei ist sorgfältig darauf zu achten, ob sie dies als Prozessbeteiligte Berater/innen mit der dann erforderlichen Zustimmung der beratenen Personen oder als Dritte, nicht in den Beratungsprozess eingebundene Fachleute für das Jugendamt tun. Die Klärung von Zukunftsperspektiven für das Kind und die beteiligten Elternpersonen trägt erheblich zur Stabilisierung der Situation und der Sicherheit des Kindes bei.

**Beratung von Herkunftseltern**

Erziehungsberatung begleitet in Einzelfällen auch Herkunftseltern im Rahmen der Pflegeelternarbeit. Allerdings ist dies wesentlich seltener als die Beratung der Pflegeeltern. Diese Beratung hilft in der Regel nicht nur diesen Eltern direkt, sie stabilisiert und beruhigt auch Konflikte zwischen den Beteiligten beim Hilfeprozess und sie kann erheblich dazu beitragen, dass das Kind weniger Loyalitätskonflikte erlebt. Die Hauptziele und -aufgaben in der Beratung sind dabei:

- ehrliche Wertschätzung für die abgebenden Eltern zeigen und vermitteln, Vertrauen aufbauen und Hilfe beim Durchstehen ambivalenter und belastender Gefühle angesichts der Herausnahme des Kindes, der veränderten Elternsituation und bei Besuchskontakten,
- Hilfe beim Loslassen im Falle dauerhafter Fremdunterbringung,
- die Eltern beim Finden und Einnehmen angemessener Elternrollen unterstützen,
- „Dolmetscher"- und Anwaltsfunktion für die Kommunikation der kindlichen Bedürfnisse und Erfordernisse seiner guten Entwicklung übernehmen, um den Eltern das Verständnis für ihr Kind zu erleichtern und auch das Kind vor Überforderungen zu schützen,
- Hilfe beim Aufbau von Feinfühligkeit, Elternkompetenzen, Veränderung belastender Erziehungshaltungen zur besseren Gestaltung von Besuchskontakten oder zur Vorbereitung von Rückführungen.

Diese Beratungsarbeit sollte getrennt von den Jugendamtsaufgaben der Hilfeplanung in einem geschützten beraterischen Bereich organisiert werden. Dies ist unter Umständen auch besser bei einem freien Träger anzusiedeln, da im Rahmen der Beratung von den Eltern zunächst auch viele negative Gefühle gegenüber dem Jugendamt oder dem Familiengericht ausgedrückt werden (müssen). Die Erziehungsberatung als eigenständige Hilfe zur Erziehung ist deshalb für die Beratung von Herkunftseltern ein gut geeignetes Angebot. Es ist jedoch trotz der fachlichen Aufteilung der Aufgaben zwischen Beratungseinrichtung und Jugendamt wesentlich, dass gegenseitiges Vertrauen und Verständnis für die Bedeutung dieser Beratung sowie eine gemeinsame überparteiliche Orientierung am Kindeswohl bestehen. Es gibt inzwischen auch erste beeindruckende Erfahrungen mit Elterngruppen von abgebenden Herkunftseltern an einer Erziehungsberatungsstelle (Wiemann, Ris 2009).

## Abschließende Überlegungen zur Erziehungsberatung von Pflegefamilien

Beratende Hilfen für Pflegefamilien finden in einem extrem komplexen und schwierigen Beziehungsgefüge statt, und stellen eine fachliche Herausforderung dar. Pflegekinder sind eine hoch belastete Gruppe von Kindern, die einem starken Entwicklungsrisiko ausgesetzt sind, vielleicht vergleichbar Kindern von suchtkranken oder psychisch kranken Eltern in der Beratung. In der Erziehungsberatung werden auch viele ältere Pflegekinder mit schwereren chronischen Problemen, z.T. schon länger bestehenden negativen Kreisläufen in Beziehungen innerhalb und außerhalb der Familie, vorgestellt.

Pflegefamilienunterbringung ist eine intensive Hilfe zur Erziehung. Pflegeeltern erbringen damit eine Leistung, die sonst z.b. Heimeinrichtungen mit professionellem Personal, mit supervisorischer Begleitung und einem psychologischen Fachdienst bereitstellen. Pflegeeltern benötigen deshalb wesentlich mehr Beratung und Unterstützung für ihre schwierige Aufgabe als bisher im Jugendhilfesystem zur Verfügung gestellt wird. Sie haben deshalb auch ein besonderes und legitimes Anrecht auf Unterstützung durch die Erziehungsberatung, diese kann und soll aber fehlende Ressourcen im Jugendamt nicht kompensieren. Sie erfüllt nämlich notwendige eigene, zum Teil intensivere therapeutische Beratungsanforderungen, wie sie die Forschungsbefunde einfordern und die Praxiserfahrungen zeigen. Im Schutz einer von der Jugendhilfeplanung und Unterstützung durch das Jugendamt abgegrenzten Beratung an der Beratungsstelle könnte es den Pflegeeltern zudem eher möglich sein, die eigenen Anteile in der Beziehungsgestaltung zum Kind zu reflektieren und sich zu öffnen.

Erziehungsberatung von Pflegefamilien erfordert aber auch noch wesentlich mehr fachliche und personelle Ressourcen, wenn sie gut gemacht werden soll, wenn mehr Familien sie nutzen sollen und wenn sie effektiv sein soll.

Es wäre wünschenswert, wenn Jugendämter im Rahmen der Jugendhilfeplanung gemeinsam mit Erziehungsberatungsstellen eine verbindliche und zielorientierte Kooperation anstrebten. Das würde zusätzliche Ressourcen bei der Erziehungsberatung erforderlich machen, die Leistungen könnten dann aber für Pflegeeltern gezielter als bisher angeboten und verlässlich abgerufen werden. Z.B. könnte bei einer Beratungsstelle eine spezifisch ausgebildete Fachkraft angesiedelt und finanziert werden, die gezielte diagnostische und beratend-therapeutische Angebote für die Pflegeeltern im Auftrag des Jugendamtes zur Verfügung stellt. Die Pflegefamilien könnten damit gleichzeitig die anderen Angebote der Beratungsstelle nutzen und die Familien und die zuständige Fachkraft das Wissen und die Intervention des multidisziplinären Fachteams nutzen. Eine solche Regelung würde das Beratungsangebot für Pflegefamilien deutlich verbessern, wäre aber auch kostengünstig, da kein neuer spezialisierter Dienst eingerichtet werden muss und erhebliche Synergieeffekte nutzbar wären.

Selbstverständlich benötigen auch die Fachkräfte in Erziehungsberatungsstellen noch mehr Fortbildung und spezifisches Wissen zur Pflegefamiliendynamik. Allerdings gibt es bereits eine jahrzehntelange Beratungspraxis von Pflegefamilien in der Erziehungsberatung, deren Konzepte und Anregungen auch eine große Verbreitung in der Fachwelt und bei Pflegeeltern gefunden haben (Wiemann 2003; 2006; 2008).

Eine aktuelle Untersuchung zur Wirksamkeit von Interventionen für Pflegefamilien (Bovenschen, Spangler 2008) hat ergeben, dass bindungsorientierte und sogenannte multimodale Hilfeansätze die besten Ergebnisse bei der Reduktion kindlicher Probleme, beim Aufbau sicherer Bindungsverhaltensweisen, bei der Reduzierung von Erziehungsstress bei den Pflegeeltern und bei der Erhöhung der Stabilität von Unterbringungen erreichen. Multimodale Angebote umfassen Förder- und Therapieangebote für das Pflegekind, Beratung und Training von Erziehungskompetenzen für die Pflegeeltern (manchmal auch Herkunftseltern), aber auch organisatorische Hilfen für die Pflegeeltern und Beratung und Training von Lehrkräften in der Schule. Diese Angebote sind z.T. sehr intensiv und erfordern eine aktive Gestaltung, z.B. häufige und regelmäßige Telefonanrufe bei den Pflegeeltern oder die gezielte Einbeziehung der Personen, die für die Entwicklung des Kindes besonders relevant sind. Erziehungsberatungsstellen erfüllen mit ihren vielfältigen Angeboten von Diagnostik, Beratung, Therapie und der Möglichkeit zu intensiver Netzwerkarbeit weitgehend die Merkmale dieser effektiven multimodalen Therapieansätze. Studien zum Vorgehen und zur Wirksamkeit fehlen in Deutschland jedoch noch. Die bisher untersuchten besonders effektiven „Treatment-Foster-Care"-Programme zeichnen sich durch einen hohen Beratungsaufwand aus, der sich jedoch von den Ergebnissen her auszahlt. Eine Umsetzung solcher intensiven Hilfsansätze auf der Grundlage verbindlicher Zielsetzungen und Vereinbarungen mit dem öffentlichen Jugendhilfeträger über die Ressourcen wäre in der Erziehungsberatung gut angesiedelt.

Pflegekinder haben das Recht auf Zugehörigkeit zu dieser Gesellschaft und eine gelingende Entwicklung trotz einer schwierigen Geschichte. Ihnen diese durch Beratung eher zu ermöglichen, ist eine wichtige und lohnende Aufgabe.

## Literatur

Ainsworth, M.D.S., Blehar; M.C.; Waters, E.; Wall, S. (1978): Patterns of attachment: A psychological study of the Strange Situation. Hillsdale, NJ: Erlbaum.

Blüml, H.; Gudat, U.; Langreuter, J.; Martin, B.; Permien, H.; Rummel, H.; Schattner, H.; Schumann, M. (1987): Handbuch Beratung im Pflegekinderbereich. Weinheim und München: Juventa.

Bonus, B. (2008). Mit den Augen eines Kindes sehen lernen - Band 2: Die Anstrengungsverweigerung. Books on Demand.

Boszormenyi-Nagy, I.; Krasner, B.R. (1986): Between give and take: A clinical guide to contextual therapy. New York: Brunner, Mazel.

Bovenschen, I.; Spangler, G. (2008): Effekte von Interventionen in Pflegefamilien: Ergebnisse einer systematischen Literaturrecherche. Eine Expertise im Auftrag des Projektes „Pflegekinderhilfe" des Deutschen Jugendinstituts, November 2008; verfügbar unter: www.dji.de/pkh/bovenschen_effekte_von_interventionen_in_pflegefamilien.pdf, 27.06.2009.

Braun, K.; Helmeke, C.; Bock, J. (2009): Bindung und der Einfluss der Eltern-Kind-Interaktion auf die neuronale Entwicklung präfrontaler und limbischer Regionen: Tierexperimentelle Befunde. In: K.H. Brisch, Th. Hellbrügge (Hrsg.): Wege zu sicheren Bindungen in Familie und Gesellschaft. Stuttgart: Klett-Cotta, 52–78.

Bünder, P.; Sirringhaus-Bünder; A.; Helfer, A. (2009): Lehrbuch der Marte-Meo-Methode: Entwicklungsförderung mit Videounterstützung. Göttingen: Vandenhoeck & Ruprecht.

Carlson, V.; Cichetti, D.; Barnett, D.; Braunwald, K. (1989): Disorganized/disoriented attchment relationships in maltreated infants. Developmental Psychology, 25, 525–531.

Deutsches Jugendinstitut; Deutsches Institut für Jugendhilfe und Familienrecht e.V. (2006): Projektbericht „Pflegekinderhilfe in Deutschland – Teilprojekt 1 Exploration". Verfügbar unter: www.dji.de/pkh/pkh_projektbericht_exploration.pdf.

Downing, G. (2003): Video-Mikroanalyse-Therapie: Einige Grundlagen und Prinzipien. In: H. Scheuerer-Englisch; G.J. Suess; W.K. Pfeifer (Hrsg.): Wege zur Sicherheit. Bindungswissen in Diagnostik und Intervention. Gießen: Psychosozial Verlag, S. 51–68.

Dozier, M.; Highley, E.; Albus, K.; Nutter, A. (2002): Intervening with foster infants' caregivers: Targeting three critical needs. Infant Mental Health Journal, Vol. 23 (5), 541–554.

Dozier, M.; Stovall, C.; Albus, K.; Bates, B. (2001): Attachment for infants in foster care: The role of caregiver state of mind. Child Development, 72, 1467–1477.

Dreikurs, R.; Soltz, V. (2008): Kinder fordern uns heraus: Wie erziehen wir sie zeitgemäß? Stuttgart: Klett-Cotta, 15. Aufl.

Cassidy, J.; Shaver, P. (Hrsg.) (2008): Handbook of Attachment. NY: Guilford Press, 2. Aufl.

Fremmer-Bombik, E. (2003). Frühe Bindungsstörung und der Gang durch die Institutionen: Zusammenarbeit zwischen Jugendhilfe und Kinder- und Jugendpsychiatrie anhand eines Fallbeispiels. In: H. Scheuerer-Englisch; G.J. Suess; W.K. Pfeifer (Hrsg.): Wege zur Sicherheit. Bindungswissen in Diagnostik und Intervention. Gießen: Psychosozial, 175–190.

Fonagy, P.; Gergely, G.; Jurist, E.L.; Target, M. (2006): Affektregulierung, Mentalisierung und die Entwicklung des Selbst. Stuttgart: Klett-Cotta, 2. Aufl.

Gabler, S. (2008): Erziehungsberatung von Pflegefamilien: Problembelastung, Beratungsverlauf und Beratungszufriedenheit im Vergleich zu einer Kontrollgruppe. Unveröffentlichte Diplomarbeit Universität Erlangen-Nürnberg, Juni 2008.

Geddes, H. (2009): Bindung, Verhalten und Lernen. In: K.H. Brisch; Th. Hellbrügge (Hrsg.): Wege zu sicheren Bindungen in Familie und Gesellschaft. Stuttgart: Klett-Cotta, 170–186.

George, C.; Kaplan, N.; Main, M. (1996): Adult Attachment Interview. Unpublished manuscript. Department of Psychology, University of Berkely (Third Edition); Deutsch in: G. Gloger-Tippelt (Hrsg.): Bindung im Erwachsenenalter. Bern: Huber, S. 364–387.

Gloger-Tippelt, G. (2001) (Hrsg.). Bindung im Erwachsenenalter. Ein Handbuch für Forschung und Praxis. Bern: Verlag Hans Huber.

Graf, J.; Kruse, J. (2008): Familienteam – das Miteinander stärken: Das Geheimnis glücklichen Zusammenlebens. Freiburg: Herder, 4. Aufl.

Grob, A.; Smolensky, C. (2005): Fragebogen zur Erhebung von Emotionsregulation bei Kindern und Jugendlichen (FEEL-KJ). Bern: Huber.
Grossmann, K.; Grossmann, K.E. (2004): Bindungen – das Gefüge psychischer Sicherheit. Stuttgart: Klett-Cotta.
Heinemann, C. (1994): Neuentscheidungstherapie bei Pflege-, Adoptiv- und Heimkindern mit Scheitererverläufen. Praxis der Kinderpsychologie und Kinderpsychiatrie, 43, 130–137.
Julius, H. (2009): Bindungsgeleitete Interventionen in der schulischen Erziehungshilfe. In: H. Julius, B.; Gasteiger-Klicpera; R. Kißgen (Hrsg.): Bindung im Kindesalter, Göttingen: Hogrefe, 294–317.
Kindler, H. (2005): Umgangskontakte bei Kindern, die nach einer Kindeswohlgefährdung in einer Pflegefamilie untergebracht werden: Eine Forschungsübersicht. JAmt 12/2005, 541–546.
Kindler, H.; Thrum, K. (2005): Praxisnutzen von Forschung in der Pflegekinderhilfe: Umgang, Kindeswohl und die Integration von Pflegekindern in die Pflege- bzw. Herkunftsfamilie. Jugendhilfe, 45. Jg., S. 11–20.
Lattschar, B.; Wiemann, I. (2008): Biografiearbeit. Jungen und Mädchen entdecken ihre Geschichte. Weinheim und München: Juventa, 2. Aufl.
Lyons-Ruth, K.; Jacobvitz, D. (2008): Attachment disorganization: Genetic factors, parenting contexts, and development transformation from infancy to adulthood. In: J. Cassidy; P. Shaver (Hrsg.): Handbook of attachment. NY: Guilford Press, 666–697.
Marvin, R.S.; Cooper, G.; Hoffman, K.; Powell, B. (2003): Das Projekt "Kreis der Sicherheit": Bindungsgeleitete Intervention bei Eltern-Kind-Dyaden im Vorschulalter. In: H. Scheuerer-Englisch; G.J. Suess; W.K. Pfeifer (Hrsg.): Wege zur Sicherheit. Bindungswissen in Diagnostik und Intervention. Gießen: Psychosozial, 25–50.
Marvin, R.S. (2009): Das Verständnis von oppositionellem und zerstörerischem Verhalten von Kindern aus der Perspektive des „Sicherheitskreises" („Circle of Security"). In: K.H. Brisch; Th. Hellbrügge (Hrsg.): Wege zu sicheren Bindungen in Familie und Gesellschaft. Stuttgart: Klett-Cotta, 187–212.
Nienstedt, M.; Westermann, A. (1995): Pflegekinder. Psychologische Beiträge zur Sozialisation von Kindern in Ersatzfamilien. Münster: Votum Verlag, 4. Auflage.
Omer. H.; von Schlippe, A. (2009): Stärke statt Macht. „Neue Autorität" als Rahmen für Bindung. Familiendynamik, 34. Jg., H.3, 246–254.
Papoušek, M. (2000): Einsatz von Video in der Eltern-Säuglings-Beratung und -psychotherapie. Praxis Kinderpsychologie und Kinderpsychiatrie,49, 611–627.
Polan, J.H.; Hofer, M.A. (2008): Psychobiological origins of infant attachment and its role in development. In: J. Cassidy; P. Shaver (Hrsg.): Handbook of attachment. NY: Guilford Press, 158–172.
Remschmidt, H.; Schmidt, M.H. (1994): Multiaxiales Klassifikationsschema für psychische Störungen des Kindes- und Jugendalters nach ICD-10 der WHO. 3. rev. Aufl., Bern: Huber.
Rogers, C. (1983): Die klientenzentrierte Gesprächspsychotherapie. Frankfurt: Fischer TB, 18. Aufl.
Ruegg, J.C. (2009): Frühkindliche Erfahrungen und Psychosomatik. in: Brisch, K.-H.; Hellbrügge T. (Hrsg.): Wege zu sicheren Bindungen in Familie und Gesellschaft. Stuttgart: Klett-Cotta, 225–236.

Ryan, T.; Walker, R. (2003): Wo gehöre ich hin? Biografiearbeit mit Kindern und Jugendlichen. Weinheim: Beltz Verlag, 2. Aufl.

Scheuerer-Englisch, H. (1998): Auswirkungen traumatischer Erfahrungen auf das Bindungs- und Beziehungsverhalten. In: Stiftung zum Wohl des Pflegekindes (Hrsg.). 1. Jahrbuch des Pflegekinderwesens. Themenheft „Traumatische Erfahrungen", Schulz-Kirchner Verlag, Idstein, 66–84.

Scheuerer-Englisch, H. (1999): Aufgaben der Erziehungsberatung bei Fremdunterbringung. Begleitung von Kind und Familie im Übergang aus entwicklungspsychologischer Sicht. In: Hundsalz, A; Menne, K.; Cremer, H. (Hrsg.) Jahrbuch für Erziehungsberatung Band 3. Juventa Verlag, Weinheim, München, 137–159.

Scheuerer-Englisch, H. (2007): Bindungssicherheit stärken – Eine Aufgabe der Erziehungs- und Familienberatung. Psychologie in Erziehung und Unterricht, 54, S. 161–174.

Scheuerer-Englisch, H.; Suess, G.J.; Pfeifer, W.K. (2003): Wege zur Sicherheit. Bindungswissen in Diagnostik und Intervention. Gießen: Psychosozial.

Scheuerer-Englisch, H.; Dillig, P.; Renges, A.; Seus-Seberich, E.; Thorwart, D. (2007): Diagnostik in Erziehungsberatungsstellen. Schwabach: LAG Erziehungs-, Jugend- und Familienberatung in Bayern.

Schneewind, K.A.; Böhmert, B. (2009): Freiheit in Grenzen – Set: Der interaktive Elterncoach: Kinder im Vorschulalter kompetent erziehen; Kinder im Grundschulalter kompetent erziehen; Jugendliche kompetent erziehen. Bern: Huber.

Schore, A.N. (2001): The effects of early relational trauma on right brain development, affect regulation, and infant mental health. Infant Mental Health Journal, 22, 201–269.

Schumacher, J.; Gunzelmann, T.; Brähler, E. (2000): Deutsche Normierung der Sense of Coherence Scale von Antonovsky. Diagnostica, 46, 208–213.

Shapiro, J.P.; Welker, C.J.; Jacobson, B.J. (1997): The Youth Client Satisfaction Questionnaire: Development, construct validation, and factor structure. Journal of Child Clinical Psychology, 26, 87–98.

Slade, A. (2004): The move from categories to process: Attachment phenomena and clinical evaluation. Infant Mental Health Journal, Vol. 25, 4, 269–283.

Spangler, G., Schieche, M. (1998): Emotional and adrenocortical responses of infants to the strange situation: The differential function of emotional expression. International Journal of Behavioral Development, 22, 681–706.

Spangler, G.; Bovenschen, I. (2008): Effekte von psychosozialen Interventionen zur Vorbereitung der Pflegeeltern auf ihre Aufgabe: Ergebnisse einer systematischen Literaturrecherche. Eine Expertise im Auftrag des Projektes „Pflegekinderhilfe" des Deutschen Jugendinstituts, verfügbar unter:
http://www.dji.de/pkh/spangler_bovenschen_vorbereitungskurse.pdf, 27.06.2009.

Sroufe, L.A.; Egeland, B.; Carlson, E.A.; Collins, W.A. (2005): The development of the person. NY: Guilford Press.

Statistisches Bundesamt (Hrsg.) (2007a): Statistiken der Kinder- und Jugendhilfe. Hilfe zur Erziehung außerhalb des Elternhauses – Hilfen am 31.12.2005. Wiesbaden.

Statistisches Bundesamt (Hrsg.) (2007b): Statistiken der Kinder- und Jugendhilfe. Institutionelle Beratung. Erschienen 3/2007. Wiesbaden.

Stovall-McClough, K.C.; Dozier, M. (2004): Forming attachments in foster care: Infant attachment behaviors during the first two months of placement. Development and Psychopathology, 16, 253–271.

Steele, M.; Hodges, J.; Kaniuk, J.; Hillman, S.; Henderson, K. (2003): Attachment representations and adoption: Associations between maternal states of mind and emotion narratives in previous maltreated children. Journal of Child Psychotherapy (29), 187–205.

Steele, M. (2009): Der Gewinn aus der Bindungstheorie und Bindungsforschung für die klinische Arbeit mit Adoptiv- und Pflegekindern und ihren Eltern. in: K.-H. Brisch; Th. Hellbrügge (Hrsg.): Wege zu sicheren Bindungen in Familie und Gesellschaft. Stuttgart: Klett-Cotta, 335–349.

Suess, G.J.; Mali, A.; Bohlen, U. (2008): Frühe Hilfen auf der Grundlage des bindungsbasierten STEEP-Programms im Rahmen der Erziehungsberatung. In: H. Scheuerer-Englisch; A. Hundsalz; K. Menne (Hrsg.): Jahrbuch für Erziehungsberatung 7. Weinheim und München: Juventa, 113–128.

Suess. G.J, Pfeifer, W.K. (1999): Frühe Hilfen. Die Anwendung von Bindungs- und Kleinkindforschung in Erziehung, Beratung, Therapie und Vorbeugung. Gießen: Psychosozial.

Suess, G.J.; Scheuerer-Englisch, H.; Pfeifer, W.K. (2001): Bindung und Familiendynamik. Anwendung der Bindungstheorie in Beratung und Therapie. Gießen: Psychosozial.

Van der Kolk, B.A. (1998): Zur Psychologie und Psychobiologie von Kindheitstraumata. Praxis der Kinderpsychologie und Kinderpsychiatrie, 47, 19–34.

Vossler, A. (2001): Der Fragebogen zur Erziehungs- und Familienberatung (FEF): Entwicklung eines Evaluationsverfahrens. Diagnostica, 47, 122–131.

Vossler, A. (2003): Perspektiven der Erziehungsberatung. Kompetenzförderung aus Sicht von Jugendlichen, Eltern und Beratern. Tübingen: dgvt.

Wiemann, I. (2003): Pflege- und Adoptivkinder. Familienbeispiele, Informationen, Konfliktlösungen. Reinbek: Rowohlt, 7. Auflage.

Wiemann, I. (2006): Ratgeber Adoptivkinder. Erfahrungen, Hilfen, Perspektiven. Reinbek: Rowohlt, 6. Auflage.

Wiemann, I. (2008): Ratgeber Pflegekinder. Erfahrungen, Hilfen, Perspektiven. Reinbek: Rowohlt, 7. Auflage.

Wiemann, I.; Ris, E. (2009): Auch Eltern ohne Kinder bleiben Eltern Beratungsprozesse mit Herkunftseltern. Expertise im Rahmen des Projektes Pflegekinderhilfe in Deutschland, DJI; unter:
http://www.dji.de/pkh/wiemann_ris_herkunftselternarbeit.pdf; am 27.06.2009.

Woerner, W.; Becker, A.; Rothenberger, A. (2004): Normative data and scale properties of the German Parent SDQ. European Child and Adolescent Psychiatry, 13, 3–10.

Ziegenhain, U.; Fries, M.; Bütow, B.; Derksen, B. (2004): Entwicklungspsychologische Beratung für junge Eltern. Grundlagen und Handlungskonzepte für die Jugendhilfe. Weinheim und München: Juventa Verlag.

Zimmermann, P.; Scheuerer-Englisch, H. (2003): Das Bindungsinterview für die späte Kindheit (BISK). In: H. Scheuerer-Englisch; G.J. Suess; W.-K. Pfeifer (Hrsg.): Wege zur Sicherheit. Gießen: Psychosozial. 241–276.

Annemarie Jost

# Erziehungsberatung bei elterlicher Suchtbelastung

Die Querverbindungen zwischen elterlicher Suchtbelastung und möglichen Problemen bei der Kindererziehung sind vielgestaltig. Eine Abhängigkeit eines Familienmitgliedes führt zu umfangreichen Veränderungen im Familiensystem, sei es durch gesundheitliche Einbußen, wirtschaftliche Folgen oder die veränderte Beziehungsgestaltung. Das Suchtmittel gewinnt in der Regel bei der Entwicklung einer Abhängigkeit eine zunehmende Bedeutung und verdrängt andere Beziehungsthemen und gemeinsame Aktivitäten. Der suchtbelastete Elternteil verändert ebenso wie der nicht abhängige Elternteil unter dem Einfluss des Suchtmittels seinen Erziehungsstil. Andererseits kann natürlich auch eine schwierige Erziehungssituation bei überforderten Eltern einen zunehmenden Suchtmittelkonsum mitbedingen. So treten Erziehungsthemen und missbräuchlicher oder abhängiger elterlicher Substanzkonsum in Wechselwirkung, wobei hier durch die Betroffenen und Außenstehende durchaus unterschiedliche Ursache-Wirkungs-Beziehungen wahrgenommen werden können. In der Jugendhilfe generell ist eine elterliche Suchtbelastung keineswegs die Ausnahme. Eine von uns durchgeführte Studie an drei Jugendämtern im Land Brandenburg ergab, dass für die Fachkräfte bei knapp 40% der Hilfeplanverfahren bei Erstellung des Hilfeplans eine familiäre Suchtbelastung – in der überwiegenden Zahl eine Alkoholbelastung – erkennbar war (Hinze, Jost 2006). Die folgenden Ausführungen sollen Erziehungsberater(innen) unterstützen, die Einflussfaktoren einer elterlichen Suchtbelastung auf die Kinder einzuschätzen und hierauf aufbauend konstruktive Strategien in der Beratung zu entwickeln.

## Entstehungsbedingungen und Folgen einer Abhängigkeit

Das Ursachengefüge einer stoffgebundenen Abhängigkeit ist komplex. Dementsprechend kann die Droge bei den Betroffenen sehr unterschiedliche Funktionen haben. Man veranschaulicht das Bedingungsgefüge häufig mit dem Suchtdreieck (Abb. 1), welches das Ineinandergreifen biologisch stofflicher, biografisch individueller und gesellschaftlicher Aspekte der Suchtentstehung darstellt, wobei unabhängig von den ursprünglichen Ursachen eine Eigendynamik der Abhängigkeit mit ihren typischen körperlichen, psychischen und sozialen Folgen entsteht.

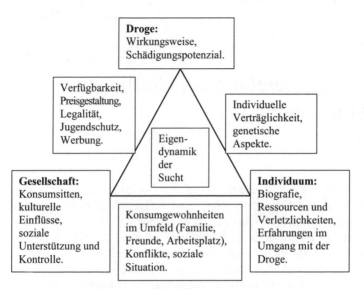

Abbildung 1: Das Bedingungsgefüge der stoffgebundenen Abhängigkeit

Im Zuge der Eigendynamik der Sucht kommt es zu einer immer stärkeren Ausrichtung auf das Suchtmittel mit Verlust anderweitiger Interessen und mit erheblichen Einflüssen auf die Wertehierarchie. Die Menge des konsumierten Suchtmittels wird gesteigert; der Konsum kann immer weniger kontrolliert werden. Bei Abstinenz entstehen Entzugserscheinungen, die den Betroffenen dazu bringen, ständig Vorsorge zu treffen, dass die Substanz bei jeder Gelegenheit zur Verfügung steht. Hierbei werden oft Angehörige vereinnahmt und aufgefordert, das Mittel zu beschaffen. Das Suchtmittel rückt immer stärker ins Zentrum der Aufmerksamkeit, die Freizeitinteressen werden auf den Suchtmittelkonsum ausgerichtet, Bedürfnisse anderer Familienangehöriger treten mehr und mehr in den Hintergrund. Die Folgen einer Abhängigkeit liegen für den Betroffenen und seine Angehörigen auf ganz unterschiedlichen Ebenen und reichen von sozioökonomischen Auswirkungen (z.B. Arbeitsplatzverlust und finanzielle Einbußen) über Partnerschaftskonflikte bis hin zu psychischen Veränderungen und gesundheitlichen Einbußen. Besonders hervorzuheben sind die Herabsetzung der Frustrationstoleranz, der Wechsel zwischen Großspurigkeit und Depression, die erhöhte Suizidgefahr mit Suizidandrohungen (auch vor den eigenen Kindern) und die Neigung vieler Suchtkranker, die Verantwortung für die entstehenden Probleme bei anderen oder in äußeren Umständen zu suchen. Die erhöhte Unfallneigung und die gesundheitlichen Folgen führen letztendlich zu wiederholten ärztlichen Behandlungen, Krankenhausaufenthalten und Leistungseinbußen, welche erhebliche Auswirkungen auf die Familienorganisation haben.

Partner suchtkranker Menschen versuchen oft, den anderen zu kontrollieren, den Konsum zu verhindern und seine Auswirkungen nach außen zu vertuschen. Durch diese nach außen getragenen Entschuldigungen und Vorwände wird der Suchtkranke von den negativen Folgen seiner Abhängigkeit entlastet und die Situation wird ungewollt stabilisiert. Hierdurch entsteht leicht eine Negativspirale, die auch mit dem Begriff co-abhängiges Verhalten bezeichnet wird. Dieses Verhalten ist durch immer verzweifeltere, erfolglose Kontrollversuche und eine immer stärkere Ausrichtung auf den suchtkranken Partner bei gleichzeitiger Androhung von Konsequenzen geprägt. Die angedrohten Schritte werden aber vom co-abhängigen Partner nicht umgesetzt. Auch Kinder können derartige Verhaltensmuster übernehmen.

Natürlich spielt die Art der Droge (Nikotin, Alkohol, Medikamente oder illegale Drogen) eine wichtige Rolle, wenn man die Auswirkungen elterlicher Suchtbelastung auf die Kinder thematisieren will. Hierbei sind neben der sozialen Akzeptanz und der Legalität insbesondere die Einflüsse auf das elterliche Be- und Erziehungsverhalten wichtige Aspekte.

Die häufigste zur Abhängigkeit führende Droge ist das Nikotin: 2006 waren 35,8% der Männer und 27,8% der Frauen aktuelle Raucher; 7,3% der Bevölkerung sind nach gängigen Diagnoseklassifikationen als abhängig einzuordnen (Baumeister, Kraus, Stonner, Metz 2008). Die Nikotinabhängigkeit beeinflusst jedoch die Eltern-Kind-Beziehung weniger einschneidend als andere Abhängigkeiten, da sie keine so ausgeprägten Rauschzustände verursacht und sich eher durch gesundheitliche Folgen im höheren Lebensalter bemerkbar macht. Allerdings finden sich einschneidende gesundheitliche Auswirkungen auf die Kinder, wenn in ihrer Gegenwart oder während der Schwangerschaft oder Stillzeit geraucht wird. Auch sind bei der Nikotinabhängigkeit die Lernerfahrungen im Elternhaus im Umgang mit der Droge nicht zu vernachlässigen, zumal die Zigarette bei Kindern und Jugendlichen insofern als Einstiegsdroge bezeichnet werden kann, als rauchende Jugendliche eine höhere Affinität zu Alkohol und illegalen Drogen aufweisen.

Nach dem Nikotin folgen in der Häufigkeit in der erwachsenen Bevölkerung Alkohol- und Medikamentenabhängigkeit, wobei allerdings die Medikamentenabhängigkeit im Durchschnitt später im Leben auftritt (Rösner, Steiner, Kraus 2008), und man insgesamt davon ausgehen kann, dass bei Eltern jüngerer Kinder die Alkoholabhängigkeit erheblich häufiger ist. Es gibt bisher nur sehr wenige Erkenntnisse zu den Auswirkungen elterlicher Medikamentenabhängigkeit auf die Kinder. Medikamentenabhängige sind auffällig unauffällig. Es ist schwierig, sie von außen zu identifizieren. Auch die Abgrenzung zwischen Medikamenteneinnahme zur Linderung von Beschwerden, Medikamentenmissbrauch und Medikamentenabhängigkeit ist nicht immer leicht zu treffen.

Von illegalen Drogen abhängige Eltern schließlich leben – insofern sie überhaupt Kinder haben – nicht selten von ihren Kindern getrennt oder gemeinsam mit ihren Kindern in therapeutischen Einrichtungen. Insgesamt ist die Zahl der Abhängigen von illegalen Drogen erheblich geringer als die der Abhängigen von legalen Drogen.

Nicht stoffgebundene Abhängigkeiten wiederum werfen noch einmal ganz andere Fragen auf. Hier seien die ruinösen finanziellen Folgen einer Spielsucht oder die erheblichen Vernachlässigungsgefahren bei exzessiver elterlicher Computer- oder Konsolenspielnutzung erwähnt. Derartige elterliche Verhaltensweisen werden angesichts der großen Beliebtheit von Konsolenspielen bei der jungen Generation – insbesondere bei den jungen Männern – in Zukunft sicherlich die Erziehungsberatung beschäftigen. Die folgenden Ausführungen konzentrieren sich besonders auf die elterliche Alkoholabhängigkeit. Bei 3,8% der 18- bis 64-jährigen deutschen Bevölkerung kann man davon ausgehen, dass ein Alkoholmissbrauch vorliegt, 2,4% kann man als alkoholabhängig klassifizieren (Pabst, Kraus 2008).

In Deutschland leben schätzungsweise 2 Millionen Kinder mit alkoholbelasteten Eltern (Klein, Zobel 2001). Die erhöhte eigene Suchtgefährdung dieser Kinder kann inzwischen als ausreichend belegt betrachtet werden (Barnow, Lucht, Freyberger 2002). Sie haben ein vier- bis sechsfach höheres Risiko als die Durchschnittsbevölkerung, selbst im Lauf ihres Lebens eine Abhängigkeit zu entwickeln. Man muss natürlich davon ausgehen, dass es bei suchtbelasteten Familien sehr unterschiedliche Konstellationen gibt: Manche Kinder leben mit zwei abhängigen Eltern oder mit einem allein erziehenden, suchtbelasteten Elternteil, andere leben nach einer elterlichen Scheidung oder von Geburt an gar nicht mit dem alkoholkranken Elterteil zusammen. Manche Eltern leiden neben der Abhängigkeit an zusätzlichen körperlichen oder psychischen Erkrankungen. Insbesondere die Kombination einer psychischen Störung eines Elternteils mit einer Abhängigkeit birgt erhebliche Erziehungsrisiken.

Süchtige Trinker können sehr unterschiedliche Trinkmuster haben. Die einen sind Spiegeltrinker und ständig weder deutlich berauscht noch nüchtern, andere trinken mit Kontrollverlust und werden möglicherweise unter Alkoholeinfluss aggressiv oder distanzlos, wieder andere sind Quartalstrinker oder haben auf Grund von Entzugs- oder Entwöhnungsbehandlungen immer wieder lange Abstinenzphasen. Weiterhin hängen die Auswirkungen auf die Kinder von der Gesamtkonstellation (z.B. elterliche Paarbeziehung, Er- und Beziehungskompetenzen der Hauptbezugspersonen, Geschwisterkonstellation, sozioökonomische Faktoren, familiäres und außerfamiliäres Netzwerk, schulisches Umfeld), mit ihren belastenden und schützenden Faktoren und – last not least – auch vom Alter der Kinder beim Beginn der Abhängigkeitsentwicklung ab.

In der Gesellschaft noch immer viel zu wenig thematisiert wird das fetale Alkoholsyndrom (FAS), in älteren Quellen auch Alkoholembryopathie genannt. Bei weniger starken äußeren Auffälligkeiten spricht man auch von fetalen Alkoholeffekten (FAE). Bei Beratungsanliegen, die mit Lernschwierigkeiten von Kindern alkoholbelasteter Mütter im Zusammenhang stehen, sollte man auch an die Möglichkeit fetaler Alkoholeffekte denken und gegebenenfalls eine genauere Diagnostik anregen, ohne hierbei eine vorwurfsvolle Haltung der Mutter gegenüber einzunehmen, was für einen Berater eine gewisse Herausforderung darstellen kann. Das Vollbild des fetalen Alkoholsyndroms – bei jüngeren Kindern durch typische Gesichtsveränderungen gekennzeichnet – ist die häufigste Einzelursache für geistige Behinderung in Deutschland. Die weniger leicht erkennbaren, oft nicht diagnostizierten fetalen Alkoholeffekte können sich durch Entwicklungsrückstände, Körper- und Sinnesbehinderungen, Teilleistungsschwächen und unterschiedliche Verhaltensprobleme (z.B. Hyperaktivität, Schwierigkeiten beim Umsetzen verbaler Aufforderungen, Ablenkbarkeit und rasche Überforderung) bemerkbar machen. Das Zusammenleben mit einem betroffenen Kind stellt in der Regel die bereits durch Alkoholprobleme belasteten Familien vor große Herausforderungen, die nicht selten zu Eskalationen und in der Folge zu einer Fremdunterbringung der Kinder führen. Kinder mit fetalem Alkoholsyndrom sind von Geburt an klein, krankheitsanfällig und irritierbar, sie schlafen schlecht, brauchen auf Grund unterschiedlicher körperlicher oder Sinnesbeeinträchtigungen mehr medizinische Hilfe und benötigen die ganze Kindheit hindurch wesentlich mehr Aufsicht, Anleitung und klarere Strukturen als andere Kinder. Anweisungen müssen mehrfach wiederholt und Regeln immer wieder neu aufgezeigt werden. Insbesondere sind die Kinder auch vor Reizüberflutung durch Medien und zu große Mengen an Spielzeug zu schützen. Ihre Erziehung benötigt sehr viel Geduld und Präsenz. Auch Pflege- und Adoptiveltern sind nicht immer über die besonderen Herausforderungen im Umgang mit den Kindern informiert. In der Prävention und in der Beratung von Eltern und Pflegeeltern mit FAS-Kindern können zahlreiche Aufgaben der Erziehungsberatung liegen. Leicht erreichbare Informationen zum fetalen Alkoholsyndrom bietet die Organisation FASworld (Internetquelle 2).

## Risiken und Schutzfaktoren in suchtbelasteten Familien

Typische Folgen für die Kinder aus alkoholbelasteten Familien, die natürlich nicht in allen Konstellationen gleichermaßen auftreten, sind

- Unregelmäßigkeiten und Vernachlässigung der kindlichen Bedürfnisse (Körperpflege, Gesundheitssorge, Sicherheit, Bindung, Anerkennung als Person, Kommunikation, Bildung und Weiterentwicklung),

- Inkonsequenz und Unberechenbarkeit des elterlichen Handelns mit der möglichen Folge einer ängstlichen Erwartungshaltung oder einer erlernten Hilflosigkeit,
- psychische, physische und sexuelle Gewalt; Grenzüberschreitungen,
- unsicherer Familienzusammenhalt (Trennung der Eltern, Trennungssituationen bei Krankenhausaufenthalten, Fremdunterbringung der Kinder, Trennung von Geschwistern),
- soziale Isolation, sozialer Abstieg (Stigmatisierung, Arbeitslosigkeit, finanzielle Probleme, Wohnungsprobleme),
- altersunangemessene Überforderung und Parentifizierung (Übernahme elterlicher Funktionen) – hieraus resultieren beispielsweise Erschöpfung oder psychosomatische Symptome –,
- Schuld- und Schamgefühle, starke, belastende und verwirrende Gefühle (Ambivalenz- und Loyalitätskonflikte),
- eigene Suchtgefährdung.

Jedoch sollte man die Risiken für die Kinder immer auch im Kontext schützender Faktoren beleuchten. Manche Kinder entwickeln sich auch in schwierigen Lebenssituationen überraschend gut. Diese Kinder bezeichnet man in der Regel als resilient. Hierbei konnte man folgende kindbezogene Faktoren herausarbeiten (Gontard 1990):

- ein Temperament, das positive Aufmerksamkeit hervorruft,
- mindestens durchschnittliche Intelligenz und Kommunikationsfähigkeit,
- Leistungsorientierung (Heldenrolle s.u.),
- ein positives Selbstwertgefühl und Selbstwirksamkeitserwartungen,
- positive Zukunftserwartungen und
- Flexibilität.

An schützenden Faktoren aus der Umgebung möchte ich an dieser Stelle besonders die Unterstützung durch Menschen, die an das Kind glauben, erwähnen. Hilfreich ist es für Kinder in belastenden Situationen auch, wenn das Familiensystem nicht durch Geburten in rascher zeitlicher Folge noch weiter überfordert wird.

Bei der Bewältigung der Situation nehmen Kinder in suchtbelasteten Familien typischerweise eine oder mehrere der nachfolgenden Rollen an (Wegscheider 1988, Jatzlau 2006):

*Der Held* – oft das älteste Kind in der Familie – versucht durch hohe Selbstständigkeit, Leistungsorientierung und Fürsorge für jüngere Geschwister die Familie zu stabilisieren. Er zeigt sich resilient, fühlt sich oft trotz aller Bemühungen jedoch unzulänglich und kann schwer „nein" sagen. So läuft er Gefahr, sich zu überfordern oder psychosomatisch zu erkranken.

*Der Sündenbock* fällt durch rebellisches bis delinquentes Verhalten auf. Er ist nicht selten derjenige, dessentwegen eine Erziehungsberatung aufgesucht wird. Er ist mutig und energiegeladen, verbirgt möglicherweise depressive Gefühle und Selbstwertzweifel hinter aggressiven Verhaltensweisen und kann trotz großer Sehnsüchte schwer Nähe zulassen.

*Das verlorene Kind* entzieht sich den familiären Spannungen durch Rückzug, lebt in Tagträumen und verhält sich ruhig und unauffällig, entwickelt jedoch in dieser Rückzugshaltung weniger soziale Kompetenzen und belohnt sich möglicherweise durch Essen oder materielle Güter.

*Das Maskottchen* – oft das letztgeborene „Nesthäkchen" – versucht durch Clownerie die Familie aufzuheitern, strahlt Charme und Humor aus, zeigt möglicherweise hyperaktives Verhalten, wird in der Schule leicht zum Klassenclown und bekommt oft keine wirkliche Anerkennung von anderen.

Die ganz unterschiedlichen Familienkonstellationen und Bewältigungsmechanismen machen deutlich, dass es keine Patentrezepte im Umgang mit suchtbelasteten Familien geben kann. Der Held braucht etwas anderes als das verlorene Kind, und ein vernachlässigtes Kind hat andere Bedürfnisse als ein Kind, das Gewalterfahrungen kennenlernen musste. Dennoch kann man losgelöst vom Einzelfall bestimmte Aspekte zur Vorgehensweise, einige Grundregeln und hilfreiche Unterstützungsangebote, herausarbeiten.

## Alkoholbelastete Eltern in der Erziehungsberatung

In der Jugendhilfe insgesamt sind Suchtbelastungen im Elternhaus häufig. Eine von uns in Brandenburger Jugendämtern durchgeführte Studie ergab, dass bei 38,6% der Hilfeplanverfahren Alkoholprobleme in der Herkunftsfamilie der Kinder und Jugendlichen erkennbar waren (Hinze, Jost 2006).

### *Auftragsklärung und Grenzen*

In der Erziehungsberatung mit möglicherweise suchtbelasteten Eltern ist es von großer Bedeutung, den eigenen Auftrag deutlich vor Augen zu haben. Dieser besteht in der Regel nicht in einer Therapie der elterlichen Abhängigkeit, sondern in der Unterstützung der elterlichen Erziehung – angeregt möglicherweise von Dritten, beispielsweise von Lehrern bei schulischen Auffälligkeiten der Kinder. Hierbei besteht eine sehr unterschiedlich gelagerte Bereitschaft der Eltern, über eigene psychische Probleme oder eine Abhängigkeitsthematik zu sprechen. Nun möchte man als Erziehungsberater das Vertrauen der Eltern nicht verlieren, andererseits aber auch nicht in eine stille Mitwisser- und Komplizenschaft der Alkoholproblematik geraten.

Viele suchtbelastete Familien bringen das Thema Alkohol relativ bald auf die eine oder andere Art und Weise – sei es durch Anspielungen, Alkoholfahne oder direkte Hinweise eines Familienmitglieds – auf den Tisch. Der Berater sollte diese Gelegenheiten dann nutzen, um das Thema taktvoll anzusprechen (Quast 2006), z.b., indem er die eigene Wahrnehmung benennt (z.B. „Ich habe den Eindruck, dass Sie nicht nüchtern sind.") oder nachfragt, ob Alkohol ein wichtiges Thema in der Familie ist. Es bietet sich weiterhin an, den Einfluss des Alkoholtrinkens auf die Versorgung der Kinder zu thematisieren oder Fragen nach Trinksituationen und nach Ausnahmen („Wann trinken Sie weniger?") zu stellen. Zu gegebener Zeit ist auch ein Hinweis auf die Möglichkeiten der Suchtkrankenhilfe angebracht, ohne jedoch drängelnd die Verantwortung für eine Therapieentscheidung des Elternteils auf sich zu laden. Hierbei sind eine gute Kenntnis der Arbeitsweisen und Ansprechpartner der umliegenden Suchtberatungsstellen und eine Liste von Ansprechpartnern für Selbsthilfe- und Angehörigengruppen natürlich sehr hilfreich.

Bei der Auftragsklärung ist es – wie in allen Familienberatungen – auch in der Erziehungsberatung mit suchtbelasteten Familien von großer Bedeutung, lösbare Aufträge herauszuarbeiten, überhöhte Erwartungen einzelner Mitglieder zu hinterfragen und Grenzen wahrzunehmen und aufzuzeigen. In der systemischen Literatur trennt man Besucher und Ankläger von den eigentlichen, an echter Beratungsarbeit interessierten Klienten. Besucher wollen eigentlich wenig verändern, sind oft fremdmotiviert zur Beratung gekommen oder sehen sich als Begleitperson des eigentlichen Problemträgers. Ankläger sehen die Veränderungsnotwendigkeit eher bei anderen als bei sich selbst und beschweren sich ausgiebig über das Fehlverhalten der anderen. Bei der Auftragsklärung besteht eine große Herausforderung darin, zu eruieren, wie und in welchem Ausmaß Besucher zur aktiven Mitarbeit zu motivieren sind und wo Ankläger zur Selbstreflexion angeregt werden können. Ein lösbarer Auftrag entsteht erst, wenn bei den Ratsuchenden eine ausreichende Motivation besteht, an den anstehenden Themen mit Unterstützung des Beraters zu arbeiten. Weiterhin besteht eine Herausforderung bei der Auftragsklärung in der Erziehungsberatung mit suchtkranken Eltern darin, herauszuarbeiten, welchen Anteil Erziehungsberatung an der Lösung der entstandenen Probleme leisten kann, und hierbei auch aufzuzeigen, wo bei fortgesetztem Substanzkonsum die Grenzen liegen.

Eine Grenze in der Erziehungsberatung wäre eine bestehende Kindeswohlgefährdung. Hier kann ein Handlungsbedarf entstehen, der über den ursprünglichen Auftrag hinausgeht und möglicherweise zu Schritten Anlass gibt, mit denen die Eltern nicht einverstanden sind. Anja Quast (2006, S. 142ff.) empfiehlt in einer derartigen Gesprächssituation auf dem schmalen Grat zwischen Hilfe und Kontrolle das folgende Vorgehen:

- Die eigene Aufgabe im Zusammenhang mit der Gefährdungssituation klar benennen.

- Die vorliegenden Informationen (und konkreten Hinweise auf die Gefährdung) benennen.
- Die Sichtweise der Eltern erfragen.
- Aufzeigen und schriftlich fixieren, was sich im Hinblick auf die Situation der Kinder ändern muss.
- Aufzeigen möglicher Konsequenzen.
- Nachfragen, ob die Eltern etwas ändern wollen: Wenn dies halbherzig geschieht, betonen, dass dafür ein voller Einsatz erforderlich ist.
- Durchspielen möglicher Entwicklungsverläufe und Benennen wichtiger Schritte und Eckpunkte.
- Anbieten von Hilfe und Beratung über weitere Hilfen zur Erziehung und mögliche therapeutische Hilfen (Suchthilfesystem, insbesondere auch Beratung über die Möglichkeit, Begleitkinder in eine Entwöhnungsbehandlung mitzunehmen).
- Betonen der Konsequenzen und Mitteilen, welche Schritte man in welcher Situation einleiten wird.

Durch die Novellierung des § 8a (2) SGB VIII sind inzwischen die Schritte, die bei Verdacht auf Kindeswohlgefährdung einzuleiten sind, klar herausgearbeitet worden (vgl. bke 2006). Vielleicht hilft die in den Vereinbarungen festgelegte Konsultations- und Ablaufplanung auch dabei, diese Schritte den Klienten transparent zu machen. Allerdings enthebt alle Standardisierung nicht von der schwierigen Aufgabe, im Einzelfall differenziert zu beobachten, sich in unterschiedliche Perspektiven hineinzuversetzen und behutsam nachzufragen, die eigenen Wahrnehmungen kritisch reflektiert zu deuten und die eigenen Handlungen immer wieder neu zu überdenken. Bei der Risikoeinschätzung und der Gewichtung von Hilfe und Kontrolle sind die folgenden vier Fragen nützlich (Kinderschutz-Zentrum Berlin 2000):

- In welchem Umfang wird das Wohl des Kindes durch die Sorgeberechtigten gewährleistet bzw. nicht gewährleistet? (Ausmaß, Häufigkeit und Chronizität von Misshandlungen oder Vernachlässigung; Qualität der Versorgung, Zuwendung und Erziehungskompetenz; Selbsthilfekompetenz der Kinder.)
- Sehen die Sorgeberechtigten und die Kinder selbst ein Problem (Problemakzeptanz)?
- Inwieweit stimmen die Sorgeberechtigten und die Kinder mit den beteiligten Fachkräften in der Problemkonstruktion überein (Problemkongruenz)?
- In welchem Umfang sind die Sorgeberechtigten und die Kinder bereit, Hilfsangebote anzunehmen und für sich zu nutzen (Hilfeakzeptanz)?

Weiterhin ist es von Bedeutung, Hinweise auf körperliche Misshandlung, sexuelle Übergriffe emotionale Gewalt und Vernachlässigung zu kennen und sensibel wahrzunehmen. Besonders schwierig sind die Einschätzung einer Kindeswohlgefährdung bei psychischer Misshandlung (z.B. ständige Herabsetzung und Kritik, Demütigung, Isolierung des Kindes von Bezugspersonen, Bedrohung und Einschüchterung, Verletzung der persönlichen Grenzen oder Bestrafung durch Liebesentzug und Ignorieren der kindlichen Kommunikation) und das Erkennen von sexuellen Übergriffen bei hochgradiger Tabuisierung.

Eine weitere Grenzfrage kommt auf, wenn Eltern alkoholisiert zur Beratung kommen. Im Umgang mit Süchtigen ist es sinnvoll, klare Regeln und Vereinbarungen aufzustellen (Quast 2006). Generell kann empfohlen werden, Gespräche nur in nüchternem Zustand zu führen und hierüber mit den Eltern eine klare Vereinbarung zu treffen (Ausfall des Termins oder Bitte um Absage). Bei Spiegeltrinkern, die in nüchternem Zustand unter Entzugserscheinungen leiden, kann die Umsetzung dieser generellen Regel allerdings schwierig sein. Andererseits sollte man sich deutlich vor Augen führen, dass unter Alkoholeinfluss die Fähigkeit der Klienten, vom Beratungsprozess zu profitieren, nur sehr begrenzt ist. In diesem Fall wäre genau abzuwägen, welcher Beratungsauftrag unter den gegebenen Umständen überhaupt sinnvoll ist.

Insgesamt sind auch eindeutige Absprachen darüber hilfreich, wie mit dem Ausfall von Terminen und mit Verspätungen umgegangen wird. Um zu verhindern, dass sich die Klienten „Geschichten" ausdenken müssen, um sich zu rechtfertigen, ist eine Regelung hilfreich, die unabhängig von den Gründen für die Verspätung oder das Nicht-Einhalten des Termins greift. Angekündigte Konsequenzen (z.B. Terminausfall bei mehr als 10- oder 15-minütiger Verspätung, ansonsten um die Verspätung gekürzter Termin) sollten dann auch umgesetzt werden. Hier ist im Umgang mit Abhängigkeitskranken damit zu rechnen, dass Grenzen ausgetestet werden. Als Faustregel könnte man formulieren, dass es bedeutsam ist, im Beratungsprozess Regeln der Zuverlässigkeit zu etablieren und diese den Regeln der Unzuverlässigkeit, die im Verlauf der Suchtkarriere entstanden sind, entgegenzusetzen.

## Beratungsthemen und -inhalte

Typische Beratungsthemen mit den Eltern sind der Umgang mit Paarkonflikten (hier insbesondere das Vermeiden co-abhängiger Muster), Umgangsfragen nach erfolgter Trennung, die Unterstützung bei Fragen des Familienmanagements, die Unterstützung beim Eingehen auf die Bedürfnisse der Kinder und die Unterstützung bei der Veränderung von Verhaltens- und Beziehungsmustern (Quast 2006). Auch bestimmte, als problematisch eingestufte Verhaltensweisen der Kinder (z.B. in der Rolle des Sündenbocks) oder psychosomatische Auffälligkeiten spielen beim Erziehungsberatungsauftrag eine wichtige Rolle.

Sowohl für den abhängigen als auch für den nicht abhängigen Elternteil sind der angemessene Umgang mit konsequenten Grenzsetzungen und die kindgerechte Tagesstrukturierung ein bedeutsames Thema. Häufig kommt es zur so genannten „Schaukelerziehung", welche zwischen Verwöhnung (um etwas „gut" zu machen als Kompensation elterlicher Schuldgefühle) und Vernachlässigung oder Aggressivität schwankt. Wenn Eltern sehr mit ihren eigenen Problemen beschäftigt sind, nehmen sie oft die kindlichen Bedürfnisse und Empfindungen nicht ausreichend wahr. Oft hört man auch die Schutzbehauptung: „Mein Kind hat von der Alkoholproblematik kaum etwas mitbekommen." Dies trifft jedoch nur in den seltensten Fällen zu. In der Erziehungsberatung kann es hilfreich sein, mit den Eltern immer wieder konkret den Perspektivenwechsel durchzuspielen und sie zu ermutigen, die kindlichen Gefühle wahrzunehmen: „Wenn Sie Ihr Kind jetzt betrachten, was sehen Sie? Was glauben Sie, geht in Ihrem Kind vor? ... Was mag es sich jetzt von Ihnen wünschen? Wie, glauben Sie, wirkt das, was Sie sagen/tun auf Ihr Kind?" (Quast 2006, S. 159)

Auch bei einer gegebenenfalls bereits erfolgten Fremdunterbringung der Kinder kann Erziehungsberatungsbedarf bestehen, welcher sich einerseits auf die Rückkehr der Kinder ins Elternhaus beziehen kann und andererseits während einer Fremdunterbringung die Besuche der Kinder thematisieren kann: Hierbei geht es z.B. um das Erlernen oder Beibehalten bestimmter alltagsnaher Beschäftigungen, die Übernahme von Verantwortlichkeiten oder die Unterstützung der Kinder bei bestimmten Aufgaben. Auch ist es ein wichtiges Thema, klare Regeln im Umgang mit den Kindern zu entwickeln (Quast 2006). Suchtkranke Eltern können beispielsweise Schwierigkeiten haben, sich durchzusetzen und schwanken möglicherweise zwischen Gewährenlassen und autoritären Durchsetzungsstrategien. Auch die nicht suchtbelasteten Elternteile weisen häufiger als andere Eltern inkonsequente Erziehungsstile auf (Puhm 2003).

In der Erziehungsberatung ist es von großer Bedeutung, sowohl das Vertrauen der Eltern als auch das Vertrauen der Kinder zu gewinnen. Für die Kinder ist es nicht leicht, über die elterliche Suchtbelastung zu sprechen. Sie fühlen sich möglicherweise schuldig, einen Tabubruch zu begehen und geraten in Loyalitätskonflikte. Es hilft ihnen nicht, wenn man die Eltern entwertet. Andererseits ist es bedeutsam, dass sie erfahren können, dass ihre Wahrnehmungen bestätigt werden und dass sie nicht schuld an den Alkoholproblemen des Elternteils sind.

Hier ist auch eine altersgerechte Aufklärung über das Krankheitsbild wichtig. Zobel (2008) bietet hier Informationen für Jugendliche und junge Erwachsene. Für Kinder sind unterschiedliche Broschüren entwickelt worden, so die Broschüre „Bitte hör auf!" von der Deutschen Hauptstelle für Suchtfragen (Internetquelle 1). Einige Landesstellen – z.B. Rheinland-Pfalz – haben weitere Materialien entwickelt, welche man preisgünstig erwerben kann. Seit 2003 gibt es in Deutschland das Internetportal www.kidkit.de, das versucht, durch Aufklärung bestehenden Ängsten, Scham- und Schuldgefühlen entgegenzuwirken und eine E-Mail-Beratung anbietet. In der Schweiz wird das Portal www.kopfhoch.ch angeboten.

Die Kinder sollten in ihren altergemäßen Interessen und Hobbys bestärkt und ermutigt werden, eigene Initiativen zu entfalten und die Verantwortung für die Eltern abzugeben. Die Kinder fühlen sich fast immer mitschuldig an den familiären Problemen. Es ist daher von besonderer Bedeutung, sie von ihren Schuldgefühlen zu entlasten. Besonders hilfreich sind in diesem Zusammenhang Gruppenangebote für betroffene Kinder, in denen sie erfahren können, dass sie mit ihren Problemen nicht allein sind. Hier können sie einerseits offen mit anderen über das Leben in einer suchtbelasteten Familie sprechen und andererseits unbeschwert kindgerechte Aktivitäten genießen und die eigene Kreativität entfalten. Um die Kinder nicht in Loyalitätskonflikte zu bringen, ist eine begleitende Elternarbeit sehr wichtig. Den Eltern sollte aufgezeigt werden, wie die Gruppe ihre Kinder in der Entwicklung unterstützen kann. Hierbei geht es nicht um Schuldzuweisungen an die Eltern, sondern um ein Angebot, das für Eltern und Kinder Entlastung bringt.

In besonderen Notsituationen – und nur so lange diese andauern – kann auch eine Beratung der Kinder ohne Zustimmung der Eltern erforderlich werden. Die rechtliche Grundlage hierfür ist der § 8 SGB VIII (3): „Kinder und Jugendliche können ohne Kenntnis des Personensorgeberechtigten beraten werden, wenn die Beratung aufgrund einer Not- und Konfliktlage erforderlich ist und solange durch die Mitteilung an den Personensorgeberechtigten der Beratungszweck vereitelt würde."

## Motivierende Gesprächsführung

Bei elterlichen Alkoholproblemen möchte man in vielen Fällen als Erziehungsberater motivieren, die Abhängigkeitsthematik im Suchthilfesystem therapeutisch anzugehen, ohne jedoch in eine Rolle zu geraten, die die Klienten als bevormundend empfinden und ablehnen.

In der motivierenden Gesprächsführung (Miller, Rollnick 1999) geht man von verschiedenen Phasen der Veränderung aus, in welchen unterschiedliche Gesprächsstrategien hilfreich sind:

In der Phase der Absichtslosigkeit, in der die Klienten noch wenig Veränderungsmotivation besitzen, beginnt man zunächst verständnisvoll und offen zu fragen, hört aktiv zu und spiegelt das Gesagte. Es ist meist förderlich, ehrliche Wertschätzung für die Inanspruchnahme der Erziehungsberatung zu zeigen. Man unterlässt es jedoch nicht, die eigenen Wahrnehmungen zu benennen und Feedback zu geben (den Alkohol ansprechen, über Auswirkungen des Trinkens auf die Kinder informieren oder anregen, die Situation der Kinder deutlicher wahrzunehmen). Man grenzt das Thema aber nicht zu früh auf den Alkohol ein. Im weiteren Gesprächsverlauf entwickelt man auf empathische Weise Diskrepanzen zwischen dem derzeitigen Verhalten und wichtigen Zielen des Klienten, beispielsweise zwischen dem Verhalten in betrunkenem Zustand und dem Wohlergehen der Kinder. Man kann jetzt auch bereits über Möglichkeiten des Suchthilfesystems informieren. Jedoch sollten Beweisführungen vermieden werden, welche in der Regel Abwehr erzeugen. Alternative Sichtweisen werden vorgestellt, aber nicht vorgeschrieben. Man erkundigt sich, nachdem man Informationen vermittelt hat, indem man beispielsweise fragt: „Was meinen Sie dazu?" oder: „Ich habe Ihnen einige Informationen gegeben. Was denken Sie im Moment?" Zu sehr auf Veränderung zu drängen, kann kontraproduktiv wirken. Wenn ein anderer auf Veränderung drängt, ruft das oft Impulse wach, das eigene Verhalten zu verteidigen. Widerstände des Klienten sind generell ein Signal, die eigene Strategie zu ändern. Die Entscheidung, in die jeweils nächste Phase der Veränderung einzutreten, liegt beim Klienten. Es sei denn, auf Grund einer Kindeswohlgefährdung wird in der Erziehungsberatung eine andere Gesprächsstrategie erforderlich. Letztere wurde bereits beim Umgang mit Grenzen thematisiert.

Möglicherweise tritt der Klient – angesichts der bestehenden Erziehungsprobleme oder nach einem Gespräch mit dem Hausarzt oder bei Schwierigkeiten am Arbeitsplatz – in die Phase der Absichtsbildung ein, in der typischerweise gleichzeitig oder in raschem Wechsel Gründe auftreten, sich zu ändern, und Gründe, alles beim Alten zu lassen. In Gesprächszusammenfassungen der ersten beiden Motivationsphasen geht man besonders auf selbstmotivierende Äußerungen des Klienten ein, und bespricht die Ambivalenzen, das heißt, sowohl die Aspekte, die das problematische Verhalten attraktiv erscheinen lassen als auch die Beobachtungen zu den Risiken und Problemen des Trinkverhaltens, insbesondere natürlich im Hinblick auf die Erziehung der Kinder. Man fasst dann noch einmal alle Hinweise auf Veränderungswünsche und -absichten zusammen und gibt eine eigene Einschätzung derjenigen Aspekte, in denen man mit den Sorgen des Klienten übereinstimmt. Miller und Rollnick (1999) unterteilen selbstmotivierende Aussagen in vier Kategorien: Das Problembewusstsein, die Besorgnis über Probleme, direkte oder indirekte Veränderungsabsichten und Zuversicht im Hinblick auf Veränderung. All diese selbstmotivierenden Aussagen der Klienten werden im gesamten Gesprächsverlauf mit besonderer Aufmerksamkeit verfolgt, hervorgehoben und in den Gesprächszusammenfassungen noch einmal aufgegriffen. Geht der Klient von der Absichtslosigkeit zur Absichtsbildung über, gibt man gezielte und detaillierte Informationen zum Suchthilfesystem. Insbesondere informiert man über Möglichkeiten, Begleitkinder mit in Therapieeinrichtungen zu nehmen (vgl. Jatzlau 2006) und über Selbsthilfegruppen für kleine und große Angehörige. Hierbei sind natürlich gute Vernetzungen im Hilfesystem und Kontakte zur örtlichen Suchtberatungsstelle und Selbsthilfeorganisationen ausgesprochen förderlich. Man unterstützt immer wieder die selbstmotivierenden Äußerungen und begleitet den Klienten, insbesondere, wenn es zum Übergang in die Phase der Vorbereitung (zur Handlung) kommt, bei der Differenzierung der eigenen Ziele und der Planung der jeweils nahe liegenden Schritte. In der Phase der Handlungsvorbereitung und bei der nun folgenden Phase der Umsetzung unterstützt man die konkrete Inanspruchnahme des Suchthilfesystems und klärt mögliche wechselseitige Entbindungen von der Schweigepflicht, um enger zusammen arbeiten zu können. Im weiteren Verlauf gibt man immer wieder positive Rückmeldung, hebt die bisherigen Therapieerfolge hervor und thematisiert die Inanspruchnahme des Suchthilfesystems. Sollte ein Rückfall auftreten, unterstützt man den betroffenen Elternteil, diesen als „Vorfall" zu sehen und möglichst bald wieder den Weg in das Suchthilfesystem zu finden.

## Selbstreflexion des Beraters

Eigene Erfahrungen mit suchtbelasteten Elternhäusern sind bei Menschen in helfenden Berufen nicht ganz selten. In einer an der Fachhochschule Lausitz durchgeführten Untersuchung unter Studierenden der Sozialen Arbeit, gab etwa jeder Sechste (16,4%) an, dass er glaube, seine Mutter oder sein Vater sei Alkoholiker (Schulz, Stoppe, Jost 2008). Auf die weitere Frage, ob sie diese familiäre Suchtbelastung eher als Chance oder eher als Risiko für ihren zukünftigen Beruf (als Sozialarbeiter/Sozialpädagoge) sehen, beurteilten deutlich mehr Betroffene ihre Biografie als Chance für ihre zukünftige Arbeit. Allerdings bedeutet das nicht, dass sie sich vorstellen können, in jedem Arbeitsfeld gut tätig zu werden. Gerade die Arbeit mit suchtkranken Eltern kann erwachsene Kinder aus suchtbelasteten Familien sehr belasten.

So fließen im Umgang mit alkoholbelasteten Familien möglicherweise eigene biografische Erfahrungen mit suchtbelasteten Eltern oder auch andere Belastungen aus der eigenen Biografie oder der aktuellen Lebenssituation ein. Erziehungsthemen berühren ganz generell sehr emotionale eigene Bereiche. In bewussten und unbewussten Phantasien findet sich der Berater möglicherweise in seiner eigenen Kindheit wieder, belebt eigene Mutter-, Vater- und Geschwisterbilder, schöpft aus den Ressourcen seiner Ursprungsfamilie, wird aber auch an die in jedem Lebenslauf auftretenden eigenen Versagungen erinnert. Während der Berater möglicherweise das eigene innere Kind und dessen (erfüllten und unerfüllten) Wünsche wahrnimmt, sich vielleicht mit dem Kind in der Erziehungsberatungssituation identifiziert und sich demzufolge ideale Eltern wünscht, wird er zugleich von abhängigen Eltern in der Rolle der Übermutter oder des Übervaters wahrgenommen. Die Eltern aktivieren hierbei Bilder ihrer eigenen Eltern, die sie entweder idealisieren oder deren Defizite sie intensiv spüren. Nun möchten die suchtbelasteten Eltern vielleicht selber lieber das gut umsorgte

Kind und nicht der verantwortungsvolle Elternteil sein. An den Berater werden in diesem Kontext sowohl negative als auch stark idealisierte Mutter- und Vaterbilder herangetragen. Er wird in Frage gestellt, herausgefordert, an unrealistischen Idealen gemessen und überfordert, möglicherweise auch dazu verführt, sich als besserer Vater oder bessere Mutter zu fühlen, um dann plötzlich zu den leiblichen Eltern in Konkurrenz zu stehen oder Eigenschaften strafender Großeltern bei sich zu entdecken. Als Erziehungsberater in so existentielle Themen – den Umgang der Klienten mit ihren Kindern – hineinzuwirken, verlangt nicht nur fachliche und methodische Kompetenzen, sondern immer auch die Bereitschaft, sich selbst in ganz zentralen Fragen in den Blick nehmen zu können:

- „Wie bin ich selber aufgewachsen, welche Mutter- und Vaterbilder trage ich in den Prozess der Erziehungsberatung hinein?"
- „Welche Stärken und Schätze kann ich aus meiner Biografie als Ressource in der Beratung nutzen?"
- „Welche Versagungen haben bei mir selbst schwer erfüllbare Sehnsüchte, nagende Selbstzweifel und kompensatorische Idealisierungen hervorgebracht?"
- „Wie gehe ich behutsam mit diesen Idealbildern um, um weder zu viel von anderen noch zu viel von mir selbst zu verlangen?"
- „Wo lasse ich mich entmutigen, fühle mich hilflos und schreite nicht ein, obgleich ein entschlossenes Handeln geboten wäre?"
- „Wo hole ich mir Unterstützung, wenn ich mich überanstrengt und überfordert fühle?"

Dies sind nur einige exemplarische Fragen zur Selbstreflexion. Gerade im Umgang mit suchtbelasteten Eltern ist es von besonderer Bedeutung, sich nicht von Idealisierungen und Entwertungen vereinnahmen zu lassen und der erlernten Hilflosigkeit immer wieder Hoffnung, Selbstwirksamkeitserwartungen und stetige Veränderungen in kleinen Schritten entgegensetzen zu können. Genau diese Fähigkeit, sich bei Schwierigkeiten nicht entmutigen zu lassen, sondern anstrengungsbereit an Veränderungen zu arbeiten und dabei nicht die Hoffnung zu verlieren, wird vom Suchtmittel ja immer wieder unterwandert. Das Suchtmittel suggeriert die schnelle Entlastung und schwächt die ohnehin möglicherweise schwach ausgeprägte Selbstwirksamkeit von Neuem. Die Arbeit mit suchtbelasteten Eltern ist daher schwierig und anstrengend. Immer wieder neu wird es erforderlich, sich abzugrenzen, ohne an Engagement einzubüßen, und die Eltern zu ermutigen, an sich zu arbeiten, anstatt die Schuld bei anderen zu suchen. Hierbei gilt es, darauf zu achten, dass man als Berater nicht mehr Arbeit schultert als die Klienten, zugleich aber auch die Schwächsten im System – die Kinder – ausreichend schützt. Diese Aufgabe ist ohne Supervision und Fortbildung kaum zu meistern.

# Literatur

Barnow, S., Lucht, M., Freyberger, HJ. (2002): Alkoholprobleme im Jugendalter unter Berücksichtigung der Hochrisikogruppe Kinder alkoholkranker Eltern. Ergebnisse einer Familienstudie in Mecklenburg Vorpommern. Nervenarzt, 73, 671–679.

bke (2006): Kindesschutz und Beratung. Empfehlungen zur Umsetzung des Schutzauftrages nach § 8a SGB VIII. Materialien zur Beratung, Band 13. Fürth: Bundeskonferenz für Erziehungsberatung.

Baumeister, S., Kraus, L., Stonner, T., Metz, K. (2008): Tabakkonsum, Nikotinabhängigkeit und Trends. Ergebnisse des Epidemiologischen Suchtsurveys 2006. Sucht, 54 (Sonderheft 1), S. 26–35.

Gontard, A. (1990): Kinder alkoholkranker Eltern. In: Zeitschrift für Kinder- und Jugendpsychiatrie, 18, S. 87–98.

Hinze, K., Jost, A. (2006): Kindeswohl in alkoholbelasteten Familien als Aufgabe der Jugendhilfe – Ergebnisse einer empirischen Studie in Jugendämtern des Landes Brandenburg. In: Hinze, K., Jost, A. (Hrsg.): Kindeswohl in alkoholbelasteten Familien als Aufgabe der Jugendhilfe. Freiburg: Lambertus Verlag, S. 23–95.

Jatzlau, N. (2006): Suchtbelastete Familien – im Schnittfeld zwischen Jugendhilfe und Suchtkrankenhilfe. In: Hinze, K., Jost, A. Kindeswohl in alkoholbelasteten Familien als Aufgabe der Jugendhilfe. Freiburg: Lambertus Verlag, S. 176–202.

Kinderschutz-Zentrum Berlin (2000): Kindesmisshandlung Erkennen und Helfen. 9. Auflage. Berlin.

Klein, M., Zobel, M. (2001): Prävention und Frühintervention bei Kindern aus suchtbelasteten Multiproblemfamilien (1996–1999) Abschlussbericht im Auftrag des Ministeriums für Kultur, Jugend, Familie und Frauen des Landes Rheinland-Pfalz. Mainz: Eigenverlag.

Miller, W., Rollnick, S. (1999): Motivierende Gesprächsführung. Ein Konzept zur Beratung von Menschen mit Suchtproblemen. Freiburg: Lambertus Verlag.

Pabst, A., Kraus, L. (2008): Alkoholkonsum, alkoholbezogene Störungen und Trends. Ergebnisse des Epidemiologischen Suchtsurveys 2006. Sucht, 54 (Sonderheft 1), S. 36–46.

Puhm, A. (2003): Erziehungsstile in Familien mit unterschiedlicher elterlicher Alkoholbelastung. Wiener Zeitschrift für Suchtforschung, 26, S. 63–67.

Quast, A. (2006) Empfehlungen für die Arbeit mit alkoholbelasteten Familien im Handlungsfeld der Kinder- und Jugendhilfe. In: Hinze, K., Jost, A. Kindeswohl in alkoholbelasteten Familien als Aufgabe der Jugendhilfe. Freiburg: Lambertus Verlag, S. 96–175.

Rösner, S., Steiner, S., Kraus, L. (2008): Gebrauch und Missbrauch von Medikamenten. Ergebnisse des Epidemiologischen Suchtsurveys 2006. Sucht, 54 (Sonderheft 1), S. 47–56.

Schulz, N., Stoppe, J., Jost, A. (2008): Erwachsene Kinder alkoholbelasteter Familien – Eine Untersuchung unter Studierenden der Sozialen Arbeit; Soziale Arbeit 57 (8), S. 299–302.

Wegscheider, S. (1988): Es gibt doch eine Chance. Hoffnung und Heilung für die Alkoholiker-Familie. Wildberg: Verlag Mona-Bögner-Kaufmann.

Zobel, M. (2008): Die Situation der Kinder in alkoholbelasteten Familien. In: Zobel, M. (Hrsg.) Wenn Eltern zu viel trinken – Hilfen für Kinder und Jugendliche aus Suchtfamilien. Bonn: Balance buch + medien.
Internetquelle 1: Bitte hör auf!
http://www.dhs.de/makeit/cms/cms_upload/dhs/bittehoerauf_einzel.pdf
Internetquelle 2: http://www.fasworld.de/home.html.

Christine Isermann

# Ach wie gut, dass (k)einer weiß ...
Ein Gruppenangebot für Kinder aus suchtbelasteten Familien

„Wenn ich mal groß bin, lerne ich eine Kampfsportart, wenn Papa dann wieder trinkt, trete ich ihm die Bierflasche mit dem Fuß aus dem Gesicht." (Peter[1], 10 Jahre)

„Ich kenne alle Verstecke, wo Mama ihre Weinflaschen hat. Ich suche sie alle und schmeiße sie dann weg." (Jonathan, 9 Jahre)

„Als ich nach Hause kam, hat Mama sich eingeschlossen, da wusste ich, dass sie wieder getrunken hat. Sie hat die Tür nicht aufgemacht, ich hab mir dann ein Brot gemacht und mich vor die Tür gesetzt, da ich Angst hatte, dass sie sich wieder selbst verletzt." (Mara, 9 Jahre)

Dies sind nur einige Beispiele des familiären Erlebens der Kinder von Suchtkranken. Sie gelten als die übersehene Gruppe im familiären Umfeld der Sucht. Schon im Titel dieses Beitrags wird die Ambivalenz der Kinder suchtkranker Eltern deutlich: Eigentlich darf von meinem Schicksal niemand etwas wissen, anderseits will ich, dass die ganze Welt es weiß und mir hilft.

Dieser Beitrag soll zu mehr Verständnis für Kinder aus suchtbelasteten Familien beitragen. Nach einer theoretischen Einführung wird ein spezielles Gruppenangebot für diese Zielgruppe vorgestellt, das dazu beitragen soll, Wege im Umgang mit diesen Kindern aufzuzeigen. Dabei soll das Gruppenangebot behilflich sein, diese Kinder im Alltag und in ihrem sozialen Kontext zu unterstützen, ihr Selbstbewertgefühl und damit auch ihr Selbstbewusstsein zu stärken, damit ihr Leben gelingen kann – ohne eigene Süchte oder neurotische Störungen und Symptome zu entwickeln.

## Kinder in suchtbelasteten Familien

In Deutschland sind 2,65 Millionen Kinder und Jugendliche unter 18 Jahren von der Alkoholabhängigkeit des Vaters oder der Mutter oder beider Elternteile betroffen und ca. 30.00 Kinder haben Eltern, die von illegalen Drogen abhängig sind (vgl. Klein, 2005). Hiervon werden erfahrungsgemäß 50 bis

---

1 Alle Namen geändert.

60% co-abhängig und 20 bis 30% selbst abhängig. Die Sozialisation in einer solchen Familienkonstellation prägt die gesamte Entwicklung.

Eine Suchterkrankung ist noch immer ein Tabuthema. Als stigmatisierende Krankheit wird sie als Schwäche und Versagen und nicht als Erkrankung angesehen. Daher ist es für alle Beteiligten schwer, ein Suchtproblem einzugestehen. Die Bemühungen aller Familienmitglieder zielen über lange Zeit darauf ab, die Krankheit nach außen zu verheimlichen und eine normale Familie darzustellen. Auch die Kinder lernen in dieser Situation sehr früh, nach außen den Schein zu wahren und zu schweigen. Die oberste Regel lautet: „Niemand soll merken, was bei uns los ist!" (Freundeskreise der Suchtkrankenhilfe 2006, S. 5)

Die besondere Familienkonstellation mit ihren ungünstigen Entwicklungsbedingungen, unter denen die Kinder aufwachsen, stellt ein besonderes Risiko dar. Die Kinder sind einem ständigen Wechsel zwischen einerseits Desinteresse, Ablehnung, evtl. Gewalt und andererseits Fürsorge und Versprechungen aufgrund von Schuldgefühlen ausgeliefert. Sie sind massiv verunsichert und versuchen ihrerseits, sich vor weiterem emotionalen Schmerz schützen und die Situation zu kontrollieren, indem sie lernen, genau zu beobachten, um dann entsprechend schnell reagieren zu können

## *Rollenmodell*

Kinder aus suchtbelasteten Familien versuchen immer wieder, das gefährdete Familien-Gleichgewicht durch ihr Verhalten zu stützen und überfordern sich damit massiv. Hierfür nehmen sie charakteristische Rollen an. Die Rollenübernahme geschieht unbewusst. Allen diesen Rollen gemeinsam ist ein hohes Maß an Unehrlichkeit, Perfektionismus, Verleugnung und Kontrollverhalten. Wie ein Kind letztendlich auf diese Belastungssituation reagiert und welche Rolle oder Rollen es annimmt, hängt zum Teil auch von seinem Geschlecht, vom Alter und dem Reifegrad seiner Persönlichkeit sowie von seinem allgemeinen intellektuellen Stand ab. Die Rollen der Kinder können wie folgt beschrieben werden (vgl. Wegscheider 1981).

*Der „Familienheld" (im Weiteren wird die männliche Schreibweise gewählt):* Diese Rolle wird zumeist vom ältesten Kind oder Einzelkind übernommen. Ein Kind mit dieser Rollenübernahme zeichnet sich durch ein hohes Verantwortungsbewusstsein, Disziplin und Verlässlichkeit aus. Es hat oftmals gute Schulnoten und wird von allen anderen Kindern und Eltern geachtet und erhält viel Aufmerksamkeit und Anerkennung. Es entlastet die Eltern, indem es Aufgaben übernimmt, denen sie nicht mehr selbst nachkommen können. So kümmert es sich um die Versorgung der jüngeren Geschwister und regelt den Haushalt. Allerdings entwickelt sich daraus eine regelrechte Abhängigkeit. Ohne Lob von außen fühlt sich das Kind minderwertig, so dass eine starre und zwanghafte Leistungshaltung entsteht. Die Vorstellung, es könne das Suchtproblem der Familie beheben, wenn es die entsprechenden Leistungen bringt, wird enttäuscht, dadurch bemüht es sich noch mehr. Dieser Teufelskreis ist voll von Gefühlen der Schuld und Unzulänglichkeit und des Versagens. Auch das Bedürfnis nach klaren Strukturen innerhalb der Familie findet keine Erfüllung. Daher verlässt sich der Held nur auf sich selbst (vgl. Rennert 1990). Außenstehende denken oft, die Betroffenen würden mit allen Schwierigkeiten problemlos fertig. Als Erwachsener hat der Held oft beruflichen Erfolg. Durch das Streben nach Anerkennung entwickelt sich aber ein krankhafter Ehrgeiz, der bis zur Arbeitssucht führen kann. Die Helden sind später oft in helfenden Berufen zu finden. Sie wählen häufig einen Partner, der entweder abhängig oder auf andere Weise hilfebedürftig ist.

*„Der Sündenbock"* oder *„das schwarze Schaf"* ist nach Wegscheider häufig das zweite Kind in der Familie. Im Gegensatz zum perfektionistischen Helden zeigt es ausagierendes, rebellisches und auflehnendes Verhalten. „Sein Auftreten ist geprägt von Trotz, Feindseligkeit, Wut und niedrigem Selbstwertgefühl." (Zobel 2006, S.27). Häufig kommen die Betreffenden mit dem Gesetz in Konflikt und neigen dazu, früh Alkohol oder/und Drogen zu konsumieren und sind somit größeren gesundheitlichen Schäden ausgesetzt. Sie scheinen sich nicht um das Suchtproblem der Eltern zu kümmern. Tatsächlich leiden auch diese Kinder unter der Situation der Familie. Sie erhalten ihrerseits zu wenig Aufmerksamkeit und Zuwendung und wenn, dann nur über negative Ausdrucksweisen. Das führt besonders bei Mädchen auch zu frühen sexuellen Kontakten, in denen sie die vermisste Zuwendung suchen (vgl. Freundeskreis der Suchtkrankenhilfe 2006). Diese Kinder leisten einen wichtigen Beitrag zur Aufrechterhaltung des Gleichgewichtes innerhalb des Familiensystems, indem sie sich als „Übeltäter" anbieten.

Anderseits besteht durch das auffällige Verhalten des Sündenbocks die Möglichkeit, dass auch die Suchterkrankung der Eltern aufgedeckt werden kann, denn die Eltern werden oft durch Schule oder Kindergarten genötigt, eine Beratungsstelle aufzusuchen. Hier wird die Familie dann in den therapeutischen Prozess miteinbezogen.

*„Das verlorene Kind":* Hierbei handelt es sich häufig um das dritte oder mittlere Kind. Diese Kinder stellen oft keinerlei Anforderungen an die Eltern, ziehen weder positive noch negative Aufmerksamkeit auf sich und bleiben unauffällig. Sie werden oft für ihr „pflegeleichtes" Verhalten von Außenstehenden gelobt.

Ein Kind mit dieser Rollenübernahme versucht Konflikte zu vermeiden, akzeptiert die Situation, zieht sich in seine eigene Welt zurück und schützt sich durch Rückzug, einzelgängerische Aktivitäten wie Lesen, Phantasieren und Tagträumen vor den nicht einschätzbaren Reaktionen der Eltern. So ist es sehr isoliert, wobei ihm Medien wie Computer, Fernsehen und Stereo- und Videoanlagen behilflich sind. Es entlastet die Eltern, da diese immer wissen, wo es sich aufhält und sie empfinden dies als Sicherheit und Kontrolle. Das Grundgefühl des verloren Kindes ist von Minderwertigkeit und Verlassenheit, von Einsamkeit und Hoffnungslosigkeit geprägt. „Seine Familie erwartet im Grunde nichts von ihm – dementsprechend empfindet es sich selbst auch als unbedeutend, ist ohne Hoffnung und hat keinen Anreiz, seine Potentiale zu entfalten. Diese Kinder entwickeln kaum soziale Fähigkeiten und haben als Erwachsene besondere Probleme, Beziehungen einzugehen. Auch die Entwicklung ihrer sexuellen Identität ist beeinträchtigt" (Freundeskreise für Suchtkrankenhilfe 2006, S.18).

Verlorene Kinder fallen häufig durch übermäßiges Essen („dicke Kinder") auf, um die innere Leere zu füllen und neigen dazu, im jugendlichen und erwachsenen Alter Essstörungen zu entwickeln. Auffällig oft zeigen sich Allergien, Asthma oder andere Erkrankungen. „Krankheit ist ihre einzige Möglichkeit, Zuwendung und Aufmerksamkeit zu erhalten" (Freundeskreise der Suchtkrankenhilfe 2006, S. 18). Als Erwachsene kommen sie eher selten zur Therapie, da sie in ihrer Kindheit und Jugend zu wenig Hilfe und Unterstützung erfahren haben und sich nicht vorstellen können, dass sie diese von anderen Menschen bekommen könnten.

*„Der Clown" oder „das Maskottchen":* Diese Rolle wird zumeist vom jüngsten Kind ausgefüllt. Es bringt durch sein lustiges und fröhliches Verhalten die Familie zum Lachen und trägt damit kurzfristig zur Entspannung bei. Die älteren Geschwister haben ihre eigenen Rollen zur Stabilisierung des Familiensystems aufgebaut. Das jüngste Kind wird in eine Situation hineingeboren, die es nicht versteht, es wird auch weiterhin nicht „richtig" über die Situation aufgeklärt. Die älteren Geschwister haben oft den Drang, es zu beschützen und von allem fernzuhalten.

Dennoch spürt es, dass etwas nicht in Ordnung ist. Es fühlt sich verlassen und einsam und entwickelt hinter der lustigen Fassade Angst als Grundgefühl. Es leidet zudem an den gleichen Gefühlen von Unzulänglichkeit, Bedeutungslosigkeit, Schuld und Einsamkeit wie die Geschwister. Es wird meist von niemandem ganz ernst genommen, da in dem sozialen Repertoire außer dem Spaßmachen keine weiteren Fähigkeiten entwickelt wurden. Der Clown leidet oft an Hyperaktivität und wird häufig mit Tranquilizern behandelt. So lernt dieses Kind früh, dass es Mittel gibt, mit denen es sich besser fühlt. Es besteht auch hier eine hohe Suchtgefahr, da häufig Suchtmittel benutzt werden, um das Grundgefühl der Angst zu unterdrücken. Durch die große Diskrepanz zwischen innerem Erleben und äußerem Verhalten kann dieses Kind im Erwachsenenalter eine psychotische Störung entwickeln.

Häufig passt das Verhalten eines betroffenen Kindes nicht ganz genau in die beschriebenen Rollenschemata. Auch kann es nach einiger Zeit zu einem veränderten Rollenverhalten kommen. Wenn ein Kind die Familie verlassen hat, kann z.B. ein anderes Kind seine Rolle übernehmen. Wegscheider weist in diesem Zusammenhang darauf hin, dass auch in einer funktionalen Familie, in der Stresssituationen auftreten, zeitweise diese beschriebenen Rollen auftreten können. Auch in Familien mit anderen längerfristigen besonderen Problemen (z.b. psychische Erkrankung) sind die beschriebenen Rollenmuster zu beobachten.

## Auffälligkeiten und Entwicklungsstörungen

Neben den genannten Rollenentwicklungen können Kinder suchtkranker Eltern unter verschiedenen Auffälligkeiten und Entwicklungsstörungen leiden. Kinder und Jugendliche aus suchtbelasteten Familien sind in der Regel anderen familiären Bedingungen ausgesetzt als ihre Altersgenossen ohne suchtkranke Eltern (vgl. im folgenden Zobel 2006). Eine oft negative Familienatmosphäre verbunden mit unzureichender Förderung, Vernachlässigung und mangelnder Zuneigung seitens der Eltern behindert die Kinder in ihren Entwicklungsmöglichkeiten und stellt sie vor Aufgaben, mit denen sie oft überfordert sind. Dazu treten deutlich häufiger Erfahrungen von Ehestreitigkeiten sowie Trennungen und/oder Scheidung der Eltern auf, die oft Umzüge und Schulwechsel nach sich ziehen. Die Kinder wachsen öfter in unvollständigen Familien oder zusammen mit dem neuen Lebenspartner der Mutter auf. Weiterhin ist eine Abhängigkeit vor allem des Vaters öfter mit Arbeitslosigkeit und finanziellen Problemen verbunden. Im Vergleich zu Kindern aus nicht suchtkranken Familien

- „zeigen sie nummerisch geringere Leistungen in Intelligenztests und beim sprachlichen Ausdrucksvermögen,
- werden sie in schulischen Kontexten häufiger durch mangelnde Leistungen und unangemessenes Verhalten auffällig,
- zeigen sie vermehrt Hyperaktivität und Aufmerksamkeitsstörungen,
- zeigen sie häufiger eine Störung des Sozialverhaltens,
- zeigen sie mehr Ängste und depressive Symptome, insbesondere bei einer als belastend empfundenen häuslichen Atmosphäre,
- sind sie häufiger sexuellem Missbrauch ausgesetzt,
- neigen sie eher zu somatischen und psychosomatischen Symptomen" (Zobel, 2006, S.53).

Kinder in suchtbelasteten Familien sind oft völlig ratlos, neigen dazu, alle Schuld auf sich zu nehmen. Sie kümmern sich, versorgen und verteidigen die Eltern und helfen damit, das Problem zu vertuschen. So entstehen die oben erwähnten Entwicklungsdefizite und Verhaltenstörungen, die nur dann langsam und über einen langen Zeitraum wieder aufgeholt werden können, wenn sie das Glück haben, dass die Eltern in eine Therapie gehen und erfolgreich an ihren Suchtproblemen arbeiten. Diese Kinder sind zudem stärker gefährdet, selbst suchtkrank zu werden. Seit den 1980er Jahren wurde in verschiedenen Studien nachgewiesen, dass Alkoholabhängige oft (zu etwa 30%) aus Familien mit einem abhängigen Elterteil stammen. Demnach ist das Risiko für Jungen besonders hoch. Männer mit einem suchtbelasteten Vater zeigen mehr als doppelt so häufig Alkoholabhängigkeit wie Männer ohne abhängigen Vater. Insgesamt kann davon ausgegangen werden, dass diese Kinder ein bis zu sechsfach höheres Risiko aufweisen, selber abhängig zu werden (vgl. Freundeskreise der Suchtkrankenhilfe 2006).

*Bindungstheoretische Aspekte*

Auch im Zusammenhang mit der Bindungstheorie von Bowlby gewinnt die Verbindung zwischen Suchterkrankung der Eltern und der Entwicklung der Kinder eine große Bedeutung. Die Bindungstheorie (vgl. Bowlby 1958) ist eine der wichtigsten Theorien zur Erklärung der Wechselwirkung zwischen familiären Beziehungserfahrungen und intraindividuellen Prozessen. Bindung stellt nach Bowlby ein elementares menschliches Grundbedürfnis dar.

Erlernt ein Kind während seiner frühen Kindheit die psychologische Verfügbarkeit einer erwachsenen Person, so lernt es in Abhängigkeit seiner wachsenden Fähigkeiten, diese als sichere Basis zu nutzen. Dies wiederum fördert Wachstum in emotionaler und sozialer Hinsicht. Ein solchermaßen sicher gebundenes Kind entwickelt zunehmend Vertrauen in die eigenen sozialen Kompetenzen.

Suchtbelastete Eltern dagegen verfügen häufig über unsichere bis hoch unsichere Bindungserfahrungen aus ihrer Kindheit und geben diese unbewusst an ihre Kinder weiter. In diesem Sinne erleben Kinder suchtbelasteter Eltern ihre primären Bezugspersonen nicht als Halt gebende sichere Basis. Die mangelnde Sensibilität dieser Mütter für die Signale des Säuglings, im Sinne des Feinfühligkeitskonzeptes (vgl. Ainsworth et al. 1977), sowie ihre reduzierte emotionale Verfügbarkeit und das Fehlen von Konstanz in der Versorgung stellen weitere Risikofaktoren für kindliche Entwicklung dar. Verzögerungen sowie Störungen in der kindlichen Entwicklung, Verhaltensauffälligkeiten bis hin zu Beziehungsstörungen sind die Folge. Da diese frühkindlichen Beziehungserfahrungen unbewusst verinnerlicht werden, wirken sie bis ins Erwachsenenalter.

*Resilienzfaktoren*

Trotz stressreicher und teilweise traumatisierender Lebenserfahrungen gibt es einen Teil der Kinder suchtkranker Eltern, die völlig oder weitestgehend psychisch gesund geblieben sind. Hierbei spricht man von Resilienz. „Unter Resilienz wird eine besonders hohe Widerstandskraft gegen Stress bei stark ausgeprägten Entwicklungsmöglichkeiten verstanden. Resiliente Kinder haben beispielsweise ein Gefühl für die persönliche Kontrolle ihrer Umwelt (Selbstwirksamkeitserwartung)" (Klein 2005, zitiert nach Freundeskreise der Suchtkrankenhilfe 2006, S. 21).

Um Kindern aus suchtbelasteten Familien wirksam zu helfen, ist es daher notwendig, resilientes Verhalten und resiliente Einstellungen aufzubauen bzw. zu fördern. Wolin und Wolin (1995, 1996 in Zobel 2006) identifizieren aufgrund von klinischen Interviews insgesamt sieben Resilienzfaktoren:

Einsicht: Das Kind spürt, dass das Familienerleben irgendwie komisch, wenig vertrauensvoll und in Unordnung ist. Diese Wahrnehmung gilt es durch Außenstehende immer wieder zu bestätigen und zu unterstützen. Gleichzeitig ist es für das Kind wichtig, Informationen z.B. über das Suchtproblem und über die Auswirkungen der Krankheit auf die Familie zu bekommen. Das Kind soll verstehen, dass der abhängige Elternteil krank ist. Diese Krankheit bewirkt Schwankungen in der Stimmung und im Verhalten des abhängigen Elternteils, die sich dann auch auf das Kind auswirken. Das Wissen über das Suchtmittel und seine Auswirkungen auf alle Beteiligten führt zur wachsenden Fähigkeit, sich und die anderen zu verstehen. Es bildet sich ein Verständnis aus für Zweideutigkeiten und komplexe Zusammenhänge, die das Kind davor schützen, die familiären Probleme auf sich zu beziehen und sich deshalb minderwertig, schuldig und verantwortlich zu fühlen.

Unabhängigkeit: Es gilt hier, eine innere Distanz zu den häuslichen Vorgängen aufzubauen, die im weiteren Verlauf zu einer emotionalen und physischen Distanz zur Familie führen kann. Kinder in suchtbelasteten Familien zeigen weniger Symptome, wenn sie der elterlichen Sucht weniger ausgesetzt sind (Reich et al. 1993). Daher sollten die Kinder die Gelegenheit haben, sich von zu Hause zu entfernen und Erfahrungen mit anderen Personen zu machen, um eine innere Unabhängigkeit zu fördern. In der weiteren Entwicklung kann es dem Kind gelingen, sich weiter psychisch und physisch von der Familie zu lösen und später als Erwachsener getrennt von der Familie zu leben. Viele Erwachsene fühlen sich weiterhin für ihre Eltern verantwortlich und vernachlässigen ihre eigene Entwicklung. Unabhängigkeit ist erreicht, wenn die Betreffenden in der Lage sind, getrennt von der Ursprungsfamilie zu leben und zu ihr aufgrund von freien Entschlüssen Kontakt zu halten, nicht aber wegen innerem Druck oder den irrationalen Forderungen der Familie.

Beziehungen: Ein Beziehungsaufbau zu Personen außerhalb der Familie ist eine wichtige Fähigkeit, bei der Kinder aus suchtbelasteten Familien angeleitet werden sollten. Verbindungen zu anderen Personen geben den Kindern einen Eindruck davon, dass andere Menschen anders leben und in anderen Haushalten andere Regeln gelten. Sie erfahren, dass das Suchtmittel in anderen Familien keine zentrale Rolle spielt. Positive Erfahrungen mit Freunden und nicht abhängigen Erwachsenen können die Kinder ermutigen, als Jugendliche und Erwachsene ebenfalls Bindungen einzugehen, die auf Gegenseitigkeit beruhen.

Initiative: Es ist wichtig, dass Kinder neue Erfahrungen im Erforschen ihrer Umwelt machen. Die Eigeninitiative der Kinder ist hierbei zu fördern und sie sind weiterhin zu ermutigen, auch bei Fehlern weiterzumachen. Gerade diese Verstärkung erfahren die Kinder in ihrer Ursprungsfamilie selten, sie werden stattdessen oft eher kritisiert und abgewertet. Daher brauchen sie immer wieder Ansporn und Lob sowie die Rückmeldung, dass ihre Art zu handeln, zu denken und zu fühlen in Ordnung ist. Es ist für sie wichtig zu erfahren, dass sie auch Fehler machen dürfen, ohne dass jemand schimpft oder sich von ihnen abwendet.

Kreativität: Sie wird gefördert im Spielen, bei dem sich das Kind austoben und sich ausprobieren kann. Kreative Angebote bieten Raum, um neue Erfahrungen zu sammeln und die innere Befindlichkeit des Kindes auszudrücken. Sie lenken zudem vom Alltag ab und geben dem Kind die Möglichkeit, etwas Neues und Besonderes zu erschaffen.

Humor: Diese Fähigkeit muss häufig erst erlernt werden, da die häuslichen Verhältnisse nicht lustig sind. Aufgrund der ständig angespannten Atmosphäre haben die Kinder die natürliche Fähigkeit zu Lachen und Spaß zu haben häufig wenig erlebt. Humor entwickelt sich im lustigen Spiel und gemeinsamen Unternehmungen, in denen man gemeinsam Spaß hat und die häusliche Situation außen vor gelassen werden kann. Dies führt zu einem gewissen emotionalen Abstand und hat eine wichtige psycho-hygienische Wirkung.

Moral: Es ist wichtig für die Kinder, ein von den Eltern unabhängiges Wertesystem aufbauen zu können. Die Fähigkeit, zwischen Gut und Böse unterscheiden zu können, ist oft nicht gut ausbildet, da diese Unterschiede in der Familie in der Regel nicht klar zu erkennen sind. Die Wertmaßstäbe sind oft abhängig vom suchtabhängigen Befinden (Alkoholspiegel) der Abhängigen und können sehr unterschiedlich ausfallen und schwanken. Gleiches gilt für die Entwicklung von Erziehungs-Prinzipien. So kann das, was gestern noch galt, morgen schon wieder anders gehandhabt werden.

# Ein Gruppenangebot für Kinder aus suchtbelasteten Familien

Aus der Forschung ist abzuleiten, dass entscheidend für die Pathogenisierung des Kindes in der suchtbelasteten Familie die Dauer, Art und Häufigkeit der Exposition gegenüber den Folgen des süchtigen Verhaltens eines oder beider Elternteile ist. Daher sind dies auch die für die Prävention und entsprechende Interventionen bedeutsamsten Aspekte. Neben frühen familiären Hilfen hat sich die direkte Arbeit mit Kindern von Suchtkranken als wichtig und wirksam erwiesen. Die wichtigsten Prinzipien für Hilfen für Kinder von Suchtkranken sind in der Frühzeitigkeit, der Dauerhaftigkeit und Vernetztheit der Maßnahmen in Bezug auf andere familienbezogene Hilfen zu sehen (vgl. Klein 2005).

Seit Anfang 2005 besteht das Modellprojekt „Kinder aus suchtbelasteten Familien", das in Kooperation der Beratungsstelle für Eltern, Kinder und Jugendliche mit der Suchtkrankenhilfe im Caritas-Verband Paderborn e.V. durchgeführt wird. Ausgehend vom Ansatz der Entwicklung von Resilienzen, der Förderung von Selbstwert und emotionaler Sicherheit, der Dauerhaftigkeit und Vernetzung bietet es betroffenen Kindern die Möglichkeit, sich einmal in der Woche in einer Gruppe zu treffen. In der angstfreien Umgebung der Gruppe können sie ihre Konflikte, Gefühle und Bedürfnisse ansprechen. Einige Kinder erleben zum ersten Mal kindliche Unbefangenheit und Sorglosigkeit. So können sie aus ihrer Isolation heraustreten und durch andere Erlebnisse Unterstützung erfahren.

Eine trägerinterne Vernetzung für eine Erfassung und Versorgung dieser Zielgruppe bot sich an, da unter dem Dach des Caritas-Verbandes Paderborn sowohl eine Erziehungsberatungs- als auch eine Suchtberatungsstelle tätig sind. So war gewährleistet, die Fachkenntnisse und therapeutischen Ressourcen beider Systeme zu nutzen und in eine präventive Gruppenarbeit mit diesen Kindern einzubringen. Beide Beratungsstellen sind mit suchtkranken Familienstrukturen konfrontiert, lediglich die Arbeitsschwerpunkte bzw. Fokussierungen sind unterschiedlich. Davon können die Kinder profitieren und hierin besteht die eigentliche Chance und die Notwendigkeit zur Vernetzung.

Ein weiterer wichtiger Grundpfeiler des Projektes besteht aus einer Arbeitsgemeinschaft, die sich aus Mitarbeitern/innen der Suchtkrankenhilfe und Beratungsstelle für Eltern, Kinder und Jugendliche zusammensetzt. Sie entwickelte im Vorfeld die Rahmenbedingungen des Konzeptes, bietet in regelmäßig stattfindenden Treffen die Möglichkeit zum kollegialen Austausch und zur Supervision an und sichert die strukturelle und konzeptionelle Weiterentwicklung im Sinne des Qualitätsmanagement ab.

Um zusätzliche personelle Kapazitäten vorzuhalten, wurde das Gruppenprojekt zunächst durch die „Aktion Mensch" über drei Jahre gefördert. Mittlerweile haben Stadt und Kreis Paderborn in dem Bewusstsein einer erfolgreichen präventiven Arbeit eine dauerhafte Finanzierung übernommen.

Das Gruppenangebot mit seinem primär präventiven Charakter richtet sich an Kinder aus Familien, in denen Alkohol-, Drogen- oder Medikamentenmissbrauch vorkommen. Unerheblich ist, in welcher Phase der Abhängigkeit sich der jeweils betroffene Elternteil oder beide Eltern befinden (vor bzw. während der Behandlung, Abstinenz, nach Rückfall etc.). Das Alter der Gruppenkinder liegt zwischen 7 und 11 Jahren. Jungen und Mädchen werden gleichermaßen angesprochen. Die Gruppengröße ist auf maximal 8 Kinder ausgerichtet. Es handelt sich um ein offenes Gruppenkonzept; die

Kinder können dem Bedarf entsprechend in die Gruppe aufgenommen bzw. entlassen werden. Durch diese offene Struktur ist es leichter, neue Kinder zu integrieren und dazu zu bringen, von persönlichen Erlebnissen zu berichten. Die Aufgeschlossenheit und das Vertrauen der Kinder, die schon länger zu den Gruppenstunden kommen, nehmen den „Neuen" die Angst und Scham. Als nachhaltig und hilfreich hat sich eine Gruppenteilnahme über mindestens ein Jahr erwiesen. Das entspricht ca. 40 Gruppensitzungen.

## Ziele der Gruppenarbeit

Das primäre Ziel der Gruppenarbeit besteht darin, die Persönlichkeit des einzelnen Kindes zu stärken, die psychischen Entwicklungs- und Reifungsprozesse zu fördern und zu begleiten, um neurotischen Fehlentwicklungen und damit verbunden einer späteren Suchtgefährdung vorzubeugen. Die Gruppe soll den Kindern einen geschützten Rahmen bieten, um in Kontakt zu kommen: mit sich selbst (Entwicklung von Selbstwert und Individualität), mit ähnlichen Erfahrungen anderer Kinder (Entlastung/Solidarität), mit dem erleichternden Gefühl, über familiäre, z.T. sehr belastende Erlebnisse sprechen zu dürfen (Enttabuisierung/Bewältigung).

Die Kinder sollen bei der Wahrnehmung der eigenen Gefühle und Bedürfnisse sowie im Umgang mit Konflikten und unangenehmen Gefühlen wie Angst, Einsamkeit, Wut, Schuld, Scham etc. unterstützt werden. Sie können den Aufbau von Beziehungen erleben und erlernen. Es wird ihnen ermöglicht, individuelle und soziale Kompetenzen wahrzunehmen, kennenzulernen und diese zu fördern. Sie dürfen einfach Kind sein und können mit allem Spaß und mit andersartigen Erlebnissen neue Rollen und Verhaltensmuster erlernen. Dabei erhalten sie auch eine altersgerechte Information über Sucht, Auswirkung von Sucht und die Abhängigkeit der Eltern.

Die Gruppe wird von zwei Diplom-Sozialarbeiterinnen geleitet. Hierbei handelt es sich um eine Mitarbeiterin aus der Suchtkrankenhilfe und eine Mitarbeiterin aus der Beratungsstelle für Eltern, Kinder und Jugendliche. Optimal wäre die Gruppenleitung durch einen Mann und eine Frau, damit auch die männliche Vorbildrolle besetzt wäre. Dies war aber aufgrund der Personalsituation nicht möglich. Die Gruppenstunden finden regelmäßig wöchentlich dienstags nachmittags für 1,5 Stunden in den Räumen der Beratungsstelle für Eltern, Kinder und Jugendliche statt.

## Akquirierung und Aufnahme in die Gruppe

Obwohl ein hoher Bedarf zu vermuten ist, besteht häufig die Schwierigkeit darin, die betroffenen Familien zu erreichen und zu motivieren. Im Jahr 2008 waren drei Entlassungen und drei Neuaufnahmen in die Gruppe zu verzeichnen. Gerade aufgrund der schwierigen Lebenssituation der Eltern zeigt sich immer wieder, wie langwierig es sich gestaltet, bis ein Kind von der ersten Anfrage zu einer zuverlässigen Teilnahme an der Gruppe kommt.

Die Kinder gelangen über verschiedene Wege in die Gruppe. Es besteht die Möglichkeit, dass der abhängige Elternteil die Suchtkrankenhilfe aufsucht, um sich helfen zu lassen, wobei oftmals auch der nicht suchtmittelabhängige Elternteil die Beratung aufsucht. Dabei wird auf das Gruppenangebot aufmerksam gemacht. Andere Eltern erfahren durch die Beratungsstelle für Eltern, Kinder und Jugendliche über das Gruppenangebot. Ein weiterer Weg führt über das Jugendamt oder andere Einrichtungen der Jugendhilfe, die im Rahmen der Vernetzung über das Angebot informiert sind. Als besonders motivierend gestaltet sich die direkte Ansprache nach erfolgtem Beziehungsaufbau in der Beratung. Über eine entsprechende Öffentlichkeitsarbeit (Flyer bzw. Pressearbeit) werden häufig Multiplikatoren erreicht.

In der Regel ist bei den Eltern der betreuten Kinder die Einsicht in ihre Krankheit bereits vorhanden. Sie wollen aktiv etwas gegen ihre Sucht und für das Befinden ihrer Kinder unternehmen.

Vor der Aufnahme erfolgt zunächst ein Elterngespräch, in dem die Eltern ausführlich über das Gruppenangebot informiert werden. Die Eltern ihrerseits stellen ihre aktuelle Situation sowie die bisherige Entwicklung des Kindes dar. Häufig wird dabei die Erfahrung gemacht, dass es den Eltern zunächst schwerfällt, über lange Verheimlichtes zu sprechen. Hilfreich ist hierbei eine ermutigende, wertschätzende Haltung mit vielen positiven Bestärkungen und Lob darüber, dass die Kinder mit ihrer Erlaubnis durch die Gruppenteilnahme in die Lage versetzt werden, das Erlebte aufzuarbeiten und neue Handlungsmöglichkeiten gewinnen zu können. Eltern, die schon „therapieerfahren" sind, fällt es erfahrungsgemäß oftmals leichter, über die Suchterkrankung und deren Auswirkungen auf die Familie zu sprechen.

Voraussetzung für die Teilnahme an der Gruppe ist die Zustimmung beider Elternteile. Sie müssen ihrem Kind die Erlaubnis geben, offen über Familienprobleme zu sprechen, damit die Gruppenstunde durch Loyalitätskonflikte keine zusätzliche Belastung für die Kinder darstellt. Sie könnten sonst Schuldgefühle entwickeln, weil sie über Dinge sprechen, die sie bisher nicht thematisieren durften. Zudem muss die Bereitschaft zu regelmäßigen begleitenden Elterngesprächen vorhanden sein.

Dem Elterngespräch folgt ein Einzeltermin mit dem Kind. Nach dem Kennenlernen und einem ungezwungenen Spiel wird das Kind über das Gruppenangebot informiert. Hierbei hat das Kind seinerseits bereits die Möglichkeit, über die häusliche Situation zu sprechen und durch therapeutisch-kreative Mittel sein Erleben in der Familie darzustellen. Häufig wird dabei die Erfahrung gemacht, dass sie von selbst anfangen, über sich und die Familie zu sprechen, wenn konkret beschrieben wird, welche Kinder noch an diesem Gruppenangebot teilnehmen. Auch werden bei der ersten Kontaktaufnahme schon häufig Fragen über die Suchterkrankung des Elternteils oder beider Eltern thematisiert.

## Ablauf einer Gruppenstunde

Die Gruppenstunden sind so aufgebaut, dass den Kindern durch eine feste Abfolge und immer wiederkehrende Rituale Kontinuierlichkeit, Verlässlichkeit und Struktur vermittelt werden. So werden die Kinder zu Beginn jeder Gruppenstunde mit „Max", dem Rasierpinsel durch Berührungen an der Stelle, die die Kinder benennen (Hände, Arm, Gesicht) individuell und taktil begrüßt. Der mit Sand gefüllte Luftballon „Bella" verhilft ihnen dazu, ihre Befindlichkeit auszudrücken und dient ihnen auch als Redeballon. Die Kinder haben zum Einstieg die Möglichkeit, in einer Erzählrunde die Erlebnisse der letzten Woche zu reflektieren und über die angenehmen und unangenehmen Erfahrungen zu berichten. Neu aufgenommenen Kindern fällt es oft schwer, über sich zu sprechen und auch den anderen zu zuhören. Je länger sie an der Gruppe teilnehmen, umso sicherer und offener werden sie. Mittlerweile nutzen die Kinder die Erzählrunde, um über die alltäglichen Erlebnisse in der Schule oder im Freundeskreis zu berichten. Durch die Vertrautheit in der Gruppe sprechen sie auch familiäre Probleme an, wobei die anderen Kinder ebenfalls ihre eigenen Erfahrungen einbringen und dadurch einen Beitrag zu Lösungsmöglichkeiten leisten können. In diesem Zusammenhang bietet sich dabei u.a. auch die Gelegenheit, allgemein über Suchterkrankungen zu sprechen und den Kindern direkte und altersgerechte Informationen über die Sucht und Abhängigkeit der Eltern zu geben.

Danach folgt eine Pause, in der den Kindern Kekse und Saft angeboten werden. In dieser lockeren Atmosphäre besteht die Möglichkeit, ungezwungen zu plaudern und frei zu spielen. Dabei geht es häufig sehr lustig und ausgelassen zu. Im Anschluss an die Pause wird thematisch gearbeitet.

Dabei werden die Kinder häufig über kreative Methoden angeregt, ihre innere Befindlichkeit auszudrücken. Weiterhin liegt ein Schwerpunkt auf der Selbstwahrnehmung, der Bewusstwerdung und dem Umgang mit den eigenen Gefühlen. Als weitere hilfreiche Methode hat sich das Rollenspiel bei der Bewältigung alter Rollenmuster und im Ausprobieren sowie Erlernen von neuen Handlungskompetenzen erwiesen.

Am Ende der Stunde können die Kinder unter Verwendung von „Bella" eine Rückmeldung zur Gruppenstunde nach dem Impuls geben: Was hat mir heute gefallen, was hat mir weniger gefallen? Zudem können sie erzählen; worauf sie sich in der nächsten Woche freuen. Danach erfolgt die Verabschiedung wiederum mit dem Pinsel „Max".

Zum Gruppenerleben gehört auch die Durchführung gemeinsamer Ausflüge und erlebnispädagogischer Angebote. Dadurch können sich die Kinder anders erleben, ihre Ressourcen zeigen bzw. stärken und neue Fähigkeiten entdecken. Diese dienen auch dazu, neue Anregungen dafür zu bekommen, was man an Freizeitaktivitäten gemeinsam unternehmen kann und diese in die Familien einzubringen. Beispielsweise berichtete ein Junge nach einer gemeinsamen Eislaufpartie mit der Gruppe, dass er sich dies auch von seinen Eltern wünschte, die bereits am darauf folgenden Wochenende den Wunsch mit der ganzen Familie umsetzten.

*Beispiel einer thematischen Arbeit*

Im Sinne der Resilienzförderung ist es wichtig, die Kreativität der Kinder zu fördern. Bei ihnen ist zumeist ein positiver und spontaner Zugang zu ihren inneren Bildern und kreativen Potenzialen zu beobachten. Sie verstehen es besonders, die Möglichkeiten bildnerischen Tuns für sich zu nutzen. Gemalte Bilder helfen ihnen, sich von belastenden Gefühlen zu befreien. Durch die Darstellung von Wahrnehmungen im Bild entsteht die Möglichkeit, sich auszudrücken und Erfahrungen und Erlebnissen, die oft im Bereich des Sprachlosen und Unbewussten liegen, Gestalt zu geben. Dadurch werden diese Kinder in der Entwicklung ihrer Persönlichkeit gestützt und gefördert.

Am Beispiel einer kreativen Umsetzung wird eine thematische Arbeit vorgestellt. Nach einer Einstimmung durch eine Entspannungsübung wurde den Kindern die Geschichte „Seelenfarben", die in Anlehnung an das Bilderbuch „Der Seelenvogel" (Sunuit, Golomb 1991) umgeschrieben wurde, in einer ruhigen Atmosphäre vorgelesen.

**Seelenfarben**

Tief, tief in uns wohnt die Seele. Noch niemand hat sie gesehen, aber jeder weiß, dass es sie gibt. Und jeder weiß auch, dass sie da ist. In der Seele gibt es ganz viele Farben. Die Seele fühlt alles, was wir fühlen.

Wenn uns jemand verletzt, dann kommen ganz viele dunkle Farben. Wenn uns jemand lieb hat, dann kommen schöne bunte schillernde Farben. Und wenn jemand unseren Namen ruft, dann horcht die Seele auf die Stimme, weil sie wissen will, ob sie lieb oder böse klingt. Wenn jemand böse auf uns ist, dann wird die Seele ganz blass und farblos und ist still und traurig. Und wenn uns jemand in den Arm nimmt, wird das Farbenfeld in uns größer und größer bis es uns ganz ausfüllt, das fühlt sich dann ganz schön und angenehm an.

Die Seele schlüpft in uns, wenn wir geboren werden und sie verlässt uns nie, keine Sekunde, solange wir leben. So, wie wir auch nicht aufhören zu atmen. Ihr wollt sicher wissen, wie die Seele aussieht. Das kann man nicht sehen, aber man kann es fühlen. Bei jedem fühlt es sich anders an und stellt sich in anderen Farben dar.

Welche Farben wohnen wohl in deiner Seele?

Die Kinder wurden aufgefordert, ihre Seele auf große weiße Plakatkartons mit Plakafarbe zu malen. Während des Malens äußerten die Kinder den Wunsch, die Geschichte mehrmals vorgelesen zu bekommen. Durch das ständige Wiederholen der Geschichte wurden die Kinder konzentrierter und ruhiger, konnten sich gut auf sich besinnen, sich spüren und so das innere Erleben bildnerisch darstellen. Es herrschte eine friedliche, fast feierliche Stimmung. Dabei entstanden sehr unterschiedliche Bilder, wobei jedes Kind seine Befindlichkeit und sein inneres Erleben sehr stimmig darstellen konnte. Anschließend wurden die Kinder aufgefordert, ihre Seelenbilder vorzustellen. Dabei sprachen sie frei über ihr inneres Befinden in für sie angenehmen und unangenehmen Situationen. Die Kinder fühlten sich verstanden und hatten dabei vor allem das Gefühl, nicht alleine zu sein und Bestätigung darin zu finden, dass die anderen ähnliche Gefühle und Erlebnisse haben. Dabei hörten alle übrigen Gruppenkinder interessiert zu.

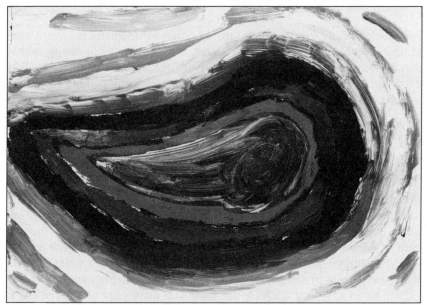

Abbildung 1: Ein Seelenbild

*Ein Fallbeispiel*

Im Folgenden soll an einem Fallbeispiel verdeutlicht werden, wie der Ansatz der Resilienzförderung verbunden mit dem Rollenmodell in der Praxis umgesetzt werden kann.

Simon war neun Jahre alt, als er zur Gruppe angemeldet wurde. Er hat zwei Geschwister, eines jünger und das andere älter als er. Seine Eltern leben getrennt. Die Mutter, bei der die Kinder zu der Zeit lebten, ist alkoholkrank und in Behandlung. Nach einer langen stationären Therapie hielt es die

Mutter für sinnvoll, dass auch ihre Kinder Unterstützung bekommen sollten. Im Aufnahmegespräch berichtete die Mutter, dass Simon zu Hause sehr ruhig und unauffällig sei. Er klage häufig über Unwohlsein und zeige oft somatische Symptome wie Kopf- oder Bauchschmerzen. In der Schule falle er durch Unkonzentriertheit auf. Er sei ein guter Schüler, doch seine Noten seien in der letzten Zeit abgefallen.

Im Einzelkontakt zeigte sich Simon zunächst zurückhaltend, taute dann aber zunehmend auf. Es wurde ihm von der Gruppe berichtet und darüber gesprochen, welche Kinder daran teilnehmen. Simon war die ganze Zeit ruhig und einsilbig, bis er unvermittelt fragte: „Glaubst du, dass Mama wieder anfängt zu trinken?" Hierbei wurden seine ganze Not und Angst sowie seine Schuldgefühle deutlich. Die Sozialarbeiterin erzählte ihm, dass sie das nicht wisse, aber dass es auf keinen Fall an ihm liege oder an seinen Geschwistern. Daraufhin meinte er: „Doch, denn wenn wir lieb sind und uns nicht streiten und gute Noten haben, fängt sie bestimmt nicht wieder an." Daraufhin erfolgte eine genauere Erklärung und Information über die Suchterkrankung der Mutter. Es war zu spüren, dass diese Simon sehr entlastete. Nach dem Einzelkontakt äußerte er sofort seiner Mutter gegenüber, dass er unbedingt an der Gruppe teilnehmen möchte.

Innerhalb der Gruppe zeigte Simon zunächst Zurückhaltung. Er wollte nicht über die Mutter sprechen, bagatellisierte die Situation zu Hause und beschrieb, dass Mama krank gewesen sei und jetzt wieder gesund sei. Auch während der Gruppenstunden zeichnete er sich durch ein hohes psychosomatisches Krankheitserleben aus. Ein harmloser Schnupfen, jeder kleine Kratzer war von großer Bedeutung. Durch seine Position in der Geschwisterreihenfolge und vor allem durch die Suchterkrankung der Mutter hatte er über diesen Weg Aufmerksamkeit bekommen. Es bestätigte sich immer mehr die Hypothese, dass Simon die Rolle des „verloren Kindes" eingenommen hatte. Auch in der Gruppe bekam er einerseits über diesen Weg Aufmerksamkeit, andererseits sollte er über verschiedene Ausdrucksmöglichkeiten über sich und seine Gefühle, Wünsche und Bedürfnisse sprechen lernen und ein gesundes Körpergefühl entwickeln. Simon war besonders zugänglich über kreative Mittel. Durch bildnerische Darstellungen oder auch das Arbeiten mit anderen Mitteln wie Ton und Gips konnte er sein inneres Erleben ausdrücken und begann nach und nach über seine Gefühle, Ängste und Bedürfnisse zu sprechen. Elemente des Psychodramas verhalfen ihm einerseits dazu, sein Krankheitsempfinden auszuleben. So nahm er oft die Rolle eines kranken Tieres ein und genoss es dann, von anderen „verarztet" zu werden. Im späteren Verlauf traute er sich andererseits auch, andere Rollen anzunehmen, z.B., die Rolle eines Ritters. Anknüpfend an den ersten Kontakt war es immer wieder hilfreich, mit ihm über die Suchterkrankung der Mutter zu sprechen und zu verdeutlichen, nicht Schuld an deren Situation zu sein.

Im Verlauf des Gruppenprozesses wurde Simon immer munterer. Er zeigte mehr und mehr seine fröhliche Seite und bekam nun dadurch viel Aufmerksamkeit und Anerkennung. Gleichzeitig konnte er auch nachdenklich sein. Durch seine hohe intellektuelle Fähigkeit brachte er viele Anregungen und Überlegungen in die Gruppe ein. Dadurch gewann er an Selbstbewusstsein und bekam die Aufmerksamkeit auf anderem Weg. So hatte er es immer weniger nötig, durch Krankheiten auf sich aufmerksam zu machen. Nach und nach gelang es ihm von sich aus, die Situation der Mutter anzusprechen, die durch häufige Rückfälle gekennzeichnet war. Seine schulischen Leistungen stabilisierten sich soweit, dass er eine Empfehlung zum Gymnasium bekam. Auch innerhalb der Familie änderte sich die Situation. So erfolgte in der Zwischenzeit ein Umzug aller Kinder zum Vater. Dies trug sicherlich auch dazu bei, dass sich Simons Situation stabilisierte. Mittlerweile nimmt Simon nicht mehr an der Gruppe teil. Er besucht jetzt das Gymnasium und konnte in andere Freizeitgruppen vermittelt werden.

Flankierend zu den Gruppengesprächen fanden immer wieder Elterngespräche statt. Auch die Situation zwischen den getrennt lebenden Eltern wurde klarer und stabiler. Der Vater, der hoffte, dass die Mutter dauerhaft abstinent leben kann, übernahm nach mehreren Rückfällen der Mutter seine Verantwortung für die Erziehung der Kinder. Die Mutter akzeptierte nach anfänglichen Schwierigkeiten, dass die Kinder langfristig beim Vater leben, der auch Simon die entsprechende Sicherheit und Stabilität bieten kann. Die Teilnahme an der Gruppe konnte insofern einen Beitrag leisten, dass Simon über seine Gefühle und Bedürfnisse sprechen und neue Rollen auszuprobieren sowie neue Handlungsmuster erlernen konnte. Dies ermöglichte es ihm, offener und angemessener mit der familiären Situation umgehen zu können.

*Elternarbeit*

Die Elternarbeit hat sowohl konzeptionell als auch zeitlich einen hohen Stellenwert. Ziel ist es dabei, die Motivation der Eltern zu stärken und dem Kind die Gruppenteilnahme stressfrei zu ermöglichen. Sie sollen sich und ihr Kind gut aufgehoben wissen, um ohne Druck Einsicht in innerfamiliäre Verhaltensweisen zu gewähren und neue Handlungskompetenzen zu erlernen. Im Vorfeld muss eine Bereitschaft der Eltern zur Teilnahme an regelmäßigen Gesprächen vorhanden sein. Es bestehen folgende Angebote für die Eltern:

- regelmäßige begleitende Elterngespräche, etwa im Intervall von vier bis sechs Wochen,
- auf Wunsch Familiengespräche,
- Informationen über weitere Hilfen,
- Hilfestellung bei der Suche nach weiteren Unterstützungsmöglichkeiten,
- Erziehungsberatung,

- Auseinandersetzung und Hilfen bezüglich der eigenen Suchterkrankung,
- Krisenintervention,
- bei Bedarf und in Absprache Initiierung einer Zusammenarbeit mit dem Jugendamt sowie anderen Institutionen.

Es hat sich herausgestellt, dass es nur durch regelmäßigen Kontakt zu den Eltern möglich ist, in der Gruppe präventiv zu arbeiten und das Verhalten der Kinder in der Gruppe richtig zu verstehen. Fragen oder Andeutungen der Kinder können anders eingeordnet werden, wenn die aktuelle Situation in der Familie des Kindes bekannt ist. In den begleitenden Gesprächen soll den Eltern vermittelt werden, wie sie ihre Elternfunktion trotz ihrer Suchtproblematik ausüben und welchen Beitrag sie zur Förderung ihrer Kinder leisten können.

*Resümee und Ausblick*

Abschließend ist zu sagen, dass das Gruppenangebot nicht ausschließlich zur Veränderung des Lebens der Kinder beitragen kann. Es kann den Kindern jedoch aufzeigen, wie sie mit Problemen und Belastungen anders umgehen können. Nach dem Resilienzmodell bietet die Gruppe einen Ort, sich öffnen zu können, Abstand von der häuslichen Situation zu bekommen, verlässliche und dauerhafte Beziehungen außerhalb der Familie aufzubauen und zu halten, Einsicht und Information über die Suchterkrankung der Eltern zu erhalten und gemeinsam Spaß zu haben. Damit erfahren die Kinder Entlastung, Geborgenheit und Sicherheit. Das beschriebene Rollenmodell bietet eine Orientierung zur Einschätzung der Befindlichkeit des Kindes und ist somit hilfreich für dessen Verständnis. Es dient als Interventionsgrundlage, d.h. die Verhaltensweisen genau zu beobachten und gezielt an Veränderungen zu arbeiten. Nicht zuletzt eine bedingungslose wertschätzende Haltung und das Vertrauen in die Fähigkeiten der Kinder stärken das Selbstbewusstsein und Selbstwertgefühl.

Die begleitende Elternarbeit bildet einen wichtigen Schwerpunkt und wird teilweise sogar von den Kindern eingefordert. Besonders bei Konflikten möchten sie diese gemeinsam mit den Eltern und den Sozialarbeiterinnen klären. Auch die Vernetzung und Vermittlung zu anderen Hilfsangeboten trägt zu einer Verbesserung der Lebenssituation der Kinder bei. Durch die lange und kontinuierliche Teilnahme an der Gruppe ist eine verlässliche Begleitung und Betreuung garantiert. So können Entwicklungen und Veränderungen der Kinder beobachtet und bedarfsgerechte Hilfestellungen gegeben bzw. vermittelt werden. Damit kann Fehlentwicklungen möglichst zeitnah entgegengewirkt werden. Im Hinblick auf die Kindeswohlgefährdung bildet das Gruppenangebot, an dem bislang 25 Kinder teilnahmen, eine zusätzliche präventive Absicherung.

Weitere Überlegungen zielen darauf ab, eine Gruppe für ältere Kinder einzurichten. Dadurch könnte für die Kinder ein Übergang zu einer weiterführenden Gruppe sichergestellt werden, um eine kontinuierliche Begleitung zu garantieren.

## Literatur

Ainsworth, M.D.S. (1977): Feinfühligkeit versus Unempfindlichkeit gegenüber Signalen des Babys. In: K.E. Grossmann (Hrsg.): Entwicklung der Lernfähigkeit in der sozialen Umwelt, Ausgabe: Geist und Psyche, S. 98–107. München: Kindler.

Bowlby, J. (1958): Über das Wesen der Mutter-Kind-Bindung. In: Psyche, 13, 415–456.

Caritas-Verband Paderborn e.V., (Hrsg.) (2007): Ach wie gut, dass (k)einer weiß..., Gruppe für Kinder aus suchtbelasteten Familien, Vernetzungsprojekt der Suchtkrankenhilfe und der Beratungsstelle für Eltern, Kinder und Jugendliche im Caritas-Verband Paderborn e.V., Paderborn: Pressebüro Karl-Martin Flüter.

Ehrenfried, Th., Heinzelmann, Ch., Kähni J., Mayer, R. (2001): Arbeit mit Kindern und Jugendlichen aus Familien Suchtkranker., Ein Bericht aus der Praxis für die Praxis. Balingen.

Merz, M. (1994): Kindergruppen – Ein strukturiertes Angebot. In Arenz- Greiving, I. Dilger (Hrsg.): Elternsüchte – Kindernöte, Berichte aus der Praxis. Freiburg im Breisgau: Lambertus, S. 87–98.

Freundeskreise für Suchtkrankenhilfe, Bundesverband e.V., (Hrsg.) (2006) Kindern von Suchtkranken Halt geben. 2. Auflage, Fuldabrück.

Klein, M. (2005): Kinder aus suchtbelasteten Familien: Risiken, Resilienzen, Lösungen und Hilfen. In Verein für Kommunalwissenschaften e.V. (Hrsg.): Der Verantwortung der Jugendhilfe für Kinder von Eltern mit chronischen Belastungen, Aktuelle Beiträge zur Kinder- und Jugendhilfe 49. Berlin, S. 62 ff.

Reich, W., Earls F.& Powell, J. (1993); A comparison of the home and social environments of children of alcoholic and non-alcoholic parents. In British Journal of Addiction, 19, 831–839.

Rennert, M. (1990): Co Abhängigkeit, Was Sucht für die Familie bedeutet. Freiburg im Breisgau: Lambertus.

Sunit, M.; Golomb, N. (1991): Der Seelenvogel. Hamburg: Carlsen.

Wegscheider, S. (1981): Another chance – hope and health for the alcoholic family. Palo Alto: Science and Behavior Books.

Wolin, S., Wolin, S.(1995): Resilience among youth growing up in substance-abusing families. In Substance Abuse, 42, 415–429.

Wolin, S., Wolin, S. (1996): The challenge model. Working with strengths in children of substance abusing parents. In adolescent substance abuse and dual disorders, 5, 243–256.

Zobel, M. (2006): Kinder aus alkoholbelasteten Familien. 2., überarbeitete Auflage. Göttingen: Hogrefe Verlag.

Andreas Schrappe

# Beratung für Familien mit einem psychisch kranken Elternteil

Neuer Wein in gute Schläuche

„Kinder psychisch erkrankter Eltern sind von der Erwachsenenpsychiatrie wie auch von der Jugendhilfe jahrzehntelang übersehen worden", lautet eine typische Formulierung im Zusammenhang mit Familien, die von einer psychischen Erkrankung betroffen sind (vgl. 10. Kinder- und Jugendbericht 1998). Diese Behauptung ist einerseits zutreffend – die Kinder wurden tatsächlich als so genannte „kleine Angehörige" bei der Psychiatriereform der siebziger Jahre übersehen und befanden sich in keinem der beiden Versorgungsbereiche auf dem Bildschirm der beteiligten Fachkräfte. Es war folglich längst überfällig, dass ab 1990 die ersten Veröffentlichungen und Initiativen über Kinder psychisch kranker Eltern aufkamen (vgl. Remschmidt, Mattejat 1994). Die Beschäftigung mit Kindern suchtkranker Eltern begann bereits einige Jahre früher.

Andererseits hat die Jugendhilfe schon seit jeher mit diesen Kindern und Jugendlichen zu tun gehabt. Gerade in Heimen und Pflegefamilien befanden sich viele Minderjährige, die von ihren Eltern nicht mehr angemessen versorgt und erzogen werden konnten. Bloß wurde in der konkreten Arbeit der Jugendhilfe oft nicht angemessen berücksichtigt, dass die Schwierigkeiten und Auffälligkeiten durch die elterliche psychische Erkrankung bedingt waren. Entsprechend unterblieb es, mit den betroffenen Eltern und den behandelnden Ärzten am Thema der psychischen Erkrankung zusammenzuarbeiten und die Familie zu unterstützen, die besondere Belastung anzunehmen und zu bewältigen.

Die Jugendhilfe mit ihren Hilfen zur Erziehung (SGB VIII) trat zumeist erst spät auf den Plan, wenn die Kinder die familiäre Situation nicht mehr länger mit ihren Stressregulationsmustern meistern konnten, dann aber oft sehr eingreifend und kostenaufwändig (vgl. Deneke 1998, S. 87). Was bislang fehlte und vielerorts immer noch fehlt, sind präventive und niederschwellige Angebote der Jugendhilfe, um Familien mit einer elterlichen psychischen Erkrankung frühzeitig zu erreichen und zu unterstützen (vgl. Mattejat 2008, S. 68). Welche Rolle können hier Beratungsstellen spielen (wenn nicht anders angegeben, sind stets Erziehungs- und Familienberatungsstellen gemeint)?

## Beispiele aus der herkömmlichen Beratungspraxis

*Die kraftlos wirkende Mutter mit dem unbewegten Gesicht klagt im Erstgespräch, dass ihr die Erziehung der beiden Kinder, sieben und zwölf Jahre, immer mehr über den Kopf wachse. Es falle ihr schwer, Grenzen zu setzen, und die Kinder würden nur noch wenig Respekt vor ihr zeigen. Erst im Laufe der Gespräche eröffnet sie, dass sie sich wegen einer zyklothymen Störung in psychiatrischer Behandlung befinde. Die Erziehungsprobleme hätten begonnen nach einer manischen Phase, in deren Verlauf sie ein extrem überbordendes und für die Kinder peinliches Verhalten im Nahumfeld der Familie (Schule, Nachbarschaft) gezeigt hätte. Seitdem äußerten die Kinder Gefühle von Angst, Scham und Verachtung gegenüber ihrer Mutter.*

*Die siebzehnjährige Hanna, so heißt es bei der Anmeldung, habe kaum altersgemäße Sozialkontakte und Hobbys, kümmere sich aber aufopferungsvoll um die jüngeren Geschwister. In der Familienberatung fallen bei der Anamnese häufige „Kuraufenthalte" des Vaters auf, die vor einigen Jahren zum Verlust seines Arbeitsplatzes führten. Erst auf Nachfrage stellt sich heraus, dass „Kur" eine gemeinsam benutzte Chiffre für stationäre psychiatrische Behandlungen der väterlichen schizophrenen Psychose darstellt. Das von den Eltern praktizierte Familienmodell – Mutter geht der Erwerbstätigkeit nach, Vater ist daheim – lässt sich zunehmend als Reaktion auf die psychische Labilität des Vaters verstehen. Die Tochter versucht, die entstandene Lücke zu füllen, indem sie sich selbst an Eltern statt zuhause engagiert.*

*Erst acht Jahre alt ist Sven, aber er schwänze die Schule wie ein Jugendlicher, so der Vorwurf der Schulleitung. Auf wiederholte Einladung und Mahnung erscheint die Mutter mit ungepflegtem Haar zu einem Gespräch mit der Klassenlehrerin, diese verweist Mutter und Sohn umgehend zur Familienberatung. Was die Beraterin zunächst als permissive Erziehungshaltung und beginnende Verwahrlosung wertet, wird beim Puppenspiel mit dem Jungen im Einzelkontakt verständlich. Das Puppenkind umsorgt die bettlägerige Puppenmutter, die „seit langem niemanden mehr zu Besuch" hatte. Als pflegender Angehöriger entscheidet sich Sven offenkundig, immer wieder auf die depressive und im Grunde lebensüberdrüssige Mutter aufzupassen, anstatt in die Schule zu gehen.*

Bei genauem Hinsehen und Hinhören lassen sich in der Klientel einer Beratungsstelle eine ganze Reihe von Familien entdecken, deren Schwierigkeiten durch eine elterliche psychische Belastung oder Erkrankung (mit-)bedingt sind. Doch die Fragen bleiben natürlich: Hat die Beratung wirklich alle Familien identifizieren können, bei denen diese besondere Erschwernis vorliegt? Wurde dann auch fachkundig und spezifisch auf die Situation dieser Familien eingegangen, unter Einbezug der beteiligten psychiatrischen Fachkräfte? Und gälte es nicht, noch wesentlich mehr betroffene Familien auf das besondere Angebot von Beratungsstellen hinzuweisen, die sie bislang aber aus den verschiedensten Gründen nicht aufsuchen?

## Kinder psychisch kranker Eltern – eine Hochrisikogruppe

Kinder mit einem psychisch erkrankten Elternteil haben, darin ist sich die Forschung einig, ein deutlich erhöhtes Risiko, später im Leben eine gleichartige oder andere psychische Störung oder Krankheit auszubilden (vgl. Mattejat, 2008). Die hier in Rede stehenden Erkrankungen sind die affektiven Störungen (vor allem Depression und manisch-depressive Erkrankung), die kognitiven Psychosen (vor allem Erkrankungen aus dem schizophrenen Formenkreis, Wahn), schwere neurotische Störungen (z.b. massive Zwänge) sowie die Persönlichkeitsstörungen etwa vom Borderline-Typ.

Begründet ist dieses erhöhte Selbsterkrankungsrisiko ungefähr zu gleichen Teilen durch genetische Faktoren einerseits und durch psychosoziale Belastungen andererseits. Letztere lassen sich unterscheiden (siehe Abbildung 1) in direkte Einflüsse (z.B. häufige Trennungen von Mutter und Kind infolge der Psychiatrieaufenthalte, oder unsichere Mutter-Kind-Bindung infolge der eingeschränkten mütterlichen Feinfühligkeit) und indirekte Einflüsse (z.B. erhöhte Rate an Ehekonflikten und Trennungen, oder geringe Einbindung ins soziale Netzwerk aufgrund von Tabuisierung und Stigmatisierung). Als drittes benennen Remschmidt und Mattejat (1994) die krankheitsbedingt stärkeren Auswirkungen normaler Belastungen (z.B. Umzug, Wechsel der Erzieherin, Unfall eines Angehörigen) auf das familiäre System.

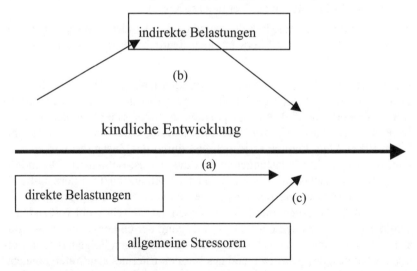

Abbildung 1: Modell der drei Wirkweisen einer elterlichen psychischen Störung auf die kindliche Entwicklung nach Remschmidt, Mattejat (1994)

Dieses Modell der drei Wirkweisen einer elterlichen psychischen Störung auf die kindliche Entwicklung ist für die Fachkräfte von Beratungsstellen von einem hohen praktischen Wert. Zum einen gibt es einen Suchrahmen vor, die als Beratungsanlass geschilderten psychosozialen Schwierigkeiten zurückzuführen auf eine etwaige Erkrankung eines Elternteils, die aus Unkenntnis, Verleugnung oder Scham anfangs nicht berichtet wird. Zum zweiten erklärt dieses Modell, wie vielfältig und weitreichend die krankheitsbedingten Schwierigkeiten einer Familie sein können. Und drittens erhält die Fachkraft eine Vorstellung davon, an wie vielen Stellen die Kinder und ihre Eltern wirksam unterstützt werden können, wenngleich die psychische Erkrankung als nicht direkt beeinflussbar akzeptiert werden muss.

Die Forschungen über die Heredität psychischer Störungen hat für die beiden Hauptgruppen affektiver Störungen und Schizophrenien folgende erhöhte Wahrscheinlichkeiten gefunden:

- Wenn ein Elternteil an einer schizophrenen Störung leidet, beträgt das Risiko eines Kindes, ebenfalls später an einer Form von Schizophrenie zu erkranken, 10 bis 15% (gegenüber ca. 0,7 bis 1% in der Normalbevölkerung).
- Mit rund 50% Wahrscheinlichkeit treten andere unspezifische, behandlungsbedürftige Störungen auf.
- Wenn beide Eltern schizophren erkrankt sind, erhöht sich das Risiko für eine schizophrene Störung beim Kind auf 35 bis 50%.
- Leiden Vater oder Mutter an einer endogen-depressiven Störung, beträgt die Rate depressiver Erkrankungen bei ihren Kindern 23 bis 38% (gegenüber 11 bis 24% in der Vergleichsgruppe).
- Das empirische Wiederholungsrisiko für Kinder bipolar (manisch-depressiv) erkrankter Eltern ist noch deutlich höher als für Kinder depressiver Eltern.

Die Vulnerabilitäts-Stress-Hypothese besagt allerdings, dass nicht die (z.B. depressive oder schizophrene) Erkrankung selbst genetisch weitergegeben werde, sondern allenfalls eine Disposition im Sinne einer erhöhten Verletzlichkeit. Zum Ausbruch bzw. zur Entwicklung einer manifesten psychischen Erkrankung komme es jedoch erst durch das Zusammenwirken weiterer biographischer Belastungen und aktueller Auslösefaktoren. Die mögliche genetische Belastung von Kindern psychisch erkrankter Eltern sollte also weder diese noch die Berater in eine fatalistische Haltung bringen, sondern vielmehr das Augenmerk richten lassen auf die sehr wohl vorhandenen Eingriffspunkte, das heißt auf die Bewältigung der einhergehenden psychosozialen Belastungen. Tabelle 1 zeigt die verschiedenen Folgen, die auf Seiten des Kindes, des belasteten und des stabilen Elternteils auftreten können.

| Das betroffene Kind | Der erkrankte Elternteil |
|---|---|
| Mangelnde Beziehungskontinuität durch krankheits- und behandlungsbedingte Brüche oder Trennungen | Erschütterung durch eine schwere Erkrankung und ihre Behandlung |
| | Belastung für Berufstätigkeit und Partnerschaft (oft Trennung) |
| Defizite an elterlicher Feinfühligkeit und emotionaler Resonanz | Ambivalenz zwischen Krankheitseinsicht und -verleugnung |
| Erschütterte Modell- und Vorbildfunktion der Eltern | Mühe, in angemessener Weise für die Kinder zu sorgen |
| Fehlen von klaren Grenzen | Angst, die Krankheit an die Kinder weiterzugeben |
| Angst vor und um den Elternteil | |
| Angst des Kindes selbst zu erkranken | Wechsel von Schuldgefühlen und Scham, von Zuneigung und Desinteresse gegenüber den Kindern |
| Wechsel von Scham und Aversion | |
| Wut oder Rückzug wegen der Nichterfüllung grundlegender kindlicher Bedürfnisse | Defizite im Erziehungsverhalten, Mangel an Kraft und Einfühlungsvermögen |
| Unfähigkeit zur Verarbeitung der ambivalenten Gefühle aufgrund der Tabuisierung | Inanspruchnahme des Kindes für unangemessene Familienaufgaben |
| Mangel an Aufklärung und emotionaler Unterstützung | Abhängigkeit vom Kind (Rollenumkehr) |
| Fehlen verlässlicher erwachsener Bezugspersonen | Tabuisierung der psychischen Krankheit nach außen |
| Übernahme unangemessener familiärer Aufgaben und Rollen (Parentifizierung) | Geringe Inanspruchnahme von sozialen Hilfen aus Angst oder Scham |
| | **Der gesunde Elternteil** |
| Überwachung der elterlichen Befindlichkeit (Verlauf von Krankheit und Behandlung) | Erschütterung des bisherigen Lebensentwurfs |
| Zurückstellung eigener Bedürfnisse, Verlust der eigenen Kindheit | Dreifachbelastung durch Unterstützung des Partners, Erwerbstätigkeit und Familienarbeit |
| Sozialer Rückzug | Schuldgefühle wegen der Defizite in der Versorgung und Erziehung der Kinder |
| Fehlen frühzeitiger spezifischer Hilfen | |
| Erfahrung, von Fachkräften nicht einbezogen oder als Cotherapeut eingesetzt zu werden | Bemühen, nach außen das Bild einer normalen Familie aufrecht zu halten |
| Teilhabe an der gesellschaftlichen Stigmatisierung psychisch Kranker | Einsatz einzelner Kinder als Helfer, als Gesprächspartner, als Partnerersatz |

Tabelle 1: Mögliche Folgen der psychischen Erkrankung für die Familienmitglieder

Welche der genannten Folgen bei einer konkreten Familie eine Rolle spielen, muss ausführlich und behutsam erkundet werden. Das Ausmaß der Belastung hängt dabei von verschiedenen Faktoren ab:

- Alter und Geschlecht des Kindes,
- Häufigkeit und Dauer der Krankheitsphasen des Elternteils,
- Art und Schweregrad der Erkrankung, Wirksamkeit der Behandlung,
- Elterliche Krankheits- und Behandlungseinsicht,
- Alter des Kindes bei erstmaligem Auftreten der Erkrankung,
- Lebensort des Kindes: beim erkrankten, beim gesunden oder beiden Elternteilen,
- Offenheit im Umgang mit der Erkrankung innerfamiliär und nach außen,
- Verfügbarkeit von Informationen (Aufklärung),
- Kontakt zu stabilen erwachsenen Bezugspersonen.

In der Begegnung mit betroffenen Eltern und ihren Kindern haben wir darauf zu achten, dass wir nicht alle familiären Begebenheiten auf die psychische Krankheit beziehen. Gewiss vermag eine chronisch rezidivierende Depression oder Psychose oder eine Borderline-Persönlichkeitsstörung das Familienleben sehr nachhaltig und umfassend zu beeinflussen. In den häufigeren Fällen mit wenigen Krankheitsphasen und wirksamer Behandlung dominieren dagegen die üblichen Entwicklungsprozesse von Kind und Eltern. Als Berater können wir unsere innere Sicht prüfen: „Habe ich Eltern vor mir, bei denen ein Elternteil eine psychische Krankheit hat, oder sehe ich vor allem psychisch Kranke, die Eltern geworden sind?"

Mattejat bringt es so auf den Punkt, dass psychisch kranke Eltern auch ganz normale Erziehungsprobleme hätten (vgl. Mattejat 1994). Für Fachkräfte von Beratungsstellen bedeutet dies, den betroffenen Familien bereits mit der üblichen Erziehungs- und Familienberatung gut helfen zu können. Und umso besser ist es, je mehr wir von den spezifischen Folgen einer elterlichen psychischen Erkrankung wissen und verstehen. Bei allen damit einhergehenden Schwierigkeiten hilft es, sich zu vergegenwärtigen, dass (auch) psychisch erkrankte Mütter und Väter ihre Kinder im Grunde lieben und in ihnen eine Quelle von Lebenssinn und Bestätigung sehen. In der Regel wollen sie wie alle Eltern für ihre Kinder das Beste. Wo dies nicht gut gelingt oder gar ganz in den Hintergrund tritt, brauchen die Kinder die Unterstützung und nötigenfalls auch den Schutz durch das psychosoziale Umfeld.

# Die Öffnung von Beratungsstellen für psychisch kranke Familien

Entscheidet sich eine Beratungsstelle, verstärkt Verantwortung für diese neue Zielgruppe zu übernehmen, handelt es sich um eine Öffnung in mehrfacher Hinsicht:

- Die Fachkräfte öffnen ihren Blick und beginnen verstärkt unter den Familien, die sich bereits in ihrem Klientel befinden, solche wahrzunehmen, bei denen eine psychische Krise oder Krankheit vorliegt.
- Die Stelle öffnet sich in ihrer Multiplikatoren- und Öffentlichkeitsarbeit bewusst den Familien mit einer elterlichen psychischen Erkrankung und geht mit dem Beratungs- und Unterstützungsangebot planvoll auf diese zu.
- Die Beratungsstelle eröffnet neue Kooperationen mit Einrichtungen und Fachkräften aus der stationären und ambulanten erwachsenenpsychiatrischen Versorgung sowie der Sozialpsychiatrie.

An dieser Stelle treten besondere Herausforderungen oder Schwierigkeiten auf, wie sie in anderen Formen der Zielgruppenarbeit sonst kaum zu beobachten sind. Zum einen empfinden und bekunden betroffene Eltern häufig keinen besonderen Bedarf an Erziehungs- oder Familienberatung, was in einem eigentümlichen Gegensatz zu den oben beschriebenen möglichen Belastungsfaktoren steht. Diese Zurückhaltung erklärt sich aus der Vorsicht von Eltern gegenüber jeder Form von Jugendhilfe bzw. aus der Angst, es könnten Erziehungsdefizite offenkundig oder gar das Sorgerecht eingeschränkt werden. In den Familien scheint es darüber hinaus oft ein unausgesprochenes Selbstverständnis zu geben, dass ein behandlungsbedürftiges Familienmitglied genüge und keine weiteren Problemträger verkraftet werden könnten. Kinder verbalisieren dies so, dass sie ständig funktionieren müssten und sich eine eigene Bedürftigkeit lange nicht zugestehen könnten.

Zum zweiten ist bei den Familien wie auch bei den behandelnden Fachkräften das Bewusstsein dafür nicht ausgeprägt, dass psychische Erkrankungen „Familienkrankheiten" sind in der Weise, dass alle Familienmitglieder von ihr betroffen sind. Die Einbeziehung des gesunden Partners oder der Eltern eines psychisch kranken Menschen ist in den letzten drei Jahrzehnten zwar zur guten Regel geworden, nicht jedoch die Berücksichtigung der minderjährigen Kinder. Die innerfamiliäre Tabuisierung setzt sich fort in der Sprachlosigkeit der Fachkräfte im Hinblick auf Erziehung und Kinder. Wo jedoch kein Problem gesehen wird, wird auch keine Stelle aufgesucht oder empfohlen. Manche Kinder wählen daher den Weg über eine andere psychosoziale Auffälligkeit (Schulschwierigkeiten, Unehrlichkeit ...), um in eine Beratungseinrichtung zu gelangen.

Ein dritter Grund liegt in der Scheu und der Zurückhaltung betroffener Familien gegenüber dem informellen oder professionellen Umfeld überhaupt. Diese korrespondieren wiederum mit der wahrgenommenen oder vermuteten Ausgrenzung von psychisch Kranken in unserer Gesellschaft. Im Ergebnis belassen es die Familien meist damit, dass sich das erkrankte Mitglied an einer Stelle behandeln lässt. Dafür, sich für eine weitere Einrichtung und ihre Angebote zu öffnen, fehlen oftmals Kraft und Zutrauen.

Wir haben die Erfahrung gemacht, dass sich betroffene Eltern und ihre Kinder – selbst beim besten Willen und Bemühen eines Psychiaters – nicht einfach zu einer Beratungsstelle überweisen lassen. Das Faltblatt oder die Visitenkarte mit dem Hinweis auf die Erziehungs- und Familienberatungsstelle sind zwar wichtig, reichen aber längst nicht dafür aus, dass die Mutter oder der Vater ihre Angst und Unsicherheit überwinden und eine neue Stelle aufsuchen. Oft ist es erforderlich, dass diejenige Fachkraft, bei der der Patient bereits in Behandlung ist, selbst behutsam das Gespräch auf kind- und erziehungsbezogene Themen lenkt, um später den Weg zu einer Beratungsstelle zu weisen oder gar dabei zu begleiten.

Die Öffnung einer Beratungsstelle für Familien mit einem psychisch erkrankten Elternteil ist aus den genannten Gründen ein sicherlich notwendiger und lohnender, zugleich aber oft mühseliger und langwieriger Prozess. Es braucht einen langen Atem, um „dicke Bretter zu bohren".

## *Schritte der Öffnung einer Beratungsstelle für eine neue Zielgruppe*

### Schritt 1
Unter den Familien, die sich bereits in Beratung befinden, werden verstärkt solche wahrgenommen, bei denen eine elterliche psychische Erkrankung vorliegt. In der diagnostischen und therapeutischen Phase erkundigen sich die Berater zielgerichtet danach.

### Schritt 2
Ein oder zwei geeignete Mitarbeiter/innen spezialisieren sich neben ihren gewohnten Aufgaben für die neue Zielgruppe. Sie qualifizieren sich besonders im Bereich „Psychiatrische Erkrankungen und ihre Folgen für Kinder und Eltern" und halten dieses Thema im Team lebendig.

### Schritt 3
Leitung und Team der Beratungsstelle entscheiden sich dafür, über mehrere Jahre einen Teil der vorhandenen Kapazitäten für diese Familien einzusetzen und die entsprechenden Maßnahmen zu ergreifen, um den psychisch erkrankten Eltern und ihren Kindern Zugänge zu den Beratungsangeboten zu weisen.

**Schritt 4**

Bei ausgewählten Einzel- und Familienberatungen mit betroffenen Kindern und Eltern sammeln die spezialisierten Fachkräfte Erfahrungen und Faktenwissen. Kooperationen mit behandelnden Fachkräften der (Sozial-)Psychiatrie werden ausgelotet.

**Schritt 5**

Es werden Kontakte zu anderen vergleichbaren Beratungsstellen geknüpft, die sich ebenfalls in diesem Bereich engagieren. Die Beratungsprozesse wie auch die Schritte zur Öffentlichkeitsarbeit und Vernetzung werden evaluiert und reflektiert.

**Schritt 6**

Die spezialisierten Fachkräfte der Beratungsstelle vertiefen durch Besuche bei Einrichtungen der Erwachsenenpsychiatrie (Klinik, Tagesklinik, Qualitätszirkel der Psychiater), der Sozialpsychiatrie (Sozialpsychiatrischer Dienst, Tagesstätten, Übergangseinrichtungen) sowie bei weiteren Stellen (Gesundheitsamt, Kinder- und Jugendpsychiatrie, Familienpflege, Familiengericht) die wechselseitigen Kenntnisse über Zugänge, Arbeitsweisen und Kapazitäten.

**Schritt 7**

Die Durchführung einer gemeinsamen Fortbildung für Fachkräfte der (Sozial-)Psychiatrie und Jugendhilfe vor Ort führt zu einer Verständigung über die integrierte Unterstützung betroffener Familien und zur Festlegung verbindlicher Kooperationsformen.

**Schritt 8**

Es werden geeignete Veranstaltungen der Multiplikatoren- und Öffentlichkeitsarbeit durchgeführt. Zu denken ist an Workshops für Schulpsychologen, Schulsozialarbeiter oder Kita-Leitungen, bzw. an Zeitungsartikel, Vorträge und Lesungen.

**Schritt 9**

Ein Gruppenkonzept wird an der Beratungsstelle entwickelt und durchgeführt für Kinder bzw. Jugendliche aus Familien mit einem psychisch erkrankten Elternteil, einschließlich begleitender Elternarbeit.

## Fremdheit zwischen Jugendhilfe und Psychiatrie

Ein wesentliches Hindernis für das Engagement einer Beratungsstelle in diesem Bereich liegt in der Fremdheit zwischen der Jugendhilfe einerseits und der (Sozial-)Psychiatrie andererseits. Diese Fremdheit zeigt sich in zweifacher Weise: Zum einen erleben die Familienmitglieder eine erhebliche Hemmschwelle beim Gang von einer psychiatrischen Einrichtung hin zu einem Angebot der Jugendhilfe. Im Kern verbirgt sich darin die bewusste oder unterschwellige Sorge, die Inanspruchnahme einer Hilfe zur Erziehung würde eine etwaige Kindeswohlgefährdung offenkundig machen, was dann zu einer Trennung von Kind und Eltern führen könnte. Auch in umgekehrter Richtung scheuen sich Eltern, die eine Beratung oder eine Sozialpädagogische Familienhilfe in Anspruch nehmen und darin psychische Auffälligkeiten zeigen, eine angemessene psychiatrische Behandlung aufzusuchen.

Zum anderen gibt es die beschriebene Fremdheit auch zwischen den Fachkräften der beiden Versorgungsbereiche. Es gibt nur wenige Mitarbeitende, die beide Bereiche aus eigener Anschauung bzw. Berufstätigkeit heraus gut kennen. Zumeist beschränken sich die Kompetenzen auf einen der beiden Tätigkeitsfelder. Die mangelnden Kenntnisse vom jeweils anderen Bereich werden durch Halbwissen oder Klischees ersetzt. Singuläre oder durchgängige schlechte Kooperationserfahrungen tun ihr Übriges, um die Vorurteile von der Arbeitsweise im jeweils anderen Versorgungsbereich zu untermauern, wie Schone und Wagenblass (2002) detailliert herausarbeiten.

Ein Engagement für Familien mit einem psychisch kranken Elternteil, gleich von welcher Seite die Initiative ausgeht, kann nur dann gelingen, wenn es gegründet ist auf einer wechselseitigen Kenntnis und effektiven Kooperation der beiden zentral beteiligten Arbeitsbereiche Jugendhilfe und Psychiatrie. Leider ist die Gegenwart davon noch weit entfernt. Intensive Hilfen zur Erziehung finden beispielsweise statt, ohne dass die psychiatrische Diagnose eines der Elternteile bekannt ist oder ein Kontakt zwischen Jugendhilfe-Fachkraft und behandelndem Arzt stattfindet. Mit dem Verweis auf den Datenschutz, sei es unter Bezug auf die ärztliche Schweigepflicht oder auf das SGB VIII, wird der unterlassene Versuch kaschiert, eine Einwilligung der betroffenen Eltern für den Kontakt der Helfer bzw. für ein gemeinsames Hilfeplangespräch zu erreichen.

Natürlich stehen einer Kooperation zwischen Jugendhilfe und Psychiatrie auf Augenhöhe noch immer erhebliche Widerstände entgegen, aber der fachliche Impuls geht eindeutig in diese Richtung. Mit der Aufforderung zur Vernetzung versucht auch die Sozialpolitik auf die zurückliegenden bestürzenden Fälle von Kindeswohlgefährdung zu reagieren, die oft auch einen nicht minder erschreckenden Mangel an Kooperation zwischen Gesundheitswesen (Pädiatrie, Psychiatrie) und Jugendhilfe offenbarten.

Oftmals wird der Impuls zu einer solchen Zusammenarbeit von einer Beratungsstelle ausgehen müssen, will man nicht zu lange warten. In der Abwandlung eines Zitats von Kurt Marti könnte man sagen „Alles Neue geschieht an den Grenzen", was in diesem Zusammenhang konkret hieße: Nur wenn die Mitarbeiter/innen einer Einrichtung über den Tellerrand hinausschauen und sich hier zum Beispiel an das Gebiet der Erwachsenenpsychiatrie annähern, können neue Unterstützungsformen für belastete Familien entwickelt werden. Diesem Prozess vergleichbar ist die seit zehn, zwanzig

Jahren eingeführte Kooperation von Beratungsstellen mit Familienrichtern und Rechtsanwälten im Kontext von Trennung und Scheidung, wo sich ebenfalls zwei Versorgungsbereiche und Berufstraditionen begegnen, die unterschiedlich „ticken".

Einige bundesdeutsche Projekte für Familien mit einem psychisch kranken Elternteil treiben den genannten Blick über den Tellerrand sogar so weit, dass sie teilweise die eigenen vier Wände verlassen und ihre Beratungs- und Unterstützungsangebote im Raum der (Sozial-)Psychiatrie anbieten. Als ein Beispiel unter vielen sei die so genannte Familiensprechstunde genannt, die das Evangelische Beratungszentrum Würzburg seit Anfang 2009 einmal pro Woche in den Räumen der örtlichen Universitätsnervenklinik abhält. Dort finden stationär behandelte Mütter bzw. Väter fachkundige Beratung in Fragen der Erziehung und Elternschaft. Es kann eine vertrauensvolle Arbeitsbeziehung zu der Fachkraft des Beratungszentrums entwickelt werden, die sich später nach Entlassung fortsetzen lässt.

Neben der erforderlichen Kooperation gibt es noch einen weiteren fachlichen Grund für die Verbindung von Jugendhilfe- und Psychiatriekompetenz: Beide Versorgungsbereiche stehen für einen unterschiedlichen Blick auf das Familiensystem und ihre Mitglieder. Die Jugendhilfe nimmt ihren Ausgang bei den Kindern und den Eltern in ihrer Erziehungsverantwortung. Demgegenüber fokussiert die Erwachsenenpsychiatrie die Behandlung des einzelnen Erwachsenen im Zusammenhang seiner familiären Beziehungen. Wenn beide Blickrichtungen zusammengebracht werden, steigt die Wahrscheinlichkeit für eine umfassende, realistische Sicht der ganzen Familie und ihrer Mitglieder.

Es soll nicht verschwiegen werden, dass diesen beiden Blickrichtungen letztlich ein grundlegender Konflikt innewohnt. Dieser kann sich zuspitzen in Auseinandersetzungen, ob – wie die Jugendhilfe argumentieren könnte – das gefährdete Kindeswohl eine Trennung von Kind und Elternteil oder eine andere Schutzmaßnahme erfordert, oder ob es – wie eine psychiatrische Betrachtung lauten könnte – der Stabilisierung des Elternteils zuträglich wäre, wenn er weiterhin mit dem Kind zusammenleben und seine Unterstützung nutzen könnte. Eine umfassende Kooperation zwischen Jugendhilfe und Psychiatrie wäre der beste Garant dafür, solche Frontstellungen zu vermeiden und frühzeitig zu einer gemeinsamen Strategie in der Unterstützung von Kindern und Eltern zu gelangen.

Da Erziehungs- und Familienberatungsstellen als einzige Hilfe zur Erziehung im Rahmen eines verkürzten Hilfeplanverfahrens direkt aufgesucht werden können, haben sie in der Wahrnehmung der betroffenen Eltern ein großes Plus. Ohne in einen direkten Kontakt mit dem Jugendamt treten zu müssen, gewinnen sie Zugang zu einem hoch qualifizierten Bereich der Jugendhilfe und können ohne größere Vorbehalte die kind- und erziehungsbezogene Hilfe in Anspruch nehmen. Die durch den § 8a SGB VIII konkretisierten Vorgehensweisen bei Hinweisen auf Kindeswohlgefährdung stellen sicher, dass auch die Fachkräfte der Beratungsstellen ihren fachlichen Beitrag leisten zum Schutz der Kinder vor etwaiger Vernachlässigung oder Misshandlung. Als Einrichtung, die niederschwellig und frühzeitig eine spezifische Hilfe anbietet, wird sie einen wichtigen Beitrag dazu leisten, Situationen der Kindeswohlgefährdung in Familien mit einem psychisch kranken Elternteil vorzubeugen.

## Themen in der Beratungsarbeit

So wenig sich die Probleme bei den betroffenen Familien nur auf die Bewältigung der elterlichen psychischen Erkrankung konzentrieren, so günstig ist es, dass die Fachkräfte der Beratungsstellen über ein breites Wissen verfügen, das zum Beispiel die Beratung bei Schulschwierigkeiten, bei Trennung und Scheidung, bei inner- oder außerfamiliären Konflikten oder bei sozialen Notlagen einschließt. So erhalten die Eltern und Kinder Hilfe aus einer Hand bei allen sie bedrängenden Fragen, was wiederum das Vertrauen zum Berater vertieft.

Die Arbeit an den Folgen der psychischen Erkrankung von Mutter oder Vater auf die Erziehung, auf die kindliche Entwicklung und das familiäre System ist unter Umständen nur eines unter mehreren Themenfeldern. Sie erfordert allerdings – neben den beraterischen Grundgesten der Exploration, des Verstehens und der Einfühlung – auch ein spezifisches Vorgehen. Folgende spezifischen Themenfelder können eine Rolle spielen:

### Aufklärung

Was ist eine psychische Erkrankung? Wie ist sie zu verstehen, wie verhalten sich körperliche Vorgänge zu psychischen Prozessen? Was ist ein Psychiater, eine psychiatrische Klinik?

### Ursachen

Wie entsteht eine Depression, eine Psychose? Ist jemand „schuld" an dem Entstehen einer psychischen Erkrankung? Können sich Kinder bei Mutter oder Vater „anstecken"? Wie sieht es mit der Vererbung aus? Was erklärt das Vulnerabilitäts-Stress-Modell?

### Behandlung

Was brauchen psychisch erkrankte Menschen, um sich zu stabilisieren? Können sich Kinder aus der Vorstellung lösen, dass sie Papa oder Mama gesund machen können? Wie wirken Medikamente, wie die Psychotherapien?

### Zusammenleben

Wie können Kinder mit dem psychisch labilen Elternteil umgehen? Welche familiären Rollen sind angemessen, welche nicht? Wie können Kinder eine

Orientierung über die Realität erhalten, wenn der erkrankte Elternteil die Realität nur verzerrt wahrnimmt?

**Emotionen**

Welche verschiedenen, auch ambivalenten Gefühle haben Kinder (und Eltern) in dieser Situation? Sind alle Gefühle, die Kinder empfinden, okay? Wo haben sie Raum, diese Gefühle auszusprechen und damit Resonanz zu finden?

**Rückfallprophylaxe**

Was ist für die Erwachsenen und die Kinder zu tun, wenn sich Anzeichen für eine erneute akute Krankheitsphase zeigen? Welche Vorkehrungen muss da ein Erste-Hilfe-Plan für Kinder enthalten?

**Stabile erwachsene Bezugsperson**

An wen können sich Kinder wenden, wenn sie mit der elterlichen Erkrankung nicht klarkommen oder Schutz benötigen? Ist dieser Kontakt so etabliert, dass er im Ernstfall sicher genutzt werden kann?

**Soziales Umfeld**

Wie können Kinder (oder Eltern) mit Personen aus Nachbarschaft, Schule etc. über die psychische Erkrankung sprechen? Wie gehen sie mit abschätzigen Bemerkungen um? Wie können Kinder sich (trotz allem) altersgemäß ablösen von ihrer Herkunftsfamilie?

**Selbstvorsorge**

Was ist mit dem erhöhten Risiko von Kindern psychisch kranker Eltern, selbst später eine gleichartige Erkrankung auszubilden? Gibt es dafür eine Art der Vorbeugung?

Als Material für die Beratung, aber auch zur Selbsthilfe in Familie, Schule oder Kindergarten, hat die frühere Mitarbeiterin des Evangelischen Beratungszentrums Würzburg Schirin Homeier das Kinderfachbuch „Sonnige Traurigtage" (2005) entwickelt. Es gibt Antworten auf diese und weitere Fragen von Kindern und Eltern und erleichtert somit die Aufklärung über psychische Erkrankungen und ihre Folgen für die Familie. In einem ersten Bilderbuchteil werden die Leserkinder hineingenommen in die Geschichte des Mädchens Mona, das mit seiner Mutter zusammenlebt, die – wie sich später herausstellt – an einer Depression erkrankt ist. An Mona lässt sich ersehen, wie Kinder alles in ihrer Macht Stehende versuchen, damit „Mama wieder fröhlich wird" – und wie alle ihre Bemühungen scheitern müssen. Kinder geben zum Teil ihre Kindheit auf, doch wird dieses Opfer nicht gelohnt. Am Ende hilft es Mona, sich einer Lehrerin anzuvertrauen, die dann gemeinsam mit der Mutter die nötigen Schritte einleitet.

Der zweite Erläuterungsteil richtet sich ebenfalls an Kinder und Jugendliche, doch profitieren von ihm auch Eltern und Bezugspersonen. Hier werden – mit weniger Bildern und mehr Text – abschnittsweise die verschiedenen typischen Fragestellungen behandelt. Der rote Faden ist die Ermutigung an die Kinder, „Kind zu sein" und die Erkrankung bzw. die Behandlung in der Verantwortung der Erwachsenen zu belassen. Möglichkeiten, wie Kinder sich bei Bezugspersonen oder im Internet Rat und Schutz holen können, schließen sich an. Den dritten Teil des Kinderfachbuchs bildet ein Ratgeber an die Adresse von Eltern und erwachsenen Bezugspersonen wie Großeltern oder Fachkräfte.

## Gruppen für Kinder psychisch kranker Eltern

Kollegen auswärtiger Beratungsstellen fragen bei ihren Erkundigungen meist zu Beginn nach den Präventions- und Therapiegruppen, die am Würzburger Beratungszentrum unter dem Motto „Gute Zeiten – schlechte Zeiten" angeboten werden. Dies ist verständlich, weil das Gruppensetting selbstverständlich eine überaus fruchtbare Form darstellt, mit Kindern an der familiären Problematik zu arbeiten und sie erleben zu lassen, dass sie mit ihren Fragen nicht alleine dastehen. Dazu kommt, dass eine neue Initiative, ein neuer Arbeitsbereich erst dann wirklich Gestalt angenommen zu haben scheint, wenn er als Gruppenangebot ausgeschrieben und durchgeführt wird.

Demgegenüber wird die Ausschreibung von Gruppen erst als letzter Schritt genannt, wenn sich eine Beratungsstelle für die Risikogruppe der von psychischer Erkrankung belasteten Familien öffnen will. Der Grund liegt darin, dass es in diesem Bereich so schwierig wie fast sonst nirgends ist, wirklich eine ausreichende Zahl von Kindern in vergleichbarem Alter zu gewinnen, die eine ähnliche familiäre Situation haben und die mitsamt ihren Eltern motiviert zu einer Gruppenteilnahme sind. Hier spielt die geschilderte Scheu der Eltern, sich gegenüber einer Einrichtung der Jugendhilfe zu eröffnen, genauso eine Rolle wie die Tabuisierung krankheitsbedingter Probleme der Kinder. Ein Übriges tun häufig die mangelnde Krankheitseinsicht des betroffenen Elternteils oder die (nach-)ehelichen Auseinandersetzungen, die eine gemeinsame Entscheidung von Vater und Mutter zugunsten einer Gruppenteilnahme des Kindes verhindern.

Eine Beratungsstelle wird demzufolge wesentlich erfolgreicher sein in der Durchführung eines Gruppenangebots, wenn sich dort schon zahlreiche Eltern und Kinder in Einzelberatung befinden und es bereits eine rege Kooperation und Zuweisung von Familien seitens der (sozial-)psychiatrischen Einrichtungen gibt. In dieser Lesart bilden Gruppenangebote nicht den Anfang für das Engagement einer Beratungsstelle für Kinder psychisch kranker Eltern, sondern eher dessen Höhepunkt. Familiengespräche, Einzelberatungen mit den Eltern oder die therapeutische Arbeit mit einem Kind stehen den Gruppenangeboten nicht nach, sondern sollten eher miteinander kombiniert werden, da beide Settings unterschiedliche Wirkung entfalten.

| | |
|---|---|
| Zielgruppe | Kinder mit einem psychisch erkrankten Elternteil (schizophrene oder affektive Psychose, Suchtmittelabhängigkeit, Persönlichkeitsstörung vom Borderline-Typ, schwere neurotische Störung wie Zwänge) |
| Zahl, Alter | ca. 6 Kinder im Alter 7–9 Jahre (Gruppe I) bzw. 10–12 Jahre (Gruppe II) bzw. Jugendlichenalter (Gruppe III – abweichendes Konzept) |
| Termin | ca. 15 Treffen à 90 Minuten |
| Voraussetzung | Interesse und Motivation der Kinder und ihrer Eltern<br><br>Ausreichende Krankheitseinsicht bei den Eltern<br><br>Eignung für das Gruppensetting, nach Einschätzung der Leitung |
| Ziele | Austausch über die Erfahrungen der Kinder mit der elterlichen psychischen Erkrankung, Bearbeitung belastender Erlebnisse<br><br>Stärkung der Kinder in der Wahrnehmung ihrer Gefühle und altersentsprechenden Bedürfnisse<br><br>Kindgemäße Aufklärung über psychische Erkrankungen, ihre Ursachen und Behandlung<br><br>Auseinandersetzung mit der familiären Rolle des Kindes und mit den kindlichen Möglichkeiten zu helfen<br><br>Erarbeiten eines Verhaltensplans für Krisenzeiten, Umgang mit eventuellen familiären Entwicklungen wie Trennung/Scheidung |
| Methoden | Wechsel von themenbezogenen Einheiten und Freispielphasen<br><br>Rollenspiele, Gruppengespräche, kreative Methoden<br><br>Spieltherapeutische Zugänge |
| Ablauf | Eingangsphase (15 Min.)<br>• Begrüßung, Platz nehmen am Tisch des Spielzimmers<br>• Eingangsrunde (GZSZ-Song) und Befindlichkeitsrunde (Wetterbericht)<br>Thementeil (30–40 Min.) (siehe unten)<br>• Abschnittsweise Lektüre von „Sonnige Traurigtage"<br>• Gruppengespräch, Rollenspiele, Wettspiele, kreative Gestaltungen<br>Freispielphase (20–30 Min.) |

| | Spielen oder Basteln in Hof und Spielzimmer nach Lust und Laune<br>• Leitung ermöglicht, unterstützt und beteiligt sich wo gewünscht<br>• Gelegenheit für Vier-Augen-Gespräche zwischen Leiter und Kind<br>Abschlussphase (15 Min.)<br>• Abschlussmahlzeit mit kurzem Rückblick und Ausblick |
|---|---|
| Elternarbeit | Je nach Situation gibt es Kontakte mit den Eltern, zumindest zu Beginn, zur Halbzeit und zum Abschluss der Gruppenphase |
| Leitung | Zwei Fachkräfte des Evang. Beratungszentrums mit spezifischer Qualifikation für Familien mit einem psychisch kranken Elternteil |
| Vertraulichkeit | Die Mitarbeiter des Beratungszentrums unterliegen der gesetzlichen Schweigepflicht |
| Anmeldung | Nach Anmeldung durch die Eltern findet mit einem oder beiden Elternteilen ein Erstgespräch statt. Bei Interesse und Eignung gibt es einen Termin zum Kennenlernen des betreffenden Kindes.<br>Fachkräfte, die mit der Familie zu tun haben, können die Vermittlung an die Beratungsstelle durch Informationen unterstützen. |
| Träger | Evangelisches Beratungszentrum des Diakonischen Werkes Würzburg<br>– Projekt Kinder psychisch kranker Eltern – |

Tabelle 2: Präventions- und Therapiegruppe im Evangelischen Beratungszentrum Würzburg

Zum Thementeil: Als Aufklärungs- und Präventionsgruppe folgt „Gute Zeiten – schlechte Zeiten" einem klaren inhaltlichen Ablauf, der je nach Familiensituation und Problemlage der Mädchen und Jungen angepasst wird. In den ersten zwei bis drei Treffen geht es um das gegenseitige Kennenlernen der einzelnen Kinder und ihrer Familien und um die Bildung des Gruppenzusammenhalts (Name, Thema, Lied, Rituale). Entscheidend ist zu Beginn, dass die zentrale Gemeinsamkeit der Kinder mehrmals angesprochen wird, etwa so: „Sicherlich gibt es viele Unterschiede zwischen euch, aber eines habt ihr Kinder gemeinsam – dass nämlich bei jedem von euch der Papa oder die Mama eine psychische Krise oder Krankheit haben."

Wegen der Beschäftigung mit oft belastenden Erfahrungen prägen Spiel, Spaß und Schwung die Gruppe. Die Botschaft ist, dass schwierige Lebensumstände durch Widerstandsfähigkeit und Zusammenhalt getragen werden können. Gute Zeiten – schlechte Zeiten: Diese Spannung wird in Erzählungen und Bildern immer wieder erarbeitet.

Im Zentrum steht die Arbeit mit dem Bilderbuchteil des Kinderfachbuches „Sonnige Traurigtage". An vielen Gruppentreffen wird seitenweise vorgelesen, wobei die Kinder dazu ihre Ideen, Phantasien und eigenen Erfahrungen erzählen. Sie können dabei variieren, ob sie sich eher distanzieren und über das Bilderbuchkind Mona sprechen, oder ob sie es auf die eigene Situation übertragen und von sich reden. Einzelne Szenen werden im Rollenspiel nachgespielt und variiert, zum Beispiel: „Das Kind kommt nach der Schule nach Hause mit einem Klassenkameraden im Schlepptau. Es trifft dort auf die Mutter, die niedergeschlagen (oder: alkoholisiert) auf dem Sofa liegt. Daraufhin ..."

Durch Erzählungen, Visualisierungen etc. werden Informationen über psychische Erkrankungen gegeben und ausgetauscht. Besonders Wert gelegt wird auf die Unterscheidung von körperlichen und psychischen Erkrankungen. Der aktuelle Kenntnisstand der Kinder wird deutlich in der „Rallye" (zwei Gruppen überlegen sich um die Wette Antworten auf Fragekarten) oder beim Schulespielen (jeweils ein Kind ist Lehrkraft und steht den Schülern Rede und Antwort über psychische Krankheiten und die Folgen für die Kinder).

In der „Expertenrunde" wird mit Mikrophon und Aufnahmegerät eine Radiosendung nachgespielt, bei dem „Zuhörer" mit „Experten" im Studio diskutieren. Der Umgang mit sozialer Abwertung durch Gleichaltrige und mit der Diskriminierung psychisch Kranker ist ein weiteres Thema der Gruppenarbeit. Im letzten Teil wird besprochen, wie es für die Kinder nach der Gruppe weitergehen wird. Je nach Bedarf wird ein Notfallplan erarbeitet, oder nach einem unterstützenden Netzwerk für die Kinder gesucht.

Vor, während und nach der Gruppenphase gibt es Beratungsgespräche mit einem oder beiden Elternteilen, oft auch zusammen mit dem Kind. Dabei ist das Ziel, Ressourcen für das Kind in einer Familie mit einem psychisch kranken Elternteil zu eröffnen. Auf jeden Fall bemühen sich die Gruppenleiter, den gesunden und den erkrankten Elternteil einzubeziehen.

## Einwände und Anfragen

Der häufigste Einwand gegenüber der Öffnung einer Beratungsstelle lautet, dass die Arbeit für Familien mit einem psychisch kranken Elternteil aufgrund der vielen anderen Aufgaben nicht geleistet werden könne, zumindest nicht mit den bestehenden Kapazitäten. Dieses Argument sticht auf den ersten Blick – schließlich ist mit der Ausweitung der Zielgruppen noch lange keine Ausweitung der finanziellen bzw. zeitlichen Ressourcen einer Einrichtung verbunden. Allerdings lässt sich fragen, mit welcher Argumentation die Kinder psychisch erkrankter Eltern gegenüber anderen Gruppen zurückgestellt werden, vorausgesetzt die Voraussetzungen der §§ 27f. SGB VIII (Hilfen zur Erziehung: Erziehungsberatung) sind erfüllt.

Gewiss haben wir es hier mit Familien zu tun, die – wie beschrieben – nicht von alleine und lautstark an die Pforte einer Beratungsstelle pochen, vielmehr müssen wir ihnen nachgehen. Doch ist dies kein Ausdruck dafür, dass ihre Not geringer sei als die anderer Ratsuchender, ganz im Gegenteil. Die Konfrontation mit einer elterlichen psychischen Erkrankung kann für die betroffenen Kinder zu einer dauerhaften traumatischen Belastung werden, an der sie das ganze Leben zu zehren haben. Wer die Gelegenheit zum Gespräch mit mittlerweile erwachsenen Kindern psychisch Kranker hat, weiß davon zu erzählen. Die Einsamkeit, die Sprachlosigkeit und die von der Normalität abweichende innerfamiliäre Realität machen den Kindern so schwer zu schaffen. Denn für sie sind die Grundfesten einer gelingenden Entwicklung erschüttert: die emotionale Bindung zu einer relativ stabilen Bezugsperson und die kognitive Orientierung, wie die Welt funktioniert und dass sich Kinder in der Regel keine großen Sorgen zu machen brauchen.

Folgt man dieser Überlegung, wird sich eine Beratungsstelle schwer damit tun zu erklären, warum sie die Arbeit mit psychisch belasteten Familien ablehnt. Stellt man sich jedoch dieser Aufgabe, bleibt zugegebenermaßen die Anfrage, welche anderen Problemgruppen dann – bei gleich bleibender Kapazität einer Einrichtung – kürzer treten müssen. Dies zu entscheiden ist Aufgabe einer konzeptionellen Schwerpunktsetzung. Noch besser wäre es, könnte man auf der politischen Ebene zusätzliche Mittel für diese Arbeit an der Schnittstelle zwischen Psychiatrie und Jugendhilfe gewinnen.

## Das Würzburger Präventions- und Qualifizierungsprojekt

Das Evangelische Beratungszentrum in Würzburg hat fast zehn Jahre lang ohne zusätzliche Mittel eine Unterstützung von betroffenen Familien und eine Kooperation bzw. Qualifizierung der beteiligten Fachkräfte in die Wege geleitet. Aufbauend auf diesen Erfahrungen und den Konzepten anderer bundesdeutscher Initiativen, die sich in der Bundesarbeitsgemeinschaft Kinder psychisch erkrankter Eltern (siehe www.bag-kipe.de) vernetzt haben, wurde eine Konzeption für ein Projekt vorgelegt, das ab Herbst 2008 für drei Jahre von Aktion Mensch, Sternstunden e.V., Diakonie und anderen finanziert wird. Mit den geschaffenen personellen Kapazitäten können nun die Aktivitäten in diesem Bereich umfassend entwickelt und ausgebaut werden.

**Baustein 1: Prävention fallbezogen**
- Einzelarbeit mit Kindern, Eltern und Familien
- Kindergruppe „Gute Zeiten – schlechte Zeiten" (in drei Altersstufen)
- Schulungs- und Gesprächsgruppen für Eltern
- Beratung von Fachkräften, Coaching
- Präsenz in (sozial-)psychiatrischen Einrichtungen
- Familiensprechstunde in der Universitätsnervenklinik Würzburg
- Begleitete Selbsthilfegruppe für erwachsene Kinder

**Baustein 2: Prävention fallübergreifend**
- Vorträge
- Pressearbeit
- Elternarbeit im Schul- und Vorschulbereich
- Multiplikatoren: Schulsozialarbeit, Erwachsenenbildung ...
- Aufklärung: Website, Infomaterial, Literatur ...

**Baustein 3: Qualifizierung**
- Fortbildung für Fachkräfte aus Jugendhilfe, Kinder- und Jugendpsychiatrie, (Sozial-)Psychiatrie und anderen
- Workshops für Lehrkräfte, Erzieher/innen ...
- Indoor-Schulungen in einzelnen Einrichtungen
- Berufsgruppenspezifische und -übergreifende Fachtagungen

**Baustein 4: Kooperation**
- Interinstitutioneller Arbeitskreis „Kinder psychisch kranker Eltern"
- Etablierung wechselseitiger Kooperation (fallbezogen und fallübergreifend), insbesondere zwischen Psychiatrie und Jugendhilfe
- Begleitung durch einen Projektbeirat
- Initiierung weiterer, neuartiger Angebote für die Region

**Baustein 5: Evaluation**
- Fallbezogen: Aufklärungsgrad bei Kindern/Eltern, Aufbau von Copingstrategien, Abbau der psychosozialen Belastungsfaktoren
- Entwicklung der Kooperationsbeziehungen
- Effekte der Qualifizierungsmaßnahmen
- Ausmaß der Risikogruppe und des Bedarfs in der Region

# Gemeinsame Hilfen für Familien mit psychisch kranken und suchtbelasteten Eltern

Das Engagement für Kinder psychisch kranker Eltern einerseits und suchtkranker Eltern andererseits verläuft in den letzten zwanzig Jahren bis heute weitgehend unverbunden, was die spezifischen Projekte und Initiativen betrifft. Dies hat seine Gründe eher in den getrennten Strukturen von (Sozial-) Psychiatrie und Suchtkrankenhilfe, als dass es große inhaltliche Unterschiede zwischen beiden Risikogruppen gäbe. Vielmehr überschneiden sich die emotionale Befindlichkeit der Kinder, die Beeinträchtigung von elterlicher Erziehung und kindlicher Entwicklung, die innerfamiliären Rollenübernahmen sowie die Tabuisierung nach innen und außen fast vollständig. Hinzu kommt, dass viele Erwachsene sog. Doppeldiagnosen haben, also zum Beispiel sowohl unter Depression als auch Alkoholabhängigkeit leiden.

Für Erziehungs- und Familienberatungsstellen dürfte es wenig ratsam sein, verschiedene spezialisierte Angebote für Familien mit einem suchtkranken bzw. einem psychisch kranken Elternteil anzubieten. Vielmehr kann und sollte in den Einzelberatungen oder Gruppenangeboten auf die jeweilige elterliche Belastung individuell eingegangen werden. Auch die Gruppe der psychischen Erkrankungen ist nicht homogen – für Kinder ist es ein großer Unterschied, ob der Elternteil eine phasische Psychose zeigt oder eine andauernde Persönlichkeitsstörung. Im Evangelischen Beratungszentrum Würzburg richten sich die Angebote für Kinder psychisch kranker Eltern auch an solche mit einem suchtbelasteten Elternteil. Mit „Flaschenpost nach irgendwo" (Homeier, Schrappe 2008) liegt nun auch für suchtbelastete Familien ein Kinderfachbuch vor, das für die Beratung wie auch für die Selbsthilfe geeignet ist.

## Neuer Wein in gute Schläuche

Wenn Beratungsstellen sich für Familien mit einem psychisch kranken Elternteil zu engagieren beginnen, müssen die erforderlichen Kenntnisse und Vorgehensweisen nicht neu erfunden werden. Vieles, was sich in der üblichen Beratungstätigkeit bewährt hat, trägt auch in der Hilfe für betroffene Kinder und ihre psychisch erkrankten Eltern. Günstig ist es, wenn ein profundes Wissen aus der Begegnung mit psychisch erkrankten Menschen und ihren Angehörigen hinzutritt, was dann in der Arbeit mit den betroffenen Kindern zum Tragen kommt.

Beratungsstellen können in der Beschäftigung mit psychischen Erkrankungen und dem damit verbundenen medizinisch-psychiatrischen Störungsmodell viel hinzulernen. Zirkuläre und lineare Erklärungsmuster verbinden sich. Neben solche Symptome, die sich am besten als Ergebnis der systemischen Beziehungen und Regeln verstehen lassen, treten andere, die auf manifeste Eigenschaften einzelner Familienmitglieder (Erkrankungen) zurückzuführen sind. Hier zeigt sich erneut, wie notwendig eine multiperspektivische Herangehensweise ist. Wenn die Kooperation zwischen den Fachkräften der Jugendhilfe und der Psychiatrie diese leisten würde, wäre für die Unterstützung der Familien schon viel erreicht.

## Literatur

Beeck, K. (Hrsg.) (2004): Ohne Netz und ohne Boden. Situation Kinder psychisch kranker Eltern. Berlin: Netz und Boden.
Deneke, C. (1998): Besser früh betreuen als später behandeln. In Mattejat, F., Lisofsky, B. (Hrsg.), Nicht von schlechten Eltern. Kinder psychisch Kranker. Bonn: Psychiatrie-Verlag, S. 87–91
Homeier, S. (2005): Sonnige Traurigtage. Kinderfachbuch für Kinder psychisch kranker Eltern. 3. Auflage 2008. Frankfurt: Mabuse.
Homeier, S., Schrappe, A. (2008): Flaschenpost nach irgendwo. Kinderfachbuch für Kinder suchtkranker Eltern. Frankfurt: Mabuse.
Institut für soziale Arbeit e. V. (Hrsg.) (2001): Kinder psychisch kranker Eltern zwischen Jugendhilfe und Erwachsenenpsychiatrie, Reihe Soziale Praxis. Münster: Votum.
Lenz, A. (2005): Kinder psychisch kranker Eltern. Göttingen, Bern, Toronto, Seattle, Oxford, Prag: Hogrefe.
Lenz, A. (2008): Interventionen bei Kindern psychisch kranker Eltern. Grundlagen, Diagnostik und therapeutische Maßnahmen. Göttingen: Hogrefe.
Mattejat, F., Lisofsky, B. (Hrsg.) (2008): Nicht von schlechten Eltern. Kinder psychisch Kranker. Völlig neu bearbeitete Auflage. Bonn: Balance-Verlag.
Remschmidt, H., Mattejat, F. (1994): Kinder psychotischer Eltern. Mit einer Anleitung zur Beratung von Eltern mit einer psychotischen Erkrankung. Göttingen: Hogrefe.
Schone, R., Wagenblass, S. (2002): Wenn Eltern psychisch krank sind ... Kindliche Lebenswelten und institutionelle Handlungsmuster. Münster: Votum.
Schrappe, A. (2005): Was wird aus den Kindern? Beratung als Hilfe für Kinder psychisch kranker Eltern. In: Informationen der Bundeskonferenz für Erziehungsberatung, 28–30.
Zobel, M. (Hrsg.) (2001): Wenn Eltern zu viel trinken – Risiken und Chancen für die Kinder. Bonn: Psychiatrie Verlag.

Kismet Seiser, Martina Kindsmüller

# InMigra-KiD

Ein EB-Projekt zur Unterstützung der Integration von
Migrantenkindern in Kindergarten und Schule

Der Mikrozensus 2007 zeigt, dass die Bevölkerung mit Migrationshintergrund bereits knapp 19% beträgt. Mittlerweile ist davon auszugehen, dass in naher Zukunft ein erheblicher Teil der Kinder in Deutschland in Migrationsfamilien aufwachsen wird (BJK 2005; Statistisches Bundesamt 2009). Angesichts dieser demografischen Entwicklungen in Deutschland ist es nicht verwunderlich, dass das Thema Integration u.a. auf Bundesebene vielfach diskutiert wird und eine wesentliche Schlüsselaufgabe in den politischen Bemühungen darstellt.

Aus der Sicht der Migrationsforschung ist eine erfolgreiche Integration dann gegeben, wenn sich die Migrantenbevölkerung im Laufe der Generationen an die Aufnahmegesellschaft hinsichtlich der vier Integrationsdimensionen (strukturelle, kulturelle, soziale und identifikatorische Dimension) anpasst, wobei der Integrationsprozess idealtypisch in mehreren Phasen abläuft (Beger 2000; Straßburger 2001). Mit der strukturellen Integration ist die Eingliederung in die Kerninstitutionen der Aufnahmegesellschaft gemeint, z.B. in Wirtschaft und Arbeitsmarkt, Bildungs- und Qualifikationssysteme, Wohnungsmarkt und politische Gemeinschaft. Dabei wird der Einordnung in das wirtschaftliche Leben ein zentraler Stellenwert zugeschrieben, da sie nicht nur Einkommen, sondern auch soziale Beziehungen, Sozialprestige und Selbstwertgefühl ermöglichen kann. An dieser Stelle wird deutlich, dass Integration nicht allein die Angelegenheit der Zuwanderergruppen sein kann, sondern auch die Aufnahmegesellschaft ihren Teil dazu beitragen muss (z.B. Kontrolle von ethnischen Vorurteilen, Einfluss auf das Bildungssystem, Aufklärung durch Kampagnen, Erleichterung der Einbürgerung usw.).

Eine kulturelle Integration erfolgt durch den Spracherwerb und durch die Entwicklung neuer kultureller Muster. Sie umfasst somit kulturelle Lern- und Sozialisationsprozesse von Seiten der Zuwanderer. Dieser Integrationsprozess bezieht sich vor allem auf die Migranten, da sie kognitive, kulturelle, verhaltens- und einstellungsbezogene Veränderungen leisten müssen, was im Allgemeinen in der Migrationsliteratur als Akkulturationsprozess bezeichnet wird.

Mit der Eingliederung in private Sphären der Aufnahmegesellschaft, durch die Bildung eines Freundeskreises, durch Gruppen- und Vereinsmitgliedschaften ist eine soziale Integration möglich, wobei auch hier die Offenheit und Bereitschaft der Aufnahmegesellschaft, die Mitgliedschaft des Zuwanderers zu akzeptieren, eine große Rollen spielt.

Die identifikatorische Integration umfasst Zugehörigkeits- und Identifizierungsgefühle mit den ethnisch-nationalen, regionalen oder lokalen Strukturen der Aufnahmegesellschaft.

Die Bundesregierung beabsichtigt, im Rahmen des Nationalen Integrationsplans mit einem umfassenden systematischen Ansatz eine sinnvolle Integrationspolitik umzusetzen. Dabei fokussieren Bund, Länder und Kommunen in ihren Ausführungen vor allem den Bildungsbereich, nicht zuletzt weil die Bildung der wesentliche Schlüssel zur sozialen, kulturellen und wirtschaftlichen Integration ist und auch eine wichtige Voraussetzung für eine langfristige erfolgreiche Integration in die deutsche Gesellschaft.

In der Stellungnahme des Bundesjugendkuratoriums zum Thema Migration, Integration und Jugendhilfe wird die Aufgabe der Integration von Kindern und Jugendlichen mit Migrationshintergrund als eine bedeutende Herausforderung benannt, auf die sich die Kinder- und Jugendhilfe einstellen muss, wenn sie einen relevanten Beitrag zur gesellschaftlichen Entwicklung leisten will (BJK 2005). In einer weiteren Stellungnahme fordert das Bundesjugendkuratorium die Beseitigung von Benachteiligungen im Hinblick auf Bildung, Lebenschancen und Teilhabemöglichkeiten, dies allerdings für Einheimische und Zugewanderte gleichermaßen, sowie den Abbau von Schwellen der Inanspruchnahme im Zugang zu Leistungen der Kinder- und Jugendhilfe (BJK 2008). Somit sind auch die Erziehungsberatungsstellen gefragt, die nicht nur ein niedrigschwelliges Angebot der Kinder- und Jugendhilfe darstellen, sondern auch eng vernetzt mit den Bildungseinrichtungen sind.

Wie schon im Jahrbuch für Erziehungsberatung Band 6 berichtet, hat die Jugend- und Familientherapeutische Beratungsstelle der Stadt Regensburg bereits in der Vergangenheit im Rahmen des vom Bundesamt für Migration und Flüchtlinge geförderten Projektes „Elele – Hand in Hand" Maßnahmen durchgeführt, um die Eingliederung von Migrantenfamilien in Kindergärten und Schulen zu fördern und den Dialog zwischen Migrantenfamilien und deutschen Einrichtungen zu stärken (Seiser 2006).

Bei den Anliegen nichtdeutscher Eltern, die sich in der Vergangenheit an unsere Erziehungsberatungsstelle wandten, spielten die Sorge um den Bildungserfolg der Kinder bzw. Schwierigkeiten im Kindergarten bzw. Schule eine zentrale Rolle. Nicht selten waren aber die Konflikte bereits stark eskaliert oder die Fronten verhärtet. Unsere eigenen Erfahrungen in der Beratungsarbeit, aber auch zahlreiche Gespräche mit Erzieherinnen und Lehrerinnen und Lehrern haben uns gezeigt, dass häufig sehr wenig Austausch zwischen ausländischen Eltern und der Institution Kindergarten bzw. Schule stattfindet. Gerade weil insbesondere türkische Kinder ihre Schullaufbahn sehr häufig mit dem Handicap schlechter Sprachkenntnisse beginnen, die durch die Jahre im Kindergarten nicht kompensiert wurden, bräuchten sie zusätzliche Unterstützung. Vor diesem Hintergrund stellt die geringe Kommunikation zwischen Institutionen und Eltern nichtdeutscher Herkunft einen erheblichen Risikofaktor für die Schullaufbahn der Kinder ausländischer Herkunft dar.

Somit kommt auch aus unserer Sicht der strukturellen Integration bzw. der Integration in Kindergarten und Schule eine besondere Bedeutung im Eingliederungsprozess der Zuwanderer zu, so dass sich unsere Bemühungen auch auf diesen wesentlichen Bereich konzentrierten. Dies stellt auch einen der zentralen Ansatzpunkte der Arbeit in der an der Jugend- und Familientherapeutischen Beratungsstelle angesiedelten Fachstelle „InMigra-KiD" dar. Diese Arbeit stützt sich dabei im Wesentlichen auf die Erfahrungen und Ergebnisse des Vorprojektes „Elele – Hand in Hand". Somit wurden große Teile unseres Arbeitskonzepts und -ansatzes nicht aus der Literatur abgeleitet, sie stammen vielmehr aus unserem Erfahrungs- und Ideenfundus, so dass im Folgenden keine theoretische Einbettung erfolgen wird, sondern über die Konzeptentwicklung und die praktische Umsetzung des Projektes „InMigra-KiD" berichtet wird.

Die Fachstelle ist ein eigenständiger Arbeitsbereich mit eigener Finanzierung innerhalb der Erziehungsberatungsstelle. Die Ansiedelung an der Beratungsstelle ist wichtig, weil das spezifische Wissen über Entwicklungs- und Lernprozesse von Kindern ebenso einfließen muss wie die Erfahrung in der Gesprächsanbahnung und -vermittlung zwischen Eltern und Kindern einerseits und Fachkräften aus Kindertagesstätten und Schulen andererseits. Die im Folgenden vorgestellte Arbeit mit LehrerInnen und ErzieherInnen geht jedoch weit über den Einzelfall hinaus, auch über das, was in der Erziehungsberatung in der präventiven Arbeit in der Regel angeboten wird. Daher dürfen dafür nicht Fachstunden aus der EB abgezogen werden, sondern es ist eine gesonderte Finanzierung notwendig.

## Überblick über die Aufgabenbereiche der Fachstelle

Die Arbeit in InMigra-KiD setzt einerseits bei der Beratung und gezielten Information der Eltern an, andererseits aber direkt bei den Institutionen Kindergarten und Schule, um dadurch die Kooperation zwischen Eltern und Einrichtung zum Wohle der Kinder zu fördern bzw. zu ermöglichen. Zu diesem Zweck setzen wir u.a. eigens fortgebildete muttersprachliche Honorarkräfte ein, die bei Gesprächen und Elternabenden übersetzen.

## Das Vorgängerprojekt „Elele"

Auch das Ziel des bereits im Mai 2004 begonnenen Projektes „Elele – Hand in Hand" war die Unterstützung der Integration von Migrantenkindern in Kindergarten und Schulen durch

- die Stärkung eines konstruktiven Dialoges zwischen ausländischen Familien und Schulen/Kindergärten,
- die Erhöhung der elterlichen Kompetenz im Bereich der vorschulischen und schulischen Bildung ihrer Kinder,
- die Prävention festgefahrener Konflikte zwischen Schule und Elternhaus, Vermeidung von negativen Schulkarrieren ausländischer Kinder und Jugendlicher und Förderung von positiven Schulkarrieren,
- die Dokumentation und Evaluation, z.B. Ursachenforschung von Motivations- und Demotivationsfaktoren ausländischer Familien in der Zusammenarbeit mit Institutionen,
- sowie die Darstellung konkreter Methoden zur Erleichterung der Kontaktaufnahme mit ausländischen Familien im Rahmen der Multiplikatorenarbeit.

Durch die Mitarbeit einer türkischsprachigen Fachkraft waren auch muttersprachliche Interventionen möglich.

Es hat sich gezeigt, dass die Bewältigung des Übergangs in den Kindergarten und vom Kindergarten in die Schule bei Migrantenkindern durch teilweise massive Verunsicherung sowohl auf familiärer wie auch auf institutioneller Ebene stark erschwert ist. Diese Verunsicherung resultiert aus den folgenden Faktoren:

- geringes bis völlig fehlendes Wissen der Migranteneltern über die besonderen Entwicklungsbedingungen ihrer Kinder (z.B. Zweisprachigkeit),
- fehlendes Verständnis bei den Eltern hinsichtlich eventuell vorhandener Entwicklungsdefizite ihrer Kinder und entsprechender Förderungsnotwendigkeiten,
- unterschiedliche Grundvorstellungen über Erziehung bei Familien und Institutionen,
- geringes Wissen der Fachkräfte in Kindergärten und Schulen über die besonderen Entwicklungsbedingungen der Migrantenkinder,
- fehlendes Verständnis der Institutionen hinsichtlich der familiären Situation und der elterlichen Erwartungen.

Das fehlende Verständnis bzw. Wissen in Bezug auf die besonderen Entwicklungsbedingungen der Migrantenkinder führt auf familiärer Ebene häufig dazu, dass Eltern zu inadäquaten Fördermethoden bei ihren Kindern greifen, z.B. zum forcierten Vermitteln von Lesen und Schreiben bereits im

Vorschulalter oder zum Konsum deutscher Fernsehsendungen zum Erlernen der deutschen Sprache. Auf der Seite der Institutionen besteht die Wirkung darin, dass notwendige Fördermaßnahmen bei Migrantenkindern erst spät bzw. in akuten Krisensituationen eingesetzt werden. Die Verunsicherung auf beiden Seiten wie auch die genannten inadäquaten Fördermethoden und -maßnahmen führen nicht zuletzt auch zu massiven Interaktions- und Kommunikationsstörungen zwischen Institutionen und Elternhaus.

Ein wirkungsvolles Konzept zur Sicherstellung einer gelungenen strukturellen Integration von Migrantenfamilien und deren Kindern muss diese Aspekte aufgreifen und folgende wesentliche Gesichtspunkte berücksichtigen:

- Fokussierung „kritischer Übergänge" in der kindlichen Entwicklung,
- Förderung der Kindergarten- und Schulfähigkeit von Kindern und Eltern,
- Entwicklung und Umsetzung migrationsspezifischer Diagnostik- und Beratungsansätze,
- enge Zusammenarbeit mit den betroffenen Institutionen (v.a. Kindergärten und Schulen) und Unterstützung des Dialogs zwischen Eltern und Einrichtung.

Die erste Forderung deckt sich auch mit familienpsychologischen Forschungsergebnissen, aus denen bekannt ist, dass die strukturelle Integration in den genannten Institutionen maßgeblich von der Bewältigung so genannter kritischer Übergänge zwischen Familien und gesellschaftlichen Bildungsinstitutionen abhängt (vgl. Griebel, Niesel 2004).

Der gesamte Projektverlauf von „Elele – Hand in Hand" sowie die beschriebenen Ergebnisse und Schlussfolgerungen[1] wurden vom Bundesamt für Migration und Flüchtlinge mit großem Interesse aufgenommen. Um die begonnene Arbeit weiterzuführen und auszubauen, förderte das Bundesamt das Anschlussprojekt „InMigra-KiD" für weitere drei Jahre mit durchschnittlich ca. 55.000 € pro Jahr als Anteilfinanzierung; damit sind unter anderem die Personalkosten für eine Teilzeitstelle E 13 TVöD (25 Wochenstunden Dipl.-Psych., ohne Verwaltungskosten) sowie die Beschäftigungsentgelte für die muttersprachlichen Honorarkräfte (s.u.) abgedeckt. Das restliche Drittel der entstandenen Kosten übernimmt die Stadt Regensburg als Träger der Erziehungsberatungsstelle.

---

[1] Seiser und Kampf (2008). Abschlussbericht für das Projekt „Elele – Hand in Hand". Interkulturelles Training für Kinder, Eltern, Kindergärten und Schulen. Unveröffentlicht, erhältlich über die Autorinnen.

# InMigra-KiD – Eine Fachstelle für Migrationsfamilien mit Kindern zwischen 0 und 6 Jahren

Beim neuen Projekt stellte die Ausweitung der bisher erprobten Integrationsmaßnahmen auf Familien aus unterschiedlichen Herkunftskulturen ein wesentliches Planungskriterium dar, um einem breiten Spektrum von Migrantenfamilien unterschiedlicher Herkunft Unterstützung bezüglich der Eingliederung ihrer Kinder in Kindergarten und Schule anbieten und damit ihre gelungene Integration in die deutsche Gesellschaft fördern zu können.

Daraus ergibt sich ein hoher inhaltlicher und logistischer Komplexitätsgrad, so dass die Fachstelle koordinierende wie auch intervenierende Aufgaben zu erfüllen hat. Konkret werden folgende Maßnahmen durchgeführt:

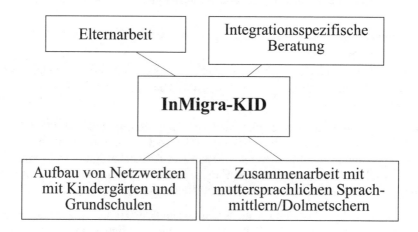

*Muttersprachliche Sprachmittler*

Eine wichtige Säule der Arbeit für und mit Migrantenfamilien bildet die Auswahl und Ausbildung von muttersprachlichen Integrationsfachkräften. Bei vielen Familien scheitert der Kontakt zu den verschiedenen Institutionen wie Kindergarten und Schule und insbesondere die Inanspruchnahme von Erziehungsberatung an der Sprachbarriere. Vor allem, wenn es um emotional belastende Themen geht oder um Informationen, die genau verstanden werden müssen, reicht die Sprachkompetenz im Deutschen und das Zutrauen in die eigene Sprachkompetenz häufig nicht aus.

Eine von uns durchgeführte Umfrage im Kindergartenjahr 2006/07 lieferte von 23 Regensburger Kindergärten (14 in kirchlicher und 9 in städtischer Trägerschaft) Informationen über den muttersprachlichen Hintergrund von 621 Zuwanderer- und Aussiedlerkindern. Es zeigte sich, dass 32% der Familien einen russischsprachigen Hintergrund hatten, 1% sprach zu Hause Türkisch, 9% sprachen Vietnamesisch, jeweils 6% Albanisch und Serbokroatisch und 35% der Eltern hatten einen anderen sprachlichen Hintergrund. Natürlich heißt das nicht, dass alle diese Familien nicht ausreichend Deutsch sprechen oder die Hilfe eines Dolmetschers benötigen, aber diese Umfrage lieferte uns doch Hinweise auf die häufigsten Sprachen, für die in Regensburg Dolmetscher benötigt werden.

Entsprechend diesen Ergebnissen stellten wir eine erste Gruppe von fünf mehrsprachigen Frauen und Männern zusammen, die als ÜbersetzerInnen für die folgenden Sprachen eingesetzt werden können: Türkisch, Russisch, Vietnamesisch, Albanisch, Serbokroatisch und Persisch. Diese Personen mit jeweils eigenem, unterschiedlichem Migrationshintergrund und unterschiedlicher beruflicher Vorbildung (alle kommen aus dem sozialen Bereich) durchliefen bei uns eine intensive Vorbereitung und Schulung in Bezug auf ihre Aufgaben. Sie wurden in neun Treffen im Umfang von insgesamt 20 Stunden mit den Inhalten der Elternabende (s.u.) und den damit zusammenhängenden Anliegen und Sorgen vieler Eltern vertraut gemacht, erfuhren Grundlegendes über den Beratungsprozess und über ihre Rolle als Dolmetscher, über ihre Aufgaben als Koordinatoren des Gesprächs in Abgrenzung zur Gesprächsführung, die bei den BeraterInnen, LehrerInnen oder ErzieherInnen verbleibt. Und sie reflektierten nicht zuletzt ihre eigene Migrationsgeschichte, um zu vermeiden, dass sich eigene Erfahrungen unbemerkt in den Beratungsprozess mischen.

In einer zweiten Ausbildungsrunde konnte je eine Honorarkraft für Rumänisch, Tschechisch, Polnisch und Arabisch gewonnen und in gleicher Weise weitergebildet werden.

Die Funktion der Dolmetscher oder Sprachbegleiter ist neben der Übersetzung der thematischen Elternabende (s.u.) die Sprachvermittlung bei Beratungsgesprächen in einer der Erziehungsberatungsstellen, bei Lehrergesprächen und bei Gesprächen im Kindergarten. Sie können zu diesem Zweck von den Beratungsstellen, Schulen und Kindergärten (in Absprache mit den Eltern) direkt kontaktiert und kostenlos hinzugezogen werden, was auch rege in Anspruch genommen wird. Die Rückmeldungen hierzu sind durchwegs positiv, mit vielen Familien konnte auf diese Weise endlich ein längst fälliges Elterngespräch geführt werden, konnten zum ersten Mal in für alle Seiten zufriedenstellender Weise die Situation und die Bedürfnisse der Kinder besprochen werden.

Eine weitere Aufgabe der Sprachbegleiter ist die Übersetzung schriftlicher Materialien. Nicht nur die Selbstdarstellungsbroschüren unseres Projekts sowie die der drei Regensburger Erziehungsberatungsstellen liegen mittlerweile in einer ganzen Reihe von Sprachen vor, auch die Powerpoint-Präsentationen für die Elternabende mussten übertragen werden, verschiedene Elternbriefe, Elternmitteilungen und Einladungen wurden übersetzt, etc. Nach und nach stellt sich ein immer größerer Bedarf für schriftliche Übersetzungen heraus: eine Elternbefragung an einer Grundschule, ein Elternbrief für alle Erstklass-Eltern in Stadt und Landkreis Regensburg vom Arbeitskreis Gesundheit in der Schule, aber auch Elterninformationen der Kindergärten über die Sprachvorkurse, Einverständniserklärungen für Testungen der Kinder etc. werden in verschiedensten Sprachen benötigt. Nicht alle diese Anliegen können allerdings von unseren ÜbersetzerInnen bewältigt werden.

*Infostände: Präsenz im Kindergarten*

Um das Projekt InMigra-KiD bei den Eltern bekannt zu machen und auf das Angebot der muttersprachlichen Elternabende aufmerksam zu machen, führen die Sprachmittler selbstständig Informationsstände in Kindergärten durch. In Absprache und Zusammenarbeit mit den Integrationsbeauftragten der Kindergärten (s.u.) werden zu den Bring- oder Abholzeiten Infostände organisiert, über die die Eltern in eigenen, übersetzten Elternbriefen vorher informiert wurden. Zu festgelegten Zeiten stehen dann zwei oder drei Sprachmittler je nach den bei den Eltern vertretenen Sprachen im Kindergarten zur Verfügung, verteilen Broschüren, machen auf die Möglichkeit der Inanspruchnahme von Erziehungsberatung aufmerksam und informieren die Eltern über die Elternabende.

Diese Veranstaltungen erwiesen sich als eigenständige Maßnahmen über die Werbung für die Elternabende hinaus: Die Eltern reagieren ausgesprochen positiv auf die Einladungen, warten zum Teil schon auf die Honorarkräfte, zeigen sich interessiert an den Angeboten und suchen das Gespräch mit den Sprachbegleitern. Diese vermitteln bei Bedarf dann Termine in der Beratungsstelle. Eine Kindergartenleiterin beschrieb die lebendige Atmosphäre bei einem der Infostände so: „Es war wie bei einem Basar bei uns!" Die Eltern warteten teilweise geduldig, bis sie zum Gespräch mit den MitarbeiterInnen an die Reihe kamen, teilweise wurde mit Eltern, Erzieherinnen und Dolmetscher die Aussprache der Namen der Kinder erklärt, und insgesamt begrüßten die meisten Eltern die für sie gedachten Angebote.

*Elternarbeit*

Ein Teil der Maßnahmen ist auch direkt auf die Eltern ausgerichtet. Es hatte sich im vorangegangenen Projekt „Elele" gezeigt, dass Eltern in aller Regel sehr wenige Informationen über die Entwicklungsbedingungen ihrer Kinder, insbesondere in Bezug auf die Zweisprachigkeit, haben. Sie unterschätzen die Leistung, die die Kinder täglich erbringen, indem sie zwischen zwei Sprachen hin- und herwechseln, und sie unterschätzen auch den Unterstützungsbedarf, den ihre Kinder dabei haben. Ferner sind die Eltern oft sehr verunsichert, was das Schulsystem betrifft, haben sehr wenige Informationen über die Gliederungen des Systems, die Übertrittsmöglichkeiten, die sprachlichen und sonderpädagogischen Fördermöglichkeiten, die erreichbaren Abschlüsse etc. Das Resultat davon ist eine große Verunsicherung der

Eltern und häufig auch eine ängstliche Ablehnung aller Maßnahmen, die das Kind zu etwas „Besonderem" zu machen scheinen, und sei es der Vorkurs Deutsch.

Bei InMigra-KiD werden deshalb regelmäßig Gesprächsrunden und kleine Vorträge zum Thema Zweisprachigkeit angeboten. Dies geschieht teilweise im Rahmen von „Mama-lernt-Deutsch"-Kursen, die sowohl zu uns in die Beratungsstelle kommen als auch von den Projektmitarbeiterinnen besucht werden. Hier kommen oft Frauen mit ganz unterschiedlichen Nationalitäten und auch sehr unterschiedlichen Sprachkenntnissen zusammen, was es erforderlich macht, die Inhalte in möglichst einfacher Sprache und unterstützt von vielen Bildern zu vermitteln. Dies gelingt aber in aller Regel gut. Schnell entwickeln sich lebhafte Gespräche darüber, welche Sprache zuhause gesprochen wird, welche Sprache die Geschwister miteinander sprechen, in welcher Sprache vorgelesen und erzählt wird oder ob der Fernseher ein guter Sprachvermittler ist. Die Mütter sind an diesen Themen äußerst interessiert.

Es werden aber auch eigene Elternabende durchgeführt. Es wurde eine Reihe von vier Themen entwickelt, die turnusgemäß angeboten werden, über das Kindergartenjahr verteilt. Die Abende finden jeweils bei uns in der Beratungsstelle statt, also zentral, und bisher in vier verschiedenen Sprachen: Türkisch, Russisch, Vietnamesisch und Albanisch. Die Referentin spricht in der Regel deutsch, unterstützt von der übersetzten Powerpoint-Präsentation und von dem jeweiligen Dolmetscher bzw. der Dolmetscherin, der bzw. die die Inhalte der Vorträge und die Fragen der Eltern hin und her übersetzt. Die Themen der Elternabende sind:

- Informationen zu den kindlichen Entwicklungsanforderungen im Kindergarten und beim Schulbeginn („Wann ist mein Kind schulfähig?")
- Informationen zum deutschen Schulsystem, Rechte und Pflichten der Eltern
- Wie können Eltern ihre Kinder während der Übergangsphasen in den Kindergarten und vom Kindergarten in die Schule unterstützen?
- Medienerziehung: Fernsehen, Computer, Co.

Die Bekanntmachung der Elternabende erfolgt über die Kindergärten, durch die Infostände, bei denen sich Interessierte in Listen eintragen können, so dass sie dann von den Honorarkräften angerufen und eingeladen werden können. Es gibt auch schriftliche Einladungen in der Muttersprache, die im Kindergarten verteilt werden. Erfahrungsgemäß ist es ganz wichtig, die Eltern auf diese aufwendige Weise persönlich anzusprechen, wenn man die ausländischen Familien erreichen möchte.

Bei den von uns angesprochenen Eltern ist großes Interesse an den Elternabenden und den angebotenen Themen spürbar. Nicht immer schlägt sich dies auch in hohen Teilnehmerzahlen nieder, aber die Eltern (und insbesondere die Väter), die gekommen sind, beteiligten sich sehr rege und interessiert am Gespräch. Es wurde aber auch deutlich, dass es Zeit braucht, bis sich eine Veranstaltungsreihe, wie sie von uns geplant ist, etabliert, bis sich herumspricht, dass so etwas angeboten wird, und nicht zuletzt, bis die angebotenen Termine auch zu den häufig durch lange Arbeitszeiten oder Schichtarbeit gekennzeichneten Abläufen der Familie passen.

## Beratung

Einzelfallbezogene integrationsspezifische Beratungsansätze sollen über die Fachstelle unter Mitwirkung der o.g. Sprachmittler an allen Regensburger Erziehungsberatungsstellen erprobt bzw. implementiert werden. Vor allem geht es darum, mittelfristig Standards in den Beratungsdiensten zu etablieren, die migrations- und integrationsspezifische Verfahrensweisen, nämlich muttersprachlich gestützte oder begleitete Diagnostik und Beratung, verbindlich beschreiben. Ein erster Schritt hierzu war ein gemeinsamer Fachtag mit den Kolleginnen und Kollegen aus den beiden anderen Erziehungsberatungsstellen. Die behandelten Themen reichten von den familiären Sozialisationsbedingungen der Migrantenkinder, verschiedenen Aspekten der Integration, Einflüsse der Migrationssituation selbst sowie der Herkunftskultur (Kulturkategorien) bis zu den Einflüssen der Mehrsprachigkeit, der Schulsituation von Kindern nichtdeutscher Herkunft, der psychologischen und sozialen Dimension der Lebenssituation von ausländischen Familien. Auch ganz konkrete Fragen des Beratungsalltags, wie der Einsatz von Dolmetschern im Beratungsgespräch, wurden thematisiert.

Was noch zu beobachten sein wird, ist die Öffnung der Erziehungsberatungsstellen für ausländische Familien und ihre Kinder. An unserer städtischen Stelle suchen inzwischen zahlreiche Familien Rat, die wir ohne die DolmetscherInnen und ohne das Projekt sicherlich nicht erreicht hätten, die aber dennoch oder gerade deshalb deutlichen Hilfebedarf haben. Bei den anderen beiden Regensburger Erziehungsberatungsstellen ist diese Nachfrage aber nicht im gleichen Maße angekommen, hier muss die Vernetzung und Kooperation noch intensiviert werden.

## Vernetzung: Integrationsbeauftragte in Kindergärten und Schulen

Ein Herzstück der Arbeit der Fachstelle ist die Multiplikatorenarbeit, d.h. der Aufbau von Arbeitskreisen für Mitarbeiterinnen und Mitarbeiter aus Kindergärten (KiTas) und Schulen. Es wurde je ein Netzwerk von sogenannten Integrationsbeauftragten in Kindergärten und Grundschulen aufgebaut. Möglichst an jedem Regensburger Kindergarten mit hohem Migrantenanteil und an jeder Grundschule in Stadt und z.T. auch Landkreis Regensburg wurde eine Mitarbeiterin bzw. ein Mitarbeiter benannt, die sich als Integrationsbeauftragte besonders um die Anliegen der Migrantenkinder und ihrer Familien kümmern. Diese Integrationsbeauftragten treffen sich regelmäßig mit uns und bekommen von uns fachspezifisches Wissen vermittelt. Dabei geht es u.a. um die Vermittlung von Informationen zu Entwicklungsbedingungen und zur Integration von Migrantenkindern, die Vermittlung von Fördermöglichkeiten für Migrantenkinder und Anlaufstellen für Migrantenfamilien, Verfahrenswege im Schulsystem zur Förderung und zur Leistungsbewertung und allgemein um interkulturelle Sensibilisierung.

Die Treffen der Integrationsbeauftragten der Grundschulen werden inhaltlich in Zusammenarbeit mit den zuständigen Fachbetreuern für Deutsch als Zweitsprache im Raum Regensburg vorbereitet und durchgeführt, was sich sehr bewährt hat. Außerdem unterstützt sowohl das Staatliche Schulamt Regensburg als auch die Regierung der Oberpfalz das Engagement der beteiligten Lehrkräfte und die Arbeit des Arbeitskreises, was sich ebenfalls sehr positiv auswirkt.

Zur Vorbereitung der Netzwerke aus Integrationsbeauftragten in den Kindergärten und den Grundschulen wurde das Konzept im Rahmen einer Schulleiterkonferenz und eines Treffens der Leiterinnen der städtischen Kindertagesstätten Regensburg vorgestellt. Die Integrationsbeauftragten der Schulen treffen sich viermal pro Schuljahr jeweils ca. drei Stunden mit insgesamt 20 bis 25 TeilnehmerInnen. Folgende Themen wurden im Rahmen der Treffen bisher bearbeitet:

- Fördermöglichkeiten für SchülerInnen nichtdeutscher Herkunftssprache in Bayern,
- Leistungsbeurteilung und -bewertung von Kindern mit nichtdeutscher Muttersprache,
- Inanspruchnahme der Sprachmittler für Elterngespräche an den Schulen – Vermittlung und Ablauf der Beratungsmöglichkeiten für Migrantenfamilien,
- Fortbildungseinheit zur Elternarbeit: Kulturpsychologische Grundlagen – Prozesse der Kulturalisierung und Enkulturalisierung,
- Umgang mit sonderpädagogischem Förderbedarf bei Migrantenkindern aus sonderpädagogischer und psychologischer Sicht (Sonderpädagogische Förderzentren, Erziehungsberatungsstelle),
- Umgang mit der Ausweitung der Sprachvorkurse von 160 auf 240 Stunden,
- Ausgewählte Aspekte der interkulturellen Elternarbeit: Stolpersteine im Elterngespräch mit und ohne Dolmetscher,
- Migrationsgeschichte türkischer Familien in Deutschland, Hintergründe zur Lebenssituation und praxisrelevante Aspekte,

- Religiosität bei MuslimInnen in Deutschland, Erfahrungen mit der „islamischen Unterweisung",
- Ablauf der Schuleinschreibung bei Migrantenkindern, Ermittlung des Sprachstands.

Mit den entsprechenden Fachfrauen aus den Regensburger Kindergärten finden ebenfalls viermal im Jahr Veranstaltungen statt. Die bisher besprochenen Themen waren u.a.:

- Angebote des Projekts InMigra-KiD, Inanspruchnahme der Sprachmittler,
- Planung der Infostände an den Kindergärten,
- Kulturpsychologische Grundlagen der interkulturellen Elternarbeit,
- Stolpersteine im Elterngespräch mit und ohne Dolmetscher,
- Umgang mit den ausgeweiteten Sprachvorkursen,
- Sprachförderung im Kindergarten,
- Lebensbedingungen von zugewanderten Kindern und Familien in Deutschland (DJI-Projekt Multikulturelles Kinderleben, Sinus-Studie).

Beide Netzwerke erwiesen sich als ausgesprochen fruchtbar. Sie stellen ein Forum dar, in dem gemeinsam über die Situation der Migrantenkinder und ihrer Familien nachgedacht und Unterstützungsmöglichkeiten entwickelt werden können. Es zeigte sich, dass für die Treffen ein großer Bedarf besteht, da es in Bezug auf ausländische Familien sehr viele für die Fachleute dringende Anliegen gibt. Gleichzeitig ist auch viel Erfahrung und großes Engagement spürbar, so dass die Teilnehmer sehr viel voneinander profitieren konnten. Die Auswertung eines Feedbackbogens, den die beteiligten Lehrerinnen und Lehrer ausgefüllt hatten, ergab, dass die Arbeitstreffen ganz überwiegend als sehr hilfreich und interessant eingeschätzt wurden. Die Umsetzung der Inhalte in den Schulalltag ist noch nicht überall vollständig gelungen. Im Kindergartenbereich ist allerdings zu beobachten, dass die Kolleginnen durch die zahlreichen Aufgaben, die den Kindergärten in den letzten Jahren nach und nach zugewachsen sind, an der Grenze der Kapazität angekommen sind. Dass die Netzwerke gut genutzt werden, zeigt sich in vielen Telefongesprächen zwischen den Treffen, in denen es um einzelne Kinder bzw. Familien geht, für die meist auf kurzem Weg eine Lösung gefunden werden kann.

## Resümee und Ausblick

Als zentral für eine erfolgreiche Arbeit mit Migrantenfamilien mit Kindern im Kindergarten- und Grundschulalter haben sich zwei Ansätze erwiesen: Zum einen die Bereitstellung von Sprachmittlern für möglichst alle Institutionen, zum anderen die feste und dauerhafte Vernetzung mit Kindergarten und Grundschule. Beide Ansätze sind direkt aus den Erfahrungen einer Fachkraft mit eigenem Migrationshintergrund in der Beratungsarbeit hervorgegangen. Allein durch die Anstellung einer zweisprachigen Fachkraft wurden zumindest für eine Migrantengruppe die Sprachbarrieren ausgeräumt. Dennoch kann eine Lösung des Sprachproblems nicht (nur) darin bestehen, überall Fachkräfte mit unterschiedlichen Migrationsgeschichten und Herkunftskulturen zu beschäftigen, und das nicht nur deswegen, weil dies mittlerweile durch die Vielfalt der Muttersprachen ausgeschlossen ist. Fachkräfte mit Migrationshintergrund bilden zwar einen sehr wichtigen Ausgangspunkt für diese Arbeit, aber das darf nicht dazu führen, dass in den Einrichtungen oder Beratungsstellen plötzlich Gettos entstehen und die eine Beraterin für alle türkischen Familien, die andere für alle albanischen Familien etc. zuständig ist. Es geht ja im Gegenteil darum, Migranten in die Lage zu versetzen, am ganz normalen Leben in Deutschland teilzuhaben, und dazu gehört auch die Inanspruchnahme der Regeldienste. Es liegt sogar eine besondere Chance darin, wenn Zuwanderer erleben, dass sich deutsche Fachleute speziell um sie bemühen, unter anderem durch die Hinzuziehung eines Dolmetschers.

Das häufig gehörte Argument, Migranten sollten doch bitteschön erstmal Deutsch lernen, dann könnten sie auch an allen Angeboten teilhaben, greift hier nicht. Es ist inzwischen bekannt, dass gerade unter emotionaler Anspannung, wie sie ein Gespräch mit dem Lehrer des eigenen Kindes zum Thema Übertritt in eine weiterführende Schule allemal darstellt, die Sprachkompetenzen und die Verständniskapazitäten in der Zweitsprache rapide nachlassen können – ganz abgesehen davon, dass Elternteile sehr unterschiedlich lang in Deutschland leben können (Stichwort Heiratsmigration). Es handelt sich ganz einfach um eine Frage der Gerechtigkeit, der Teilhabe- und der Chancengerechtigkeit, die es zu verwirklichen gilt: Kinder sollen unabhängig von den Sprachkenntnissen ihrer Eltern möglichst gute Entwicklungschancen bekommen.

Die Vernetzung mit LehrerInnen und Kindergärtnerinnen gehört im einzelnen Beratungsfall schon immer zum Kerngeschäft der Erziehungsberatungsstellen. Wenn es jedoch um Migrantenkinder geht, braucht es mehr als die nur einzelfallbezogene Zusammenarbeit, denn sonst stößt man immer wieder an dieselben Hindernisse: zu spät begonnener Dialog zwischen Eltern und Einrichtung, krisenhafte Zuspitzung, verhärtete Fronten.

Nicht zuletzt ist der intensive Austausch mit den KollegInnen aus den Schulen und Kindergärten auch die Voraussetzung dafür, dass diese die bereitgestellten Sprachmittler auch in Anspruch nehmen.

All dies zeigt, dass die Arbeit der Fachstelle „InMigra-KiD" einerseits fest in der EB-Arbeit verwurzelt ist. Der Aufwand geht jedoch weit über die reguläre Arbeit der Beratungsstelle hinaus. Daher braucht es dauerhaft eine zusätzliche Finanzierung solcher Arbeitsansätze. Die Integration ausländischer bzw. zugewanderter Mitbürger ist im Wesentlichen eine kommunale Aufgabe; aus diesem Grund wäre auch eine Regelfinanzierung von Projekten wie dem hier vorgestellten durch die jeweilige Kommune anzustreben.

Dass sich das Projekt „InMigra-KiD" an einer kommunalen EB angesiedelt und entwickelt hat, ist im Übrigen kein Zufall: eine wichtige Schlüsselstellung hatte hierfür die Anstellung einer Fachkraft mit Migrationshintergrund und muslimischem Bekenntnis, was bei einem kirchlichen Träger nicht ohne weiteres möglich gewesen wäre. Für die Zukunft wird es sehr wichtig sein, bestehende Ansätze einer diesbezüglichen Öffnung von Einrichtungen kirchlicher Träger zu verstärken.

Aber ganz abgesehen von allen institutionellen Rahmenbedingungen gehört noch etwas zu einer erfolgreichen Integrationsarbeit, und das ist die Bereitschaft eines Teams, sich auf Migrantenfamilien mit allen ihren Sorgen und Nöten einzulassen. Diese Arbeit verändert diejenigen, die sie tun: Nicht nur die äußeren Abläufe verändern sich und werden manchmal mühsamer, manchmal lebendiger. Es gilt, sich Fachwissen anzueignen und ständig dazuzulernen; und nicht zuletzt wandelt sich auch das Bewusstsein des Einzelnen, es wird offener für die Vielfalt der Lebensformen und sensibler für Benachteiligungen. Und dieser schleichende Prozess macht nicht Halt bei denjenigen, die Aufgaben im Rahmen eines Projektes erfüllen, sondern er erfasst das ganze Team und ist angewiesen auf die Bereitschaft der Einzelnen, sich verändern zu lassen.

## Literatur

Griebel, W.; Niesel, R. (2004): Transitionen. Fähigkeit von Kindern in Tageseinrichtungen fördern, Veränderungen erfolgreich zu bewältigen. Beltz: Weinheim und Basel.
Beger, K-U. (2000): Migration und Integration. Eine Einführung in das Wanderungsgeschehen und die Integration der Zugewanderten in Deutschland. Opladen: Leske + Budrich.
Bundesjugendkuratorium (2005): Die Zukunft ist multiethnisch und interkulturell. Verfügbar unter: http://www.bundesjugendkuratorium.de/pdf/2002-2005/bjk_2005_stellungnahme_migration_integration_jugendhilfe.pdf
Bundesjugendkuratorium (2008). Pluralität ist Normalität für Kinder und Jugendliche. Vernachlässigte Aspekte und problematische Verkürzungen im Integrationsdiskurs. Verfügbar unter: http://www.bundesjugendkuratorium.de/pdf/2007-2009/bjk_2008_1_stellungnahme_migration.pdf
Presse- und Informationsamt der Bundesregierung (2007): Der nationale Integrationsplan. Verfügbar unter: http://www.bundesregierung.de/nsc_true/Content/ DE/Artikel/2007/07/Anlage/2007-10-18-nationaler-integrationsplan,templateId= raw,property=publicationFile.pdf/2007-10-18-nationaler-integrationsplan
Seiser, K.; Kampf, G. (2008). Abschlussbericht für das Projekt „Elele – Hand in Hand". Interkulturelles Training für Kinder, Eltern, Kindergärten und Schulen. Unveröffentlicht, erhältlich über die Autorinnen

Statistisches Bundesamt Deutschland (2008). Bevölkerung mit Migrationshintergrund – Ergebnisse des Mikrozensus 2007, Fachserie 1, Reihe 2.2 - 2007

Straßburger, G. (2001): Evaluation von Integrationsprozessen in Frankfurt am Main. Studie zur Erforschung des Standes der Integration von Zuwanderern und Deutschen in Frankfurt am Main am Beispiel von drei ausgewählten Stadtteilen. Bamberg: Europäisches Forum für Migrationsstudien.

# Aus der Praxis

Beate Schildbach, Hermann Scheuerer-Englisch[1]

# Schutzauftrag bei Kindeswohlgefährdung und Erziehungsberatung

Erste Erfahrungen mit einem strukturierten Konzept

Ausgehend von spektakulären Fällen von Kindesmisshandlung bzw. -vernachlässigung sind in den letzten Jahren die politischen und fachlichen Bemühungen verstärkt worden, den Schutz von Kindern vor Gefährdungen zu verbessern. Die gesellschaftliche und primär staatliche Aufgabe, bedrohte Kinder vor Vernachlässigung und Misshandlung zu schützen, hat im öffentlichen Bewusstsein an Bedeutung gewonnen. Nicht zuletzt diente die Einführung des § 8a als Ergänzung des Kinder- und Jugendhilfegesetzes (SGB VIII) dazu, Verantwortlichen der Jugendhilfe klare Verhaltensanweisungen an die Hand zu geben.

Bundesweit ist ein deutliches Ansteigen von Meldungen bei Polizei und Jugendämtern zu verzeichnen. Ein Blick in die Kriminalstatistik (zit. nach Rauschenbach und Pothmann 2008) zeigt eine Verdoppelung der zur Anzeige gebrachten Fälle von „Misshandlung Schutzbefohlener" im Vergleich zum Ende der 90er Jahre. Zwischen 2004 und 2007 nahm die Quote von 3,2 auf zuletzt 4,1 Fälle pro 10.000 der unter 6-Jährigen im Verhältnis zur altersentsprechenden Bevölkerung zu. Diese Entwicklung verdeutlicht nach Rauschenbach und Pothmann vor allem ein verändertes Anzeigeverhalten in der Bevölkerung. Von einer tatsächlichen absoluten Zunahme von Kindeswohlgefährdung sei nicht auszugehen, vielmehr sprächen diese Zahlen für eine Sensibilisierung der Öffentlichkeit gegenüber Gewalt in der Familie.

Aber auch die von den Jugendämtern veranlassten Schutzmaßnahmen haben laut Rauschenbach und Pothmann (a.a.O.) in den letzten Jahren zugenommen. Wurden 2005 bei der Altersgruppe der unter 6-Jährigen noch 7 Kinder pro 10.000 in Obhut genommen, so waren es 2007 bereits 11 Kinder. Gerichtliche Sorgerechtsentzüge stiegen von bundesweit 8.100 im Jahr 2003 auf etwa 10.800 im Jahr 2007, das ist eine Steigerung um 27%.

---

1 Wir danken Franz Klarner, Albert Meindl, Britta Ortwein-Feiler, Horst Rieger und Wolfgang Sill für die gemeinsame Arbeit am Schutzkonzept sowie allen Kolleginnen und Kollegen der Beratungsstellen der KJF für ihre Rückmeldungen im Rahmen der Befragung und die Fallbeispiele.

Eine Befragung des Freistaates Bayern (Schulenburg 2008) zeigt ebenfalls einen deutlichen Anstieg der den Jugendämtern gemeldeten Fälle von Kindeswohlgefährdung. Von 2005 bis 2007 verdoppelten sich die Gefährdungsmitteilungen bei den beteiligten Jugendämtern. Hier wurden mehr Meldungen in größeren Städten und Kommunen im Gegensatz zu den kleineren verzeichnet.

Durch das am 1.10.2005 in Kraft getretene Gesetz zur Weiterentwicklung der Kinder- und Jugendhilfe (KICK) wurde der Schutzauftrag der Kinder- und Jugendhilfe bei Gefährdungen des Kindeswohls festgeschrieben und verstärkt. Der in § 8a SGB VIII formulierte Schutzauftrag richtet sich gesetzlich an das Jugendamt, aber auch an alle vertraglich im Rahmen der Jugendhilfe verbundenen freien Träger.

Für Erziehungsberatungsstellen ist dieser Auftrag nicht grundsätzlich neu. Auch vor der Festschreibung durch das Gesetz waren Beratungsfachkräfte immer wieder mit Situationen von Kindeswohlgefährdung konfrontiert. So konnte es zum Beispiel vorkommen, dass während der Beratungsarbeit mit Klienten Beobachtungen gemacht wurden, die auf eine Gefährdung der beteiligten Kinder hinwiesen. Auch wurden Familien von den Jugendämtern mit dem Hinweis auf eine mögliche Gefährdung an Beratungsstellen überwiesen, die Erziehungsberatung sollte als indizierte „Hilfe zur Erziehung" mit ihren pädagogisch-therapeutischen Angeboten die Gefahren für die kindliche Entwicklung abwenden. Auch dienen Erziehungsberatungsstellen schon seit vielen Jahren als Anlaufstelle für andere Einrichtungen oder mit der Erziehung von Kindern betraute Personen, die sich in der Frage einer möglichen Kindeswohlgefährdung Rat und Supervision von den Fachkräften einholen konnten.

Mit der Einführung des neuen § 8a im SGB VIII wurde aber nun die Aufmerksamkeit besonders auf das Kinderschutzthema gelenkt. Die Notwendigkeit einer genaueren Erfassung von Kindeswohlgefährdungen und eines bewussteren Umganges damit wurde deutlich. Es wurde auch die Frage relevant, ob sich die Wahrnehmung und die Arbeit bei Gefährdungssituationen durch die gesetzliche Meldepflicht verändern. In den Beratungsstellen wurde die Diskussion über die Bedeutung der Schweigepflicht und Vertraulichkeit als Grundlage effektiver Beratung wieder aufgenommen. Vor allem dann, wenn die Möglichkeiten der Fachkräfte nicht mehr ausreichen, die betroffenen Kinder durch die Beratungsarbeit vor der Gefährdung zu schützen, standen diese allerdings auch schon vor Inkrafttreten der Gesetzesergänzung vor dem Konflikt, den Schutz des Kindes gegen den Schutz des Privatgeheimnisses abzuwägen. Menne (2006) führt hier folgende Beispiele an, bei denen eine Beratungsfachkraft Informationen an das Jugendamt weitergeben konnte: Zum einen bei Straftaten, bei denen eine gesetzliche Pflicht zur Offenbarung bzw. eine Strafandrohung bei Nichtoffenbarung besteht (z.B. Mord, Totschlag, Raub, räuberische Erpressung, Sprengstoffanschläge etc.). Zum anderen, wenn ein rechtfertigender Notstand (§ 34 StGB) vorliegt und die Offenbarung ein angemessenes Mittel ist, um eine gegenwärtige und anders nicht abwendbare Gefahr für Leib und Leben für einen selbst oder eine andere Person abzuwehren. Menne fasst den Vorteil der gesetzlichen Neuerung so zusammen: „Die Neuerung, die § 8a für diese Konfliktsituation gebracht hat, ist größere Rechtssicherheit für die Beraterin und den Berater, denn sie bzw. er muss nicht mehr zwischen zwei Rechtsgütern abwägen, sondern kann sich bei der Information des Jugendamtes auf eine gesetzliche Offenbarungsbefugnis stützen" (Menne 2007, S. 528).

In Erziehungsberatungsstellen arbeiten multidisziplinäre Teams zusammen, die sich auch in regelmäßigen Teambesprechungen fachlich gegenseitig unterstützen und supervidieren. Es gehört deshalb schon lange zum Standard von Erziehungsberatungsstellen, dass in schwierigen Fällen, zu denen mögliche Kindeswohlgefährdungen sicherlich gehören, die Unterstützung des Teams eingeholt wird (Gerth, Menne, Roth 1999).

Die neue gesetzliche Regelung soll vor allem dazu beitragen, dass bei einem Vorliegen von konkreten und gewichtigen Anhaltspunkten für eine Kindeswohlgefährdung das Vorgehen der Fachleute in Jugendhilfeeinrichtungen stärker strukturiert und dokumentiert wird. Damit soll auch verhindert werden, dass Gefährdungen im Jugendhilfesystem übersehen werden.

Für die Erziehungsberatungsstellen als Einrichtungen der Jugendhilfe wurde es notwendig, die eigene fachliche Praxis bei möglichen Gefährdungen des Kindeswohls neu zu überdenken. Dazu gehört es, Einschätzungsverfahren für mögliche Kindeswohlgefährdungen zu entwickeln oder sich mit bestehenden (ZBFS: Sozialpädagogische Diagnose 2009; Eberhardt 2002; Kindler et al. 2006) so vertraut zu machen, dass sie für die Erziehungsberatung anwendbar werden. Weiter ist zu regeln, welche Personen als insofern erfahrene Fachkräfte verantwortlich für eine Gefährdungseinschätzung sind und schließlich ist zu klären, wie eine strukturierte Vorgehensweise innerhalb der Beratungsstelle zu erreichen ist. Das Gesetz bestimmt für das Jugendamt aber über die Aufforderung zu entsprechenden Vereinbarungen auch für die vertraglich gebundenen Einrichtungen und Dienste der Jugendhilfe in freier Trägerschaft die allgemeinen Vorgehensweisen. Dies sind im Falle einer Wahrnehmung gewichtiger Anhaltspunkte für eine Gefährdung des Wohles eines Kindes oder Jugendlichen die Abschätzung des Gefährdungsrisikos im Zusammenwirken mehrerer Fachkräfte, die Einbeziehung der Betroffenen und ggfs. das Angebot geeigneter Hilfen. Die Bundeskonferenz für Erziehungsberatung (bke 2006) hat kurz nach Inkrafttreten des neuen Gesetzes Handlungsanweisungen für Erziehungsberatungsstellen herausgegeben.

Erste Ergebnisse der Arbeit von Erziehungsberatungsstellen mit der neuen gesetzlichen Festschreibung wurden von Menne (2009) berichtet: In einer „Erhebung zur Situation der Erziehungs- und Familienberatung", die durch die Bundeskonferenz für Erziehungsberatung 2008 durchgeführt wurde, wurden auch Fragen zum Umgang mit dem § 8a gestellt. Demnach waren Ende 2007 bereits 71% der an der Befragung teilnehmenden Beratungsstellen vertraglich zur Wahrnehmung des Kinderschutzes verpflichtet worden. Risikoabschätzungen zur Kindeswohlgefährdung wurden im Jahr 2007 durchschnittlich bei 6 Fällen pro Beratungsstelle durchgeführt. Hochgerechnet bedeutet das, dass bundesweit im Jahr 2007 ca. 6.300 Risikoabschätzungen in Erziehungsberatungsstellen erfolgt sind. Dies würde etwa 2% der 2007 beendeten Beratungen bedeuten.

## Das Schutzkonzept der Katholischen Jugendfürsorge der Diözese Regensburg e.V.

Die Katholische Jugendfürsorge für die Diözese Regensburg e.V. (KJF) ist freier Träger von 10 Erziehungs-, Jugend- und Familienberatungsstellen in der Oberpfalz und in Niederbayern. Eine Arbeitsgruppe von Berater/innen befasste sich mit dem strukturierten Vorgehen bei Verdacht auf Kindeswohlgefährdung und entwickelte eine Handlungsanweisung für die Beratungsstellen (Schildbach et al. 2008). Diese sollte für die Fachkräfte in der Erziehungsberatung im Sinne eines guten Qualitätsmanagements ein einheitliches, transparentes und strukturiertes Vorgehen in Gefährdungsfällen ermöglichen, ohne zeitlich zu unökonomisch oder unübersichtlich zu sein. Es sollte die Arbeit erleichtern und größere Handlungssicherheit geben. Außerdem sollte das Konzept den Fachkräften ermöglichen, ihre Einschätzungen der Beziehungs- und Psychodynamik und der vorliegenden Gefährdungsmechanismen bei einer Kindeswohlgefährdung anhand eines geordneten Vorgehens, aber inhaltlich frei und in eigenen Worten zu formulieren.

### Handlungsschritte

Im Schutzkonzept der KJF-Beratungsstellen sind die durch die Verträge gemäß den Vorgaben des Bayerischen Landesamtes und des Gesetzestextes erforderlichen Handlungsschritte bei einem Verdacht auf Kindeswohlgefährdung enthalten. In einem Verlaufsschema, in Anlehnung an Schone (in ISA 2006), sind die möglichen Abläufe dargestellt. Am Anfang steht immer die Wahrnehmung gewichtiger Anhaltspunkte für eine Kindeswohlgefährdung, die in einer Ersteinschätzung in Kooperation mit anderen Fachkräften beurteilt werden soll. Je nach Ausgang dieser Ersteinschätzung kommt es möglicherweise zu einer strukturierten Gefährdungseinschätzung oder zu Hilfeangeboten seitens der Beratungsstelle. Im Falle einer Verdachtserhärtung kann die Meldung an das Jugendamt notwendig werden. Der gesamte Verlauf muss in strukturierter Weise dokumentiert werden.

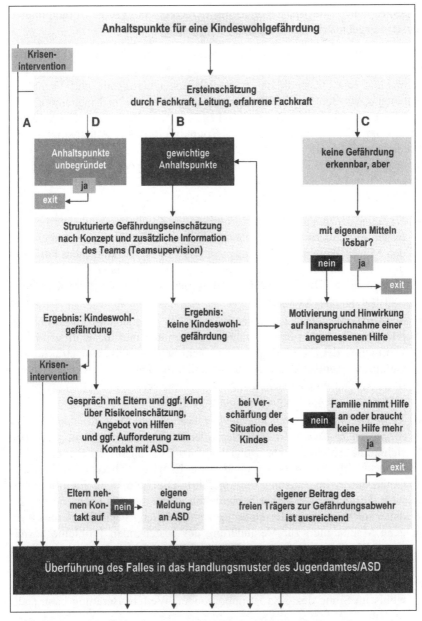

Abbildung 1: Verfahrensschema nach Schone (in ISA, 2006, S. 97)

## Ersteinschätzung einer Kindeswohlgefährdung

Nimmt eine Fachkraft *gewichtige und konkrete Anhaltspunkte* wahr, teilt sie diese dem nächsten Vorgesetzten oder der vertretenden erfahrenen Fachkraft im Team mit. Im Rahmen einer kollegialen Beratung der beteiligten

Personen wird eine Ersteinschätzung der Gefährdungslage vorgenommen und das Ergebnis dokumentiert.

Der Handanweisung der KJF-Beratungsstellen ist eine ausführliche Liste von möglichen Anhaltspunkten beigefügt. Sie betreffen Anhaltspunkte beim Kind bzw. Jugendlichen bezüglich Erscheinungsbild und Verhalten, Anhaltspunkte bei den Erziehungspersonen, ebenfalls in Erscheinungsbild und Verhalten, sowie ihrer persönlichen Situation. Weiterhin sind aufgelistet: die familiäre Situation und das Wohnumfeld sowie Anhaltspunkte zur mangelnden Mitwirkungsbereitschaft und -fähigkeit der Eltern bzw. Erziehungspersonen. Ähnliche Listen finden sich z.b. in den Empfehlungen des Bayerischen Landesjugendhilfeausschusses (ZBFS 2006). Aufgrund der Ersteinschätzung sind folgende Wege denkbar:

- *Sofortiges Handeln (A)* ist erforderlich, Schädigungen sind schon eingetreten und dauern an und die akute Kindeswohlgefährdung ist nicht mit den Möglichkeiten der Beratungsstelle abzuwenden. In diesem Fall wird das Jugendamt unmittelbar informiert, um den Schutz des Kindes sicherzustellen. Die bke (2006) hat diesen Weg in ihrer Informationsschrift ausführlich dargelegt.

- *Strukturierte Gefährdungseinschätzung (B):* Beobachtungen an der Beratungsstelle lassen eine Gefährdung vermuten und die Kollegen/innen kommen in der Ersteinschätzung zu dem Schluss, dass eine strukturierte Gefährdungseinschätzung sinnvoll und erforderlich ist. Diese strukturierte Gefährdungseinschätzung folgt dem weiter unten beschriebenen Vorgehen und wird begleitend dokumentiert.

- *Keine Gefährdung, aber Hilfebedarf, der im regulären Rahmen der Beratungsstelle lösbar ist (C):* Nach der Risikoersteinschätzung ergeben sich keine Anhaltspunkte, wonach sofortiges Handeln zur Sicherung des Kindeswohls nach § 8a begründet wäre. Es wird auch keine strukturierte Gefährdungseinschätzung durchgeführt. Die betroffene Familie motiviert, Hilfen für die bisher behandelten Probleme anzunehmen. Es wird dabei im Verlauf der Beratung prozessbegleitend geprüft, inwieweit eigene Maßnahmen zur Veränderung der bestehenden Probleme ausreichen. Die Beratung wirkt präventiv bezüglich möglicher zukünftiger Gefährdungen des Kindeswohls.

- *Es ergeben sich keine Anhaltspunkte (D)*, eine Gefährdung des Kindeswohls im Sinne des § 8a ist unbegründet. Weitere Beratung kann stattfinden.

## *Strukturierte Gefährdungseinschätzung*

Falls die Vermutung gewichtiger Anhaltspunkte für ein Gefährdungsrisiko in der kollegialen Beratung und Ersteinschätzung nicht ausgeräumt werden kann, ist die Abschätzung des Gefährdungsrisikos im Zusammenwirken mehrerer Fachkräfte formell vorzunehmen. Dabei hat die fallverantwortliche Fachkraft als „Fallexpertin" (Moch, Junker-Moch, 2009) die Aufgabe, die Informationen, die aus dem Kontakt zum betroffenen Kind und der Familie entstehen, die aber immer auch einen subjektiven Eindruck, eigene Erfahrungen und Kontextbedingungen mit umfassen (vgl. auch Stüdemann, 2008), zu sammeln und zu ordnen. Dazu ist ein strukturiertes Vorgehen hilfreich und verhindert, dass wichtige Kriterien und damit verbundene Risiken, aber auch Ressourcen übersehen werden.

Die hinzuzuziehende weitere Kinderschutzfachkraft aus dem Team der Beratungsstelle hat die Aufgabe einer „Verfahrensexpertin" (Moch, Junker-Moch, 2009), d.h. sie hat mitzuhelfen, dass die Einschätzung den Vorgaben und vereinbarten Verfahrensschritten folgt, dass wichtige Überlegungen und vor allem die Entscheidung über die weiteren Handlungsschritte getroffen und schriftlich niedergelegt werden und sie bestätigt dies in der Dokumentation mit ihrer Unterschrift.

Für die strukturierte Gefährdungseinschätzung lag der Arbeitsgruppe eine Fülle von Literatur und Erhebungsinstrumenten vor. Aufgabe war es, aus der Vielzahl von Vorgaben ein für die erfahrenen Fachkräfte der Erziehungsberatungsstellen praktikables Instrument zu entwickeln, das auf übersichtliche Weise die notwendigen und zu berücksichtigenden Kriterien für die Einschätzung darstellt und der fallführenden Fachkraft hilft, zu einem qualitativen Urteil über die Beziehungsdynamik und die Gefährdungsmechanismen zu kommen. So entstanden zwei Einschätzungsbögen, zur „Erziehungsfähigkeit der Eltern" (siehe Tabelle 2, Anhang), sowie zu „Sozialen Faktoren" (siehe Tabelle 3, Anhang). Jeder Bogen umfasst ein DINA 4 Blatt, so dass alle relevanten Kriterien auf einen Blick sichtbar werden. In einem jeweils leeren Begleitblatt zu jedem Bogen ist es dann möglich, handschriftlich die Beobachtungen einzutragen, die aufgetreten sind und die in die Beurteilung der Gefährdung eingehen. Für jeden Bereich kann auch noch die Qualität der elterlichen Fürsorge oder der sozialen Situation auf einer Skala von 1 (sehr gut) bis 5 (deutlich unzureichend) eingeschätzt werden.

Der Erhebungsbogen zur *Beurteilung der elterlichen Erziehungsfähigkeit* entstand in Anlehnung an das Einordnungsschema zur „Erfüllung kindlicher Bedürfnisse" sowie den Einschätzungsbögen zur elterlichen Erziehungsfähigkeit und der dazu verwendeten Literatur des Online-Handbuches zur Kindeswohlgefährdung des Deutschen Jugendinstitutes (Kindler et al., 2006). Dieses Handbuch ist online allen Fachkräften leicht zugänglich, es ist inhaltlich und fachlich umfassend durch Literaturrecherchen abgesichert, und erlaubt es, bei Bedarf zeitnah und spezifisch Wissen abzurufen, um den Einschätzungsprozess zu erleichtern.

Bei der Einschätzung der elterlichen Erziehungsfähigkeit wird von den individuellen, altersabhängigen kindlichen Bedürfnissen ausgegangen. Zu klären ist, in welchem Umfang die Entwicklungsbedürfnisse eines Kindes durch seine Eltern oder andere Bezugspersonen erfüllt werden (können). Anhand von vier Bereichen elterlicher Fürsorge werden die Bedürfnisse von Kindern, ebenso wie mögliche Hinweise auf das Fehlen elterlicher Fürsorge, beispielhaft aufgeführt.

Im Bereich „Pflege und Versorgung" wird überprüft, inwieweit die physiologischen Bedürfnisse des Kindes in altersentsprechender Weise erfüllt werden. Unter „Bindung und Autonomie" werden die Beobachtungen zusammengefasst, die sich auf die Erfüllung der kindlichen Bedürfnisse nach Schutz, Sicherheit und sozialen Bindungen beziehen. Auch „Förderaspekt und Regelvermittlung" werden beurteilt. Hier geht es um die Vermittlung sozialer, kognitiver und emotionaler Erfahrungen in der Förderung und Auseinandersetzung des Kindes mit der Welt (Kindergarten, Schule, weitere soziale Umwelt). In der letzten Kategorie soll die „Persönlichkeit der Eltern" unter die Lupe genommen werden. Im Mittelpunkt steht die Frage, inwieweit die Eltern mit ihrer Persönlichkeit dem Bedürfnis ihrer Kinder nach emotionaler Stabilität und Einschätzbarkeit als Eltern sowie einer gesunden Hierarchie zwischen Erwachsenen- und Kindebene gerecht werden. Bei der Beurteilung der elterlichen Erziehungsfähigkeit sollen mögliche Ressourcen Beachtung finden und mit einbezogen werden.

Bei der Erstellung des *Beurteilungsbogens Soziale Faktoren* stand der Stuttgarter Kinderschutzbogen (Jugendamt Stuttgart 2002) Pate, der eine sehr differenzierte und vollständige Auflistung von Hinweisen auf Kindeswohlgefährdung gibt. Im Gegensatz zur Vorlage sollte der hier vorliegende Bogen auf relativ knappe und übersichtliche Weise zu einem qualitativen Urteil führen. Über die reine Aufzählung von Beobachtungen hinaus soll eine fachliche Einschätzung möglich sein. Auch hier werden – wie beim vorher beschriebenen Bogen – mögliche Hinweise auf sozial belastende Faktoren in folgenden fünf Bereichen aufgeführt: Die finanzielle Lage der Eltern, die Wohnumgebung, die soziale Eingebundenheit der Familie, Sucht- und Gefährdungsrisiken bei den Eltern oder mögliche Belastungen durch Migration.

*Mitwirkungsbereitschaft und Mitwirkungsfähigkeit der Eltern*

In § 8a, Absatz 2, SGB VIII ist darauf hingewiesen, dass auch die freien Träger bei den Personensorgeberechtigten auf die Inanspruchnahme angemessener Hilfen zur Gefährdungsabwendung hinwirken. Dies bedeutet in den Fällen, in denen die Beratung allein als Hilfe nicht ausreicht, die Darstellung und Betonung der Wichtigkeit und Notwendigkeit weiterführender und intensiverer Hilfen zur Erziehung. Die Erziehungsberechtigten oder der Jugendliche müsste dazu das Jugendamt aufsuchen und um weitergehende Hilfen nachsuchen. Diese Motivierungsarbeit ist seit jeher ein Schwerpunkt der Erziehungsberatungsarbeit, der nun in Gefährdungsfällen stärker strukturiert erfolgen soll. Hierzu ist es notwendig, die Bereitschaft und Fähigkeit der Eltern oder anderer Erziehungsberechtigter zur Mitwirkung zu prüfen und abzuwägen. Für die Einschätzung steht ein Einordnungsschema „Mitwirkungsbereitschaft und -fähigkeit" (siehe Tabelle 1, Anhang) zur Verfügung, das in ähnlicher Weise gestaltet ist, wie die beiden vorangegangenen Beurteilungsbögen. Inhaltliche Vorlage war auch hier der Stuttgarter Kinderschutzbogen (Jugendamt Stuttgart 2002), sowie die Empfehlungen der Bundeskonferenz für Erziehungsberatung (bke, 2006). Zunächst einmal soll nach dem hier vorliegenden Bogen geklärt werden, ob von den Erziehungspersonen eine unmittelbare Bedrohung für das Kind ausgeht. Ihre Fähigkeit zu Problemeinsicht und Kooperation und ihre Bereitschaft Hilfe anzunehmen wird überprüft und zusammenfassend beurteilt.

## Dokumentation und Information des Jugendamtes zur Sicherung des Kindeswohls

Bereits ab der Beurteilung der gewichtigen Anhaltspunkte für eine Kindeswohlgefährdung ist eine schriftliche Dokumentation durchzuführen. Das Ergebnis der Überlegungen über die jeweils weiteren Verfahrensschritte ist umgehend schriftlich und nachvollziehbar zu dokumentieren. Für die Beratungsstellen der KJF Regensburg wurde dazu eine Dokumentationsvorlage erstellt.

Reichen die in der Erziehungsberatungsstelle vorgenommenen Maßnahmen nicht aus oder sind die Personensorgeberechtigten nicht in der Lage oder bereit, die angebotenen Hilfen in Anspruch zu nehmen, sind weitergehende Maßnahmen des Jugendamts im Sinne eines umfassenden Schutzkonzepts erforderlich. Das Jugendamt muss dann – notfalls auch ohne Zustimmung der Eltern – informiert werden. Die Eltern werden aber in der Regel über die Meldung bereits im Rahmen der Beratung in Kenntnis gesetzt. Für die Meldung an das Jugendamt steht den Mitarbeitern/innen der KJF ebenfalls ein Formular zur Verfügung[2].

# Erste Zahlen zum Schutzauftrag und zu Erfahrungen mit dem Konzept

Das vorliegende Konzept der KJF stellt eine Leitlinie für die in den zehn Beratungsstellen tätigen Fachkräfte dar, nach der zu verfahren ist, sobald Verdachtsmomente für eine Kindeswohlgefährdung auftreten. Anfang 2007 wurden alle etwa 60 Kolleginnen und Kollegen mit dem Konzept in einer Schulung vertraut gemacht. Seitdem wird es in der Praxis angewandt und

---

2 Diese Dokumentationsbögen werden nicht abgedruckt, da dies den Rahmen des Beitrages sprengen würde und auch jede Einrichtung leicht eigene Dokumentationsverfahren in Abhängigkeit von ihren technischen und personellen Möglichkeiten entwickeln kann.

auf seine Tauglichkeit überprüft. Die Beraterinnen und Berater warfen Fragen auf, die in der weiteren Überprüfung beachtet und weiterverfolgt werden sollen. So stellte sich zum Beispiel die Frage, wann Eltern über die Meldepflicht informiert werden müssen. Schadet es nicht dem Vertrauensverhältnis zwischen Beratern und Klienten, wenn bekannt ist, dass auch Meldung an das Jugendamt gemacht werden muss? Die Fragen betrafen auch die Qualität und Validität der Risikoeinschätzung und die Zusammenarbeit nach der Übergabe an das Jugendamt.

Zum Jahreswechsel 2008/09 wurden die Kolleginnen und Kollegen zum Fallaufkommen im Jahr 2008 und zu den Erfahrungen in der konkreten Arbeit am Schutzauftrag befragt. Folgende erste Zahlen und Befunde ergaben sich nach dieser Erhebung:

Im Jahr 2008 wurden in den zehn Beratungsstellen in 64 Fällen Ersteinschätzungen einer möglichen Kindeswohlgefährdung vorgenommen. Mit einem Durchschnitt von 6,4 Fällen pro Beratungsstelle entspricht dies etwa den von Menne (2009) bundesweit für 2007 berichteten Ergebnissen von durchschnittlich 6 Fällen pro Beratungsstelle. In keinem Fall musste das Kind akut im Sinne eines Notfalles an das Jugendamt weitergeleitet werden. Ausführliche Gefährdungseinschätzungen wurden in 23 Fällen, also 35,9% der Ersteinschätzungen durchgeführt. Dies sind die Fälle, in denen eine Kindeswohlgefährdung in der Ersteinschätzung bejaht wurde, und die zu den ernsteren Fällen zählen, in den anderen zwei Dritteln konnte die Beratungsstelle – unter Umständen auch mit Hilfe anderer Einrichtungen – die Begleitung und Therapie eigenständig weiterführen.

In 25 Fällen, einem guten Drittel aller Ersteinschätzungen, wurde auch das Jugendamt hinzugezogen, jedoch nicht immer im Sinne einer Meldung nach § 8a. Lediglich in 4 Fällen musste das Jugendamt ohne die Zustimmung der Eltern informiert werden. Es gelingt in der Beratung also meist, die Eltern zu motivieren, einer Kooperation mit dem Jugendamt zuzustimmen, oder sich selbst beim Jugendamt zu melden. 39 Familien, also mehr als die Hälfte der Fälle, bei denen gewichtige Anhaltspunkte wahrgenommen worden waren, wurden allein in der Erziehungsberatungsstelle weiter betreut.

Im Vergleich zum Beratungsaufkommen der zehn KJF-Erziehungsberatungsstellen nimmt die Arbeit mit nach dem Schutzkonzept dokumentierten Kindeswohlgefährdungen einen geringen Anteil der Gesamtarbeit ein: Bei einer Beratungsleistung von 4.621 Beratungen der zehn Beratungsstellen im Jahr 2008 machen die Fälle, in denen Risikoabschätzungen vorgenommen wurden lediglich 1,4% aus, im Vergleich zu den im Berichtsjahr abgeschlossenen Fällen (3.337 Fälle) sind es 1,9%. Auch dies entspricht den von Menne (2009) für die Bundesrepublik berichteten Ergebnissen von 2% der abgeschlossenen Fälle.

In der jährlichen Statistik werden regelmäßig die Gründe für die Inanspruchnahme der Beratungsstellen erhoben. Aus einer Reihe von Merkmalen vergeben die Fachkräfte je Familie bis zu 5 Nennungen. Hier zeigt sich bei den KJF-Beratungsstellen eine Häufigkeit von 7,5% Nennungen von körperlicher oder sexueller Gewalt und Vernachlässigung in der Familie. Das heißt, dass derzeit nicht jede Beobachtung von Gewalt- oder Vernachlässigungstendenzen zu einer Risikoabschätzung führt. Auch hier lässt sich wieder eine Parallele ziehen zu den von Menne (2009) berichteten Ergebnissen. Auch er hatte von einer höheren Quote (4,6% der beendeten Beratungen) von Nennungen zu Anzeichen von Gewalt oder sexuellem Missbrauch im Vergleich zu den Risikoabschätzungen berichtet. In diesen Zahlen spiegelt sich aber auch wider, dass Erziehungsberatungsstellen auch nach Misshandlung und Gewalt an Kindern als pädagogisch-therapeutische Hilfe zur Erziehung genutzt werden, nicht selten gerade auf Empfehlung des Jugendamtes, z.B. bei Pflegekindern, die in der Herkunftsfamilie Gewalt erfahren haben (siehe auch den Beitrag von Scheuerer-Englisch u.a. in diesem Band).

Die Kollegen/innen der Beratungsstellen der KJF wurden auch gebeten, in eigenen Worten ihre Erfahrungen zur Arbeit gemäß § 8a und dem Schutzkonzept der KJF zu berichten. Zur Frage „Wie gestaltet sich die Zusammenarbeit mit dem Jugendamt bei § 8a?" fielen die Antworten recht unterschiedlich aus. Insgesamt entsteht der Eindruck, dass sich die Kooperation mit dem Jugendamt durch das Inkrafttreten des §8a und die damit verbundene vertragliche Verpflichtung noch nicht sehr verändert hat. Die Erziehungsberatungsstellen, die bereits vorher gut mit „ihrem" Jugendamt kooperiert hatten, berichten auch jetzt über eine gute Zusammenarbeit. So schreibt z.B. eine Beratungsstelle (stellvertretend für die Beratungsstellen, die positive Zusammenarbeit berichteten): „Sehr gut; es bestand schon immer eine vertrauensvolle Zusammenarbeit, die hier fortgesetzt wurde." Andere Beratungsstellen berichteten weniger positive Erfahrungen in der Zusammenarbeit mit dem Jugendamt: So schreibt z.B. eine Beratungsstelle: „EB informiert das Jugendamt in Fällen des Verdachts von Kindeswohlgefährdung, sofern die Verdachtsmomente im Rahmen der EB-Arbeit nicht ausgeräumt werden können. Die EB kann hierbei auch Vorschläge für weiteres Vorgehen anbieten. Das Jugendamt entscheidet aber ohne weitere Rücksprache über das künftige Vorgehen." Eine andere berichtet über eine eher zögerliche Zusammenarbeit, vor allem bestehe oft eine sehr unterschiedliche Interpretation, was unter Kindeswohlgefährdung zu verstehen sei. Eine dritte vermeldet „wenig strukturierte Kooperation, kaum aktiv als § 8a angemeldete Beratungsfälle, bisher gab es keine Gespräche über unser Konzept, sondern nur Kenntnisnahme (da die Jugendämter sehr mit der eigenen Nachfrage und Zunahme bei den § 8a-Fällen kämpfen und mit der Einrichtung der Koordinierenden Kinderschutzstellen[3] beschäftigt sind)".

Grundsätzlich waren von den Jugendämtern der befragten Beratungsstellen keine Initiativen erkennbar, bezüglich des Vorgehens beim Schutzauftrag in ein gezieltes fachliches Gespräch mit den Beratungsstellen einzutreten. Die Vertragszusätze aufgrund des Schutzauftrages wurden auf der administrativen Ebene dem Träger ohne große Diskussion mit Verweis auf die rechtlichen Vorgaben übermittelt und von diesem unterschrieben. Das Konzept der fachlichen Vorgehensweise der Erziehungsberatungsstellen wurde den Jugendämtern übermittelt. Es löste allenthalben Zustimmung und Anerkennung aus, aber noch keine Anstrengungen, aufgrund des Schutzauftrages gezielt das Gespräch im Netzwerk zu suchen und gemeinsame Strategien im Kindesschutz zu suchen.

Zur Frage: „Wie hat das Handlungskonzept die eigene Arbeit und die Auseinandersetzung mit dem Thema Schutzauftrag in der EB verändert?" wurde überwiegend berichtet, das Handlungskonzept gebe mehr Struktur und führe zu höherer Sensibilität dem Thema Kindeswohlgefährdung gegenüber. So schreibt eine Beratungsstelle: „Der Handlungsleitfaden ist hilfreich, weil er das Vorgehen klärt und weitgehend vorgibt. Dies gibt der betreuenden Fachkraft Sicherheit." Eine andere berichtet: „Das Handlungskonzept hat die Arbeit insofern verändert, dass mehr Sicherheit im Umgang mit der Gefahreneinschätzung herrscht und Möglichkeiten und Grenzen klarer definiert sind." Kritik besteht eher darin, dass mehr „Papierkrieg" entstehe. Eine Beratungsstelle berichtet, im Fachlichen habe sich die Arbeit nicht verändert, denn auch vorher sei schon bei Fällen von Kindeswohlgefährdung eine Risikoabwägung mit Rücksprache im Team erfolgt, die Eltern seien in der Regel in die Entscheidung einbezogen worden, und eine schriftliche Meldung sei an das Jugendamt erfolgt, wenn dies notwendig geworden sei. Die strukturierten Dokumentationsformulare und Meldebögen an das Jugendamt seien da eher zusätzliche Arbeit. Das entspricht den Ergebnissen der Evaluation des Stuttgarter Kinderschutzbogens (Reich u.a. 2009), bei dem Leitungskräfte und Basisfachkräfte getrennt befragt wurden. Die Leitungskräfte berichteten mehrheitlich eine Qualifizierung der Kinderschutzarbeit, die ihrer Meinung nach auf systematischerer Recherche und planvollerem und eindeutigerem Erfassen der Sachverhalte beruhte. Die Basisfachkräfte hatten das Verfahren als Hilfe bei der Informationssammlung und als Möglichkeit zur Überprüfung eigener Fallbeurteilungen schät-

---

3 Koordinierende Kinderschutzstellen sind ab dem Jahr 2009 vom Land Bayern geförderte, neu zu schaffende Stellen in den bayerischen Jugendämtern. Die Fachkräfte haben insbesondere die Aufgabe, die Kinderschutzanstrengungen der Jugendämter zu intensivieren, die Koordinierung zu übernehmen und regionale Netzwerke für die Versorgung und Begleitung gefährdeter Familien vor allem im Kleinkindbereich zu knüpfen (Hillmeier; Sauter 2009).

zen gelernt. Bei der Frage nach der Praktikabilität hatten die Leitungsfachkräfte überwiegend eine Erleichterung der Arbeit berichtet, während die Basisfachkräfte dies verneinten.

Die Befürchtungen der Beraterinnen und Berater der KJF, der Charakter der Erziehungsberatungsarbeit verändere sich durch die Einführung des § 8a und das Vertrauensverhältnis verschlechtere sich durch die gesetzliche Meldepflicht, bestätigten sich bisher nicht. Die Arbeit mit Kindeswohlgefährdungen macht nur einen geringen Teil der Erziehungsberatungsarbeit aus. Gerade durch das fachlich strukturierte Vorgehen gelingt es eher leichter, die Erziehungsberechtigten darauf hinzuweisen, dass die Abwehr von Kindeswohlgefährdung eine eigenständige Aufgabe ist, die nicht mehr der Zustimmung der Eltern allein unterliegt.

## Fallbeispiele aus der Praxis

Im Folgenden werden drei Fallbeispiele[4] geschildert, die erste Erfahrungen mit dem Schutzkonzept und Konstellationen der Zusammenarbeit mit dem Jugendamt aufzeigen.

*Beispiel 1:*
*Meldung an das Jugendamt zur Abwehr einer Gefährdung ohne Zustimmung des Sorgeberechtigten*

Die Lebensgefährtin des Vaters des 11-jährigen Leon meldet sich an der Beratungsstelle, da sie sich Sorgen um das Kind macht. Der Junge lebte seit der Trennung der Eltern vor ca. 6 Jahren bei der Mutter. Auf Grund heftiger Auseinandersetzungen zwischen Mutter und Sohn und nach Diebstählen des Kindes in verschiedenen Geschäften holte der Vater ihn vor einem Jahr zu sich und seiner Lebensgefährtin, mit der er zusammenlebt.

Leon zeigt selbstverletzendes Verhalten und weist Kratzspuren am ganzen Körper, auch im Gesicht auf. Die Lebensgefährtin berichtet von Streunen und weiter andauernden Diebstählen. Der Junge wirkt bezüglich seiner Stimmung im Familiengespräch apathisch und depressiv-traurig. Der Vater nimmt eine stark anklagende Haltung ihm gegenüber ein. Die Lebenspartnerin des Vaters ist sehr vorsichtig und zurückgezogen, sie wagt es nicht, sich direkt in die Erziehung einzumischen.

In der *Ersteinschätzung* wird auf Grund der beschriebenen Verhaltensweisen und der Stimmung des Kindes festgehalten, dass gewichtige Anhaltspunkte für eine Kindeswohlgefährdung im Bereich der körperlichen Unversehrtheit, der sozialen Integration und der Entwicklung psychischer Sym-

---

4 Die berichteten Beispiele sind anonymisiert und so verändert, dass die Falldynamik nachvollziehbar bleibt, aber keine Rückschlüsse auf den konkreten Fall möglich sind.

ptome (depressive Entwicklung) vorliegen, die eine strukturierte Gefährdungseinschätzung und Planung der weiteren Maßnahmen sinnvoll machen.

Zur weiteren *strukturierten Gefährdungsabschätzung* werden in einem zweiten Gespräch Informationen zum Erziehungsverhalten des Vaters und seiner Partnerin, zur sozialen Situation der Familie und zur Mitwirkungsbereitschaft der beteiligten Personen eingeholt. Folgende wichtige Befunde ergeben sich:

Die Versorgung der Familie hinsichtlich Wohnsituation, Ernährung und Kleidung ist gewährleistet. Dem Vater gelingt es jedoch nicht, sich in die emotionalen Bedürfnisse des Jungen, insbesondere nach jugendtypischer Autonomie einerseits und nach Liebe und Unterstützung durch die erwachsenen Familienmitglieder andererseits einzufühlen. Lautstark, drohend, beschimpfend und bestrafend versucht er seine Regeln durchzusetzen und gibt so selber ein Vorbild unnachgiebigen Beharrens auf eigenen Standpunkten ab. Der Vater verliert schnell die Fassung und neigt zu Aggressionen und Wutausbrüchen. Die Partnerin des Vaters andererseits wirkt eingeschüchtert, erlebt sich finanziell vom Partner abhängig, passt sich nach außen an, und zeigt Kritik nur verhalten und indirekt. In den Konflikten zwischen Vater und Kind kann und will sie nicht Stellung beziehen.

In sozialer Hinsicht ist die Familie weitgehend isoliert. Der Vater zog mit seiner neuen Lebensgefährtin vor zwei Jahren in eine Kleinstadt und unterhält, abgesehen von den Kontakten am Arbeitsplatz keinerlei Kontakte zur Nachbarschaft, zu Vereinen oder Freunden. Auch Leon ist sozial isoliert, in keine Gruppen oder Vereine integriert und Einzelgänger. Die Anforderungen der Hauptschule kann er gerade eben erfüllen, in der Schule selbst ist er wenig auffällig, da er nicht integriert ist und noch keine Kontakte aufbauen konnte.

In der strukturierten Einschätzung ergibt sich auf Grund der festgestellten Gefährdungssituation und geringer Ressourcen ein dringender Handlungsbedarf. Folgende Handlungsschritte werden festgelegt: Zur Abwendung des Gefährdungsrisikos wird die Beratung und Begleitung der Familie im Rahmen der Erziehungsberatung als eine mögliche erste Hilfe betrachtet, sofern die Mitwirkungsbereitschaft der Familie gegeben ist. In regelmäßigen Kontakten mit der Beraterin/Therapeutin, soll das Kind die Möglichkeit erhalten, über seine Gefühle, seine Wünsche nach Nähe und Autonomie, seine Bedürfnisse nach sozialen Kontakten und nach Konfliktlösungen in der Familie, die auch ihre Vorstellungen mit einbinden, zu sprechen und Unterstützung zu erleben.

Dem Vater sollen Beratungskontakte mit dem Ziel angeboten werden, mehr Verständnis für die Bedürfnisse seines heranwachsenden Kindes, mehr Einfühlung und Perspektivenübernahme gegenüber dem Kind und eine hilfreiche Konfliktlösungsfähigkeit in familiären Angelegenheiten entwickeln zu können. Die Gefahreneinschätzung durch das Team und die vorgeschlagenen Sofortmaßnahmen sollen mit der Familie umgehend besprochen werden.

Im folgenden Gespräch wird den Beteiligten die Sorge um die Entwicklung des Kindes und die Erfordernis von verlässlichen Terminen mitgeteilt. Leon ist an regelmäßigen Kontakten zur Beraterin/Therapeutin an der Einrichtung sehr interessiert und erhofft sich dadurch Verständnis und Unterstützung in der Bewältigung seiner Sorgen. Auch der Vater erklärt sich grundsätzlich zur Mitarbeit bereit, sofern er gebraucht werde, wünscht sich aber doch in erster Linie eine Verhaltensänderung seines Sohnes. Seine Mitwirkungsbereitschaft wird zu diesem Zeitpunkt als mittel bis gering bewertet. Es bleibt auch weiter zu beobachten, inwieweit er fähig ist, seinen Anteil an der Veränderung der Situation und des Verhaltens in der Beratung zu reflektieren.

Es finden in der Folge im Rahmen des anvisierten Schutzkonzeptes vier wöchentliche Beratungsgespräche mit dem Jungen statt, die von ihm als hilfreich erlebt werden. Parallel werden zwei Gespräche mit dem Vater und seiner Lebensgefährtin geführt. Nach zwei Sitzungen erscheint der Vater ohne Entschuldigung nicht mehr und bringt auch den Jungen nicht mehr zur Beratung, der auf Grund der ungünstigen Verkehrsverbindungen auf den Transport durch den Vater angewiesen ist. Nach mehreren Telefonaten mit dem Vater, in denen jeweils neue Termine vereinbart, diese aber wegen vorgegebener Zeitprobleme nicht eingehalten werden, wird noch einmal explizit auf die fachliche Sichtweise der Kindeswohlgefährdung und der aufgrund der Situation notwendigen Maßnahme einer Information des Jugendamtes hingewiesen. Als der Vater dennoch zum nächsten Termin nicht erscheint, wird das Jugendamt über die Gefährdungsmerkmale, die Ergebnisse der Gefährdungseinschätzung und die Notwendigkeit weiterer Hilfen informiert und der Vorschlag unterbreitet, der Familie eine Sozialpädagogische Familienhilfe anzubieten.

Das Jugendamt geht nun seinerseits auf die Familie zu und bietet weitere Hilfen zur Erziehung an. Nach letzten Informationen wird für Leon eine Erziehungsbeistandschaft mit dem Vater vereinbart.

Es bleibt aus Sicht der Beratungsstelle fraglich, inwieweit die aktuelle Hilfe angemessen und ausreichend ist. Eine Fortführung der Angebote der Erziehungsberatung, insbesondere die Therapie für den Jungen wären denkbar, allerdings würde dies von Seiten des Jugendamtes ein entsprechendes Handeln erfordern, da dieses nun in der Verantwortung ist, das weitere Schutzkonzept zu entwickeln und zu begleiten. Mit der Beratungsstelle wäre dann eine verbindliche Kooperation möglich und auf Seiten des Jugendamtes eine verantwortliche Person erforderlich, die die Sicherstellung der Termine übernimmt. Von Seiten der Beratungsstelle wären auch aufsuchende Möglichkeiten der Arbeit (LAG Bayern 2009) denkbar, die aber zusätzliche

Ressourcen zeitlicher und finanzieller Art erforderlich machen, die eine vertragliche Kooperation mit dem Jugendamt über entsprechende Leistungen voraussetzen würden. Weiter wäre die Einschaltung einer koordinierenden Kinderschutzfachkraft, die beim Jugendamt für die Begleitung latent gefährdeter Familien und die zuverlässige Kooperation mit Hilfeeinrichtungen zuständig ist, ausgesprochen sinnvoll.

*Beispiel 2:*
*Angebote von Erziehungsberatungsstelle und Jugendamt zur Abwehr einer Gefährdung mit Zustimmung der Sorgeberechtigten*

Die Großmutter mütterlicherseits eines neunjährigen Mädchens, wendet sich telefonisch an die Beratungsstelle. Sie wünsche eine Beratung, da sie häufig beobachte, dass ihr Enkelkind Diana ein aggressives und aufbrausendes Verhalten gegenüber der Mutter zeige, in dessen Folge sie von der allein erziehenden Mutter zum Teil massiv geschlagen werde.

Auf Grund des konkreten Hinweises auf die körperlichen Misshandlungen und der damit einhergehenden Kindeswohlgefährdung wird zunächst der Großmutter innerhalb von zwei Tagen ein Termin für ein Erstgespräch angeboten, welchen diese auch wahrnimmt.

In diesem Gespräch berichtet sie, dass sich die Mutter von Diana kurz nach der Geburt des Mädchens von deren Vater getrennt habe, sie war zu diesem Zeitpunkt 19 Jahre alt. Anschließend lebte sie wieder im elterlichen Haushalt bei ihr, so dass die Großmutter die Mutter in der Versorgung und Betreuung des Kindes unterstützen konnte, diese Aufgaben zeitweise sogar ganz – zusammen mit ihrem Lebensgefährten – übernahm. Vor ca. einem Jahr trennte sich die Großmutter nun von diesem Mann und bezog eine eigene Wohnung, seither laste die gesamte Erziehungsaufgabe für Diana bei der Mutter, die in Folge ebenfalls umgezogen war. Die Großmutter berichtet über eine Häufung von Konflikt- und Streitsituationen zwischen Diana und ihrer Mutter, die von Seiten der Mutter regelmäßig mit körperlichen Übergriffen beendet werden. Die Großmutter sieht ihre Tochter mit der Erziehung von Diana überfordert und bittet um Unterstützung.

In einer *Ersteinschätzung* durch die fallführende Fachkraft und der Leitung wird von einer Gefährdung des Kindes und der Notwendigkeit einer strukturierten Gefährdungseinschätzung ausgegangen.

Zur folgenden Sitzung werden die Mutter und das Kind Diana eingeladen und in die Beratung einbezogen. Sowohl die Mutter als auch die Tochter bestätigen die körperlichen Übergriffe. Die Mutter gibt zu, sie habe sich nicht immer unter Kontrolle, schlage dann ihre Tochter und es komme immer wieder zu lang andauernden lautstarken Auseinandersetzungen.

Die anschließende *strukturierte Gefährdungseinschätzung* der fallführenden Fachkraft zusammen mit dem Fachteam der Beratungsstelle ergibt folgendes Bild: In der elterlichen Erziehungsfähigkeit zeigt sich ein hoch belastetes Verhältnis von Diana zur Mutter, die kaum die Funktion einer Bindungsperson erfüllen kann. Dies ist zum einen durch die Misshandlungen, aber auch die teilweise umfassende Übernahme der Bindungsfürsorge durch die Großmutter bedingt. Die Mutter kann sich deshalb in der Erziehung nicht durchsetzen. Die Mutter zeigt aber auch deutlich unfeinfühliges Fürsorgeverhalten gegenüber ihrer Tochter, kann Nähe- und Fürsorgewünsche kaum erkennen, ist ungeduldig und unzufrieden mit der Erziehungsaufgabe und gibt selbst an, damit überfordert zu sein. Bei der Mutter ist davon auszugehen, dass sie nur über eine eingeschränkte Selbstkontrolle verfügt, auch ihre sozial-kognitiven Fähigkeiten zur Reflexion der Folgen des eigenen Erziehungs- und Beziehungsverhaltens fehlen fast vollständig.

Bezüglich der sozialen Faktoren bei der Mutter fallen die anhaltende Unselbstständigkeit, eine fehlende stabile Partnerschaft und wechselnde kurze Bekanntschaften mit Männern auf. Sie hat keine feste Stelle und verfügt über keine Berufsausbildung, immer wieder ist sie auf ihre Mutter angewiesen, gegenüber der sie aber nicht rebelliert, sondern sich eher versorgen lässt. Sie hat aber wenig eigene Impulse zur Gestaltung ihres Lebens.

Bei der Einschätzung der Mitwirkungsbereitschaft und -fähigkeit wird festgehalten, dass die Mutter sich bezüglich der Misshandlungen einsichtig zeige und für Hilfsangebote offen sei. Unklar bleibt jedoch, inwieweit sie Hilfsangebote im Rahmen der Beratung tatsächlich umsetzen können wird, da der Beratungsansatz eine zumindest teilweise aktive Veränderungshaltung erforderlich macht.

Als Ergebnis der strukturierten Gefährdungseinschätzung ergibt sich, dass eine Gefährdung des Kindes durch die Mutter vorlag und weiter vorliegt. Um eine weitere Gefährdung des Kindes zu unterbinden, soll nach dem *vorgesehenen Schutzkonzept* mit der Mutter und der Großmutter folgendes vereinbart werden: Diana soll bis auf weiteres von der Großmutter betreut und erzogen werden, da die Mutter zwischenzeitlich zu ihrem neuen Partner ziehen will, von dem sie ein Kind erwartet. Die Großmutter hatte die Bereitschaft dazu schon vorab signalisiert, kritisch war die Zustimmung der Mutter. Um die Hausaufgabenbetreuung und damit verbundene Probleme zu bewältigen, soll Diana in einer Nachmittagsbetreuung angemeldet werden. Die Großmutter und die Mutter sollten in einen kontinuierlichen Beratungsprozess an der Beratungsstelle eingebunden werden.

Sowohl die Mutter als auch die Großmutter stimmen in einem weiteren Gespräch den Überlegungen der Beratungsstelle zu, diese können in der Folge umgesetzt werden.

Mutter und Großmutter werden durch Beratungstermine im Abstand von ein bis zwei Wochen weiterhin durch die fallführende Fachkraft betreut, um sie bei der Erziehungsaufgabe zu unterstützen. Die Beratungsinhalte beziehen sich auf die Neustrukturierung des Lebensumfeldes von Mutter, Großmutter und Kind. Mit der Großmutter wird daran gearbeitet ihre Erziehungskompetenzen zu erweitern.

Durch diese Maßnahmen wird erreicht, dass in der Folgezeit eine weitere Gefährdung des Kindes abgewendet werden kann.

Allerdings zeigt Diana weiterhin problematisches Verhalten (z.B. Sachbeschädigungen, Diebstähle und aggressives Verhalten), sodass sich die Großmutter nun zunehmend mit der Erziehung ihrer Enkelin überfordert sieht. Dies führt dazu, dass die Mutter mit der aktiven Unterstützung der fallführenden Fachkraft Kontakt zum Jugendamt aufnimmt.

Den Beteiligten wird im Rahmen der Hilfeplanung von Seiten des Jugendamtes schließlich vorgeschlagen für Diana eine Hilfe zur Erziehung in einer stationären heilpädagogischen Einrichtung zu beantragen. Dies wird von der Mutter akzeptiert und auch die Tochter und die Großmutter können sich nach und nach darauf einlassen.

Zusammenfassend ist anzumerken, dass durch das strukturierte Vorgehen an Hand des Leitfadens zur Sicherstellung des Schutzauftrages zum §8a SGB VIII die akute Misshandlung des Kindes gut und gezielt abgewehrt werden konnte. Die Ressourcen im Familiensystem stellten sich jedoch in der weiteren Entwicklung als so gering heraus, dass die ambulante intensive Unterstützung der Beratungsstelle nicht ausreiche und ein Verbleib des Kindes sowohl bei der Mutter als auch bei der Großmutter nicht mehr möglich war. Die Arbeit an der Beratungsstelle vor Einschaltung des Jugendamtes führte dazu, dass die Beteiligten eine gewisse Einsicht in die Bedürfnisse des Kindes und die eigenen Möglichkeiten gewinnen konnten und so die weitergehende Hilfe gut annehmen konnten. Hilfreich und unterstützend wirkte sich auch aus, dass alle Beteiligten zu jedem Zeitpunkt über die Vorgehensweise der Beratungsstelle informiert und einbezogen waren.

*Beispiel 3:*
*„Behandlung" durch die Erziehungsberatungsstelle ohne Einbeziehung des Jugendamtes zur Abwehr einer Gefährdung*

Eine Studentin meldet sich bei der Beratungsstelle. Ihre zehnjährige Nachhilfeschülerin Svenja sei verstört und mit roten Fingerabdrücken auf der Wange zum Unterricht erschienen. Sie habe ihr erzählt, dass die Mama sie geschlagen habe. Die Beraterin vereinbart mit der Anruferin folgendes: Sie solle die Mutter anrufen, ihr mitteilen, dass sie die Misshandlungsspuren gesehen habe und sich von Fachleuten beraten lassen habe. Diese hätten ihr von dem Schutzauftrag erzählt und dass es die Möglichkeit gäbe, dass sie sich als Mutter freiwillig beraten lassen könne. Für diesen Fall teilt die Studentin der Mutter die Adresse und Telefonnummer der Beratungsstelle mit. Falls die Mutter im Telefonat keine Bereitschaft dazu erkennen lasse, solle die Studentin wieder anrufen und die Beratungsstelle werde mit ihr zusammen das weitere Vorgehen besprechen, z.B. die Information des Jugendamtes oder eine erneute Kontaktaufnahme der Mutter. Die Studentin ruft anschließend die Mutter an. Diese hat ihren Aussagen nach schon mit dem Anruf gerechnet, sie gibt zu, die Tochter geschlagen zu haben und ist über das Angebot der Beratung sehr froh. Sofort nach diesem Telefonat meldet sie sich an der Beratungsstelle an. Sie bekommt am nächsten Tag einen ersten Termin. Es stellt sich heraus, dass die allein erziehende Mutter seit etwa einem halben Jahr mit der Tochter zunehmend massive Konflikte erlebt, nachdem die Schulleistungen nachgelassen haben und die Tochter gleichzeitig nicht mehr auf die Mutter hört, sie stattdessen beschimpft oder einfach die Wohnung verlässt. In der daraufhin entstehenden Hilflosigkeit und Wut bei der Mutter sei es wiederholt zu Schlägen ins Gesicht und auf den Körper gekommen, auch Ziehen an den Haaren oder Schubsen. Ähnliche Eskalationen seien schon einmal im sechsten Lebensjahr vorgekommen, nach einer damals ebenfalls erfolgten Beratung habe sie sich wieder stabilisieren können, es seien keine Übergriffe vorgekommen. Sie gibt die aktuellen Misshandlungen zu, übernimmt vollständig die Verantwortung dafür und entlastet im Gespräch und Beisein der Tochter diese von der Verantwortung für die Schläge: „Das ist meine Verantwortung und Schuld, dass ich dich geschlagen habe. Das war verkehrt und ein Fehler und tut mir sehr leid. Das darf nicht mehr passieren."

Bei der *Ersteinschätzung im Team* wird eine umfassende Mitwirkungsbereitschaft der Mutter bei einer aktuell aber bestehenden Gefährdung festgestellt. Nachdem die Tochter schon zehn Jahre alt ist, im Gespräch gut einzubinden war und die die Mutter über gute Ressourcen, z.B. ein stabiles Arbeitsverhältnis, eine weitgehend konfliktfreie und stützende Partnerbeziehung zu einem Lebensgefährten (der jedoch nicht in der Familie wohnt) verfügt, sie die Verantwortung für die Misshandlung vor dem Kind übernommen hat, sowie Offenheit und Verständnis gegenüber den § 8a-Erfordernissen an den Tag legte, wird keine weitere strukturierte Gefährdungseinschätzung vorgenommen. Erziehungsberatungsgespräche für Kind und Mutter werden als angemessene Hilfe angeboten und die prozessbegleitende Beobachtung intensiviert. Die Mutter nimmt das Beratungsangebot gerne an.

Die *Beratung* umfasst zwölf Sitzungen in wechselnden Settings (Mutter alleine, Kind alleine, Teilfamilie) im Zeitraum von 6 Monaten. Themen sind: Die gründliche Nachbesprechung und Würdigung der Folgen der Misshandlungen in der Mutter-Kind-Beziehung, die Vereinbarung und Selbstverpflichtung der Mutter, dass so etwas nicht mehr passieren darf, Handlungsmöglichkeiten für das Mädchen, falls es doch wieder passieren sollte, z.B.

Anruf in der Beratungsstelle, Einschalten des Lebensgefährten der Mutter, Bearbeiten der psychischen Hintergründe der Hilflosigkeit der Mutter und ihrer Überreaktionen; konkrete Handlungsalternativen in schwierigen Situationen.

In der begleitenden Prozessbeobachtung wird deutlich, dass die Beziehung zwischen Mutter und Tochter eine letztlich liebende, innige und tragfähige Basis darstellt, innerhalb derer die Belastung bearbeitet werden kann und eine klare Beruhigung und Normalisierung erfolgt. Die Beratung wird einvernehmlich beendet und ein Anruf der Beraterin bei der Mutter nach einem halben Jahr vereinbart, um sich über die weitere Entwicklung zu erkundigen. Mutter und Tochter wird die Möglichkeit, sich bei Bedarf wieder anmelden zu können, deutlich aufgezeigt und eine schnelle und unbürokratische Terminvergabe zugesichert.

Eine Anmerkung zu dem letzten Fallbeispiel: Erziehungsberater/innen erleben es relativ häufig, dass Eltern nach einigen Beratungsstunden und im Vertrauen auf die Beratungsbeziehung zugeben, dass ihnen bei der Erziehung schon mal „die Hand ausrutscht" oder sie schon alles „im Guten und im Bösen" probiert hätten. Es ist gerade das Ziel der Beratung, dieses Vertrauen herzustellen, damit sich gefährdete Eltern öffnen und ihre beziehungsbelastenden und zum Teil entwicklungsgefährdeten Erziehungsmuster in den Blick kommen und verändert werden können. Nicht immer gelingt dies auch ganz schnell. Wesentlich für den/die Berater/in ist jedoch, ob die Eltern während des Beratungsprozesses offen bleiben und ehrlich versuchen, ihr Erziehungsverhalten durch die Beratung zu ändern. Die Neueinführung des § 8a führt in diesen Fällen dazu, viel genauer überlegen zu müssen, ob auch hier eine Gefährdungseinschätzung erfolgen sollte und wann und wie der strukturierte Prozess einsetzen sollte. Bislang war die Mitwirkungsbereitschaft in der Beratung das Kriterium, hier nicht gleich von einem Fall nach § 8a auszugehen. In Zukunft sollten in diesen Fällen die Gefahren für das Kindeswohl noch genauer in den Blick genommen werden. Die Zuordnung zu einem Fall nach § 8a sollte aber dennoch eng gehalten werden, und auf die wirklichen Gefährdungsfälle beschränkt werden, um Familien nicht zu stigmatisieren und die positiven Entwicklungspotentiale des Beratungssettings optimal nutzen zu können

## Abschließende Überlegungen

Das Umgehen mit einer möglichen Gefährdung des Kindeswohls gehört zu den schwierigsten Aufgaben der Jugendhilfe. Verdachtsmomente müssen abgewogen werden, die Zusammenarbeit mit den Eltern bzw. Erziehungspersonen soll so weit wie möglich erhalten bleiben, Ressourcen in der Familie sollen möglichst genutzt werden, die Durchbrechung der Schweigepflicht wird Thema. Die Ergänzung des SGB VIII um den § 8a bietet zwar mehr Rechtssicherheit, aber in der Praxis sehen die Konflikte, denen die

Berater gegenüberstehen, doch ähnlich aus wie vor der gesetzlichen Neuregelung.

Nach unserer Einschätzung bietet die mit einem hohen Vertrauensschutz ausgestattete Beratungssituation in den Erziehungsberatungsstellen einen guten und wertvollen Rahmen, um nicht gelingendes Erziehungsverhalten und insbesondere die dahinter liegenden psychodynamischen Zusammenhänge pädagogisch und therapeutisch für eine Veränderung zugänglich zu machen. Daneben gilt es, die sozialen und lebenslagenbezogenen Faktoren bewusst im Blick zu haben und entsprechende Hilfen der Erziehungsberatung, aber auch der Jugendhilfe insgesamt, gezielter und verbindlicher anbieten zu können. In diesem Zusammenhang kann die Erziehungsberatung zunehmend auch aufsuchende und lebensweltbezogene Angebote vorhalten, bei denen die klinisch-therapeutischen Kompetenzen nahe und verbindlich an die Familien herangetragen werden (siehe z.b. LAG Erziehungsberatung Bayern 2009; Scheuerer-Englisch, Fröhlich 2009; bke 2004). Dazu sind jedoch wesentlich stärker verbindliche Vereinbarungen mit den Jugendämtern und anderen Einrichtungen, insbesondere dem Gesundheitswesen und auch den Schulen und Kindergärten erforderlich, damit kein gefährdetes Kind durch das Netz fällt. Bei älteren Kindern gelingt dies bereits besser, in der aktuellen Fachdiskussion wurde aber klar erkannt, dass gerade in den ersten drei Lebensjahren des Kindes eine gelingende Zusammenarbeit zwischen Gesundheitswesen und Jugendhilfe weitgehend erst aufgebaut werden muss (Fegert u.a. 2008; Ziegenhain u.a. 2009).

Die Rückmeldungen der KollegInnen haben gezeigt, dass ein strukturiertes Vorgehen, wie hier vorgestellt, die Sensibilität für Gefährdungsvorgänge erhöht und die fachliche Verpflichtung stärker wird, solange verbindlich an der Beratung festzuhalten, bis eine klare Perspektive für das Wohlergehen des Kindes durch ein Schutzkonzept an der Beratungsstelle allein oder zusammen mit dem Jugendamt ersichtlich wird. Dabei ist es insgesamt selten, dass das Jugendamt ohne Zustimmung der Sorgeberechtigten informiert werden muss.

Auch in der Zukunft müssen weitere Themen im Zusammenhang mit § 8a diskutiert werden und Lösungen gefunden werden, so z.B. die Fragen: Wie gestaltet sich die Zusammenarbeit mit dem Jugendamt nach einer Meldung? Wie gehen Mitarbeiter/innen von Beratungsstellen damit um, wenn die Einschätzung des Jugendamtes von der eigenen abweicht? Sollen Beratungsstellen als „erfahrene Fachkräfte" für andere Einrichtungen herangezogen werden oder gar Gutachten erstellen? Wie ist mit weiteren Institutionen, wie Polizei, Gericht etc. umzugehen?

Die ersten Erfahrungen im Beratungsstellenverbund der KJF haben gezeigt, dass nach wie vor die Zusammenarbeit mit den Jugendämtern häufig ungeklärt ist und Einschätzungen von Kindeswohlgefährdung voneinander abweichen. Hier werden die nächsten Aufgaben der Zukunft deutlich. Gerade an den Schnittstellen sind in der Jugendhilfe genaue Absprachen und Verfahrensregelungen notwendig. Dies unterstreicht noch einmal die erste bundesweite Fehleranalyse, die häufige Schwachstellen im Kinderschutz aufspüren sollte (Fegert et. al. 2008). Folgende Hauptfehlerquellen wurden identifiziert: Das Mehr-Augen-Prinzip wird außer Acht gelassen, so dass sich keine Chance zur Korrektur von Fehleinschätzungen ergibt. Zuständige Fachkräfte im Jugendamt verlassen sich auf Aktenaussagen allein und verschaffen sich keinen persönlichen Eindruck von der betreffenden Familie. Somit wird das volle Ausmaß der Gefahr nicht erfasst. Ämter verlassen sich auf Berichte aus zweiter Hand und unternehmen keine eigenen Recherchen. Informationen werden aus mangelnder Dokumentation nicht vollständig weitergegeben. Wichtige Informationen werden oft aus Gründen der Schweigepflicht nicht weitergegeben. Verantwortlichkeiten sind nicht klar geregelt. So kommen Fegert et al. zu dem Schluss, dass effektiver Kinderschutz klare Regeln und ein klug abgestimmtes Zusammenspiel aller Verantwortlichen braucht und nur in einem Klima vertrauensvoller und transparenter Zusammenarbeit gelingen kann. Derzeit sind alle Jugendämter aufgrund erhöhter Meldungszahlen unter Druck, aber gleichzeitig ist es ihre Aufgabe, den Kindesschutz zu strukturieren und zu organisieren. Hier muss jede einzelne Beratungsstelle ansetzen und mit „ihrem" Jugendamt in Diskussion treten, um Verantwortlichkeiten abzuklären und Vorgänge festzuschreiben.

Dazu gehören auch dringend Absprachen darüber, was unter Kindeswohlgefährdung zu verstehen ist, ab wann man von „gewichtigen Anhaltspunkten" sprechen kann. Fachkräfte in Erziehungsberatungsstellen legen in der Regel psychologische Kriterien zugrunde, die auch Beeinträchtigungen der psychisch gesunden Entwicklung von Kindern mit beinhalten. In den Jugendämtern liegt der Blick hingegen mehr auf der äußeren Versorgungslage oder klaren Anzeichen von Gewalt. In diesem Zusammenhang wäre es sicher spannend, auch die Reliabiliät des KJF-Handlungsleitfadens zu untersuchen, der auf eine überwiegend psychologische Beurteilung von Erziehungsfähigkeit, Sozialen Faktoren und Mitwirkungsbereitschaft der Eltern baut. Der Stuttgarter Kinderschutzbogen hatte bei der Beurteilung vorgegebener Fallvignetten durch mehrere Fachkräfte eine gute Übereinstimmung erzielt (Reich u.a. 2009). In seinem Vortrag zu Kindesschutz in der Erziehungsberatung positioniert sich Menne klar: „Kindesschutz muss, wenn er Gefährdungen nicht bloß konstatieren, sondern vielmehr verhindern soll, nach vorn verlagert werden" (Menne 2007, S. 527). Es geht seiner Meinung nach darum, „frühzeitig erste Gefährdungsanzeichen zu erkennen, noch bevor eine akute Gefährdung des körperlichen oder seelischen Wohls eines Kindes oder Jugendlichen unmittelbar bevorsteht. Angebote zur Förderung der Erziehung und erzieherische Hilfen können zu einem solchen Zeitpunkt noch die Situation in einer Familie stabilisieren und dazu beitragen, eine mögliche Gefährdung des Kindes abzuwenden" (S. 527). Er erläutert in seinen Ausführungen, dass „gewichtige Anhaltspunkte" nicht unbedingt in jedem Fall eine familiengerichtliche Entscheidung nach § 1666 Abs. 1 BGB nach sich ziehen müssen. Sie würden hingegen die Möglichkeit einer zukünftig eintretenden Entwicklung belegen, die das Wohl des Kindes oder Jugendlichen nachhaltig beeinträchtige. Innerhalb einer Spanne von starken Belastungen eines Kindes und manifester Kindeswohlgefährdung seien präventive Maßnahmen möglich und notwendig. Somit sei in § 8a auch die Aufgabe beinhaltet, betroffene Kinder und Jugendliche frühzeitig durch Angebote der Jugendhilfe zu unterstützen. Erziehungsberatung erfüllt damit durch die Stärkung elterlicher Kompetenzen per se einen wichtigen präventiven Auftrag im Kinderschutz.

In einer Zeit der Sensibilisierung für Kindeswohlgefährdungen fehlt aber dennoch weitgehend das Bewusstsein für Vorboten von negativen Entwicklungen oder für zwar subtile, aber nicht weniger nachhaltige Formen von Beeinträchtigungen des Kindeswohls. Hier aufklärend und nachhaltig für das Kindeswohl einzutreten, stellt eine spezifische Herausforderung für Erziehungs-, Jugend- und Familienberatung dar.

## Literatur

ZBFS – Bayerisches Landesjugendamt/Landesjugendhilfeausschuss (2006): Empfehlungen zur Umsetzung des Schutzauftrags nach § 8a SGB VIII München, den 15.03.2006, Download: http://www.blja.bayern.de/imperia/md/content/blvf/ bayerlandesjugendamt/schutzauftrag_8a.pdf

Bundeskonferenz für Erziehungsberatung (Hrsg.) (2004): Arme Familien gut beraten. Hilfe und Unterstützung für Kinder und Eltern. Fürth: Selbstverlag.

Bundeskonferenz für Erziehungsberatung (bke) (Hrsg.) (2006): Kindesschutz und Beratung – Empfehlungen zur Umsetzung des Schutzauftrages nach § 8a SGB VIII. Fürth: Selbstverlag.

Deutscher Verein für öffentliche und private Fürsorge e.V. (2006) (Hrsg.): Empfehlungen des Deutschen Vereins zur Umsetzung des § 8 a SGB VIII. Berlin.

Deutsches Institut für Jugendhilfe und Familienrecht e.V. (DIJuF) (2006): Stellungnahme zur Anfrage des Instituts für Soziale Arbeit (ISA): Datenerhebung bei Dritten ohne Kenntnis der Betroffenen als Aufgabe oder Pflicht von Fachkräften beim Träger einer Einrichtung oder eines Dienstes im Rahmen der Wahrnehmung des Schutzauftrags nach § 8a, Abs. 2 SGB VIII? Heidelberg.

Eberhardt, H.-J. (2002): Weiterentwicklung der Kinderschutzarbeit in den sozialen Diensten des Jugendamtes Stuttgart von Oktober 2000 bis März 2002. Projektabschlussbericht. Stuttgart.

Fegert, J. M.; Schnoor, K.; Kleidt, S.; Kindler, H., Ziegenhain, U. (2008): Lernen aus problematischen Kinderschutzverläufen – Machbarkeitsexpertise zur Verbesserung des Kinderschutzes durch systematische Fehleranalyse. Hg.: Bundesministerium für Familie, Senioren, Frauen und Jugend. Berlin.

Gerth, U., Menne, K., Roth, X. (1999): Produkt Erziehungsberatung. Empfehlungen zu Leistungen, Qualitätsmerkmalen und Kennziffern. Herausgegeben vom Bundesministerium für Familie, Senioren, Frauen und Jugend; Materialien zur Quali-

tätssicherung in der Kinder- und Jugendhilfe, QS 22; Vereinigte Verlagsanstalten Düsseldorf.
Hillmeier, H.; Sauter, R. (2009): Koordinierende Kinderschutzstellen (KoKi): Inhalt, Aufgaben und Organisation früher Hilfen in Bayern. Mitteilungsblatt ZBFS, Nr. 1 und 2 2009, S. 1–16.
Institut für soziale Arbeit e.V.(ISA) (Hrsg.) (2006): Der Schutzauftrag bei Kindeswohlgefährdung – Arbeitshilfe zur Kooperation zwischen Jugendamt und Trägern der freien Kinder- und Jugendhilfe. Münster.
Jugendamt Stuttgart (2002): Stuttgarter Kinderschutzbogen. Unveröffentlichtes Manuskript, Stuttgart.
Kindler, Heinz; Lillig, Susanna; Blüml, Herbert; Meysen, Thomas; Werner, Annegret (2006): Handbuch Kindeswohlgefährdung nach § 1666 BGB und Allgemeiner Sozialer Dienst (ASD); Online-Handbuch, Deutsches Jugendinstitut (DJI) (http://213.133.108.158/asd/ASD_Inhalt.htm).
Landesarbeitsgemeinschaft für Erziehungs-, Jugend- und Familienberatung e.V. (2009). LAG-Standpunkt: Aufsuchende Erziehungsberatung stärken und ausbauen – Hinweise zu Formen, Konzepten und notwendigen Rahmenbedingungen. Eb aktuell, 1/2009, S. 15–18.
Menne, K. (2007): Kindesschutz in der Erziehungsberatung. Neue Praxis, Heft 5, S. 527–537.
Menne, K. (2009): Gesundheitsförderung und Kinderschutz in der Erziehungsberatung. In: Informationen für Erziehungsberatung 1/09, sowie in Zeitschrift für Kindschaftsrecht und Jugendhilfe, 5/2009, 193–196.
Moch, M.; Junker-Moch, M. (2009): Kinderschutz als Prozessberatung – Widersprüche und Praxis der ieF nach § 8a SGB VIII. Kindschaftsrecht und Jugendhilfe, 4, 148–151.
Rauschenbach, T.; Pothmann, J. (2008): Im Lichte von „KICK", im Schatten von „Kevin" – Höhere Sensibilität – geschärfte Wahrnehmung – gestiegene Verunsicherung. In: KOMmentierte DATen der Kinder- und Jugendhilfe, Informationsdienst der Dortmunder Arbeitsstelle Kinder- und Jugendhilfestatistik.
Reich, W.; Lukasczyk, P.; Kindler, H. (2009): Evaluation des Diagnoseinstrumentes zur Gefährdungseinschätzung des Kindeswohles. Qualitätsentwicklung im Kinderschutz in den Jugendämtern Stuttgart und Düsseldorf. NDV, Februar 2009, 63–68.
Remschmidt, H.; Schmidt, M.H. (1994): Multiaxiales Klassifikationsschema für psychische Störungen des Kindes- und Jugendalters ICD-10, WHO. Bern: Verlag Hans Huber.
Scheuerer-Englisch, H.; Fröhlich, H. (2009): Frühe Hilfen. Möglichkeiten und Angebote im Rahmen der Erziehungsberatung. In: R. Kißgen; N. Heinen (Hrsg.): Frühe Risiken und frühe Chancen. Stuttgart: Klett-Cotta
Schildbach, B.; Scheuerer-Englisch, H.; Sill, W.; Klarner, F.; Ortwein-Feiler; Meindl, A.; Rieger, H. (2008): Sicherstellung des Schutzauftrages zum § 8a SGB VIII in Erziehungsberatungsstellen. eb aktuell – Mitteilungen der LAG Bayern 1/2008, 26–38.
Schulenburg, K. (2008): Entwicklung der Fallzahlen im Bereich der Gefährdungsmitteilungen nach § 8a SGB VIII. In: Zentrum Bayern Familie und Soziales (ZBFS) – Bayerisches Landesjugendamt Mitteilungsblatt 6/08.

Ziegenhain, U.; Schöllhorn, A.; Künster, A.; König, C.; Fegert, J.M. (2009): Modellprojekt Guter Start ins Kinderleben. Werkbuch Vernetzung. Hrsg.: Nationales Zentrum Frühe Hilfen, Köln

Stüdemann, M. (2008): Vor dem Verdacht: Zwischen Selbstzweifel und Selbstberuhigung. Zum Umgang mit Unsicherheiten beim Kinderschutz. Informationen für Erziehungsberatungsstellen, 2/08, 24–28.

Zentrum Bayern Familie und Soziales (ZBFS) – Bayerisches Landesjugendamt (Hrsg.) (2009): Sozialpädagogische Diagnose – Arbeitshilfe zur Feststellung des erzieherischen Bedarfs. Taufkirchen, Neuauflage.

# Anhang

| Bereiche elterlicher Mitwirkungsbereitschaft | Fähigkeit bzw. Bereitschaft, Erziehungsverantwortung zu übernehmen | Hinweise auf mangelnde bzw. nicht vorhandene Mitwirkungsbereitschaft und/oder -fähigkeit |
|---|---|---|
| Bedrohungslage | Keine unmittelbare Kindeswohlgefährdung durch Eltern. | Kindeswohlgefährdung durch Eltern nicht abwendbar. Potentieller Misshandler/Missbraucher hat dominierende Position in der Familie. |
| Problemeinsicht | Eltern übernehmen Verantwortung für die Grundbedürfnisse des Kindes. | Eltern schieben die Verantwortung für das Kind anderen Personen oder Umständen zu. Eltern erklären sich nicht zuständig für das Kind. |
| Kooperation | *Aushandlungsbereitschaft:* Beteiligt sich aktiv und kompromissbereit am Prozess. Beteiligt sich nach mehrfacher Aufforderung am Prozess. *Interaktionsverhalten:* Reagiert erleichtert auf Kontaktaufnahme. Lässt nach anfänglicher Ablehnung Kontaktaufbau zu. *Vereinbarungen:* Werden immer oder überwiegend eingehalten. | *Aushandlungsbereitschaft:* Ist vorübergehend bereit, lehnt aber gleichzeitig ab (ja, -aber-Haltung) Beteiligt sich trotz mehrfacher Aufforderung nicht am Prozess. *Interaktionsverhalten:* Reagiert mit Unverständnis, lässt nur widerwillig Kontakt zu. Reagiert im Kontakt aggressiv oder ablehnend. *Vereinbarungen:* Werden selten oder nie eingehalten bzw. abgelehnt. |
| Hilfen/ Unterstützungen | Eltern sind bereit Hilfe anzunehmen. Bisherige Unterstützungsversuche waren ausreichend. Ausgeprägte familiäre Ressourcen zur Bewältigung der Problemlage. | Lehnten Hilfe ab, aber unter Umständen noch zu motivieren. Lehnen Hilfe vollkommen ab. Bisherige Unterstützungsversuche waren unzureichend. Mangelnde bzw. nicht vorhandene familiäre Ressourcen zur Bewältigung der Problemlage. |

Tabelle 1: Mitwirkungsbereitschaft und -fähigkeit der Sorgeberechtigten, KJF Regensburg (Inhalte adaptiert nach bke 2006 und Stuttgarter Kinderschutzbogen)

| Bereiche elterlicher Fürsorge | Pflege/Versorgung: Erfüllung physiologischer Bedürfnisse des Kindes | Bindung/Autonomie Schutz und Sicherheit Soziale Bindungen |
|---|---|---|
| **Kindliche Grundbedürfnisse** | Ausreichende Versorgung mit Schlaf, Essen, Trinken. Beachtung eines notwendigen Wach- und Ruherhythmus, Schlaf. Sicherstellung ausreichender Hygiene/ Körperpflege. Schutz vor Krankheiten, medizinische Versorgung und Gesundheitsfürsorge. Wetter angemessene Kleidung. Schutz vor Bedrohungen innerhalb und außerhalb des Hauses. | Konstante Bezugsperson(en), einfühlendes Verständnis, Zuwendung, emotionale Verlässlichkeit. Körperkontakt, Zugehörigkeit zu sozialen Gruppen. Respekt vor der physischen, psychischen und sexuellen Unversehrtheit, der Person und ihrer Individualität, Anerkennung der (altersabhängigen) Eigenständigkeit. Keine Bedrohung durch das Verhalten der Bindungspersonen. |
| **Mögliche Hinweise auf das Fehlen elterlicher Fürsorge** | Sichtbar schlechter aktueller Versorgungszustand des Kindes in den wesentlichen Bereichen. Beobachtbare und berichtete Versorgung des Kindes und der Lebensstil/Umgebung geben. Hinweise auf Versorgungsmängel. Das unmittelbare Lebensumfeld des Kindes gibt Hinweise (Unfallgefahren im Haushalt, Vorratshaltung, Haushaltseinrichtung, Wohnung). Sachgerechte Interventionen erreichen die Eltern nicht, werden nicht genutzt. Werthaltungen und psychische Konflikte, die Pflege/Versorgung beeinträchtigen.<br><br>(Material DJI/ASD 63 und Prüfbogen) | Belastete unsichere Beziehungsgeschichte mit der Bindungsperson (Trennungen, Fremdbetreuung, fehlende psychologische Verfügbarkeit z.B. wegen Krankheit, emotionale Zurückweisung oder Schuldzuweisung ans Kind). Bindungsstörung oder beobachtbare Desorganisation von Bindung beim Kind (Angst vor Bindungsperson, fehlende Orientierung auf Bindungsperson bei Belastung, unterschiedslose Kontaktbereitschaft des Kindes, Rollenumkehr, Kontrolle der Bindungsperson durch das Kind). Grob unfeinfühlige Fürsorgehaltung der Bindungsperson (durchgängige fehlende Unterstützung, verzerrte Wahrnehmung kindlicher Bedürfnisse, deutlich unangemessene Reaktionen, Ablehnung des Kindes, Hilflosigkeit, Verwirrung, Distanz gegenüber Fürsorgerolle). Problematische Lebensgeschichte der Bindungsperson mit Auswirkung auf die Fürsorge.<br><br>(Material DJI/ASD 64 und Prüfbogen) |

Tabelle 2:  Elterliche Erziehungsfähigkeit, KJF Regensburg 2007 (Inhalte adaptiert nach DJI, 2006)

| Förderaspekt/Regelvermittlung Soziale, kognitive, emotionale und ethische Erfahrungen | Elterliche Regulationsfähigkeit/ Persönlichkeit |
|---|---|
| Dem Alter entsprechende Anregungen, Spiel und Leistungen. Förderung von Motivation, Sprachanregung. Vermittlung von Werten und Normen, Gestaltung sozialer Beziehungen, Umwelterfahrungen. Vermittlung von Regeln, Grenzsetzung, Konfliktumgang. | Bedürfnis nach emotionaler Stabilität, Verlässlichkeit und Einschätzbarkeit der Eltern. Bedürfnis nach gesunder Hierarchie zwischen Erwachsenen- und Kindebene (Eltern als größer, stärker und weiser erleben). Elterliche Verantwortung für das Wohlergehen des Kindes, nicht umgekehrt (keine Rollenumkehr bzw. Parentifizierung). |
| Fehlen von alters- und entwicklungsangemessenen Spielmaterialien, fehlendes Sprechen. Eingrenzung kindlicher Neugier. Desinteressierte/ablehnende Haltung gegenüber den Förderaufgaben, Schulpflicht; fortdauernde Herabsetzung des Kindes im Bereich des Kompetenzerwerbs; Unrealistische Vorstellungen, unangemessene Ziele und Vorgehensweisen. Unzureichende Vermittlung von Regeln und Werten (fehlende Einsicht) oder Vermittlung von Regeln/Werten, die die Entwicklung des Kindes zu einer eigenverantwortlichen/ gemeinschaftsfähigen Persönlichkeit bedrohen. Elterliche Überforderung mit den Erziehungsaufgaben und/oder erhöhter Erziehungsanforderung des Kindes (z.B. ADHS) mit resultierenden Drohungen, unangemessenen Maßnahmen oder Misshandlungen. Eingeschränkte Erziehungsfähigkeit in mehreren Bereichen, z.B. Persönlichkeitsstörung und Lernbehinderung. (Material DJI/ASD 66/65 und Prüfbögen) | Fehlende Selbstkontrolle bzgl. aggressiver oder sexueller Impulse, die zu Bedrohungen und Gefährdungen des Kindes führen. Fehlende Fähigkeiten zur Stressbewältigung, zu Selbstversorgung, finanzieller Planung und Mobilisierung von Unterstützung durch Dritte in Belastungssituationen. Fehlende sozial-kognitive Fähigkeiten, z.B. Einfühlung und Perspektivenübernahme gegenüber dem Kind, angemessene Entwicklungserwartungen und Reflexionsfähigkeit. bzgl. des eigenen Verhaltens in der Beziehung zum Kind. Persönlichkeitsstörungen, psychische Erkrankungen, die zu fehlender Empathie gegenüber dem Kind und belastender Beziehung führen, z.B. Borderline, Depression … Destabilisierung durch Partnerschaftskonflikte. (Material DJI/ASD 61) |

Fortsetzung von Tabelle 2

| |
|---|
| **Finanzielle Lage** |
| Mangel an Einkommen. |
| Mangel an Einkommen mit persönlicher Beschämung und öffentlicher Stigmatisierung. |
| Mangel an materieller Grundausstattung (fehlendes Spiel- und Lernmaterial). |
| Belastende Schulden. |
| Unterschreitung des Existenzminimums. |
| Mangel an Aktivitäten wegen geringen Einkommens. |
| Mangelnde Disziplin bei den finanziellen Ausgaben und unwirtschaftliche Verwendung des Einkommens. |
| **Wohnquartier** |
| Wohnung insgesamt zu klein. |
| Fehlende oder ungenügende Räume (z. B. Schlaf- oder Spielräume). |
| Mangelnde Ausstattung der Wohnung mit Mobiliar. |
| Mangelhafte, gesundheitsgefährdende Hygiene, Vermüllung, Tierhaltung. |
| Eingetretene oder drohende Obdachlosigkeit. |
| Ungünstige Wohnlage aufgrund von Umweltbelastung durch Verkehr, Lärm, Luftverschmutzung. |
| Ungünstige Entfernung zu Betreuungs- und Bildungseinrichtungen (KiTa, Schule, Hort, Freizeitanlagen, Spielplätzen). |
| **Soziale und familiäre Einbindung** |
| Weitreichende Isolierung der Kernfamilie, Mangel an Sozialkontakten nach außen, seltene Besuche und Einladungen. |
| Mangel an Kontakt zu Gleichaltrigen und Peergroups; fehlende Teilnahme an altersgemäßen Interaktionen (Ausflügen, Gruppenaktivitäten). |
| Fehlen familiärer u. verwandtschaftlicher Ressourcen; dramatische Verluste; belastende Beziehungen zu den Herkunftsfamilien (schwerwiegende Generationskonflikte, Abbruch von Kontakten, fehlende Unterstützung wie Babysitter- und Omadienste). |
| Ausgeprägte Bindungsstörungen in der Herkunftsfamilie. |
| Mangel an vertrauensvollen Beziehungen außerhalb der Kernfamilie. |
| Große Ängste gegenüber Institutionen und fehlende Inanspruchnahme von Hilfesystemen. |
| **Sucht- und Gefährdungsrisiken** |
| Suchtprobleme im Familienkreis und Wohnumfeld. |
| Gewalttätigkeiten im Familienkreis und im Wohnumfeld. |
| Misshandlungen, sexuelle Gefährdung oder Ausbeutung in Familie und Wohnumfeld. |
| Kontakt zu kriminellem Milieu. |
| Andauernder Mangel an Fürsorge und Schutz durch verantwortliche Bezugspersonen. |
| Körperliche, geistige oder psychische Beeinträchtigung der Erziehungspersonen. |
| **Migrationshintergrund** |
| Ungewohnte geographische und kulturelle Umgebung. |
| Mangelnde Kenntnisse von Sprache und Gesellschaft. |
| Mangelnde Integration in Kultur und Gesellschaft. |
| Kulturell bedingte Konflikte Verlust von Heimat und familiären Bindungen. |
| Traumatisierende Erfahrungen (Krieg, Verfolgung, Todesfälle, Ausbürgerung) im Zusammenhang mit Migration. |

Tabelle 3: Mögliche Hinweise auf belastende soziale Faktoren, KJF Regensburg 2007 (Inhalte adaptiert nach Stuttgarter Kinderschutzbogen 2002, Sozialpädagogische Diagnose 2006, Remschmidt et al. 1994).

Sabine Schreiber, Stefan Näther

# Mobile Familienarbeit:
# Mit dem MOFA zu den Familien

Multidisziplinäre Diagnostik als aufsuchende Leistung an den kommunalen Erziehungsberatungsstellen in München

Familien-, Jugend- und Erziehungsberatungsstellen wird in der Fachliteratur und im sozialpolitischen Diskurs oft vorgeworfen, sie würden in ihrer Angebotsstruktur aufsuchende Arbeit mit Risikofamilien vernachlässigen und eine „Komm-Struktur" favorisieren. „Aufsuchend" wird in diesem Diskussionsprozess oft nicht als eine Methode, sondern als ein Qualitätsmerkmal sozialer Arbeit bewertet. Bei der Arbeit mit Familien muss die Entscheidung über das gewählte Verfahren aber in der Struktur und Problemlage der jeweiligen Familie begründet sein, denn in der Regel fordert die Individualität von Familien „maßgeschneiderte" Angebote. Insofern kann auch eine Geh- mit einer Kommstruktur entsprechend den situationsabhängigen Erfordernissen abwechseln. Multiproblemfamilien benötigen weiterhin meist eine Vielzahl unterschiedlicher Unterstützungsangebote, die eine enge Kooperation mit anderen Einrichtungen der Jugendhilfe, der Schule und des Gesundheitswesen erfordern.

Außerdem verfügen Erziehungsberatungsstellen über psychodiagnostische Kompetenzen, die als Grundlage für die spätere Hilfeplanung in den Jugendämtern dazu beitragen können, die Entscheidung über die notwendige und geeignete Hilfe im Sinne von § 27 SGB VIII zu qualifizieren. Diese Tätigkeit ist als Teil der fachdienstlichen Aufgaben von Erziehungsberatungsstellen beschrieben worden und viele Erziehungsberatungsstellen leisten hier einen entsprechenden Beitrag zur Hilfeplanung (BKE 2009). In diesem Sinne ist in den Erziehungsberatungsstellen des Münchner Stadtjugendamtes das Angebot einer multidisziplinären Diagnostik als aufsuchende Leistung für Familien in risikoreichen Lebenswelten für eine schwierige Klientel entwickelt worden. Damit sollen die Leistungen der Jugendhilfe besser und gezielter erschlossen werden. Besonderes Augenmerk muss dabei der Sicherung des Kindeswohles gelten.

Damit sollen zugleich die Möglichkeiten von Erziehungsberatungsstellen genutzt werden, den Zugang zu Risikofamilien zu verbessern. Ein bestimmter Anteil von Risikofamilien entzieht sich aus den unterschiedlichsten Gründen der Einflussnahme und den Hilfsangeboten der Jugendhilfe und anderer sozialer Dienste – oder ist nicht bereit oder in der Lage, die von fachlicher Seite empfohlenen Interventionen umzusetzen. In diesen Familien entstehen nicht nur schwere Erziehungs- und Entwicklungsdefizite bei den Kindern, sondern es entstehen auch erhebliche Jugendhilfekosten. Multidisziplinäre Diagnostik als Angebot der Münchner Erziehungsberatungsstellen ist daher immer auch im Kontext knapper regionaler Budgets zu sehen.

Aufsuchende Diagnostik durch Erziehungsberatungsstellen kann z.B. als Unterstützung und Klärung eingesetzt werden, wenn sich Familien nicht gegenüber der Komm-Struktur öffnen können oder von sich aus keinen Weg in die Beratungsstelle finden. Sie trägt zur Vermeidung von Inobhutnahmen bzw. zur Vermeidung von daraus resultierenden stationären Unterbringungen bei, kann bei Heimrückführungen eine fachliche Begleitung ermöglichen, unterstützt einen lösungsorientierten Umgang mit sexueller und häuslicher Gewalt und hilft in konflikthaften familiären Entwicklungen Ressourcen zu erschließen.

In der Folge kann aufsuchende Familienarbeit als eine weitere Leistung der Erziehungsberatung eingesetzt werden. Aufsuchende Familienarbeit hat in diesem Kontext den verbindlichen Arbeitsauftrag, bei den Eltern Erziehungsverantwortung aufzubauen und ihre Erziehungskompetenz zu verbessern, Entwicklungsdefizite der Kinder oder Jugendlichen abzubauen oder zu verhindern, familiäre Ressourcen zu stärken, dysfunktionale Interaktionsmuster in der Familie zu verändern und gemeinsam mit den Familienmitgliedern, wie auch mit den Kooperationspartnern in der Jugendhilfe neue fachliche Sichtweisen der familiären Probleme zu entwickeln.

Die Landesarbeitsgemeinschaft für Erziehungs-, Jugend- und Familienberatung in Bayern e.V. hat ein Positionspapier verabschiedet, das die bestehenden Angebote aufsuchender Erziehungsberatung darstellt und vor allem die konzeptionellen Überlegungen fachlich sinnvoller Aufgabengebiete in diesem Bereich zusammenstellt. Beispiele sind hier Beratung in anderen Einrichtungen wie Sprechstunden in sozialen Einrichtungen oder Kliniken, fachdienstliche Aufgaben wie etwa die „Frühen Hilfen", aufsuchende Familientherapie und anderes. Allerdings wird durch die LAG die Einschränkung betont, dass aufgrund begrenzter Personalkapazitäten diese Aufgaben nicht im erforderlichen und wünschenswerten Umfang um- und eingesetzt werden können.

Neben diesen unterschiedlichen Angeboten bestehen in München auch noch weitere feste Kooperationsvereinbarungen mit Leistungsbeschreibung und Finanzierungsregelung. Hier ist vor allem der entwicklungspsychologische Fachdienst in den Kinderkrippen und die Fachberatung durch die sog. „insoweit erfahrene Fachkräfte" im Rahmen des Kinder- und Jugendschutzes nach § 8a SGB VIII zu nennen.

Vor drei Jahren wurde von einigen regionalen Erziehungsberatungsstellen in freier Trägerschaft das „Modellprojekt Beratungsstelle" erprobt: Diese Stellen erweiterten ihr Regelangebot für Fälle, die auf Grundlage eines Hilfeplans und mit einem aufsuchenden Ansatz Zugang zu Erziehungsberatung erhielten. Dieses Projekt wurde über Finanzmittel des Stadtjugendamts ermöglicht. Die kommunalen Erziehungsberatungsstellen entwickelten parallel dazu das Konzept „Multidisziplinäre Diagnostik als aufsuchende Leistung", das wie das Modellprojekt einen zugehenden Ansatz verwirklicht, aber nicht hilfeplanbasiert ist sondern einen weit stärker diagnostischen Schwerpunkt hat. Ziel war vor allem, einen neuen Praxisansatz zu erproben und zu evaluieren – und nicht, ein neues Regelangebot einzuführen, da hierfür die Ressourcen nicht vorhanden sind.

Aufsuchend therapeutische Ansätze und die praktischen Interventions- und Diagnostikmöglichkeiten wurden in den letzten Jahren verstärkt diskutiert und veröffentlicht (Conen 2002). Insofern werden wir auf diese Darstellung verzichten und verweisen auf den Aufsatz von Machann et al. (Machann, G., Rebe B. Striebich, A. 2004), der unsere zugehende beraterische Praxis gut zusammenfasst.

Die Herausforderung bei der hier dargestellten Konzeption besteht darin, dass einerseits ein Vertrauensschutz bzw. Schweigepflicht gegenüber Dritten für die Klientinnen und Klienten sichergestellt werden muss, der generell die Grundlage für Beratungserfolg bildet. Andererseits ist das Jugendamt der Auftraggeber.

Insofern gilt es, Vereinbarungen zwischen dem Jugendamt bzw. dem zuständigen Sozialbürgerhaus einerseits, der betreffenden Familie andererseits sowie der Beratungsstelle als durchführender Institution zu treffen. Diese Vereinbarung bildet die Grundlage für die Fallübernahme. Dabei wird mit der zu beratenden Familie auch eine Übereinkunft darüber geschlossen, welche Informationen an das Jugendamt weitergegeben werden dürfen. Jugendhilfeleistungen werden in München über dezentrale Sozialbürgerhäuser mit zugeordneten Versorgungsregionen erschlossen und gewährt. Die regionalen Sozialbürgerhäuser sind sehr wichtige Kooperationspartner der ebenfalls sozialräumlich zugeordneten Erziehungsberatungsstellen. Alle Erziehungsberatungsstellen in kommunaler wie auch in freier Trägerschaft halten dasselbe Regelangebot vor und sind zur gemeinsamen Abstimmung im „Münchener EB-Verbund" organisiert.

## Vereinbarung mit dem regional zuständigen Sozialbürgerhaus und der Familie

Bereits im Vorfeld des Projektes wurde durch die Erfahrungen in der Zusammenarbeit mit der Bezirkssozialarbeit deutlich, dass ein hoher Bedarf an aufsuchender, diagnostischer Arbeit mit Familien besteht. In diesem Zusammenhang gilt es, die Frage der Indikation zu klären: Für welche Familie ist eine „Multidisziplinäre Diagnostik als aufsuchende Leistung", im Weiteren kurz MOFA, ein passendes Setting? Was könnte auch als regulärer Beratungsstellenfall behandelt werden? Und: Für welche Familien wäre eine andere Jugendhilfeleistung als Erziehungsberatung geeigneter? Mit dieser Präzisierung wird auch deutlich, dass der Einsatz von MOFA vor der eigentlichen Hilfeplanung erfolgt und insofern in aller Regel noch kein ausführlicher Befund erhoben wurde und auch noch keine Hilfeform zum Einsatz kam.

Insofern geht es um Fälle, in denen der Bezirkssozialarbeit respektive dem Jugendamt wenig Vorinformationen bekannt sind und zugleich unter Umständen eine Gefährdung vermutet wird bzw. ein schnelles und unbürokratisches Diagnostizieren und Intervenieren ermöglicht werden soll. Die Befunde können so in eine anschließende Hilfeplanung eingehen, bzw. bilden dann die Grundlage für die weitere Beratung geeigneter Jugendhilfemaßnahmen.

Um die Indikation für die aufsuchende multidisziplinäre Diagnostik zu gewährleisten, war es wichtig, gemeinsam mit den Verantwortlichen des Sozialbürgerhauses einen Ansprechpartner oder eine Ansprechpartnerin als Erstanlaufstelle für die Bezirkssozialarbeit zu benennen, die als so genannter „Filter" mit den zuständigen Bezirkssozialarbeiterinnen und Bezirkssozialarbeitern kurz prüft, ob der Fall die Indikation für MOFA erfüllt. Bei Vorliegen der folgenden Kriterien kann MOFA die passende Intervention sein:

- Der Familie ist es nicht möglich, eine Beratungsstelle aufzusuchen, oder es ist notwendig, das häusliche Umfeld in Diagnostik und Intervention einzubeziehen.
- Es besteht zwar noch kein Hilfeplan aber kurzfristiger Handlungsbedarf.
- Es wird von einer Gefährdung ausgegangen und der Auftraggeber wünscht eine Einschätzung derselben.
- Es ist zwar offensichtlich, dass Hilfebedarf besteht, aber noch nicht klar, welche Jugendhilfemaßnahmen geeignet wären. Der Auftraggeber erwartet seitens der Beratungsstelle eine Empfehlung (Fremdunterbringung, Ambulante Erziehungshilfe, Heilpädagogische Tagesstelle …) und ggf. Motivationsarbeit, dass die Familie die vorgeschlagene Hilfe annehmen kann.

Ist die Indikation gegeben, werden die koordinierenden Fachkräfte in der Beratungsstelle kurz informiert. Die Koordinatorinnen der Beratungsstelle sichten den Fall und bringen ihn in das multiprofessionelle Beratungsstellenteam ein, wo gemeinsam für den individuellen Fall ein fachlich Erfolg versprechendes Procedere entwickelt und die Fallübernahme organisiert wird.

| **Bezirkssozialarbeit** erwägt, Familie an MOFA zu vermitteln. |

⇩ wendet sich an

| **„Filter"**, welcher über Kriterien prüft, ob MOFA eine geeignete Hilfeform ist. |

⇩ meldet an bei

| **Koordinatorinnen** der Beratungsstelle, die bei Bezirkssozialarbeit Fallinformationen einholen. |

⇩ stellen Fall vor im

| **Multiprofessionellem Fachteam**: Besprechung der Vorgehensweise und Zuständigkeit. |

| **Zuständiges Beratungsstellenteam** (Tandem) nimmt Kontakt zur Bezirkssozialarbeit auf. |

⇩ veranlasst

| Übergabegespräch und Auftragsklärung **mit Familie, Bezirkssozialarbeit und Beratungsstellentandem.** |

| **Beratungsstellentandem** führt MOFA eigenständig durch und informiert Bezirkssozialarbeit gemäß Absprache. |

Abbildung 1: Verfahrensablauf MOFA

Das ab dann zuständige kleine Fachteam oder Tandem der Beratungsstelle – in der Regel zwei Fachkräfte, wenn möglich beiderlei Geschlechts – setzt sich anschließend direkt mit der Bezirkssozialarbeit in Verbindung und vereinbart ein Gespräch gemeinsam mit Bezirkssozialarbeit und Familie zur Auftragsklärung.

Wenn die Familie im gemeinsamen Gespräch der Hilfe zustimmt, finden alle weiteren Termine ohne Bezirkssozialarbeit statt. In der Auftragsklärung wird gemeinsam vereinbart, ob und welche Information die Bezirkssozialarbeit erhält. Je nach Individualität des Falles können hier viele Variationen zum Zuge kommen. Die Spannweite reicht von uneingeschränkter Schweigepflicht bis zu einer umfassenden Stellungnahme hinsichtlich Diagnostik, Verlauf und weiterer Empfehlung. Diese Vorgehensweise bzw. Klärung ist von Anfang außerordentlich wichtig, damit eine konstruktive Zusammenarbeit befördert wird. An dieser Stelle sind Konflikte und widerstreitende Interessenslagen wahrscheinlich, die am besten gleich zu Anfang angegangen und geklärt werden. In der Regel besteht verständlicherweise von Seiten des Jugendamtes der Wunsch nach möglichst umfassender Information. Die meisten Familien jedoch möchten intim empfundene Details über Vertraulichkeit geschützt wissen.

Insofern gewährleistet die gemeinsame Auftragsklärung hohe Transparenz für die Familien, welche Informationen aus der multidisziplinären zugehenden Diagnostik an das Jugendamt bzw. die Bezirkssozialarbeit zurückgemeldet werden und trägt so von Anfang an auch dem Datenschutz Rechnung. Durch das offensive Klären der Thematik gleich zu Anfang wächst auch das Vertrauen der Familie, dass von Seiten der Beratungsstelle der Datenschutz ernst genommen wird.

Abbildung 1 stellt den Verfahrensablauf und die Aufgabenzuordnung dar.

## Fallvignette: Felix H., 12 Jahre[1]

Familie H. wurde im August 2006 beim MOFA-Projekt im Rahmen der aufsuchenden multidisziplinären Diagnostik und Beratung angemeldet. Der 12-jährige Felix, der seit drei Jahren bei seinem Onkel und seiner Tante lebt, kann dort nicht mehr verbleiben. Sie sehen sich aufgrund der körperlichen Krankheit des Onkels und der pubertätsbedingten Erziehungsschwierigkeiten bei Felix nicht mehr in der Lage, den Neffen weiterhin zu betreuen. Die Mutter von Felix wurde mehrfach wegen Psychosen im Krankenhaus behandelt und bei Felix waren schwere Verwahrlosungstendenzen festgestellt worden. Diesbezüglich war auch eine Gefährdungsmeldung aus der Grundschule aktenkundig. Aktuell war Felix wegen eines massiven körperlichen Übergriffs auf einen Mitschüler von seiner Schule entlassen worden. Der Fall war dem Sozialbürgerhaus schon länger bekannt. Im Rahmen von MOFA sollte von der Beratungsstelle

- die Lebenssituation von Felix und seinen Verwandten genau erhoben werden,
- der Junge hinsichtlich der schulischen und aggressiven Auffälligkeiten und seiner psycho-sozialen Situation umfassend psychodiagnostisch untersucht werden,
- angemessene Maßnahmen, insbesondere zum weiteren Lebensmittelpunkt, empfohlen werden.

Der zuständige Mitarbeiter des Jugendamtes organisierte das Erstgespräch zur Kontaktaufnahme und gemeinsamen Auftragsklärung (Machann et al. 2004). Insbesondere der Onkel war dabei der Psychologin und dem Psychologen der Beratungsstelle gegenüber sehr ablehnend und misstrauisch eingestellt, erkannte aber auch, dass für ihn und seine Frau die Diagnostik eine gute Möglichkeit zur Entlastung darstellen kann. Zudem wurde auch vom

---

1 Namen und Daten wurden aus Datenschutzgründen verfremdet.

Bezirkssozialarbeiter klar formuliert, dass eine Fremdunterbringung oder Rückführung zur Mutter ohne eine MOFA-Einschätzung nicht zu erreichen sei. Zunächst widerstrebend ließ sich die Familie auf eine Zusammenarbeit ein. Die mit ihrer gesetzlichen Betreuerin anwesende Mutter wirkte im Erstgespräch stark sediert. Die Betreuerin stand der Überprüfung, ob Felix bei der Mutter wohnen könnte, positiv gegenüber. Die Anamnese wurde zunächst mit Onkel und Tante erhoben:

Felix war ein Schrei-Baby, ansonsten normal entwickelt, wobei sich die Verwandten schlecht an die Entwicklungsdaten erinnern konnten. Die jahrelange, in Phasen auftretende Erkrankung der Mutter nach der Geburt von Felix führte immer wieder dazu, dass Felix stark verwahrloste und deshalb bei seinen Verwandten untergebracht werden musste. Die Mutter zeigte in der Vergangenheit wenig Krankheitseinsicht, unterbrach laufend ihre Medikation und wurde immer wieder stationär aufgenommen.

Aktuell wohnte die Mutter nach Jahren der „Drehtürpsychiatrie" jetzt alleine und erhielt einmal pro Woche Unterstützung durch eine Betreuerin. Der früher gute Kontakt zwischen Felix und seinen Verwandten war in letzter Zeit sehr schwierig geworden. Alle gingen sich oft „auf die Nerven". Nachmittägliche Unterstützung bei den Hausaufgaben konnten sie ihm nicht geben. Felix konnte diese andererseits aber auch nicht selbständig erledigen. Falls möglich, wünschten sich Onkel und Tante, dass Felix bei der Mutter leben könne und unter der Woche ganztags betreut wird. Einer Heimunterbringung standen sie skeptisch gegenüber. Wichtigster nächster Schritt wäre die Suche nach einer neuen Schule mit Nachmittagsbetreuung.

Bei einem Hausbesuch bei der Mutter konnte Folgendes erhoben werden: Die Wohnung der Mutter war wenig und nüchtern eingerichtet, insgesamt aber gepflegt und ordentlich. Im Vorfeld wurde vereinbart, dass Felix jedes zweite Wochenende bei der Mutter verbringt, auch um diagnostisch die Tragfähigkeit der erzieherischen Sorge der Mutter beurteilen zu können. Felix hat ein eigenes Zimmer, das kärglich eingerichtet ist. Ihre Medikamente nehme sie jetzt regelmäßig; außerdem wolle sie gerne wieder arbeiten. Die Mutter wirkte insgesamt etwas unbeholfen und unerfahren, was die Bedürfnisse eines 12-Jährigen anbetrifft, nahm aber alle Ideen begierig auf (z.B. Kontaktaufnahme zur Schule) und setzte diese auch um. Die Notwendigkeit einer zusätzlichen professionellen Unterstützung für ein eventuelles Zusammenleben mit Felix erkannte sie. Die Mutter wurde medikamentös neu eingestellt und wirkte weitaus antriebsstärker als beim Erstkontakt.

Eine umfassende psychologische Diagnostik von Felix bei uns in der Beratungsstelle ergab, dass er eine gute Einsicht in die Gesamtsituation hat: Seiner Schilderung ist zu entnehmen, dass er sich von der Krankheit seiner Mutter gut distanzieren kann: Er merke, wenn sie „zu spinnen" anfange. In diesem Falle wende er sich dann an seine Verwandten.

Felix würde am liebsten bei der Mutter leben und ist sehr überzeugt, dass er und die Mutter das schaffen können. Als geeigneten Zeitrahmen bis dahin sieht er ca. ein dreiviertel Jahr. Er ist neugierig auf die Testaufgaben und hat ein hohes Durchhaltevermögen. Sein Schriftbild ist auffallend schlecht. Im Intelligenztest (HAWIK-III) ergibt sich für Felix ein gut durchschnittlicher Gesamttestwert von IQ = 109. Der Verbalteil ist überdurchschnittlich gut ausgeprägt, der Wert im Handlungsteil ist mit IQ = 94 (95%-Vertrauensintervall: IQ = 87 - 103) durchschnittlich. Auffälligkeiten in bestimmten Untertests deuten auf eine Fehlsichtigkeit hin, die vom Augenarzt später auch bestätigt wurde.

Ein weiterer Test (Hamburger Neurotizismus- und Extraversions-Skala für Kinder und Jugendliche (HANES)), weist auf eine emotionale Instabilität hin mit Ohnmachtsgefühlen, depressiven Verstimmungen und Einschlafstörungen.

Projektive Verfahren (3-Wünsche-Test, Baum-Test (BT), Satz-Ergänzungs-Test (SET), Familie in Tieren (FiT)) bestätigten, dass Felix ein altersgemäß entwickelter, emotional etwas instabiler Jugendlicher ist.

Der Realschulbesuch entspricht seiner momentanen intellektuellen Leistungsfähigkeit. Seine Möglichkeiten altersgemäßer Konfliktbewältigung sind noch unzureichend entwickelt. Eine individuelle Unterstützung ist hier angezeigt, egal wo Felix demnächst wohnen wird. Den Verwandten und der Mutter wurde eine ambulante Psychotherapie für Felix empfohlen. Dieser Auftrag wurde von der Tante zeitnah umgesetzt.

## Empfehlung und Umsetzung

Nach den von der Beratungsstelle erhobenen Informationen und den Befunden der testpsychologischen Untersuchungen bestand keine akute Gefährdung von Felix, die eine sofortige Herausnahme aus der Verwandtschaftspflege erforderlich gemacht hätte. Um seine Entwicklung zu fördern, wurde der in einer schriftlichen Stellungnahme festgestellte Hilfebedarf in eine Hilfeplanung, für die das Jugendamt bzw. das Sozialbürgerhaus jetzt die Verantwortung übernimmt, eingebracht. Ein entsprechendes Fachteam im Sozialbürgerhaus empfahl auf der Grundlage des Hilfeplans nachfolgende Maßnahmen:

- Gleitender Wechsel zur Mutter mit enger Begleitung durch eine Ambulante Erziehungshilfe (AEH);
- AEH für Mutter und Sohn mit folgenden Zielen:

    Sukzessiver weiterer Aufbau der mütterlichen Erziehungskompetenz (Beratungskontakt nur mit der Mutter),

    Ausweitung des Aufenthaltes von Felix bei der Mutter, unterstützt durch Auswertungsgespräche,

Unterstützung bei der Klärung von schulischen Konflikten und Erarbeitung von Bewältigungsmöglichkeiten (Gespräche mit Mutter und Felix);
- Psychotherapie für Felix;
- Kontrollbesuch beim Augenarzt;
- Nachmittagsbetreuung;
- Weitere Einzelbegleitung der Mutter durch den sozial-psychiatrischen Dienst und kontrollierte psychiatrische bzw. medikamentöse Behandlung;
- Fortführung des prozessbegleitenden Clearingverfahrens durch unsere Beratungsstelle mit ca. zweimonatigen Treffen aller Beteiligten.

## Weitergehender Verlauf und Epikrise

Erfreulich war, dass sich – trotz der anfänglichen Abneigung gegen Hilfen – bei allen Beteiligten eine gute Kooperation entwickelte. Insbesondere beim Onkel gelang es, seine oppositionelle Haltung aufzulösen, in dem die Hilfen aus seiner subjektiven Welt heraus gemeinsam entwickelt wurden. Insbesondere wurde später auch die Ambulante Erziehungshilfe gut angenommen. Der Junge erhielt eine Brille und begann mit einer Psychotherapie.

Als nicht ausreichend erwies sich die nachmittägliche Betreuung: Felix war noch hinsichtlich seiner Selbstständigkeit bei Hausaufgaben und Lernen überfordert, er sackte mit seinen Leistungen weiter ab. Über einen kurzfristigen telefonischen Austausch (Jugendamt, Ambulante Erziehungshilfe und Beratungsstelle) konnte noch eine private Ganztagsschule installiert werden, so dass Felix auch schulisch gut gefördert wird.

Zu der positiven Entwicklung in der Familie dürfte insbesondere die Krankheitseinsicht der Mutter geführt haben, da sie unter der richtigen Medikation derzeit gut in der Lage ist, mit Unterstützung und Entlastung durch Jugendhilfeleistungen Verantwortung für Felix zu übernehmen. Eine Prognose, ob die Mutter sich weiterhin stabilisieren wird und den wachsenden erzieherischen Herausforderungen der nahenden Pubertätsphase gewachsen sein wird, kann nicht abschließend gegeben werden.

Aber auch wenn erneute psychotische Schübe bei der Mutter auftreten sollten, greifen die auf der Basis von MOFA installierten Jugendhilfemaßnahmen erfolgreich, da Informationen über auftretende Probleme in der Familie zeitnah verfügbar waren, die familiäre Situation bekannt war und so schnell reagiert werden konnte. MOFA hat insofern entscheidend zur Passgenauigkeit und damit auch zum Erfolg der Hilfen beigetragen.

Wichtig für das Gelingen waren dabei eine gute, zeitnahe Vernetzung aller Beteiligten und eine klare Absprache über die Umsetzung der Interventionen. Der zeitweise sehr enge Kontakt der Familie zur Beratungsstelle konnte sukzessive gelockert und von der Ambulanten Erziehungshilfe übernommen werden.

## Reflexion und Rückmeldung unserer Auftraggeber

Insgesamt wurden im ersten Projektjahr von einer Regionalstelle fünf MOFA-Fälle bearbeitet. Aufgrund des hohen Aufwands wurde von vornherein dieses maximale Kontingent festgelegt. Dabei handelte es sich um folgende Problemkonstellationen:

- Massiver Substanzmittelmissbrauch beider Elternteile;
- Paranoide Schizophrenie der Erziehungsberechtigten;
- Körperliche Gewalt der Mutter gegen ihr Kind;
- Ressourcen schwache Großfamilie mit Migrationshintergrund;
- Eskalierende Mutter-Tochter-Konflikte mit eventuell anstehender Fremdunterbringung der Tochter

Bei allen fünf Fällen stand eine Fremdunterbringung zur Entscheidung; in vier Fällen lag eine Gefährdung der Kinder, in zwei Familien eine psychiatrische Erkrankung eines Elternteils vor.

Bei allen fünf Fällen konnte die Fremdunterbringung durch ambulante Maßnahmen vermieden und eine kontrollierbare Situation in der Familie hergestellt werden. Soweit eine Gefährdung oder ein erweiterter Hilfebedarf vorlag bzw. noch vorliegt, ist eine zusätzliche Hilfe (ambulante Erziehungshilfe, besondere Schulform o.Ä.) installiert worden.

Die im Konzept ursprünglich vorgesehene Fokussierung auf Diagnostik erweiterte sich also bei einigen Fällen auf beraterisch-therapeutische Interventionen. Insofern wird zumindest teilweise die prozessbegleitende Diagnostik durch Elemente der aufsuchenden Familientherapie ergänzt. Dies entspricht dem gängigen Verständnis einer prozessbegleitenden Diagnostik, die zugleich immer auch Formen der Intervention in sich trägt und insofern zugleich beraterische bzw. therapeutische Elemente aufweist.

Insgesamt ist der zeitliche Aufwand für die aufsuchende multidisziplinäre Diagnostik einschließlich der sich möglicherweise anschließenden Interventionen durch die Mitarbeiterinnen und Mitarbeiter der Beratungsstelle höher als erwartet wurde: Zum einen war durch die Gefährdung der Kinder eine hochfrequente Sitzungsfolge notwendig. Hinzu kam, dass weit mehr therapeutische Interventionen notwendig wurden, wodurch mehr Zeitkapazitäten gebunden waren. Darüber hinaus waren viele zusätzliche Koordinierungsaufgaben notwendig, wie Absprachen mit der Bezirkssozialarbeit, Teilnahme an regionalen Fachteams, Stellungnahmen, Rückmeldung an Bewährungshelfer etc.

Erfreulich war rückblickend, wie trennscharf über den „Filter" im Sozialbürgerhaus auch die Indikation bzw. Passgenauigkeit der Intervention durch MOFA gelang. So hatten wir den Eindruck, dass die Familie und der Auftraggeber, das Sozialbürgerhaus, letztlich die Leistung von uns erhielt, die er bzw. sie sich vom Projekt erwartet hatten. Das Auswertungsgespräch mit einem Teilregionsleiter des Sozialbürgerhauses, der die Filterfunktion innehatte, ergab, dass es sinnvoll ist, sich weiterhin um die erforderliche Trennschärfe zu bemühen und dass daher jährliche Auswertungsgespräche für den „Filter" zur Rückmeldung und Weiterentwicklung sehr wichtig sind.

Für uns stellt sich auch als Erfolg dar, dass in allen Fällen eine gemeinsame Anstrengung und Kooperation von Auftraggebern und verschiedenen Leistungserbringern verwirklicht war. Die häufig beklagte „Versäulungstendenz der Hilfen" löste sich in gemeinsamer Anstrengung und Kooperation auf.

Als Qualitätsgewinn empfanden wir die Arbeit im Kleinteam der Beratungsstelle. Zum einen erlaubt die Co-Arbeit ein fokussiertes Beobachten, wenn der Kollege bzw. die Kollegin gerade den Beratungsprozess leitet. Zum anderen ist das Vier-Augen-Prinzip bei Risikofamilien sowohl ein Qualitätsgewinn als auch eine Entlastung.

## Kurz-Evaluation durch die Auftraggeber

Da das Projekt sehr viele zeitliche Ressourcen bindet, die an anderer Stelle bzw. bei anderen Klienten eingespart werden müssen, war uns die Rückmeldung unserer Auftraggeber wichtig. Denn nur eine überwiegend hohe Zufriedenheit kann aus unserer Sicht den großen zeitlichen und personellen Aufwand rechtfertigen. Weiterhin war uns wichtig zu erfahren, was aus Sicht der überweisenden Fachkräfte verbesserungswürdig wäre bzw. was besonders positiv und damit als erhaltenswert betrachtet wird. Insofern haben wir eine Kurzevaluation entwickelt, die allerdings wenig Zeit in Anspruch nehmen sollte. Deswegen wurden die Bezirkssozialarbeiterinnen und Bezirkssozialarbeiter nur nach einer globalen Einschätzung gefragt. Außerdem wurden sie danach befragt, ob sie MOFA als hilfreiche Unterstützung erfahren haben und welche Verbesserungsvorschläge sie machen können.

Das Globalurteil (4-Stufen-Skala von „sehr unzufrieden" bis „sehr zufrieden") fiel insgesamt sehr erfolgreich aus. Alle Befragten beurteilten ihre Zufriedenheit hinsichtlich der Erfüllung der Erwartungen bei der Fallübergabe mit „sehr zufrieden" (3x) oder „zufrieden" (2x). Als besonders hilfreich wurde befunden (wörtliche Übernahme aller Angaben):

- „dass der sofortige Einstieg in enger Kooperation möglich war und die Klientin dort abgeholt wurde, wo sie stand",
- „dass aus der Krise Perspektiven entwickelt und begleitet werden konnten",

- „die Einbindung von zwei Mitarbeitern der Beratungsstelle. Dadurch breiteres Spektrum an Infos und Einschätzungen",
- „insgesamt sehr gute Unterstützung bezüglich weiterer Fallentscheidungen",
- „Zuordnung der Themen zu Erziehungsberatung bzw. Bezirkssozialarbeit",
- „gemeinsames Gespräch Eltern + Erziehungsberatung + Bezirkssozialarbeit um den Rahmen abzustecken",
- „Absprachen Erziehungsberatung – Bezirkssozialarbeiter",
- „geteilte Verantwortung und somit mehr Sicherheit bei Gefährdungsfällen" (gemeint ist vermutlich das Vier-Augen-Prinzip der Einschätzung),
- „Fallberatung durch Kollegen vor Ort",
- „guter fachlicher Austausch mit Beratungsstellen-Kollegen".

Als verbesserungsfähig wurde eingeschätzt: „Problematik: Erziehungsberatung freiwillig – Kontrolle, Druck durch Bezirkssozialarbeiter". Gemeint ist hier wohl das Spannungsfeld Jugendhilfe vs. Kinderschutz/Wächteramt.

Den Verbesserungsvorschlag, einen schriftlichen Vertrag zwischen den Beteiligten (Jugendamt, Familie und Beratungsstelle) abzuschließen, erkannten wir als sehr hilfreich und notwendig und haben dies beim nächsten Projektdurchlauf auch umgesetzt. Eine schriftliche Vereinbarung stärkt die Verbindlichkeit wie auch die Transparenz für alle Beteiligten. So kann auch die weiterhin aufgeführte Problematik „Erziehungsberatung freiwillig Druck durch Bezirkssozialarbeit" aufgelöst bzw. genutzt werden: Solange die Vertragsvereinbarungen durch die Familie eingehalten werden, entfällt auch der Druck durch die Bezirkssozialarbeit.

Da die regionalen Leitungen des Sozialbürgerhauses die Weiterführung des Projektes sehr wünschten und unterstützten, fahren wir nun im dritten Jahr mit dem MOFA zu den Familien.

## Literatur

Berg, I. K.; Kelly, S. (2001): Kinderschutz und Lösungsorientierung. Erfahrungen aus der Praxis – Training für den Alltag. Dortmund: modernes lernen.
BKE (2009): Fachdienstliche Aufgaben in der Erziehungsberatung. Informationen für Erziehungsberatungsstellen. 1, 09, S. 3–6.
Conen, M.-L. (2002): Aufsuchende Familientherapie. In: Pfeifer-Schaupp, H.-U. (Hrsg.): Systemische Praxis. Modelle-Konzepte-Perspektiven, Freiburg: Lambertus, 82–101.
Conen, M.-L. (1996): „Wie können wir Ihnen helfen, uns wieder loszuwerden?" Aufsuchende Familientherapie mit Multiproblemfamilien. Zeitschrift für systemische Therapie 14 (3): 178–185.
Dachverband „Deutsche Gesellschaft für systemische Therapie und Familientherapie" (DGSF): Standards der Aufsuchenden Familientherapie der von 03.10.2002.

Delorette, M. (2009): Beratung in Zwangskontexten, in Kontext 40, Göttingen: Vandenhoeck & Ruprecht.

Fachkongress der Kinderschutzzentren Hamburg 2006: Hilfeprozess im Konflikt, Handlungskompetenz der Jugendhilfe bei Kindeswohlgefährdung, Dr. Friedhalm Kron-Klees: Hilfeprozess im Konflikt. Handlungskompetenz der Jugendhilfe bei Kindeswohlgefährdung.

Landesarbeitsgemeinschaft und Fachverband für Erziehungs-, Jugend und Familienberatung Bayern e.V. (2009): Aufsuchende Erziehungsberatung stärken und ausbauen – Hinweise zu Formen, Konzepten und notwendigen Rahmenbedingungen. Regensburg, Nürnberg, Würzburg, München.

Imber-Black, Evan (2006): Familien und größere Systeme. Im Gestrüpp der Institutionen. Heidelberg: Carl-Auer-Systeme.

Machann, G., Rebe B. Striebich, A. (2004): Methodische Grundlagen aufsuchender Familientherapie, in Kontext 35,1, Göttingen: Vandenhoeck & Ruprecht.

Pfeifer-Schaupp, H.-U. (1995): Jenseits der Familientherapie. Freiburg i. Br.: Lambertus.

Elfriede Seus-Seberich

# „Du bist die Erste, die mir glaubt, dass ich mich ernsthaft mit meinen Problemen auseinandersetzen will!"

Jugendberatung online[1]

Das Internet wird immer mehr ein fester Bestandteil unseres Alltagslebens. Insbesondere Jugendliche nutzen dieses Medium und seine neuen sozialen Räume ganz selbstverständlich. Hier informieren sie sich, spielen, hören Musik, kaufen ein, kommunizieren mit Freunden, (re-)präsentieren sich, suchen und finden Gleichaltrige mit ähnlichen Interessen und jugendkulturellen Vorlieben.

Für Jugendliche liegt es daher nahe, auch dann, wenn sie Sorgen haben, online zu gehen und dort Rat zu suchen. Diesen Bedarf haben Fachkräfte erkannt, die seit einigen Jahren Jugendlichen die Möglichkeit bieten, sich im Internet beraten zu lassen. Eine dieser Initiativen ist die virtuelle Beratungsstelle der Bundeskonferenz für Erziehungsberatung e.V. (bke). Sie wurde in Zusammenarbeit mit den Bundesländern aufgebaut, so dass sich über 80 Beraterinnen und Berater verschiedener Erziehungsberatungsstellen aus der gesamten Bundesrepublik an ihr beteiligen. Etwa die Hälfte von ihnen arbeitet dauerhaft mit. Die anderen scheiden nach zwei Jahren aus und geben anderen Beratungsstellen die Möglichkeit zur Mitwirkung. Die bke-Onlineberatung stellt den Jugendlichen verschiedene Formen und Zugänge der Onlineberatung zur Verfügung: ein allgemeines Themenforum, moderierte Gruppenchats, die mit und ohne thematische Vorgaben und teilweise mit weiteren, externen Fachleuten angeboten werden, eine an Öffnungszeiten gebundene Sprechstunde, den zu einem bestimmten Termin vereinbarten Einzelchat und die Einzelberatung via Mailformular. Für eine aktive Nutzung des Angebots ist eine Registrierung erforderlich. Die Jugendlichen können dabei einen Nicknamen, den sie in der Community benutzen wollen, frei wählen. Während im Forum und in den Gruppenchats der Austausch mit anderen Jugendlichen im Vordergrund steht, kommunizieren die

---

[1] Der Text geht in weiten Teilen zurück auf die Veröffentlichung in SOS-Dialog 2007: Jugendliche zwischen Aufbruch und Anpassung, S. 53–62. Der Abdruck der überarbeiteten Fassung erfolgt freundlicher Genehmigung des Sozialpädagogischen Instituts im SOS-Kinderdorf e.V.

Jugendlichen in den Einzelchats und bei der Mailberatung ausschließlich mit einem professionellen Berater, intern „Fachkraft" genannt. Häufigkeit und Länge der Kontakte sind jeweils sehr unterschiedlich. In der Einzelberatung sind wiederholte Mailwechsel auch über einen längeren Zeitraum möglich (Bundeskonferenz für Erziehungsberatung e.V. 2003).

Die Zugriffe auf die Beratungsseite und die Zahl der registrierten Nutzerinnen und Nutzer steigen seit Jahren deutlich an. Derzeit kommen in jedem Jahr mehr als 3.000 Jugendliche hinzu. Daran gemessen kann die virtuelle Beratungsstelle der bke schon jetzt als voller Erfolg bewertet werden (Bundeskonferenz für Erziehungsberatung e.V. 2003, 2007, 2009; bke-Projektgruppe Online-Beratung 2004; Thiery 2005, 2006). Viele Beraterinnen und Berater sind jedoch skeptisch und lehnen diese neue Form der Beratung mit unterschiedlichen Argumenten noch ab. Zum Teil wird die Gefahr gesehen, dass Beratung im oberflächlichen elektronischen Medium seine besondere emotionale Tiefe verliert und dass ohne direkten Kontakt der für den Beratungserfolg unerlässliche Beziehungsaufbau nicht geleistet werden kann.

Als ich von der virtuellen Beratungsstelle das erste Mal erfuhr, war auch ich eher skeptisch. Mittlerweile habe ich nach eineinhalb Jahren meine Tätigkeit in der Mailberatung abgeschlossen. In diesem Beitrag stelle ich dar, wie Onlineberatung funktioniert, wo ihre technischen und methodischen Besonderheiten und Herausforderungen liegen und worin der Gewinn für Beratende und vor allem für die Jugendlichen besteht. Dabei gehe ich insbesondere der Frage nach, wie es möglich ist, gerade in schwierigen Fällen mit komplexen Problemlagen einen Beratungsprozess zu initiieren und eine tragfähige beraterische Beziehung aufzubauen.

## Wer nutzt die Onlineberatung der bke?

Die kostenlose Onlineberatung der bke steht allen Jugendlichen offen, die Zugang zum Internet haben. Das Angebot wird vor allem von Jugendlichen und jungen Erwachsenen zwischen 15 und 21 Jahren genutzt, insbesondere von Mädchen zwischen 16 und 19 Jahren (bke-Projektgruppe Online-Beratung 2004, S. 207). 2008 lag das Durchschnittsalter bei 17 Jahren. 77 Prozent der neu registrierten Besucherinnen und Besucher waren Mädchen. Bei der Mailberatung, an die sich 1.434 Jugendliche wandten, lag ihr Anteil bei 86 Prozent (Bundeskonferenz für Erziehungsberatung e.V. 2009, S. 28). Eine Voraussetzung für die Nutzung des Angebotes ist es, dass sich die Jugendlichen zumindest ansatzweise schriftlich ausdrücken können. Der anonyme und niedrigschwellige Zugang ermöglicht es ihnen, ohne sich wie bei den klassischen Beratungsangeboten auf ein fremdes und unsicheres Terrain begeben zu müssen, auch tabuisierte oder schambesetzte Problembereiche zu thematisieren. Die Internetberatung erreicht insbesondere zurückgezogene Jugendliche, die viel Zeit vor und mit dem Computer verbringen.

Nach den im Projekt gesammelten Erfahrungen haben nicht wenige Jugendliche bisher den Besuch einer Beratungsstelle mit den Hinweisen gemieden, dass ihnen dort „ohnehin nicht geglaubt werden wird", „Erwachsene sie nicht verstehen können", sie sich dort „klein und dumm" vorkämen oder weil sie Angst vor einer stationären Einweisung beziehungsweise Eingriffen in die Familie haben. Gerade für die Jugendlichen, die Nähe und Distanz schlecht ausbalancieren können, scheint es wesentlich einfacher zu sein, sich über die Anonymität des Internets zu öffnen als in einer direkt erlebten Situation.[2] Auch Jugendliche, die zum Beispiel aufgrund der Wohnlage, aber auch wegen anderer Barrieren wie körperlicher Einschränkungen, keinen Zugang zu professioneller Beratung finden, können sich dieser Möglichkeit bedienen. Eindeutig von Vorteil ist, dass die Onlineberatung eine Problemschilderung ohne Zeitverzug ermöglicht und damit auch eine Hilfe für Jugendliche in akuten Krisen sein kann.

Der häufigste Grund für die Beratung waren aus der Perspektive der Fachkräfte „Entwicklungsauffälligkeiten/seelische Probleme", die für jeden zweiten Jugendlichen benannt wurden. Es folgten „Belastung des jungen Menschen durch familiäre Konflikte" bei 15 Prozent. Dies entspricht den Pubertätsschwierigkeiten der Heranwachsenden und ihrer altersspezifischen Entwicklungsaufgabe der Loslösung von der Herkunftsfamilie. Beinahe gleich oft wurden „Schule/ berufliche Probleme des jungen Menschen (11%) und „Auffälligkeiten im Sozialverhalten" (10%) genannt. Bei 5 Prozent der Jugendlichen hatten die Beratungsfachkräfte eine „Gefährdung des Kindeswohls" im Blick (Bundeskonferenz für Erziehungsberatung e.V. 2009, S. 7). Seit 2007 stabilisiert sich die Inanspruchnahme der Mailberatung bei etwa 1.500 Jugendlichen pro Jahr. Diese stellen noch einmal über 7.000 Folgeanfragen, so dass Jugendliche durchschnittlich 5,5 Beratungskontakte haben (bke 2009, S. 27). Dabei scheint die Online-Beratung auch Jugendlichen mit anderen Problemstellungen zu erreichen als die Beratungsstellen vor Ort. Insbesondere schwere Störungen, teilweise im Borderlinebereich wie z.B. Depressionen bis hin zu Suizidalität, Essstörungen, selbstverletzendes Verhalten und ähnliche Problemlagen kommen nach meiner Beobachtung in der Onlineberatung wesentlich häufiger vor als in der Beratung vor Ort.

---

2 Oftmals fällt es schwer, für neue Medien treffende Bezeichnungen zu finden, so auch bei der Onlineberatung. Im bke-Projekt beispielsweise suchen die Verantwortlichen bis heute nach einem passenden Begriff für die Einzelberatung über das Webseitenformular (Bundeskonferenz für Erziehungsberatung e.V. 2007, S. 34f.). Der ursprüngliche Begriff „webbasierte Einzelberatung" war im Alltag zu sperrig, und der gegenwärtige Begriff „Mailberatung" kann leicht zu Irritationen führen, da die Mails nicht „nach Hause" zugestellt, sondern im System hinterlegt werden. Ähnlich schwierig ist es, die besonderen Merkmale der Onlineberatung sprachlich auf den Punkt zu bringen. Sie findet zwar in einer virtuellen Umgebung statt, ist jedoch nicht im strengen Sinne virtuell, da sie Beratung und ihre Wirkung nicht simuliert, sondern für die Beteiligten sehr real beziehungsweise wirklich ist.

Bereits in der ersten Projektphase der virtuellen Beratungsstelle kristallisierten sich in der Einzelberatung drei Haupttypen von Anfragen heraus (bke-Projektgruppe Online-Beratung 2004, S. 215f.). Relativ klar formuliert und eindeutig zu bearbeiten sind die „Anfragen zu konkreten Informationen", etwa zu rechtlichen Problemen, möglichen Hilfen durch das Jugendamt oder alltäglichen Themen wie das Taschengeld. Hier geht es den Jugendlichen darum, schnell und einfach an sachliche Informationen zu kommen. Der emotionale Anteil der Beratung ist dabei eher gering.

Der zweite Anfragetyp enthält „Problemschilderungen mit relativ klar ableitbaren Handlungsoptionen". Hier geht es den Jugendlichen um ein konkretes Problem, zu dem die Beraterin unterschiedliche Interpretationen und Handlungsmöglichkeiten vorschlägt. Oft antworten die Jugendlichen mit Rückfragen, die der Beraterin eine Einschätzung darüber erlauben, ob sie die Problemlage adäquat erfasst hat. Themen können beispielsweise Fragen zur sexuellen Entwicklung, zu Beziehungsproblemen oder zu beruflichen Entscheidungen sein. Daraus entwickeln sich mitunter längere Dialoge mit stärker emotionalen Inhalten, oft beschränken sich die Anfragen aber auch auf wenige Mailwechsel.

Der dritte Typ stellt für die Beraterinnen und Berater eine besondere Herausforderung dar. Er umfasst komplexe und zum Teil diffuse Problematiken. Hier entfalten und erschließen sich die Problemstellungen erst im Laufe eines längeren Prozesses, und die Jugendlichen scheinen vor allem die persönliche Beziehung zur Beraterin zu suchen. Oft stehen am Anfang undifferenzierte Notsignale ohne genauere Beschreibungen und Erklärungen, und die Ratsuchenden wirken sehr belastet. Teilweise treten dann im Laufe des Beratungsprozesses schwerwiegende Symptomatiken oder sehr belastende lebensgeschichtliche Hintergründe zutage. Dieser Anfragetyp mündet am Ende eines manchmal monatelangen beziehungsorientierten Prozesses in eine Empfehlung an die Jugendlichen, professionelle Hilfe vor Ort aufzusuchen.

Der Aufbau einer Beziehung verläuft in der Regel über verschiedene Sinneskanäle, vor allem auch über unmittelbare und nichtverbale Kommunikation. Viele beraterische und therapeutische Methoden nutzen diese Wege, um indirekte Botschaften zu entschlüsseln und nonverbale zu senden. In der Onlineberatung ist es gerade bei dem letzten Anfragetyp sehr bedeutsam, auch ohne diese Wege mit den Jugendlichen eine tragfähige Beziehung aufzubauen.

## „Flöckchen" – ein komplexer Fall in der Onlineberatung

„Flöckchen"[3] war siebzehn Jahre alt, als sie sich wegen „Stress mit der Familie" an die Einzelberatung der virtuellen Beratungsstelle wandte. Ihr erstes Schreiben begann mit den Worten: „Ich weiß überhaupt nicht, wie ich das noch aushalten soll ..." Flöckchen schilderte, dass ihre Eltern sich streiten, ihr Vater sie ständig anschreit, ihr Bruder sie nervt, dass sie mit ihrer Mutter über nichts reden kann und ihre beste Freundin sich zurückgezogen hat. Die Mail mutete verzweifelt und hoffnungslos an, ließ keinerlei Ansatz erkennen, wie die Probleme erklärt oder gar bewältigt werden könnten.

Der Kontaktaufbau gelang, und nach der ersten Antwort beschrieb Flöckchen in den folgenden Mails ausführlich schwierige Situationen mit Eltern oder Freundinnen und berichtete aus ihrer Vergangenheit. Sie schilderte ihre Schwierigkeiten, überhaupt positive soziale Kontakte zu knüpfen und zu halten, und deutete an, dass sie zwar eine Therapie machen solle, aber sehr viel Angst davor habe. Ein besonders belastender Lebensbereich war ihre Ausbildung zur Altenpflegerin. In der Fachschule erlebte sie sich als gemobbt und abgelehnt sowohl von Lehrern als auch von Mitschülern. Als einzigen positiven Aspekt ihrer Situation berichtete sie, dass sie sich gut in Bildern und Musik ausdrücken könne. Ihre Gefühle und Probleme jedoch in entsprechende Worte zu fassen, gelänge ihr nicht. Flöckchen erhielt von mir in der Anfangsphase neben viel Verständnis auch Tipps, wie sie sich in besonders angstbesetzten Situationen verhalten könne, etwa in der Fachschule.

Die folgenden Mailwechsel beinhalteten neben weiteren Schilderungen schwieriger Situationen auch Beschreibungen neuer Symptome, wie Zwangsgedanken, extreme Schüchternheit, psychosomatische Probleme. Deutlich wurde auch, dass die beabsichtigte Therapie nicht stattfand – Flöckchen hatte den zweiten Termin abgesagt und wartete nun passiv auf das Angebot eines neuen. Sie hatte nicht nur Angst vor dem Therapeuten, sondern auch Angst vor ihrer eigenen Sprachlosigkeit und Angst vor der Forderung, vielleicht ihre Eltern einzubeziehen. Die in diesem Zusammenhang erhaltenen Hinweise und Tipps konnte sie teilweise, teilweise nicht oder erst später umsetzen.

Allmählich änderte sich der Inhalt ihrer Mails. Sie begann, sich mit ihren Ängsten auseinanderzusetzen, arbeitete schwierige Situationen in Gedanken vor, berichtete, dass ihr das Aufschreiben der Probleme helfe. Und sie begann, sehr intensiv die anderen Formen der bke-Jugendberatung, wie Forum und Gruppenchat, zu nutzen. Sie wandte sich an eine alte Freundin, die sich aus ihr unerklärlichen Gründen zurückgezogen hatte, und sammelte gu-

---

3 Die Falldarstellung wurde ebenso anonymisiert wie der von der Jugendlichen frei gewählte Benutzername, unter dem sie in der virtuellen Jugendberatung Beiträge schrieb.

te Erfahrungen mit einem freundlich gesinnten Lehrer, mit dem sie zu sprechen begann, statt seine Fragen abzuwehren.

Nachdem Flöckchen erstmals deutlich mit den eigenen Anteilen an ihren Problemen konfrontiert war, blieb meine Mail einige Wochen unbeantwortet. Nach Rücksprache innerhalb der Intervisionsgruppe von bke-Beraterinnen und -Beratern schrieb ich ihr eine weitere Mail, die sie veranlasste, den „Briefwechsel" wieder aufzunehmen. Thema waren nun vor allem wiederkehrende Probleme, wie ihre Sündenbockrolle in der Familie und in ihrer näheren sozialen Umwelt. Flöckchen fing zudem an, sich zum Beratungsprozess zu äußern: „Du bist die Erste, die mir glaubt, dass ich mich ernsthaft mit meinen Problemen auseinandersetzen will!" Auch fragte sie zunehmend bei Formulierungen nach, die sie nicht genau verstand. Sie begann, die Personen in ihrer Familie deutlicher zu differenzieren und aktiv an eigenen Lösungen zu arbeiten. So versuchte sie, den immerwährenden Streitpunkt mangelnder Mithilfe im Haushalt zu entkräften, indem sie klare Regeln aufstellte und ihre Tätigkeiten protokollierte. Das familiäre Gespräch dazu bereitete sie in den Mails vor und holte sich dafür konkrete Hilfestellungen, zum Beispiel bei Formulierungen.

Den Abschied von einer Praktikumsstelle erlebte sie zwiespältig. Die sehr liebevollen Reaktionen der Kollegen und Senioren und die mit ihnen ausgedrückte Zuneigung trafen sie unerwartet und waren von ihr kaum zu ertragen. Später flüchtete sie nach einem „Riesenkrach" zu Hause zu Verwandten. Dank deren Zureden meldete sie sich zwar wieder zu Hause, jedoch wollte sie nicht akzeptieren, dass sich ihre Eltern in der Zwischenzeit Sorgen um sie gemacht hatten. Thema der Beratung war nun, wie schwer es ihr fällt, positive Gefühle anzunehmen, und was die Gründe dafür sein könnten.

In der Folge berichtete sie von Fortschritten, blieb bei Familienkrächen öfter ruhig oder ging weg, suchte neue Wege, mit ihrer Mutter zu sprechen, führte sich in der zweiten Praktikumsstelle besser ein, überwand einige Ängste – und fing an, sich um die Wiederaufnahme ihrer Therapie zu bemühen. Zudem berichtete sie von weiteren positiven Erfahrungen, wie gut sie sich mit anderen Nutzerinnen, die sie im Forum und Gruppenchat kennengelernt hatte, verstand. Diese Kontakte führten zu Treffen vor Ort und in einem Falle zu einer anhaltenden Freundschaft. Gleichzeitig offenbarte Flöckchen jedoch neue, besonders schambesetzte Symptome, über die sie bislang nichts erzählt hatte: Essprobleme und selbstverletzendes Verhalten in Form von Ritzen, vor allem in hilflosen Wutsituationen oder nach intensiven Erinnerungen an unbearbeitete Verlustsituationen. Diese Symptome veränderten sich im Verlauf der Onlineberatung nicht mehr dauerhaft.

Eine neue Dimension ihrer Problembearbeitung zeigte Flöckchen, als sie begann, über Songtexte positive Erfahrungen und auch Enttäuschungen auszudrücken. Einige ihrer Texte schickte sie mir – kurze, sehr verdichtete und treffende Beschreibungen von Gefühlen. Schließlich nahm sie ihre Therapie auf, mit der sie nun besser umgehen konnte, obgleich ihr dort das Reden immer noch sehr schwer fiel. Ihre Schwierigkeiten mit der Therapie besprach sie aber nicht nur in der Onlineberatung, sondern auch mit einer Freundin, die sie über das Internet kennengelernt hatte. Kurz nach Beginn der Therapie verstärkten sich einige der alten Symptome, ehe eine vertiefte Reflexion eintrat. Die Mails wurden nun immer seltener.

Gegen Ende meiner aktiven Zeit bei der Onlineberatung der bke thematisierte ich den bevorstehenden Abschied. Die Mails wurden nun nochmals sehr häufig: „Ich will es nutzen, solange du noch da bist :-)" Flöckchen hatte mittlerweile ein Gespräch mit ihrer Mutter beim Therapeuten, bei dem ihr massives Ritzen aufgedeckt wurde, was bei der Mutter zu sehr enttäuschenden und lieblosen Reaktionen führte. Dessen ungeachtet konfrontierte sich Flöckchen mit schmerzhaften Erinnerungen, indem sie entsprechende Orte aufsuchte. Sie hatte zwar weiterhin soziale Probleme in der Fachschule, aber gleichzeitig entstanden dort auch freundschaftliche Beziehungen. Es wurde ihr bewusst, dass sie eigentlich sehr hilfsbereit, aber meist überlastet war, und Flöckchen begann, sich weniger zu bemitleiden, sondern über erlittene Kränkungen wütend zu sein und damit die eigene Stärke zu spüren.

Der Abschied konnte gut thematisiert und bewältigt werden. Flöckchen schickte eine letzte Mail, in der sie in Form eines Gedichtes mitteilte, was ihr der Kontakt gebracht hatte. Sie habe sich ernst genommen und akzeptiert gefühlt, sie finde nun neue Wege, auch wenn sie gedacht hatte, es gehe nicht mehr weiter. Sie habe erkannt, was sie alles könne. Und sie fand für ihren Dank bewegende Worte.

# In der Onlineberatung Beziehung gestalten – methodische Zugänge, Beratungsphasen und Beraterverhalten

Diese Falldarstellung lässt bereits erkennen, wie sich in der Onlineberatung eine tragfähige Beziehung zwischen Jugendlichen und Beraterinnen aufbauen kann. In der weiterführenden fachlichen Reflexion der Geschichte lassen sich verschiedene Phasen der Beratung, des methodischen Zuganges und der Rolle, die die Beraterin jeweils ausfüllt, unterscheiden.

### Erste Phase – Kontaktaufbau

Die erste Mail hatte den Charakter eines Hilferufes, sie war aber auch eine Probe, ob die Beraterin Flöckchen versteht. In der ersten Antwort kommt es darauf an, Kontakt zu der Jugendlichen zu bekommen, ihr zu signalisieren, dass man ihre Probleme ernst nimmt, und so weit Vertrauen zu erzeugen, dass sie antwortet.

Flöckchen erhielt also zunächst Anerkennung für ihr offenes und vertrauensvolles Schreiben und dafür, dass sie sich öffnet und überhaupt über ihre Probleme spricht.

*Was Du über Deine Situation geschrieben hast, dass bei Dir zu Hause niemand auf Deine Probleme eingeht und Du nicht über Deine Gefühle sprechen kannst, dass Deine Eltern ständig so reizbar sind und Deinen Bruder bevorzugen, dass Du Deine beste Freundin verloren hast, das hat mich sehr berührt, denn da kam viel Einsamkeit rüber. Es beeindruckt mich, dass Du nun auf diesem Weg versuchst, über Deine Probleme zu sprechen, denn das ist ja oft der erste Schritt, einen Weg zu finden.*

Beim Erstkontakt werden vor allem explorierende Fragen gestellt, um mögliche Ressourcen zu erkennen und Erklärungen für die Situation zu erhalten. Zugleich geht es bereits hier darum, Verständnis zu signalisieren. Wie von Flöckchen erwartet, beinhaltete mein erster Brief aber auch einige konkrete Hinweise und Ratschläge für ein Gespräch mit den Eltern und der Freundin.

*Du weißt nicht, warum sich Deine Freundin so plötzlich zurückgezogen hat.*

*Wäre es für Dich möglich, von Dir aus erneut Kontakt aufzunehmen?*

*Frage sie, was los ist – wenn Du sie nicht schon danach gefragt hast. Vielleicht hast Du sie verletzt und es gar nicht gemerkt; vielleicht hatte sie selbst auch große Sorgen und keine Zeit und traut sich jetzt nicht mehr, sich zu melden.*

*Nutze mit dem Nachfragen die Chance, zu klären, ob ihr weiter Freundinnen sein könnt oder nicht. Dazu kannst Du zum Beispiel einfach ein- oder auch zweimal etwas von Dir erzählen, auch Persönliches. Dadurch „gibst" Du etwas, und das weckt Beziehung und stiftet Vertrauen.*

*Oder kennst Du andere Mädchen, mit denen Du Dir vorstellen könntest, befreundet zu sein?*

### Zweite Phase – vertiefende Fragen, Anregung zur Selbstreflexion, Lösungssuche

Diese Phase nahm den größten Teil des Beratungsprozesses ein. Methodisch können bei der Online-Einzelberatung sehr unterschiedliche Ansätze eingehen. Das heißt, die Beratung ist wie auch in Beratungssituationen vor Ort eher eklektisch. Verständnis im Sinne der Rogerschen Gesprächspsychotherapie, also Empathie, Echtheit, Wertschätzung, sind aber auch bei der Onlineberatung wichtige Grundsätze.

Weitere methodische Möglichkeiten entstammen der kognitiven Verhaltenstherapie, wie zum Beispiel die konsequente Verstärkung positiver Ansätze, konkrete Hinweise auf Lernmechanismen, Ordnen der Gedankenflut und deren strukturierte kognitive Verarbeitung sowie ganz konkrete Tipps. Eher deutende Interpretationen können tiefenpsychologischen und systemischen Therapieformen entlehnt werden. Je nach Problem können auch Ansätze aus der Traumatherapie in die Beratung einfließen. Zum Thema selbstverletzendes Verhalten war mir im Fall von Flöckchen die Datenbank der bke eine große Hilfe, in der unter anderem frühere Vergleichsfälle und Literaturempfehlungen hinterlegt sind.

Meine Antworten beinhalteten zu Beginn dieser Phase vor allem konkrete Hinweise, wie die Ratsuchende mit schwierigen Situationen umgehen könnte, aber zunehmend auch Problemdeutungen, vorsichtige kleine Konfrontationen mit ihrem eigenen Verhalten, distanzierende Reflexionen, etwa durch Geschichten über Mädchen in ähnlichen Situationen, Hinweise auf Bücher und Filme, die ähnliche Probleme thematisieren.

*Was kann man aber gegen die Angst tun? Es gibt dafür therapeutische Möglichkeiten, die in Deiner Therapie erarbeitet werden können. Eine gute Möglichkeit für den Alltag ist, das, wovor man Angst hat, in so kleine Portionen oder Schritte aufzuteilen, dass man sie trotz Angst bewältigen kann; das gibt dann auch zunehmend Sicherheit und Selbstvertrauen, dass man die Dinge schaffen kann. Oder: Manchmal hilft es auch, wenn man für sich selbst das Wort „noch" benutzt. Zum Beispiel: Das macht mich noch fertig, das halte ich noch nicht aus, das kann ich noch nicht. Damit baust Du für Dich selbst die Erwartung ein, dass sich das ändern kann und wird.*

Zaghafte Hinweise auf eine beginnende Ablösung von den Eltern wurden in meinen Antworten verstärkt, aber ich brachte auch eigene Erlebnisse als Beispiel für Problemlösungen ein. Neben Tipps, wie „Fantasien zum sicheren Ort" oder „Gedankenstopp", bekam Flöckchen viel Unterstützung darin, sich selbst und das, was sie bisher schon erarbeitet hatte, positiver zu bewerten.

*Ganz toll finde ich ja, dass und wie Du es geschafft hast, das Meckern Deines Vaters nicht so auf Dich zu beziehen. Das ist ein ganz wichtiger Schritt, dass er seine Gefühle und schlechte Laune haben kann, ohne dass Du Dich davon runterziehen lässt. Das ist ein Beginn, unter wirklich schwierigen Bedingungen innerlich unabhängig zu werden.*

Meine Antworten enthielten Hinweise auf ihre Selbstwirksamkeit und hohe Anerkennung für die vielen Veränderungen. Ich bot auch Deutungen für die Ängste an, die wohl aus der Kindheit von Flöckchen herrührten, und reflektierte die Beziehungsdynamik in der Familie. Das Ziel war es, einen Weg zu finden, der von der „Schuld"-zuweisung an einzelne Personen wegführte und die familiären Beziehungsmuster in den Vordergrund stellte. Das beinhaltete auch eine vorsichtige Konfrontation mit eigenen Anteilen an der aktuellen Situation. So spiegelte ich ihr zum Beispiel, wie schwer es ihr fällt, positive Gefühle anzunehmen, und setzte dies in Bezug dazu, wie es ihr in ihrer Familie bisher ergangen war. Gleichzeitig verdeutlichte ich ihr, wie verletzend für andere ihre Ablehnung sein konnte.

## Dritte Phase – Vorbereitung der Beendigung, Abschied

Ähnlich wie bei den von Kostenträgern für einen bestimmten Zeitraum bewilligten Therapien ist auch bei der Onlineberatung der bke die Dauer der Beratung begrenzt. Die Begrenzung ergibt sich hier durch die befristete Mitarbeit der Fachkräfte in der virtuellen Beratungsstelle. Dadurch war es möglich, den Abschied aus der beraterischen Beziehung rechtzeitig zu thematisieren. Ich teilte Flöckchen mein Ausscheiden zirka fünf Wochen vorab mit. Das Ergebnis waren nun regelmäßige und sehr häufige Mails, gleichzeitig nahm die Tiefe der besprochenen Probleme deutlich ab. Ich erlebte dieses Ende als sehr organisch, da Flöckchen nun in der Therapie vor Ort gut verankert war. Dort lag jetzt ihr Schwerpunkt, und es galt, eine Doppelbetreuung zu vermeiden. Dafür wurde der Abschied liebevoll und konsequent gestaltet.

Anders als in der Beratung vor Ort ist es bei der Onlineberatung im Einzelfall nicht möglich, ihren Erfolg durch Nachbefragungen zu überprüfen. Allerdings geben die schriftlichen Zeugnisse deutliche Hinweise auf veränderte Empfindungen, Deutungen und Verhaltensweisen bei den Ratsuchenden. Flöckchen zeigte beispielsweise, dass sie nach und nach ihre passive Opferhaltung aufgab und für sie schwierige Situationen aktiver gestaltete. Insgesamt waren ihre Beiträge zunehmend von positiven Selbstzuschreibungen geprägt. Und nicht zuletzt ließ sie trotz der Schwierigkeiten in der Fachschule eine optimistische Haltung zu ihrem Beruf erkennen. Sie wuchs mit dem Erfolg und der Freude in den Praktika.

## Herausforderungen und Gewinn der Onlineberatung

Die Ratsuchenden haben in der Onlineberatung sehr viel Macht und Autonomie. Denn auch das gehört zu den Eigentümlichkeiten dieses Mediums – Ratsuchende können sich gut entziehen, sie gestalten die Termine eigenverantwortlich und regeln die Dichte der Beratung selbst. Es gibt allerdings auch hier für die Beraterin die Möglichkeit, „nachgehend" zu arbeiten: Im vorliegenden Fall schrieb ich von mir aus eine zweite Mail, nachdem die erste längere Zeit unbeantwortet geblieben war.

Eine weitere Besonderheit betrifft das Verhältnis zur Therapie vor Ort, die viele Userinnen und User parallel zur Onlineberatung aufsuchen oder die dies zumindest beabsichtigen. Andere haben bereits Therapieerfahrung gesammelt. Für Flöckchen war die Onlineberatung sehr wichtig, da es ihr zunächst nicht gelang, eine Therapie zu beginnen. Ihre Hemmung führte dazu, dass sie in den ersten Therapiesitzungen eine regelrechte Sprachblockade bekam und daher froh war, als sie keine weiteren Termine mehr hatte: „Ich kann über all das im Moment einfach nicht reden, da ist es einfacher, alles zu schreiben und zu wissen, dass es da jemanden gibt, der das alles liest." Und ein anderes Mal gab sie mir zu verstehen: „Schreiben kann ich wenigstens, wenn ich schon mit keinem reden kann."

Sie selbst sah die Onlineberatung nicht in Konkurrenz zur Therapie. Im Gegenteil, sie beschrieb nach der Wiederaufnahme ihre Gefühle zu ihrem Therapeuten und nutzte die Onlineberatung zur Reflexion über die Therapie: „Es fällt mir total schwer, mit ihm zu reden, aber das liegt nicht an ihm. Es ist einfach, weil ich früher nie mit jemand über so was geredet habe. In der Stunde dachte ich oft, ich will da weg. Aber jetzt bin ich super froh, dass ich es gemacht hab."

Dieses Beispiel zeigt, dass Onlineberatung Jugendliche motiviert, auch Möglichkeiten der Beratung und Therapie vor Ort zu nutzen, und sie ihnen den Zugang hierzu erleichtert. Es ist weiterhin zu vermuten, dass gerade für Jugendliche mit negativen Therapieerlebnissen der geschützte und anonyme Zugang zur Onlineberatung eine der wenigen Möglichkeiten darstellt, überhaupt noch mit professioneller Beratung in Kontakt zu kommen und mit ihr möglicherweise die negativen Erlebnisse zu thematisieren und zu verarbeiten.

Dass es möglich ist, auch über die medial eingeschränkte Kommunikation im Internet eine beraterische Beziehung aufzubauen, erlebte ich selbst sehr eindringlich in Form von Gegenübertragungsgefühlen. Im Laufe des langen Schriftwechsels entstanden bei mir intensive Gefühle gegenüber einem Mädchen, das ich nie zu Gesicht bekommen hatte. Zunächst verspürte ich Ärger und Genervtheit aufgrund der sich stets wiederholenden Klagen und Beschuldigungen, ohne dass sie ein Gefühl für die eigene Beteiligung entwickelt hätte. Dann folgte bei mir Betroffenheit, vor allem als Flöckchen deutlicher werden ließ, wie heftig ihre Symptome waren, und als sie die sehr verletzenden und wenig einfühlsamen Reaktionen ihrer Familie schilderte. Ich entwickelte „mütterliche" Gefühle ihr gegenüber: Als sie einige neue Verhaltensweisen an den Tag legte, war ich „stolz" auf sie. Als sie sehr depressiv und fast suizidal klang, machte ich mir große Sorgen und war erleichtert, als ich wieder von ihr hörte. Hilflos fühlte ich mich, als sie relativ spät davon berichtete, dass sie sich selbst verletzte. Der Abschied fiel auch mir nicht leicht, denn sie war mir mittlerweile ans Herz gewachsen. Bei der unerlässlichen Klärung und Bewältigung meiner eigenen Gefühle war mir die Besprechung im Team der Beratungsstelle vor Ort ebenso hilfreich wie die Intervision innerhalb des Beraterkreises der virtuellen Beratungsstelle.

Gerade das geschilderte Beispiel hat mich selbst überzeugt, dass auch online intensive Beziehungsarbeit bei komplexen und tiefgreifenden Problemen möglich ist. Die Anonymität des Beratungsmediums begünstigt einen guten Einstieg, und die erste Beziehungsfindung kann wie bei „Flöckchen" recht schnell glücken. Gleichwohl muss der Beratungsprozess von den Beteiligten immer erarbeitet werden. In jeder der beschriebenen Phasen kann es auch zu Krisen bis hin zum Beziehungsabbruch kommen: „Nach wie vor reagieren beide Zielgruppen empfindlich auf personelle Veränderungen, verbunden mit Bedauern auf der Elternseite und Verunsicherung und Beratungsabbruch auf der Jugendseite" (Bundeskonferenz für Erziehungsberatung e.V. 2007, S. 47). Der Vorteil der Onlineberatung ist jedoch, dass für die Jugendlichen der Zwang zur sozialen Verbindlichkeit niedriger ist und ihre Autonomie und Handlungsfähigkeit gewahrt bleiben, da sie jederzeit die Möglichkeit haben, ohne „soziale Nebenfolgen" die Beraterin zu wechseln.

Die Onlineberatung ersetzt somit nicht die direkte Beratung oder Therapie, stellt aber eine neue wichtige Form der Beratung dar, in der sich auch neue Formen der beraterischen Beziehung entwickelt haben. Gerade das Nichtkennen kann Übertragungen anregen und Fantasien ermöglichen. Vor allem kann die Onlineberatung wie im geschilderten Beispiel Barrieren umgehen, die die Inanspruchnahme von Therapie gerade für eine sehr belastete Zielgruppe zunächst unmöglich machen. Den wichtigen Zusammenhang von Beratung online und vor Ort unterstreichen zudem die Erfahrungen mit der Sprechstunde im Einzelchat, die seit ihrer Einführung intensiv nachgefragt wird. Viele Sprechstunden werden von den Jugendlichen genutzt, „die am gleichen Tag anstehende Sitzung in der ambulanten Beratungsstelle oder beim Psychiater vorzubereiten und ‚Mut zu tanken'. Ähnlich gelagert sind die Probleme mit der Selbstmotivation, wenn es darum geht, Leistungsanforderungen nicht aus dem Weg zu gehen oder Zusagen einzuhalten, auch wenn sich die persönliche Einstellung zur Angelegenheit zwischenzeitlich (wieder einmal) geändert hat. Die Krisenberatung dient in Form einer Impulsberatung dazu, die Hemmnisse abzubauen und durch diese Begleitung den Mut zu finden, die Beratungsstelle aufzusuchen und die eingeleiteten Veränderungen nicht wieder aufzugeben" (ebd., S. 46).

Damit die Beraterinnen und Berater ihre Aufgabe auf professionelle Weise erfüllen können, sollte Onlineberatung aber unbedingt eingebettet sein in ein System von Qualitätsmaßnahmen. Hierzu gehören fachliche Standards, Unterstützungssysteme und Handreichungen für schwierige Situationen. Und die Fachkräfte sind gefordert, sich auf das neue Medium und seine fachlichen Möglichkeiten und Risiken einzustellen, bewährte Haltungen und Methoden zu hinterfragen und anzupassen. Hierzu gehört auch, eine schriftliche Ausdrucksform zu finden, die sowohl dem Medium als auch den jugendlichen Bedürfnissen gerecht wird: „Die User erwarten verbindliche Antworten vom Moderator und nehmen es mit der Sprache sehr genau. Floskeln wie ‚Ich bin für dich da' können auch als Provokation oder Kränkung erlebt werden [...]" (bke-Projektgruppe Online-Beratung 2004, S. 210). Nicht zuletzt müssen die Fachkräfte lernen, mit der Unsicherheit umzugehen, dass es in der Regel die Ratsuchenden sind, denen das Medium vertrauter ist und die es kompetenter bedienen.

Die ansteigenden Nachfragen zeigen, dass Beratung über das Internet für viele Jugendliche zunehmend ein normaler, ein selbstverständlicher Weg wird, sich Verständnis und Hilfe zu organisieren.

Der Altersschwerpunkt liegt in vielen Beratungsstellen eher bei Kindern zwischen 3 und 12 Jahren. Von daher stellt die Online-Beratung gerade für Jugendliche eine wesentliche Ergänzung zu dem Beratungsangebot vor Ort dar. Hinzu kommt, dass sich gerade Jugendliche mit besonders schweren Störungen nicht von selbst an Beratungsstellen wenden, aber das Internet oft extensiv nutzen.

Dabei ist gerade angesichts der oft massiven Problemlagen ebenso wie bei der Beratung vor Ort ausgewiesene Fachlichkeit gefragt. Da das Internet praktisch jedem ermöglicht, beratend tätig zu werden, stellt eine Onlineberatungsstelle mit geprüfter Qualität, wie sie beispielsweise die bke anbietet, einen Weg zu qualifizierter Hilfe dar.

## Literatur

bke-Projektgruppe Online-Beratung (2004). Hilfe im Internet für Jugendliche und Eltern. In A. Hundsalz; K. Menne (Hrsg.), Jahrbuch für Erziehungsberatung, Band 5 (S. 205–226). Weinheim und München: Juventa.

Bundeskonferenz für Erziehungsberatung e.V. (Hrsg.) (2003). Online-Beratung. Hilfe im Internet für Jugendliche und Eltern. Fürth: Eigenverlag.

Bundeskonferenz für Erziehungsberatung e.V. (Hrsg.) (2007). Erziehungs- und Familienberatung im Internet. Die Virtuelle Beratungsstelle. Projektbericht 1. Januar 2006 bis 31. Dezember 2006. Fürth: Eigenverlag.

Bundeskonferenz für Erziehungsberatung e.V. (Hrsg.) (2009): bke-Beratung.de. Erziehungs- und Familienberatung im Internet. Bericht 2008. Fürth.

Piplack, Ebba (2006). Gruppenchat für Jugendliche. In: Erziehungsberatung aktuell, 2, 21–22.

Thiery, Heinz (2005). Schnell wachsende Nachfrage. Online-Beratung breit angenommen: Die Entwicklung der Virtuellen Beratungsstelle der bke. Informationen für Erziehungsberatungsstellen, 1, 41–42.

Thiery, Heinz (2006). Hohe Akzeptanz der bke-Onlineberatung. Die Entwicklung der Virtuellen Beratungsstelle im Jahr 2005. Informationen für Erziehungsberatungsstellen, 2, 14–16.

Susanne Hirt

# Faires Raufen als Gewaltprävention
Ein Projekt der AWO-Erziehungsberatungsstelle in Augsburg

Angesichts der zahlreichen Gegenbeispiele, die Kinder heute täglich in ihrem Umfeld erfahren, ist es für uns Erwachsene oft schwer, ihnen einen sinnvollen und sinnlich erfahrbaren Zugang zu den Regeln der Gewaltlosigkeit und des respektvollen, fairen Umgangs miteinander zu vermitteln. Spätestens in Kindergarten oder Grundschule, wenn Kinder verschiedenster Charaktere, Kulturen und familiärer Hintergründe zusammentreffen, wird es jedoch notwendig, diese Haltung zu etablieren. Das gilt vor allem für „wilde", eventuell grenzüberschreitende sowie selbstunsichere Kinder: Beide Gruppen haben Schwierigkeiten, natürliche Grenzen einzuhalten bzw. zu setzen und dadurch Spiel und Kampf voneinander zu unterscheiden. In den meisten Fällen versuchen erwachsene Aufsichtspersonen, den Auftritt möglicher Übergriffe durch von außen gesetzte Regelungen und Kontrollstrukturen einzudämmen. Die Erfahrung zeigt jedoch, dass – sobald letztere entfallen – angestaute Aggressionen umso gewaltvoller auftreten, was z.B. an der Häufigkeit von Gewalttätigkeiten zwischen Schülern auf unbeaufsichtigten Schulwegen deutlich wird.

Woran kann es liegen? Offenbar bedarf es einer persönlich erfahrbaren, konkret und sinnlich wahrnehmbaren Einsicht, dass Respekt und Fairness in Konflikten mehr bewirken als gegenseitige Abwertung und Verletzung. Um dies schon möglichst früh zu vermitteln, setzt das Faire Raufen (FR) im Gegensatz zu anderen Präventionsprojekten auf der körperlich-sinnlichen Ebene an, die unabhängig von Sprache und Kultur ist und auf welcher Kinder im Kita- und Grundschulalter am besten zu erreichen sind. Dazu bietet es einen Rahmen, in dem sich die Kinder sicher und entspannt fühlen und die erfahrenen Regeln und Werte gut aufnehmen können, um sie im Laufe der Zeit auf Konfliktsituationen im Alltag zu übertragen. Der israelische Psychologe Haim Omer nennt dies in der Zusammenarbeit mit Eltern und aggressiven Jugendlichen: „Das Eisen schmieden solange es kalt ist."

Angeregt durch eigene Erfahrungen mit der japanischen Kampfkunst Aikido (Protin 2003; Heckler 1988) und durch die Konzepte von Präsenz und gewaltfreiem Widerstand in der Beratungsarbeit von Haim Omer (Omer; von Schlippe 2003), begann eine Mitarbeiterin der Erziehungsberatungsstelle vor fünf Jahren in Zusammenarbeit mit einem experimentierfreudigen

Kindergarten, die ersten „FR-Gruppen" anzubieten und interessierte pädagogische Fachleute als Multiplikatoren zu schulen.

Im Rahmen der frühzeitigen Gewaltprävention bietet die AWO Familien- und Erziehungsberatungsstelle Augsburg nun bereits seit Dezember 2005 „Raufprojekte" für Kindergarten- und Grundschulkinder an. In diesem Zeitraum nahmen 20 Kindertagesstätten, zwei schulvorbereitende Einrichtungen, drei Gruppen einer Heilpädagogischen Tagesstätte, sieben Grundschulen mit insgesamt 15 Klassen, drei Förderschulklassen und ein Sportverein an den entsprechenden Veranstaltungen teil. Nach einer Einweisung führten MultiplikatorInnen das Projekt vor Ort selbständig mit ihren Gruppen bzw. Klassen fort und vermittelten das Konzept im Kollegenkreis, wobei die Beratungsstelle weiterhin als Ansprechpartner im Hintergrund zur Verfügung stand.

## Ziele des Projekts

Im Grunde kann jeder erzieherische Ansatz, der Menschen zu Rücksicht vor den Interessen anderer und zu Mitverantwortung für das Wohl der Gemeinschaft anleitet, als gewaltpräventiv bezeichnet werden. Im Unterschied zu Konzepten, die von der Möglichkeit absoluter Harmonie als höchstem Ziel des Zusammenlebens ausgehen, wird beim Fairen Raufen eine im Menschen veranlagte Aggressionsbereitschaft nicht geleugnet oder verurteilt, sondern als natürlich angenommen. Um mit diesen Anteilen verantwortungsvoll umzugehen, ist es wichtig, eine Konfliktkultur zu entwickeln, in der Eskalationen rechtzeitig erkannt und aggressive Energien kontrolliert umgeleitet werden können.

Die Phase, in der es zu körperlichen Angriffen kommt, gilt im Allgemeinen als höchste Eskalationsstufe in Konflikten. In ihr ist die Auseinandersetzung konzentrierter und der Kontakt zum Gegenüber intensiver als in anderen zwischenmenschlichen Auseinandersetzungen. Eine solche Eskalation wird im FR künstlich erzeugt. Im direkten körperlichen Kontakt mit dem Gegner können Kinder ihre persönlichen Eskalationsmuster bzw. ihre gewaltbereiten Anteile besser kennenlernen und bekommen Anleitung, diese zu kultivieren, indem z.B. klare Grenzen und Regeln erarbeitet und weniger destruktive Alternativen entwickelt werden. Da sie die Reaktionen ihres Partners direkt spüren können und sofort negative bzw. positive Rückmeldung bekommen, wenn sie verletzend bzw. fair raufen, bekommt die Fähigkeit, zerstörerische Impulse zu kontrollieren, bei längerem Training eine erhöhte Wertigkeit im Bewusstsein des einzelnen und in der Gruppe. Konkret erhalten Kinder auf spielerischer, ihrer Entwicklungsstufe angepasster Ebene Möglichkeiten,

- über ihr inneres Erleben in Rangelspielen und im Zweikampf ihre Selbst- und Fremdwahrnehmung zu verbessern:

*Selbstwahrnehmung:*
Motivation durch gutes Körpergefühl
Körperkontakt herstellen und zulassen
Körper- und Affektkontrolle entwickeln
Einschätzung für eigene Kraft entwickeln
Abruf von Konzentration/Präsenz
Abruf von Kreativität („Tricks" und Techniken)
Innere Ausgeglichenheit/Spannung spüren

*Fremdwahrnehmung:*
Warnehmung von Unterschieden
Wertschätzung und Anerkennung des Gegners als Partner
Respekt vor den Grenzen des Partners
erhöhte Kontaktfreudigkeit
verfeinerte Reaktionsfähigkeit
Frustrationstoleranz
Mut und Neugier
Willenskraft/Durchsetzungsfähigkeit

- über den äußeren Rahmen der Regeln und Rituale ein soziales, d.h. von ihrem Umfeld akzeptiertes Verhalten zu erlernen, das ihnen die Zugehörigkeit zur Gruppe - und langfristig zur Gesellschaft sichert:

*Äußerer Rahmen:*
Akzeptanz gegenüber demokratisch vereinbarten Regeln
Erfahrung, dass Zugehörigkeit durch Anpassung an Regeln entsteht
Lernen, klare räumliche und zeitliche Grenzen zu vereinbaren und einzuhalten

*Soziales Lernen:*
Bewusste Auseinandersetzung mit Fairnessregeln
Respekt vor persönlichen Grenzen und Recht des Partners auf Unversehrtheit
Akzeptanz von Verschiedenheit, Toleranz
Gemeinschaftsgefühl
Soziale Integration aller Teilnehmer/innen

Nach einiger Zeit der Übung verstärkt sich bei den meisten Kindern das Bewusstsein für ihre körperlichen Fähigkeiten und Grenzen sowie für die Vielfalt eigener Gefühle und Gefühlsausdrücke (Selbstwert). Gleichzeitig wachsen ihr Einfühlungsvermögen und ihre Akzeptanz gegenüber der Persönlichkeit anderer Menschen (Respekt vor anderen). Zusammen mit sozialer Kompetenz sind dies die grundlegenden Voraussetzungen für Beziehungs- und damit auch für Konfliktfähigkeit.

Menschen mit guter Selbst- und Fremdwahrnehmung und gut entwickelten sozialen Kompetenzen sind eher in der Lage, befriedigende Beziehungen einzugehen und aufrecht zu erhalten. In den unterschiedlichen gesellschaftlichen Kontexten wissen sie sich angemessen zu benehmen. Entsprechend kann man davon ausgehen, dass sie seltener in gewalttätige Eskalationen geraten bzw. solche verursachen als Personen, die nur wenige und meist unreflektierte Erfahrungen in diesem Bereich machen konnten.

# Voraussetzungen zur Vermittlung von respektvollem Umgang und sozialem Lernen durch Raufen

*Eine ressourcenorientierte Haltung gegenüber dem Phänomen Aggression*

Betrachtet man Aggression nicht einfach als Vorstufe für Gewalt, die es einzudämmen gilt, sondern als eine Art Energie, die viele Arten menschlichen Verhaltens stimulieren und motivieren kann, dann ergeben sich außer der Eindämmung durch Verbote und Kontrolle eine ganze Reihe zusätzlicher Möglichkeiten, sie als Ressource für das kindliche soziale Lernen einzusetzen.

Im Fairen Raufen wird das in der Aggression[1] enthaltene menschliche Bedürfnis nach Kontakt und Berührung durch körperliche Auseinandersetzung kombiniert mit dem Erlernen von fairem, respektvollem Umgang. So können Kinder ihre aggressiven Anteile bewusst kennenlernen und in einem gesicherten Rahmen ausleben, der nicht nur das Umschlagen in Gewalt weitgehend ausschließt, sondern soziales Lernen und Körperwahrnehmung, aber auch Selbstbewusstsein und realistischere Selbst- und Fremdeinschätzung fördert.

*Elemente und Philosophie des Aikido*

Aikido ist eine der wenigen Sportarten, die – obwohl sie sich aus den Kampfkünsten entwickelt hat – ohne Wettkampfdenken auskommt. Der Gegner wird als Partner betrachtet und mit Wertschätzung und Dankbarkeit behandelt, da er sich zum persönlichen und gegenseitigen Aneinander-Lernen zur Verfügung stellt. Ein Angriff wird daher auch nicht als Provokation wahrgenommen, sondern als Form von Energie, die der Angreifer einbringt und die vom Verteidiger durch bestimmte Techniken umgelenkt wird, ohne dem anderen Schaden zuzufügen. Es geht dabei um die Ausschaltung einer gewalttätigen, kämpferischen Absicht, nicht um die Vernichtung der angreifenden Person oder Energie.

Da die Vermittlung der teilweise komplizierten Techniken langwierig und für impulsivere Kinder frustrierend wäre, beschränke ich mich in den Rauf-

---

[1] Die ursprüngliche Bedeutung des lateinischen „aggredi" ist „herangehen/ (etwas) auf sich nehmen".

gruppen auf die Vermittlung der beschriebenen Haltung und einiger einfacher Prinzipien.

Diese kommen zum Tragen in kleinen Ritualen des Respektes und der Wertschätzung (z.B.: Die Raufenden begrüßen und verabschieden sich mit einer im Kampfsport üblichen kurzen Verbeugung, sehen sich dann in die Augen und geben sich die Hand.); im Demonstrieren einfacher Technik-Elemente, die dazu anregen, die üblichen Denkmuster („Mit Kraft geht alles besser ..." oder: „Das geht nicht, da komme ich nie mehr heraus ...") zu verlassen und kreativ zu sein; und in einer vollkommen neutralen Haltung der AnleiterInnen gegenüber dem Thema „Gewinnen/Verlieren".

*Verknüpfung des Notwendigen mit dem Angenehmen*

Wilde Kinder raufen meist von sich aus schon gerne. Sie nutzen die körperliche Ebene, um sich zu messen, Kontakt aufzunehmen, Aufmerksamkeit zu bekommen oder Aggressionen abzulassen. Den Raum dafür müssen sie sich jedoch meist „heimlich" nehmen. Wenn die verantwortlichen Erziehungspersonen ihnen diesen Raum nun plötzlich öffnen, sie dort abholen, wo sie gerade stehen, führt allein diese Geste schon zu einer Verstörung des bisher gewohnten Umgangs mit Rangel- und Raufsituationen, die neue Reaktionen von ihnen erfordert und zum Nachdenken über das Thema anregt.

In diesem Prozess der Einführung neuer Sichtweisen werden dann die Bedingungen verhandelt: Der Deal lautet: „Du bist zwar ein wildes (starkes, lautes) Kind, aber wenn du deine Wildheit im Rahmen der Fairness und der Regeln einsetzt, kann sie für dich und uns alle eine Bereicherung werden." Wird dies ehrlich und wertschätzend vermittelt, kann ursprüngliches Störverhalten Einzelner im lösungsorientierten Sinne zur Ressource für die Gruppe gewandelt werden.

## Durchführung der Raufstunden

*Einführung der Regeln*

In einem ersten Gruppentreffen wird den Kindern zunächst das Wort Fairness kindgerecht erklärt. Dann werden sie angeleitet, ihre „Fairness-Regeln" selbst zusammenzustellen. In den folgenden Stunden können sie selbstverantwortlich und – möglichst demokratisch – ergänzt und reflektiert werden. Die Aufgabe der erwachsenen Anleiter besteht darin, den Prozess zu moderieren („Was ist erlaubt? – Was nicht? Was machen wir, wenn ...?") und dabei auf folgende Kriterien für sinnvolle Regeln zu achten:

- Klarheit: Jedes teilnehmende Kind muss Bedeutung und Sinn der Regel verstanden haben. Wenige, aber klare Regeln sind oft wirksamer. Zu viele verwirren nur.

- Machbarkeit: Die Regel muss so formuliert sein, dass jedes Kind in der Lage ist, sie einzuhalten.
- Allgemeingültigkeit: Jede Regel gilt für jedes Kind gleich.
- Gemeinsames Interesse/Gegenseitigkeit: Wer sich daran hält, darf dies auch von allen anderen erwarten und garantiert so für seine eigene Sicherheit genauso wie für die der anderen.
- Verbindlichkeit: Regeln dürfen nur abgeändert werden, wenn dies zuvor mit allen Kindern abgesprochen und ein Konsens für eine neue Regel gefunden wurde.
- Möglichst positive Formulierung, da negative Formulierungen v.a. von kleineren Kindern unbewusst anders erfasst werden („Denken Sie in den nächsten Sekunden nicht an einen blauen Elefanten ..."). Z.B.: Wir benutzen zum Raufen nur unsere Arme, Hände, Beine und Füße." „Wir fassen den Gegner nur von den Füßen bis zu den Oberschenkeln und von den Rippen bis zu den Schultern an (Zeigen!)", statt: „Wir dürfen nicht beißen und in den Bauch schlagen."

Es werden so lange Regeln gesammelt, bis sich jedes Kind sicher genug fühlt, anschließend mitzumachen. Während der Zweikämpfe sind alle Zuschauer mit verantwortlich für die Einhaltung der Fairness im Raum. Regeln, die einmal vereinbart sind, müssen natürlich auch konsequent beachtet und angewendet werden. Die Regeln werden zu Anfang jeder Raufstunde wiederholt und gegebenenfalls ergänzt.

*Rahmen und Stundenaufbau*

Eine konstante Gruppe von 10 bis 12 Kindern nimmt über mindestens acht Wochen eine Stunde wöchentlich an einem Training Faires Raufen teil. Nach der oben beschriebenen Besprechung der Regeln wird mit ein paar angeleiteten Aufwärm-Übungen und Spielen zur Selbst- und Fremdwahrnehmung begonnen. Dann darf je ein Kind ein anderes zum Raufen auffordern. Die so vereinbarten Paare treten – umrahmt von den o.g. Begrüßungs- und Verabschiedungsritualen – nacheinander auf der Matte zu Zweikämpfen an. Wer den Partner für einige Sekunden auf dem Rücken liegend an beiden Schultern auf die Matte drückt, hat gewonnen. Bei Missachtung einer Regel wird gestoppt. Schwerere absichtliche Übertretungen werden mit Zeiten auf der Strafbank und im schlimmsten Fall Ausschluss aus der nächsten Raufstunde geahndet. Während der Zweikämpfe kommentieren die Anleiter die Aktionen der Kinder wertschätzend und ressourcenorientiert in der Art einer „Sportreportage". Im Anschluss folgt eine Reflexionsrunde, in der mit jedem Kind überlegt wird, was ihm gut, bzw. nicht gefallen hat und notwendige Veränderungen der Regeln etc. vereinbart werden. Den Stundenabschluss bildet ein kleines Ritual oder Spiel, das zum Gemeinschaftsgefühl oder der „Beruhigung" der Kämpfer beitragen soll (z.B. gegenseitige Hand- oder Rückenmassage, Händedrücken im Kreis o.Ä.).

## Methodische Elemente

Um neben der direkten Erfahrung beim Zweikampf die Aspekte von Selbst- und Fremdwahrnehmung auch in anderen Bereichen dauerhaft zu vertiefen, wird die Rahmengestaltung der Raufstunden durch verschiedene methodische Elemente ergänzt:

Es werden spezielle Spiele und Übungen zum Anwärmen vor, oder zum Entspannen nach dem Raufen vorgestellt, die einzelne Wahrnehmungsbereiche gesondert ansprechen sowie gruppendynamische Prozesse vertiefen. Dazu gibt es vielfältige Anregungen in dem Buch von Beudels und Anders (2002) bzw. auf der Internetseite www.sichere-schule-NRW.de.

Die bereits genannte Kommentierung der Zweikämpfe in Form einer Sportreportage signalisiert den Kindern zunächst einmal: „Ich bin als Anleiterin präsent. Ich sehe genau was ihr macht, melde euch dies zurück und solange ihr euch fair verhaltet, bekommt ihr meine ganze Wertschätzung". Unsichere Kinder erhalten durch die hörbare Anwesenheit eines Erwachsenen eine zusätzliche „akustische Absicherung", für besonders „wilde" Kinder, die normalerweise eher negative Aufmerksamkeit für ihr Verhalten bekommen, stellt eine so intensiv erlebte positive Aufmerksamkeit eine ganz neue Erfahrung dar, die sie unglaublich motivieren kann. Im Sinne der Ressourcenorientierung liegt der Fokus natürlich vor allem auf Aktionen, die respektvollen, fairen Umgang mit dem Partner zeigen und das einzelne Kind in seinem Selbstbild aufwerten. Daneben besteht Raum für technische Tipps, aufmunternde Worte oder Hinweise zum Weiterdenken (dass z.B. Eigenschaften wie Beharrlichkeit/Dranbleiben ebenso nützlich sein können wie Schnelligkeit, dass unerwartetes Nachgeben den Gegner eventuell mehr aus dem Gleichgewicht bringt, als weiter dagegenzudrücken, dass es genauso vorteilhaft sein kann, „klein und dafür wendiger zu sein wie groß und stark", dass es viel innerer Stärke bedarf, ein guter Verlierer zu sein usw.).

In Reflexionsrunden nach den Zweikämpfen kann jedes Kind nochmals berichten, was ihm gefallen bzw. nicht gefallen hat und was es neues über sich und andere erfahren hat. Hier können auch Regeln überdacht und verändert werden, Beziehungen gepflegt und verstärkt werden durch verbindende oder anerkennende Bemerkungen zu bestimmten Zweikämpfen, Techniken vertieft werden usw. Indem die Kinder aufgefordert sind, die auf der Körperebene gemachten Erfahrungen zu verbalisieren, können sie diese nach und nach von einer eher un- oder halb bewussten in die bewusste Wahrnehmungsebene integrieren.

Je nach Entwicklungsstand und Interesse der Gruppe können angesprochene Themen mehr oder weniger vertieft werden. (Z.B. „Wie ist es, verlieren zu müssen? Wie geht es anderen damit? Wie kann ich einschätzen, ob eine Verletzung absichtlich oder unabsichtlich verursacht wurde?" „Wann ist es besser, loszulassen? Wann besser, dranzubleiben am Gegner?" „Was hat der heute gelernt, der 10 Minuten auf der Strafbank sitzen musste?").

Je besser eine Person mit der Gruppe und den einzelnen Kindern vertraut ist, desto individueller kann sie im Rahmen dieser Methoden auf spezielle Bedürfnisse, Schwierigkeiten aber auch förderungswürdige Fähigkeiten eingehen.

## Fallbeispiel Tom

Tom ist Einzelkind und in der Freizeit fast nur mit Erwachsenen zusammen. Im Kindergarten tut er sich noch schwer mit den vorgegebenen Strukturen. Er hält sich im Freispiel vor allem an kleinere Kinder, denen gegenüber er sehr dominant auftritt und sich ggf. auch mit Tritten, Knuffen und verbalen Drohungen durchsetzt. Gegenüber Gleichaltrigen und Erziehern wirkt er besserwisserisch, manchmal grenzüberschreitend frech, meidet aber zugleich jede ernsthafte Herausforderung.

Während der ersten Raufstunde versucht er zunächst, jüngere bzw. schmächtigere Kinder aufzufordern, die jedoch von ihrem Recht Gebrauch machen, nein zu sagen. Schließlich meldet sich Ali, ein kräftiger Junge, der sich einen Ringkampf mit Tom offenbar zutraut. Auf Ansage der Anleiterin begrüßen sie sich mit Verneigung, geben sich die Hand, sehen sich dabei in die Augen. Auf ein Signal hin beginnen sie zu raufen. Während die Leiterin den Kampf wohlwollend kommentiert, manchmal stoppt und Techniken erklärt, sitzen die anderen Kinder im Kreis um die Matten und verfolgen gespannt das Geschehen. Ali und Tom haben im Gruppenalltag bisher kaum ein Wort miteinander gewechselt. In der intensiven Begegnung beim Raufen zeigt sich, dass sie etwa gleich stark sind und – der Begeisterung im Publikum nach zu schließen – ein eindrucksvolles Kämpferpaar abgeben. Für Tom ist diese Art der offiziellen Auseinandersetzung völlig neu: Sie birgt wesentlich mehr Risiken und bedeutet mehr Herausforderung als er sich normalerweise zutrauen würde. Zugleich fühlt er sich durch den gemeinsam erstellten Regel-Rahmen sicher und frei, mit Risiken zu experimentieren. Nach und nach kann er sich auf Alis Angriffe und Reaktionen einlassen. Er achtet hoch konzentriert auf seinen Gegner und empfindet sichtbar Spaß an seiner eigenen und dessen Körperkraft. Für seine bisherigen „Opfer" unter den Zuschauern hingegen wird deutlich, dass er nicht unbesiegbar ist, sondern von Ali gut in Schach gehalten wird. Einmal während der zwei bis drei Minuten Raufzeit gelingt es Ali, Tom zu besiegen. Das Signal der Klangschale beendet den Kampf, die Anleiterin zeigt Tom kurz eine Technik, mit der er versuchen kann, sich auch aus der fast aussichtslosen Lage auf dem Rücken zu befreien. Dann stehen beide wieder voreinander und beginnen eine neue Runde. Schließlich ist die Zeit vorbei. Die zweite Runde endet unentschieden. Beide verabschieden sich respektvoll mit Handschlag und Verbeugung. „Danke für den schönen Kampf", sagt Ali. In der späteren Reflexionsrunde bekommt Tom nochmals einen Extra-Applaus, weil er sich beim ersten Kampf als so tapferer und fairer Verlierer erwiesen hat.

Seine Erzieherinnen berichteten später, dass er an allen weiteren Raufstunden begeistert teilgenommen und mit unterschiedlichen Partnern gerauft habe. Da er sich anderen gegenüber nun sicherer fühlte und mehr öffnen konnte (und sich auch deren Ängste vor ihm relativierten), verbesserte sich sehr bald seine Position in der Gruppe. Im gleichen Zuge entwickelte er eine erhöhte Frustrationstoleranz und konnte entspannter mit neuen Herausforderungen umgehen. Die neue Freude am Experimentieren wirkte sich wiederum positiv auf seine motorischen Fähigkeiten aus, die bisher weit hinter den sprachlichen zurückstanden und er hatte es weniger nötig, sich als Kraftmeier aufzuspielen bzw. hinter altklugen Reden zu verschanzen.

## Fallbeispiel Mia

Mia hat in ihrem Leben noch nie gerauft. Ihre Erzieherinnen beschreiben sie als sehr unsicheres Kind, das gerne bei anderen mitläuft und wenig Eigeninitiative zeigt. Als ihre Freundin sie auffordert, lässt sie sich dennoch überreden („Du kannst jederzeit ‚Stopp' sagen."). Die rituelle Begrüßung gefällt ihr gut, aber schon das erste kräftige Anfassen macht sie unsicher. Sie tänzelt vorsichtig herum und zuckt zusammen, als Sarah versucht, sie mit einer „Beinumschlingung" auf die Matte zu zwingen. Dann reagiert sie aber flink und weicht dem Bein aus. Die Anleiterin kommentiert dies lobend („Blitzschnell ist Mia ausgewichen. So schnell lässt sie sich nicht austricksen! Was wird ihr wohl selbst einfallen, um Sarah umzuwerfen?"), worauf sie sich sichtbar aufrichtet und nun ihrerseits beginnt, die Freundin anzugreifen. Langsam kommt Spaß bei beiden Mädchen auf und sie versuchen – unter lautem Lachen der Zuschauer – sich durch immer raffiniertere Methoden zum Fallen zu bringen. Die Anleiterin unterbricht kurz und sammelt mit den Zuschauern, welche „Tricks" sie bisher beobachtet haben, wie man den Gegner „auf die Matte legt" ohne zu verletzen. Mia und Sarah wiederholen die Bewegungen in Zeitlupe und mit verbaler Unterstützung der anderen Kinder. Als beide selbstständig weiterraufen dürfen, fassen sie schon viel fester zu als zu Beginn. Irgendwann sagt Mia dann doch „stopp". Sie kann nicht mehr. Die Leiterin kommentiert dies: „Gut, dass du so genau spürst, wann es genug für dich ist und dass du dich traust, es zu sagen. O.k., dann verabschiedet euch."

Während der Reflexionsrunde sagt ein anderes Kind: „Mir hat heute am besten gefallen, dass Mia sich getraut hat zu raufen und dass ihr und Sarah so lustige Tricks eingefallen sind." In den Folgestunden machte Mia auffallend häufig Gebrauch von ihrem Recht, „nein" bzw. „stopp" zu sagen und wählte genau aus, auf welche Rauf-Partner sie sich einlassen wollte. Einmal wählte sie einen besonders kräftigen Jungen aus und stoppte dann sobald dieser sie umgeworfen hatte. Wir hatten den Eindruck, dass sie bewusst testen wollte, ob sie wirklich ernst genommen wird und sich auf die Regeln verlassen kann. Da die Erzieherinnen sie nun auch im Gruppen-Alltag bestärkten, ihrem eigenen Gefühl zu trauen und eigene Entscheidungen zu treffen, gewann sie zunehmend an Selbstvertrauen und wurde im Gegenzug auch von den anderen Kindern mehr respektiert und geschätzt.

## Kooperation zwischen Einrichtung und Erziehungsberatungsstelle vor, während und nach der Durchführung des Projektes

Das Angebot der Erziehungsberatungsstelle zur Einführung des Fairen Raufens an Kindergärten und Schulen ist sehr praxisbetont und nutzt die vorhandenen Ressourcen von Erziehern und Lehrkräften. Als Einstieg bieten wir eine eineinhalb- bis zweistündige Informationsveranstaltung für ErzieherInnen oder Lehrkräfte der interessierten Institution an. Hier werden Prinzipien, Aufbau und Ablauf des FR dargestellt und Fragen beantwortet. Wenn sie sich für eine Durchführung entscheiden, erhalten sie ein kurzes Handout, in welchem wesentliche Elemente des Projektes zusammengefasst sind. Es kann sowohl informativ als auch als Arbeitsunterlage verwendet werden und enthält:

- eine Kurzbeschreibung des Konzeptes,
- einen Vorschlag zur Gestaltung einer Raufstunde,
- eine Zusammenfassung häufiger Fragen und möglicher „Stolpersteine" mit entsprechenden Lösungsideen,
- ein Muster für die Einladung zum Elternabend,
- ein Muster für die Anmeldung des Kindes (mit und ohne Erlaubnis für Film- oder Fotoaufnahmen),
- Literaturhinweise,
- Vorlagen für einen „Ausweis als fairer Kämpfer", der Kindern z.B. nach einem erfolgreichen Abschluss überreicht werden kann.

Der nächste Schritt führt bereits in die Praxis. Unter Federführung der EB-Mitarbeiterin wird ein Elternabend innerhalb der Einrichtung organisiert. Dessen Ziel ist es, die Eltern für die Begleitung des Projekts im häuslichen Umfeld der Kinder zu gewinnen und ganz allgemein zu einem ressourcenorientierten Umgang mit Konflikten in der Familie anzuregen. Er beginnt mit einer theoretischen Einführung in die „Entstehungsgeschichte" und in die Grundlagen des Konzeptes in Bezug auf eine frühzeitige Gewaltprävention (siehe oben „Grundgedanken", „Voraussetzungen", „Elemente"). Anschließend werden interessierte Eltern dazu angeleitet, anhand einiger kurzer praktischer Übungen selbst mit der Thematik zu experimentieren und z.B. zu entdecken, wie viele Erfahrungswerte allein in einem gegenseitigen

Händedruck liegen. Umso deutlicher wird ihnen, was von ihren Kindern in der tatsächlichen „Rauf-Situation" physisch, psychisch und sozial gefordert wird und was sie davon lernen können.

Danach haben Eltern und Mitarbeiter die Möglichkeit, Fragen zu stellen. Gerade Erwachsene mit einer aggressions-ablehnenden Haltung fühlen sich häufig in ihren bisherigen Erziehungszielen in Frage gestellt. Sie zweifeln an, ob es sinnvoll bzw. nötig sei, ein ohnehin gewaltfrei erzogenes und ebenso handelndes Kind mit dem Themenkomplex Konflikte, Aggression und Raufen zu konfrontieren. Dies gibt der Mitarbeiterin Gelegenheit, Missverständnisse aufzuklären und tiefer auf die Bedeutung der Themen für die kindliche soziale, psychische und motorische Entwicklung einzugehen. Individuelle Bedenken zu einzelnen Kindern werden jedoch ernst genommen und im Einzelgespräch von den zuständigen Erzieherinnen/Lehrerinnen abgeklärt. Natürlich muss kein Kind gegen den eigenen Willen oder den eines Elternteils am Angebot teilnehmen.

Die ersten drei Raufstunden, in denen einerseits die Kinder ihre Fairnessregeln erarbeiten und andererseits die vorgegebenen Raufregeln etabliert werden, führt die EB-Mitarbeiterin zunächst selbst durch. Die MultiplikatorInnen beobachten, schreiben ggf. mit und werden spätestens in der dritten Stunde aktiv mit eingebunden. In einer gemeinsamen Reflexion nach der Stunde werden nochmals Fragen und Probleme anhand bestimmter Szenarien erörtert. Dabei geht es häufig um Beobachtungen an Kindern, die überrascht haben oder auch bisherige Eindrücke bestätigt haben, häufig auch um die persönliche Unsicherheit der Anleiterinnen in Bezug darauf, wie man „ressourcenorientiert" kommentieren kann, wie viel „Aggression" zugelassen werden kann, wie viel Disziplin notwendig ist und vor allem wie die erfahrenen Themen mit den Kindern im Alltag der Gruppe oder Klasse weiter thematisiert und genutzt werden können.

Ab der vierten Stunde kann das Projekt in der Regel bereits von den MultiplikatorInnen selbstständig weitergeführt werden. Die EB-Mitarbeiterin agiert dann nur noch im Hintergrund als Ansprechpartnerin für Fragen oder auf Abruf, falls schwierige Situationen vor Ort auftreten.

Insgesamt konnten bis heute 43 Einrichtungen für das Angebot interessiert werden. Drei Einrichtungen nahmen Kontakt zur Erziehungsberatungsstelle auf, um sich näher zu informieren, entschieden sich nach einem Team-Gespräch mit der EB-Vertreterin aber aus verschiedenen Gründen (Zeitnot/ andere Projekte/ keine interessierten Multiplikatoren) gegen das Angebot. Die Mehrzahl hat die Methoden und Gedanken des FR aufgegriffen und wendet sie in unterschiedlicher Intensität und Form weiter an: Einige nutzen es als eher sportliches Angebot zum „Austoben" und zur Verbesserung der Körper-, Selbst- und Fremdwahrnehmung, andere konzentrieren sich mehr auf die Integration der ethischen Grundhaltung aus dem FR in den alltäglichen sozialen Umgang.

Der Einsatz der Methode ist unterschiedlich: Manche Einrichtungen bieten einmal jährlich einen Kurs für eine bestimmte Gruppe (z.B. Vorschulkinder) über acht bis zehn Wochen an, manche haben ein fortlaufendes offenes Angebot oder nutzen monatlich eine bestimmte Turnstunde dafür. In einigen Pausenhallen wurde ein „Fair-Rauf-Platz" eingerichtet, wo bereits geschulte Kinder ihr Raufbedürfnis unter Aufsicht eines Lehrers oder eines – in die Regeln eingeweihten – älteren Schülers ausleben dürfen. Dies ist zwar personell gesehen etwas aufwendig, aber langfristig offenbar sehr effektiv, denn es weckt unweigerlich auch das Interesse anderer anwesender Kinder, die dann ebenfalls FR lernen wollen. So wird Fairness im Laufe der Zeit zu einer erstrebenswerten Fähigkeit aufgewertet und der Titel „Fairer Kämpfer" unter Mitschülern zur besonderen Auszeichnung, während rüpelhaftes, unfaires Betragen zunehmend abwertend wahrgenommen wird.

Insgesamt zeigt sich ein breites Spektrum an Möglichkeiten, FR in Bezug auf Gewaltprävention einzusetzen. Wie hoch die Wirksamkeit letztendlich einzuschätzen ist, hängt stark davon ab, wie intensiv, kreativ und überzeugt die Fachleute vor Ort die Methoden und Ideen anwenden. Ein Paradebeispiel dafür bietet eine Kindertagesstätte, die von dem Projekt so überzeugt war, dass sie es zum Anlass nahm, ihr gesamtes Konzept – sprich: Den Umgang unter Mitarbeitern, den Umgang zwischen Betreuern und Kindern und die Elternarbeit – in Bezug auf Fairness zu überprüfen. Zur Unterstützung dieser Aktion wurde die Erziehungsberatungsstelle um Beratung und Supervision gebeten. Auch bei vielen anderen Multiplikatoren bestand der Wunsch nach intensiverer Begleitung und Nachbereitung. Hier gäbe es eine Vielzahl von interessanten und kreativen Arbeitsaufträgen an die Beratungsstelle, die aus zeitlichen Gründen bisher noch nicht ausgeschöpft werden können.

Als Mitarbeiter der Erziehungsberatungsstelle stellen wir fest, dass sich der Kontakt zu Kinderbetreuungseinrichtungen in unserer Region auch in Bezug auf andere Aufträge (z.B. § 8a – Fachberatung und Fallberatungen mit Erzieherinnen) enorm intensiviert und verbessert hat, wovon beide Seiten, v.a. aber die betroffenen Kinder und Familien profitieren.

## Indikationsfaktoren

Die Indikation zur Anwendung der Methoden variiert natürlich entsprechend der pädagogischen oder therapeutischen Absichten:

Im präventiven Bereich, also als Gewaltpräventionsprojekt, wenden wir uns ganz allgemein an Kindergruppen (Alter: zwischen 4 und 12 Jahren) in öffentlichen Einrichtungen. Es wird bewusst nicht ausgewählt, um die ganze Bandbreite unterschiedlichen kindlichen Verhaltens als Lern-Ressource in Bezug auf Konfliktfähigkeit zu nutzen. Die einzelnen Kinder werden angeregt, ein Bewusstsein für zirkuläre Prozesse zwischen eigenem Verhalten und Verhalten anderer bzw. der Gruppe zu entwickeln. Das Entwickeln von sozialen Umgangsformen und fairen Konfliktlösungen steht hier im Vordergrund.

Im Rahmen der systemischen Familientherapie in der EB-Arbeit setzen wir das FR methodisch ein, um Regeln, Grenzen und achtsamere Umgangsformen in konfliktbelasteten Familiensituationen zu entwickeln. Ähnlich wie in den Gruppen erzielt es auch bei einzelnen sozial gehemmten oder grenzüberschreitenden Kindern und erhöhter Geschwisterrivalität gute Lerneffekte. Dabei werden die Eltern häufig bewusst als Zuschauer oder sogar Teilnehmer mit einbezogen. Aus dem Raufen heraus entwickelt sich durch kleine Gesprächs- und Reflexionsphasen eine Mischung aus therapeutischem Rollenspiel und Skulpturarbeit, nur eben mit höherem Tempo und mehr Dynamik.

Häufig beobachten wir, dass sich von Familienmitgliedern beschriebene Konfliktmuster bereits dadurch ändern, dass die Erwachsenen ihre – oft negative – Bewertung gegenüber dem kindlichen, „aggressiven" Benehmen aufgeben und lernen, der Energie hinter dem gezeigten Verhalten Raum und Rahmen zu geben. In manchen Fällen wird deutlich, dass klarere Regelungen und Grenzen notwendig sind; in anderen zeigt sich, dass den Kindern mehr Verantwortung für den Umgang mit eigenen Gefühlen übertragen werden muss.

*Fallbeispiel*

Eine alleinerziehende Mutter mit zwei Söhnen (8 und 10 Jahre) kam in die Beratung, nachdem ein Streit zwischen den beiden so stark eskaliert war, dass der Jüngere seinen Bruder mit dem Küchenmesser bedroht hatte. Im Laufe der Beratung wurden den Jungen zwei Raufstunden angeboten, bei denen die Mutter als Beobachterin anwesend sein sollte. In den Zweikämpfen der beiden kam es wiederholt zu Szenen, in denen sich der jüngere so in die Enge getrieben fühlte, dass er sämtliche zuvor vereinbarten Regeln brach und in Kauf nahm, andere rücksichtslos zu verletzen, nur um wieder frei zu kommen. In den Unterbrechungen reflektierten wir zusammen, was eben geschehen war und leiteten beide Brüder an, das vereinbarte „Stopp-Zeichen" rechtzeitig für sich zu nutzen. Dazu war es notwendig, bewusst zu spüren, wann sich in der eigenen Wahrnehmung bzw. beim Bruder Zeichen für beginnende Eskalation zeigten und gut abzuschätzen, wie viel man ertragen konnte, ohne „auszurasten".

Als sie dies eine Weile geübt hatten, wurde auch die Mutter einbezogen und erprobt, wo, wann und wie sie hilfreich intervenieren konnte: Die Söhne zogen es vor, so lange wie möglich selbst die Verantwortung für eine gewaltfreie Streitlösung zu behalten und dazu die „Stopp"-Methode zu nutzen. Sie waren jedoch einverstanden, dass die Mutter dazwischengehen würde, wenn einer sich tatsächlich nicht an diese Regel halten sollte. Anschließend besprachen wir, welche Sätze sie sagen sollte, um beide von einander zu trennen, wohin jeder Sohn dann gehen sollte, um sich zu beruhigen und wie ein späteres Einigungsgespräch organisiert werden könnte. Zum Abschluss wurden bestimmte Rauf-Szenen nochmals wiederholt und die vereinbarten Lösungsschritte symbolisch durchgespielt.

Im weiteren Verlauf der Beratung arbeitete ich v.a. mit der Mutter an der Frage, in welchen Bereichen sie als „Familienoberhaupt" verantwortlich ist, Regeln und Grenzen klar und konsequent zu etablieren, und wann es besser ist, „loszulassen" und den Kindern eigene Verantwortung für ihr Verhalten zu übertragen. Mittlerweile erscheinen alle drei sporadisch ca. zweimal jährlich, um neu entstandene (Konflikt-)Situationen zu klären und gemeinsame Lösungsstrategien zu finden.

*Zusammenarbeit mit den Institutionen*

In der Zusammenarbeit mit heilpädagogischen Tagesstätten, Schulvorbereitenden Einrichtungen und Förderschulen fiel uns auf, dass unruhige und sozial auffällige Kinder während des „Raufens" deutlich konzentrierter und kooperativer in Bezug auf Grenzen und Regeln waren als in anderen Kontexten – vermutlich durch die direkte körperlich spürbare Konfrontation, die sie zu Präsenz und Konzentration zwingt. Da sie aber grundsätzlich von der Gruppengröße, dem strukturellen und zeitlichen Rahmen überfordert waren, begannen sie den Ablauf zu stören und saßen schließlich auf der Strafbank bzw. mussten ausgeschlossen werden. Dadurch gingen ihnen die positiven Erfahrungen aus der Rauf-Situation wieder verloren

In der Nachbesprechung dieser Stunden mit Lehrern und Erziehern entstand die Idee, auf Grundlage des Fairen Raufens für diese Kinder ein eher therapeutisch orientiertes „Fairnesstraining" mit kleineren Gruppen anzubieten. Seit Januar 2009 arbeite ich in dieser Form wöchentlich eine Stunde mit einer Gruppe von vier Jungen der dritten und vierten Klassen einer Förderschule. Diese Kinder wurden von ihren Lehrern ausgewählt, weil sie Schwierigkeiten haben, sich den Regeln im Klassenverband anzupassen. Die meisten haben zudem wenig Bezug zum eigenen Körper und zu ihren Gefühlen und kaum freundschaftliche Kontakte. Sie sind fasziniert von Gewalt als Machtmittel, wie sie sie in Medien und PC-Spielen erleben, und sie agieren ihre Unsicherheit in Bezug auf reale zwischenmenschliche Kontakte über besonders aggressives oder defensiv-ablenkendes Verhalten aus. Die Auswahl für die Maßnahme wurde ihnen und den Eltern gegenüber damit begründet, dass sie eine Art „Ausbildung" zum „Vertreter von Fairness" bekommen würden, die ihnen helfe, ihre Fähigkeiten für ein gutes Ziel einzusetzen und sich eine bessere Position in der Gemeinschaft zu erarbeiten.

Im Sinne von lösungsorientierten und/oder verhaltenstherapeutischen Interventionen können sozial relevante Szenarien, die sich beim Raufen ergeben, direkt aufgegriffen werden, sprachlich oder spielerisch weiter bearbeitet werden und hinsichtlich Fairness reflektiert werden. Es zeigt sich, dass für die Arbeit mit dieser Zielgruppe eine intensive Zusammenarbeit mit den Fachleuten vor Ort, eine sehr kleine Teilnehmerzahl und sehr klare strukturelle Vorgaben von Vorteil sind.

## Evaluation

Um die Wirksamkeit des Fairen Raufens als eines Ansatzes zur Gewaltprävention zu überprüfen, wurden die teilnehmenden Einrichtungen jeweils acht Monate nach der Einführung gebeten, einen Fragebogen auszufüllen. Innerhalb von zweieinhalb Jahren erhielten wir 20 Erhebungsbögen zurück. Die Auswertung ergab, dass das Projekt aus der Sicht der Kooperationspartner sehr erfolgreich verlaufen ist.

### *Einsatz des Programms*

Jede zweite (55%) Kindertagesstätte oder Schule gab an, dass sie Faires Raufen seit der Einführung durch die Erziehungsberatungsstelle immer wieder durchführt. Dies geschieht entweder regelmäßig mit einer Stunde wöchentlich oder einmal im Monat bzw. nach Bedarf. Ein Drittel (35%) der Einrichtungen führt über jeweils acht Wochen durchgehend ein oder zwei Gruppen durch. Nur zwei (10%) Kooperationspartner gaben an, das Programm über nur drei bis fünf Wochen eingesetzt zu haben und seitdem nicht mehr. Damit führen 90 Prozent der Kindertagesstätten oder Schulen, bei denen die Erziehungsberatungsstelle, das Programm Faires Raufen eingeführt hat, das Training für die Kinder selbst weiter. Alle Kooperationspartner bestätigten, dass die Einführungsphase zeitlich und inhaltlich ausreichend war, um im Anschluss selbstständig weiter arbeiten zu können.

### *Vertiefungsvorschläge*

In einer freien Kategorie waren die Schulen und Kindertagesstätten gefragt worden, ob bestimmte Punkte im Programm noch vertieft werden sollten. Dazu wurde die Anregung gegeben, die Vor- und Nachbesprechungen mit den Anleitern zu vertiefen und die im Programm zu beachtenden Regeln und Rituale noch intensiver einzuüben. Auch wurde der Wunsch nach einem stärkeren Transfer auf Alltagssituationen artikuliert. Für die von den Einrichtungen gestellten Anleiter wurden „Übungszeiten" vorgeschlagen, in denen sie vor allem das Kommentieren der Kämpfe, das einigen schwer fiel, erproben konnten. Schließlich wurde angeregt, mehr Reflexionszeit mit Kindern vorzusehen.

### *Anwendung durch die Kinder*

Von zentralem Interesse war, zu erfahren, ob die Kinder die vermittelten Inhalte und Erfahrungen auf Situationen in der Gruppe oder in ihrer Klasse bzw. auch im Freispiel anwenden konnten. Dies bestätigten 60 Prozent der Kindertageseinrichtungen und Schulen uneingeschränkt mit „Ja". Weitere 30 Prozent gaben an, dass die Anwendung des Programms Faires Raufen durch die Kinder „teilweise" gelinge. Nur zwei (10%) Kooperationspartner verneinten eine erfolgreiche Anwendung des Programms durch die Kinder ihrer Einrichtungen.

Dabei wurde in freien Antworten hervorgehoben, dass die Kinder den Begriff der „Fairness" verstanden hätten und ihnen der Unterschied zwischen fair und unfair klarer wurde. Oftmals habe beim Auftauchen von Konflikten die Erinnerung an die Regeln ausgereicht. Zwar traten Konflikte nach wie vor auf, aber die Kinder passten bei Rangeleien selbst darauf auf, sich nicht weh zu tun. Es habe sich ein besserer und respektvollerer Umgangston zwischen den Kindern eingestellt und sie kommunizierten auch mehr über ihre Konflikte und ihr Konfliktverhalten. Unsichere Kinder hätten an Selbstvertrauen gewonnen. Das Körperbewusstsein habe sich verbessert und die Kinder achteten besser auf verletzliche Körperbereiche. Jedoch konnten Kinder unter fünf Jahren die Erfahrungen erst nach längerer Anwendung und wiederholter Erinnerung übertragen. Einige Eltern hätten berichtet, dass die Kinder zu Hause die Regeln an ihre Geschwister weitergeben.

## *Effektivität des Programms*

Die Kooperationspartner waren auch gefragt worden, wie hoch sie die Effektivität des Programms Faires Raufen für eine frühzeitige Gewaltprävention bei Kindern/Schülern einschätzten, wenn es regelmäßig durchgeführt werden kann. Drei Viertel der Einrichtungen gaben an, dass sie die Effektivität bei mehr als fünfzig Prozent ansetzen. 15 Prozent der Einrichtungen setzten die Wirksamkeit bei unter 50 Prozent an. Zwei Kooperationspartner beantworteten die Frage nicht.

## *Langfristige Nutzung des Programms*

Beinahe alle Kooperationspartner, nämlich 95 Prozent gaben an, das Programm Faires Raufen langfristig weiter nutzen zu wollen. Nur eine Einrichtung verneinte dies. Dabei wurde der Wunsch geäußert, dass die Erziehungsberatungsstelle zur Auffrischung die Kindertageseinrichtungen bzw. Schulen noch einmal aufsuchen sollten. Auch eine Unterstützung bei Elternabenden und mehr Informationsmaterial für die Eltern wurde gewünscht.

Die Einrichtung, die Faires Raufen nicht weiter einsetzen wollte, begründete dies mit begrenzter Zeit und begrenzten Räumlichkeiten.

**Faires Raufen**
Fragebogen zur Selbsteinschätzung für Schüler
Kreuze in jeder Zeile die Felder an, die am ehesten auf Dich zutreffen:

| | | | | | |
|---|---|---|---|---|---|
| Ich kenne alle Regeln. | ○ | ○ | ○ | ○ | Ich vergesse manchmal noch Regeln. |
| Ich halte mich daran, auch außerhalb der Matte, z.B. im Pausenhof. | ○ | ○ | ○ | ○ | Ich halte mich noch nicht so genau daran, vor allem, nicht, wenn ich wütend bin. |
| Ich raufe eher mit Kraft. | ○ | ○ | ○ | ○ | Ich raufe eher mit „Köpfchen". |
| Ich suche mir meist stärkere oder gleiche Gegner. | ○ | ○ | ○ | ○ | Ich suche mir eher schwächere Gegner. |
| Ich passe gut auf mich auf und sage „stopp", wenn ich nicht mehr kann. | ○ | ○ | ○ | ○ | Ich überschätze manchmal noch meine Kräfte. |
| Ich passe gut auf meinen Gegner auf, damit er/sie unverletzt bleibt. | ○ | ○ | ○ | ○ | Ich werde öfters gestoppt, weil ich gefährliche Sachen mit meinem Gegner mache. |
| Ich kann gut verlieren, es macht mir wenig aus. | ○ | ○ | ○ | ○ | Wenn ich verliere, werde ich noch sehr zornig oder auch traurig. |
| Wenn ich gewinne, verhalte ich mich fair und erniedrige meinen Gegner nicht. | ○ | ○ | ○ | ○ | Ich bin nicht sehr fair, wenn ich gewinne und erniedrige meinen Gegner durch Worte oder Gesten. |

Rückmeldebogen für Schüler

*Befragung von Eltern*

In einem Kindergarten wurde zusätzlich eine Befragung der Eltern durchgeführt. Es interessierte, inwieweit sich das Konfliktverhalten der Kinder im häuslichen Bereich verändert habe. Es zeigte sich, dass etwa die Hälfte der Kinder zu Hause über das Thema geredet hatte und auch in anderen Kontexten begonnen hatte, Verhaltensweisen als „fair" oder „unfair" zu bewerten. In Streitsituationen mit Geschwistern und anderen Kindern erinnerten sich diejenigen, die am Programm teilgenommen hatten, an die gelernten Regeln, zitierten sie und gingen allgemein bewusster mit Konflikten um. Einige Kinder lebten ihre Rauflust bald nicht nur im Rahmen des Projektes aus, sondern sie begannen, mit Eltern und Geschwistern zu balgen und diese im Fairen Raufen zu „unterweisen". Für viele Familien eröffnete sich damit eine neue, körperbetonte Ebene im Kontakt miteinander. Besonders Väter und Söhne nahmen diese kraftvolle und dynamische Alternative zwischen Fußballspielen und Kuscheln gerne auf.

*Befragung von Schülern*

In der Arbeit mit Schulklassen nutzten wir Fragebögen weniger zur Evaluation, sondern eher als Intervention zur Selbsteinschätzung und weiteren bewussten Auseinandersetzung mit eigenem Konfliktverhalten. Die Schüler bekamen in jeder dritten Rauf-Einheit einen Bogen zur Bearbeitung und konnten daran ihren persönlichen Fortschritt selbst reflektieren.

Unsere Absicht war, den Kindern ein Instrument zur Selbst-Beobachtung in ihrem Entwicklungsprozess zum „Fairen Raufer/Kämpfer" an die Hand zu geben. Entsprechend der ressourcenorientierten Devise, die wirksamsten Komplimente sind die, die Klienten sich selbst machen können, erhofften wir uns, dass sie sich bewusster mit den Werten in den Beschreibungen auseinandersetzen bzw. identifizieren würden.

Dabei fiel auf, dass die Fähigkeit zur kritischen Selbsteinschätzung je nach Alter und Schulart stark differierten: Schüler der vierten Klasse und älter wählten anfangs eher die mittleren Felder, später vermehrt die positiven, was auf eine erfolgreiche Beschäftigung mit den Themen schließen lässt. Schüler der Klassen eins bis drei sowie die Förderschulgruppe trugen sich meist schon in der ersten Stunde in die positivsten Felder ein und blieben in weiteren Fragedurchgängen dabei; nur wenige begannen in späteren Bögen genauer zu differenzieren. Hier hätte es vielleicht anderer Frageformen bzw. einer intensiveren Einweisung bedurft. Bei Kindern, deren Selbsteinschätzung sich auffallend von den Beobachtungen der Anleiter abhob, nutzten die Lehrer die Bögen dennoch um bestimmte Situationen in Einzelgesprächen mit ihnen zu klären.

# Ausblick

Aufgrund der dargelegten Erfahrungen haben wir inzwischen auch reine Elternveranstaltungen zur Vertiefung des Themas „Ressourcenorientierter Umgang mit Aggression bei Kindern" bzw. „Eltern-Kind-Konflikte" durchgeführt. Diese sind sehr gut angenommen worden. Daher denken wir hier an eine Ausweitung.

Zunehmend verwenden wir Elemente des Fairen Raufens auch in der eigenen Fallarbeit an der Erziehungsberatungsstelle, wenn es um die Themen

Aggression, Selbstwert und Selbstbehauptung geht. Dies wurde im Kontext der Indikation bereits angesprochen.

In den Fragebögen für Institutionen wurde immer wieder der Wunsch nach weiteren Besuchen und Gesprächen zur Auffrischung genannt. Hier planen wir einen halbjährlichen thematischen Gesprächskreis, zu dem alle bisher geschulten MultiplikatorInnen eingeladen werden sollen. Auch gibt es Überlegungen, unser Angebot für die Einführung und Begleitung des Fairen Raufens noch weiter auszubauen und die Begleitung und Schulung vor Ort noch zu intensivieren. Denkbar ist auch, die methodischen Elemente des Fairen Raufens, wie z.b. das „Ressourcenorientierte Kommentieren" oder die begleitende Elternarbeit in eigenen Workshops institutionsübergreifend zu schulen.

Last but not least ist vorgesehen, eine wissenschaftliche Begleitung in Form einer Wirksamkeitsuntersuchung, z.B. im Rahmen einer Diplomarbeit anzuregen, die unsere eigene Evaluation ergänzen und vertiefen könnte.

## Literatur

Beudels, Wolfgang; Anders, Wolfgang (2002): Wo rohe Kräfte sinnvoll walten. Dortmund: Borgmann.
Donaldson, Fred O. (2004): Von Herzen spielen. Freiburg: Arbor.
Heckler, Richard S. (1988): Aikido und der neue Krieger. Synthesis.
Merz,Vreni (2002): Übungen zur Achtsamkeit. Mit Kindern auf dem Weg zum Zen. München: Kösel.
Neudorfer, Josef-Karl: Ringen im differenzierten Sportunterricht. Niedernberg: Verlag der Ringer.
Omer, Haim; v. Schlippe, Arist (2003): Autorität ohne Gewalt. Göttingen: Vandenhoeck & Ruprecht.
Protin, Andre (2003): Aikido, die Kampfkunst ohne Gewalt – ein Weg der Selbstfindung und Lebensführung. München: Kösel.
Riederle, Joseph (2008): Kampfesspiele- Bewegungspädagogische Jungenarbeit. In projugend 4.
Rogge, Jan-Uwe (2003): Der große Erziehungsberater. Reinbek: Rowohlt

**Kinderbücher**
Mc Kee, David (1989): Du hast angefangen! Nein Du!. Sauerländer.
Nöstlinger, Christine (1990): Anna und die Wut. Wien: Jugend und Volk.
Weigelt, Udo; d'Aujourd'hui, Nicolas (1998): Ich bin die stärkste Maus der Welt. Zürich: Nord-Süd.

**Internet -Links**
www.familienhandbuch.de – Stichwort „Aggression".
www.sichere-schule-nrw.de – Stichwort „Kämpfen im Sportunterricht".
www.judo-praxis.de – Stichwort „Raufen nach Regeln".

# Herausgeber und Autorinnen

*Dr. Ina Bovenschen,* geb. 1976, Diplom-Psychologin, ist Wissenschaftliche Mitarbeiterin an der Friedrich-Alexander-Universität Erlangen-Nürnberg.

*Sandra Gabler,* geb. 1982, Erzieherin und Diplom-Psychologin, ist Wissenschaftliche Mitarbeiterin an der Friedrich-Alexander- Universität Erlangen-Nürnberg.

*Susanne Hirt,* geb. 1968, Diplom-Sozialpädagogin, ist Mitarbeiterin der Erziehungsberatungsstelle der AWO in Augsburg.

*Dr. Andreas Hundsalz,* geb. 1948, ist Leiter der Psychologischen Beratungsstelle für Kinder, Jugendliche und Eltern der Stadt Mannheim.

*Christine Isermann,* geb. 1963, Kinderkrankenschwester und Diplom-Sozialpädagogin, ist Mitarbeiterin der Beratungsstelle für Eltern, Kinder und Jugendliche des Caritasverbandes Paderborn.

*Prof. Dr. Annemarie Jost,* geb. 1959, Ärztin für Psychatrie und Psychotherapie ist Professorin für Sozialmedizin an der Hochschule Lausitz.

*Martina Kindsmüller,* geb. 1967, Diplom- Psychologin und Psychologische Psychotherapeutin, ist Mitarbeiterin der Jugend- und Familientherapeutische Beratungsstelle der Stadt Regensburg.

*Klaus Menne,* geb. 1948, Diplom-Soziologe, ist Geschäftsführer der Bundeskonferenz für Erziehungsberatung e.V.

*Stefan Näther,* geb. 1968, Diplom-Psychologe, Psychologischer Psychotherapeut und Kinder- und Jugendlichenpsychotherapeut, ist Fachbereichsleiter der fünf kommunalen Erziehungsberatungsstellen in München.

*Dr. Hermann Scheuerer-Englisch,* Diplom-Psychologe und Psychologischer Psychotherapeut, ist Leiter einer Erziehungsberatungsstelle, Lehrbeauftragter an der Universität Erlangen-Nürnberg und Vorsitzender der Landesarbeitsgemeinschaft für Erziehungsberatung Bayern.

*Dr. Beate Schildbach,* geb. 1963, Diplom-Psychologin und Psychologische Psychotherapeutin, ist Leiterin der Erziehungs-, Jugend- und Familienberatungsstelle Weiden-Neustadt an der Waldnaab.

*Andreas Schrappe,* geb. 1961, Diplom-Psychologe, Diplom-Pädagoge und Psychologischer Psychotherapeut, ist Leiter des Projekts „Kinder psychisch kranker Eltern" im Evangelischen Beratungszentrum Würzburg.

*Sabine Schreiber,* geb. 1964, Diplom-Psychologin und Psychologische Psychotherapeutin, ist Mitarbeiterin der Familien-, Jugend- und Erziehungsberatungsstelle München-Pasing und freiberuflich tätig.

*Dr. Kismet Seiser,* geb. 1969, Diplom-Psychologin und Diplom-Sozialpädagogin, ist Leiterin des Projektes Inmigra-KiD an der Jugend- und Familientherapeutischen Beratungsstelle der Stadt Regensburg und Sachverständige für familienrechtspsychologische Angelegenheiten in einer Praxis für psychologische Begutachtung und Beratung.

*Prof. Dr. Stefan Sell,* geb. 1964, ist Professor für Volkswirtschaftslehre, Sozialpolitik und Sozialwissenschaften an der Fachhochschule Koblenz, Campus Remagen, und Direktor des Instituts für Bildungs- und Sozialpolitik der FH Koblenz (ibus).

*Dr. Elfriede Seus-Seberich,* geb. 1946, Diplom-Psychologin war von 1977 bis 2008 Leiterin des SOS-Beratungs- und Familienzentrums in München.